中文社会科学引文索引（CSSCI）来源集刊

私法

Private Law Review

第19辑 · 第1卷
（总第37卷）

易继明 / 主编

知识产权出版社
全国百佳图书出版单位
—北京—

图书在版编目(CIP)数据

私法．第19辑．第1卷：总第37卷/易继明主编．—北京：知识产权出版社，2022.3
ISBN 978-7-5130-7914-3

Ⅰ.①私… Ⅱ.①易… Ⅲ.①私法—研究—丛刊 Ⅳ.①D90-55

中国版本图书馆CIP数据核字(2021)第248028号

责任编辑：薛迎春　　**责任校对**：王　岩
封面设计：宗沅书装·李宗燕　　**责任印制**：刘译文

私　法
第19辑·第1卷（总第37卷）
易继明　主编

出版发行：知识产权出版社有限责任公司	**网　址**：http：//www.ipph.cn
社　址：北京市海淀区气象路50号院	**邮　编**：100081
责编电话：010-82000860转8724	**责编邮箱**：471451342@qq.com
发行电话：010-82000860转8101/8102	**发行传真**：010-82000893/82005070/82000270
印　刷：三河市国英印务有限公司	**经　销**：新华书店、各大网上书店及相关专业书店
开　本：787mm×1092mm　1/16	**印　张**：19.75
版　次：2022年3月第1版	**印　次**：2022年3月第1次印刷
字　数：385千字	**定　价**：78.00元

ISBN 978-7-5130-7914-3

《私法》
编辑委员会

《私法》
学术顾问委员会

（按姓氏拼音顺序排列）

迎接黄金十年(代序)

2022年开启,两年前暴发的新冠肺炎疫情并未结束,新冠及其变异病毒仍在全球肆虐,导致国内疫情防控形势持续紧张。雪上加霜的是,近年来美国利用“知识产权大棒”打压中国,继而要跟我们“脱钩”,并进一步采取“同盟制华”政策,导致我国发展的外部环境并不乐观。中国老百姓虽然已经做好了“过紧日子”的打算,但收入下降、消费抑制、出行不便、持续的不确定性因素等,似乎都在暗示:2022年并非一个好的启航。

不过,我认为,2022年开启的是未来黄金十年。

如果说我们大多数人对2021年感到失望的话,那么2022年是我们面对现实之后重新认识生活,重新启航的一年。支持这一论点,我个人有十大理由。

一、我们将学会与病毒相处。2022年新冠肺炎病毒不会被消灭,但新冠大流行不再会让人们惊慌,疫苗、新药帮助我们抗击新冠肺炎疫情,中国基层社会治理卓有成效,我们也将学会与病毒共存、共处。因此,疫情虽然对未来市场有一定的影响,但投资者不再将疫情作为主要的担忧因素,而且积极的财政政策也能够在一定程度上给市场带来信心。

二、新的自强运动已经开启。新型科技创新举国体制已经开启,2021年全国九大国家实验室布局完成,整合资源开展基础科学研究和重大技术攻关。未来,一批批“卡脖子”关键技术将逐渐获得突破,基础研究和原创技术取得突破性进展,并适应中国场景进一步外溢,参与国际大循环。事实上,围绕人工智能、芯片、6G技术和量子技术的科技竞赛是一场多线战争,在科技公司之间,在政府之间,在科技公司与政府之间,这场看不见硝烟的战争都在展开。中国近代以来的奋斗史和国民意识,强化了政府和民间的自强精神,这是中国未来可期的原动力。

三、知识产权融合经济社会全面发展。中国高质量发展进入新阶段,知识产权要素进入经济社会发展各行业、各领域、各方面,成为助力中国发展转型升级的重要因素。与此同时,经济增长质量提高,产业发展的国际话语权增强。2021年9月22日发布的《知识产权强国建设纲要(2021—2035年)》的实施,2022年承上启下。数字化是未来十年的动力,数字经济进一步推动华为、腾讯、阿里巴巴、字节跳动等科技巨头成长,5G标准必要专利中中国专利占比已三分天下有其一。

四、绿色开启未来。减碳、脱碳政策推动市场进行绿色重组,电池行业、过滤二氧化碳的科技行业、文娱产业、生态休闲等,一方面开启绿色科技创业潮,另一方面开启绿色生活的黄金年代。绿色经济与“大政府”时代相结合，中国政府将更有作为。

五、金融与货币政策在监管中常态化。绿色金融、科创金融、知识产权金融嵌入传统金融体系，货币政策在监管中保持一定的通胀率，稳中求进，总体上趋于常态化。

六、产业附加值增加和经济韧性增强。技术赋能，促进供给侧结构性改革进一步深化，产业附加值增加。同时，供应链逐步恢复，制造业体系进一步完备，中国经济发展韧性也进一步增加。

七、中美“脱钩”格局下的商谈论。短期内，中美“脱钩”压力依然存在，美国“同盟制华”政策进入 2.0 版，中国面临美国制裁的结构性压力。但是，中国经济规模和国际竞争力持续增强，美国“无晶圆企业”(典型的如苹果公司，自己没有制造能力，只负责产品企划和市场营销)模式推进，对中国企业存在较大的依赖，而供应链重建又非一日之功。因此，在全球化背景下，中美出现沟通与合作的迹象如落实《中美第一阶段经贸协议》等，“商谈”会成为后续的主要交往模式，也为重建互信奠定了基础。

八、中国自主外交契合欧洲“战略自主”。中国 2001 年加入世界贸易组织后获得了十年发展的黄金期，那是中国适应全球规则的过程。2022 年是在适应规则之后，“自主意识”觉醒，进一步确立“自主外交”的新开始。这可能给世界造成一些不安，但却是大国必然的选择。或许，这一过程也契合了“美国第一”所导致的世界各国主权意识的觉醒，甚至给中国发展同欧洲各国、韩国、日本、印度等国平等外交、自主外交提供了契机。北约秘书长延斯·斯托尔滕贝格 2021 年 12 月 6 日在美国《防务新闻》周刊网站撰文指出，世界正变得更具竞争性、更不稳定和更不可预测，未来一年要开启“北约 2030”战略(2021 年 6 月北约峰会提出)，在更加不确定的世界中确保安全和自由。这对美国而言，能够起到加强同盟合作的作用，但对中国来说，也不失为一个新的机会。

九、助力发展中国家发展与共赢。“一带一路”建设、中非合作等为中国与发展中国家共同发展提供了平台，中国通过助力发展中国家，也获得了自己的发展和国际地位，扩大了中国的国际影响力。

十、中国社会治理模式给未来发展的“不确定性”带来了确定性。未来发展中，社会风险进一步加大，全球不确定性因素进一步增多，但中国社会治理模式网格化、精细化，基本面比较稳定，为未来发展带来确定性，也构成未来发展的基石。

值此之际，《私法》与知识产权出版社也开启了合作之旅。我相信，我们是黄金搭档，我们的合作也会助力中国法治事业的发展！

易继明

2022 年 1 月 9 日

CONTENTS 目录

评 论

Table of Contents

中国民商法典编纂中对继承权制度的守正调整与发展完善

——涵《中华人民共和国民商法典"继承权编"草案建议稿(黄河版)》

王明锁*

摘　要　自《汉谟拉比法典》起,"继承"即为民商法内容。封建时代所继承者,盖人身财产。中国古代秉嫡长子继承。清末变法,度废宗祧;民国民法,改定男女继承。新中国1985年颁布《继承法》,建构继承法制。现编纂民商法典,继承为其专编,当守《继承法》优秀成果,并调整完善,以与其他各编共司其职,担其使命。本文遵前理念,秉持天人合一、民商合一、知行合一,拟就《中华人民共和国民商法典"继承权编"草案建议稿(黄河版)》,含"总则、遗产转承协议、遗嘱赠与和遗嘱继承、法定继承、继承权的放弃和丧失、遗产的保管和遗产的处理、继受遗产证书七章","民商法典草案"全部告成:通则(226条)、人身权(247条)、物产权(398条)、知产权(195条)、债承权(667条)、继承权(92条),六编共1825条,渗透向实求是之心与应时更新之志。以此编章恢宏、体系新颖、逻辑严谨、结构科学、内容全面、求实现代、庄重齐整、高雅清秀、疏简通达、宏然大气,颇具中国特色、中国风格与中国气派;由正道通领、五行构塑,宛若长城万里、故宫华典、黄河灌泽,显出天下,造福于民,展屹于世界民商法之林,并成我中华法系黄河法治学术理论文明之新贡献和新骄傲。

关键词　民商法典;继承权编;守正调整;发展完善;草案稿;黄河版

目　次

---

* 王明锁(1954—),郑州工商学院人文艺术院教授,主要研究方向:民商法学。本文写作完成于2019年11月并投稿,特此说明。

一、引言:新中国继承法——晚生婚姻三十五

新中国成立,1950 年颁布《婚姻法》;30 年过去,1980 年重颁《婚姻法》,并由此开始大量民商立法。1981 年颁布《经济合同法》、1982 年颁布《商标法》、1984 年颁布《专利法》,1985 年颁布《继承法》;1986 年颁布《民法通则》,谓“压缩饼干式的民法典”或“小民法典”,成为新中国民商立法之重要里程碑。对其中 30 载年华,学界有说“中间很长时间是荒废的,是我国出现的法治不健全的表现之一”。其实,中间 30 年不是荒废和法治不健全,而是新中国成立后的 30 年,系无民法产生存在之条件,亦无民法继承制度之必要。

其一,公有制计划经济不需要民法。“民法准则只是以法律形式表现了社会的经济生活条件”。[1] 而作为民法渊源的罗马法,一开始就“是简单商品生产即资本主义前的商品生产的完善的立法,但是它也包含着资本主义时期的大多数法权关系”。[2] 民法产生和存在的经济条件是商品经济(市场经济),是主体平等进行自由交换的经济。而新中国成立,30 年的经济是被资本主义围剿和封闭的经济,是高度统一的计划经济。生产资料上实行公有而消灭私有;劳动者被计划安排,财产物品被统一分配。其社会经济生活条件,决定无须交换,也不需要传统之民法。这就是 1954 年、1962 年两次起草民法典而不能成功的根本原因,也是旧中国的“六法全书”不能继续存在而被废除的缘由所在。

其二,物质财产的匮乏不需要继承法。继承向为民法之内容,而民法本质上乃是财产之法或金钱之法,是对财产财富进行支配、交换、继承、保护的法律。而由于历史与现实的因素,新中国一穷二白,生产落后,物资匮乏,不得不统一计划、统一分配。集体生产劳动、消费定量供应。生产力落后,生活水平低下,吃饭穿衣都是社会的主要矛盾,而何来商品的交换与财产的继承?故民法中的所有权制度、债与合同制度、遗产继承制度,统统都是“天方夜谭”、无的放矢,本无其用武之地。这就是 30 年间没有必要制定民法典和没有专门继承法之缘由。

30 年艰苦奋斗,30 年经验总结,封锁被打破,改革并开放。集体土地被分到农户,农户有了对土地这种最重要的生产资料直接的支配权和生产自主权;劳动力有了相对的自由;产品有了一定的剩余。于是,产品向商品转变;剩余产品被用以交换;人与人之间的商品交换自然需要靠契约规则予以规范。于是乎,调整交换的法律首当其冲,故有 1981 年《经济合同法》之颁布;交换的商品需有商标标识,故有 1982 年《商标法》之颁布;交换后,有了剩余、积蓄,不再是以前的“人未死,粮没了”的苦恼,而是出现了“人死了,钱还在”的欣慰遗憾和争执纠纷。钱财物品留给谁?纠纷争执如何定?故有 1985 年《继承法》之颁布。可见,正如马

---

〔1〕《路德维希·费尔巴哈和德国古典哲学的终结》,载《马克思恩格斯选集》第 4 卷,人民出版社 1972 年版,第 248—249 页。

〔2〕《致卡尔·考茨基》,载《马克思恩格斯全集》第 36 卷,人民出版社 1974 年版,第 169 页。

克思恩格斯所言："继承法最清楚地说明了法对于生产关系的依存性。"[3]改革开放的春风漫雨，致合同法、专利法、商标法、婚姻法、继承法如雨后春笋般生出成长；其长势与传统民法已差无几。对此何不兴成民法典？故随改革开放，即伴有民法典之编纂，曾成民法草案三、四稿。但因客观上尚处改革开放初期，更因主观上没有能力完成民法典。"由于民法涉及各个方面，情况很复杂；我国的经济体制改革正在发展，当时要制定一个完整的民法典有困难。所以，彭真同志、习仲勋同志（当时任法制委员会主任）决定，根据需要和可能，把已经成熟的部分，用单行法的形式制定出来。先后制定了一批单行法律，又制定了《民法通则》。"《民法通则》包括民法四稿中的主要内容，经 26 稿打磨，比传统的民法总则要宽，也比称"民法总纲"要好，故委员长提议并经研究采用《民法通则》之称谓。[4] 并由此树立了中国民商立法之重要里程碑，为中国民商法典的编纂奠定了坚实基础，也留下了生动的中国民商立法的乡愁故事，为世界民商法理论提供了中国人的智慧！因《继承法》已先于《民法通则》颁布，故《民法通则》仅以第 76 条规定："公民依法享有财产继承权。"

1985 年的《继承法》符合中国实际，成功发挥了其重要作用。又一个 30 年过去了，党的十八届四中全会决定"加强市场法律制度建设，编纂民法典"，继承法入编民法典提上议程。这次编纂民法典，关键的问题不再是能不能编成民法典，而是编纂一部什么样的民法典？正如著名法学家王家福先生 10 年前所言："中华人民共和国这么一个大国，应该有一部反映时代精神、体现中国实际的民法典。这部民法典理应制定成为全世界最好的民法典……我们应该搞一个真正好的民法典。"[5]对于编纂一部什么样的民法典，主管部门以 2002 年草案为底稿，提出由总则、物权、合同、婚姻、继承、侵权责任为民法典各编。很明显，这是一个现行单行法的简单汇编，即把原有现成的各单行法作为所谓民法典的各编而已。后又插加所谓人格权编，重蹈 2002 年汇编之辙，并引发激烈争论。对这样一部未来的民法典，按照两步走的计划，《总则》已经颁布。各分编草案被陆续公布征求意见和审议。而就对各分编的意见看，争议最大的是人格权、知识产权及债法总则。[6] 就继承部分说，尽管理论上还有将继承与民法分立或者使继承与婚姻家庭法合并的观点，但继承成为民法典的独立一编立法上已不是问题。[7] 其主要问题应该是继承于民法中的位置如何？民法典继承编应当如何继受继承法中

---

〔3〕《德意志意识形态》，载《马克思恩格斯全集》第 3 卷，人民出版社 1974 年版，第 420 页。

〔4〕顾昂然：《民法通则的制定和立法精神》，载最高人民法院《民法通则》培训班《民法通则讲座》，北京市文化局出版处（内部书刊）1986 年 9 月印刷，第 9—13 页。

〔5〕王家福：《新中国的民事立法感言》，《法学家》2009 年第 5 期。

〔6〕朱宁宁：《多位常委会委员建议：应将人格权编放在民法典分编之首》、《知识产权是否单独入"典"引发常委会委员热议》，《法制日报》2018 年 9 月 4 日。费安玲：《民法典理性与债法总则》，中国法学会民法学研究会 2018 年年会实录，载微信公众号"中国民商法网"，2018 年 10 月 31 日。李永军：《民法典合同编通则的疑难问题》，见《中国法学会民法学研究会 2019 年年会会议简报第十二期》，载微信公众号"中国民商法律网"，2019 年 10 月 29 日。

〔7〕理论上曾有将继承与民法分立或者使继承与婚姻家庭法合并的观点。

的成熟制度？哪些则需要发展改进或完善？继承部分的自身结构体系如何安排才更为妥当？对于这些问题，笔者将着力论就，并照旧秉持知行合一理念，拟出与已经完成的通则编、人身权编、物产权编、知产权编、债承权编通达呼应的继承权编，作为《中华人民共和国民商法典草案建议稿（黄河版）》的官尾之编。

二、继承制度之渊源——源远流长四千年

人总是要死的，其所属金钱物品，“乃人世流火，生不带来，死不带去。用得其所，为无价之宝；不得其用，如铜臭粪土。可以成人，亦可毁人矣！”人生前财物，多留于后人。原始社会，已有其习俗规则。母系父系氏族社会，逝者遗产去向，均依习惯维持。“当世系还是只按女系计算的时候，并根据氏族内最初的继承制度，氏族成员死亡以后是由他的同氏族亲属继承的，财产必须留在氏族以内。”〔8〕“这样就废除了按照女系计算世系的办法和母系的继承权，而确立了按男系计算世系的办法和父系的继承权。”〔9〕不过其继承均以血缘继承为主、依习惯维持而无法律调整。严格意义上的继承当为财产继承，即遗产继承，是从法律上确认私有财产的继承开始的。自法律产生，始有继承制度存在。《汉谟拉比法典》（约公元前 1776 年）对继承已有相当具体的规定。〔10〕 罗马法中对继承的规定更为详尽系统，且该部分规定占据重要地位。《十二表法》第五表规定监护和继承，〔11〕第六表为所有权和占有。查士丁尼《法学阶梯》第二卷共 25 篇，其中第 1 篇到第 9 篇主要规定物权、用益物权与居住权等有关物的权利；其余 16 篇规定了遗嘱订立人、遗嘱订立程序、指定继承人及信托遗产继承等。第三卷共 29 篇，第 1 篇到第 12 篇则主要是对无遗嘱的遗产继承的规定；其余 17 篇才是关于债的原理及契约的规定。其明显特点是遗嘱继承地位突出，继承制度先于债和契约的规定。〔12〕

以查士丁尼《法学阶梯》为蓝本，直接吸收罗马法精华编纂而成的《拿破仑民法典》，其第三卷为取得财产的各种方法，其前两编分别是对继承、生前赠与及遗嘱的规定，共达 175 条；随后为债与各种契约。〔13〕 其明显特点是将继承作为财产取得的一类方法；继承也先于债的制度。至《德国民法典》，将《法国民法典》中的财产取得方式区分为债与继承两编，继承编 464 条，被放至最后，债被提到物权之前，各编次序列为总则、债、物权、亲属、继承。〔14〕 此后《日本民法典》将物权调

---

〔8〕《家庭、私有制和国家的起源》，载《马克思恩格斯选集》第 4 卷，人民出版社 1972 年版，第 50 页。

〔9〕《家庭、私有制和国家的起源》，载《马克思恩格斯选集》第 4 卷，人民出版社 1972 年版，第 51 页。

〔10〕《汉谟拉比法典》中已经有关于遗嘱、遗赠、继承份额、继承权剥夺等规定。参见《古巴比伦皇帝汉穆拉比法典》第 165、第 168、第 169、第 171、第 172、第 178、第 179、第 180、第 181、第 182、第 191 条等，载《外国法制史参考资料》（一），北京政法学院法制史教研室，1981 年 6 月。

〔11〕见[古罗马]《十二铜表法》，载《外国法制史参考资料》（一），第 98—99 页，北京政法学院法制史教研室，1981 年 6 月。

〔12〕[古罗马]查士丁尼：《法学总论——法学阶梯》，张企泰译，商务印书馆 1989 年版。

〔13〕《法国民法典》，马育民译，北京大学出版社 1982 年版。

〔14〕《德国民法典》，郑冲、贾红梅译，法律出版社 2001 年版。

到债权之前，继承也被排在最后，为163条。[15]《瑞士民法典》则以人、亲属、继承为前三编，而后方为物权及债。[16]《意大利民法典》第一编为人与家庭、第二编为继承，多达354条。[17]

《越南民法典》分为总则、财产和所有权、民事义务和民事合同、继承、土地使用权转让、知识产权和技术转让权、涉外民事关系，共七编，婚姻家庭不在其内，继承编为56条。[18]《土库曼斯坦民法典》包含总则、物权、债法、著作权、继承法五编，也不包括婚姻家庭，继承编为191条。[19] 这两部法典不包括婚姻家庭的特点，应当说是受苏俄婚姻家庭被排除在民法典之外的立法影响。

上述民法典之共同特点在于继承均为其中独立一编，没有像我国民法理论中有的那样将婚姻家庭排除于民法典之外。[20] 所不同者，是继承在民法典中的位置次序和条文内容的繁简多寡而已。

我国古代法律中，继承制度涉及宗祧继承、爵位继承和财产继承。宗祧继承是宗法制度中的传宗接代问题，封建制宗祧主要采立嫡与立嗣制度。立嫡是确定嫡长子为宗祧继承人。[21] 如果无后，无子孙作为继承人，即发生立嗣问题。有子立嫡，无子立嗣。立嗣限于同宗男子。但如为独子，不得出继。在清代，独子可以兼祧，即一子可继两房。立嗣可在被继承者生前进行，也可在被继承者死后进行。如夫死无子，妻在，凭族长择嗣，谓之立继。夫妻双亡者，凭父母或族长之命立嗣者，谓之命继。爵位继承涉及爵位等级、食封的授予、课税的免除等，既具行政性质，又与民事相关。[22] 财产继承从属于宗法制度，以宗祧继承为前提，似乎更具补充意义。因为有继承资格者方可继承财产。财产继承中，法定继承与遗嘱继承同时存在，但遗嘱继承受到很大限制，且在继承人之间存在明显的不平等。至清末变法，封建继承被逐步废除。旧中国民法如同德日民法，继承权独立，列于亲属之后，是为第五编。《大清民律草案》继承编110条，《民国民律草案》继承编225条，南京国民政府时期的民法继承编为88条。[23]

---

〔15〕《日本民法》：曹为、王书江译，法律出版社1986年版。

〔16〕《瑞士民法典》：殷生根、王燕译，中国政法大学出版社1999年版。

〔17〕《意大利民法典》：费安玲、丁玫译，中国政法大学出版社1997年版。

〔18〕《越南民法典》：米良译，徐中起校，云南大学出版社1998年版。

〔19〕《土库曼斯坦民法典》：魏磊杰、朱淼、杨秋颜译，蒋军洲校，厦门大学出版社2016年版。

〔20〕佟柔主编：《中国民法》，法律出版社1990年版。婚姻法长期独立于民法，继承法也独立于民法，进而有的学者将婚姻和继承结合，认为两者为所谓的家事法，并成"婚姻家庭与继承法"，致两者齐肩并随。

〔21〕《唐律疏义》："立嫡者，本拟承袭，嫡妻之长子为嫡子，不依此立，是名违法。"依令："无嫡子及有罪疾，立嫡孙；无嫡孙，以次立嫡子同母弟；无母弟，立庶子，立嫡孙同母弟；无母弟，立庶孙。曾玄以下准此。无后者，为户绝。"见〔唐〕长孙无忌等撰：《唐律疏义》，中华书局1983年版，第238页。

〔22〕李志敏：《中国古代民法》，法律出版社1988年版，第58页。

〔23〕《大清民律草案》中，对嫡子、庶子、嗣子、私生子尚有区分。《民国民律草案》中，尚有宗祧继承一章，专门对宗祧继承人与继承宗祧之效力进行规定。《中华民国民法》废除宗祧继承，规定遗产继承人，除配偶外，其顺序为直系血亲卑亲属、父母、兄弟姊妹、祖父母。参见杨立新主编：《中国百年民法典汇编》，中国法制出版社2011年版。

新中国法律对继承制度的规定相对简单。先是于《婚姻法》中有具体涉及[24]，并在《宪法》中进行确认性规定，[25]此外靠民事审判政策与意见调整。1985 年颁布专门的《继承法》，第 1 条规定："根据《中华人民共和国宪法》规定，为保护公民的私有财产的继承权，制定本法。"《继承法》分总则、法定继承、遗嘱继承和遗赠、遗产的处理、附则，共五章 37 条。1986 年在《民法通则》第 75 条规定公民的个人财产所有权之后，以第 76 条规定："公民依法享有财产继承权。"后有《最高人民法院关于贯彻执行中华人民共和国继承法若干问题的意见》64 条。此次编纂民法典，公布"继承编稿"为一般规定、法定继承、遗嘱继承和遗赠、遗产的处理，共四章 45 条，与《继承法》体例别无二致，把总则之名换成一般规定，仅多 8 个条文，也应是将继承法汇入民法典而已。

由外到内，从古至今，法律制度，皆有继承。可见继承制度源远流长，且多为民法典重要内容。我国的继承制度相对单薄，其原因应与我国公民的私有财产制度状况以及对继承制度性质的认识密切相关。

三、继承制度之性质——遗产传取两面性

人生于世，虽无不死，然寻仙药谋不老，藏金简以消灾者，皆以梦寐长生、续享富贵荣华，并基于"事死如事生，事亡如事存"的认念，无论是天堂还是地狱，等级安排亦同人世凡间。人死之后，还要与生前一样过日子，故大量的生前所用物品以及侍从都要陪葬。如此大量财物随逝者而去，其后代亲属不能享用，倒成了挖墓盗贼的目标。这使人逐步认识到随葬物品的着实去处，故改以少量物品随葬而加送冥币纸折。于火葬情况下，人来世上更是只带走了随身衾服，真乃赤条条地来，灰裸裸地去。一生一世所有财物，仍留给了后世生人。"逝者长已矣，生者如斯夫！"而人死之遗产，为后人获得，性质如何？

遗产之去属，先与财产所有权的处分权能密切相关。继承制度定以私有财产所有权的存在为前提。法律上凡承认私有财产所有权者，无不同时承认遗产继承制度。公民对自己的财产依法享有所有权，即有权对自己的财产进行完全的支配。作为民商主体的自然人，生前对财产进行占有、使用、收益、处分，主要享有财产物品的使用价值。但是面临死亡，其对财物继续享用已无意义。此时最有意义的是对财产进行价值上的支配和法律上的处分，即订立遗嘱，将遗产转移给自己的心仪之人或者对遗产更有需求的民商主体，以使其遗产继续发挥作用或更具价值，故订立遗嘱对遗产进行处分是所有权人行使所有权的当然内容。

继受他人遗产，又与民商主体取得财产所有权联系密切。民商主体取得财产，有原始取得和传来取得两种途径。在传来取得途径中，继承或接受遗产

---

[24] 1980 年《婚姻法》第 18 条规定："夫妻有相互继承遗产的权利。父母和子女有相互继承遗产的权利。"

[25] 1982 年《宪法》第 13 条规定："国家保护公民的合法收入、储蓄、房屋和其他合法财产的所有权。国家依照法律规定保护公民的私有财产的继承权。"

为契约外最普遍的方式。这些主体取得遗产的根据，即为死者生前所立遗嘱。无论是死者亲属，还是其他民商主体，多是通过遗嘱而获得相应财产。区别只在于，与死者具有特定血缘亲属关系的人被称为遗嘱继承人；其他民商主体被称为遗赠受领人。但凡取得遗产者，又都是获得了特定财产，取得了财产所有权。

因此，就死者生前订立遗嘱决定遗产去向归属而言，既是自然人对其财产的处分，又是民商主体取得财产所有权的途径，分明具有处分转移财产和取得承接财产两个方面的特性。

死者若未订立遗嘱，则根据法律直接规定进行继承。而法律依据天道自然和常理人情推断死者生前意思，将遗产确认给予死者最亲近合适的人。由此根据法定继承取得遗产，与根据遗嘱取得遗产一样都发生财产所有权转移的法律后果。

而无论是遗嘱继承还是法定继承，其所继承财产的类型更明显地决定着继承的性质和特点。生产资料私有制社会，通过继承，继承人实际上获得了死者生前所具有的生产资料所有权。因此马克思曾经指出："继承权之所以具有社会意义，只是由于它给继承人以死者生前所有的权利，即借助自己的财产以攫取他人劳动成果的权利。"〔26〕于不存在生产资料私有制的社会，继承人主要是对生活资料的继承，而不是对剥削他人劳动手段的继承。在与宗教密切联系的社会，宗教还深刻地影响着继承制度。古罗马的遗嘱继承和西欧中世纪遗嘱继承的盛行都具有浓厚的宗教意义。马克思指出："在中世纪，遗嘱无疑具有宗教的意义，立遗嘱不是为了还活着的人，而是为了死人。"〔27〕恩格斯也说："在德意志人中间，这种制度是由教士引入的，为的是使诚实的德意志人能够毫无阻碍地将自己的遗产遗赠给教会。"〔28〕因此遗嘱与立遗嘱人的观念意识也不无关系。

长期以来，尽管财产所有人可以通过遗嘱将自己的遗产捐赠给国家和分散于社会，但其遗产主要还是留给了自己的亲属。继承人通过继承取得死者生前财产，继续享有和行使财产所有权。这无论被认为是死者生前处分财产的方式，是被继承人生前意思的延展，还是一种家族财产关系和共同生活，抑或是被继承人死后对有关亲属抚养的继续，甚至被认为是对共同生活财产的分割，或者就是一种不劳而获，〔29〕其本质特性都是从他人之处使自己增获财产，并且不像通过契约取得财产那样需要支付对价。因此对于获得遗产者来说，即相当于其从他人之处无偿取得现成的财产！如果是在以生产资料私有制为基础的社会，获得遗产也即获得了剥削他人劳动的手段和条件。因此继承制度的合理性与正当性曾多被质疑，以致被主张废除。

---

〔26〕《总委员会关于继承权的报告》，载《马克思恩格斯选集》第 2 卷，人民出版社 1972 年版，第 284 页。

〔27〕《马克思致斐·拉萨尔》，载《马克思恩格斯全集》第 30 卷，人民出版社 1974 年版，第 607 页。

〔28〕《家庭、私有制和国家的起源》，载《马克思恩格斯选集》第 4 卷，人民出版社 1972 年版，第 173 页。

〔29〕《法学研究》编辑部编：《新中国民法学研究综述》，中国社会科学出版社 1990 年版，第 712—714 页。

四、继承制度之存废——阉除宿疾理太偏

继承即继续承接、延续不断之意。遗产继承乃将死者所留财产转由其亲属继续支配。继承为上层建筑法律制度，为其赖以存在的经济基础服务，作为一种取得财产权方式，他人自然不得侵犯。但无论通过遗嘱继承还是法定继承取得遗产，客观上继承人都是一种无偿取得，往往被简单通俗地概括为"不劳而获"。因此保护继承人之继承权，也就等同于保护事实上的不劳而获。由此继承制度颇受非议，[30]并多有予以废除的主张。空想社会主义者圣西门等曾把继承权制度视为"人类的一种宿疾"，从而提出"废除继承权"的要求；后被巴枯宁的"民主同盟"接受发展，坚持要把"废除继承权"作为社会革命的起点，并硬要国际代表大会对此进行辩论。

针对1869年巴枯宁等提出废除继承权的问题，马克思在开会时做了内容丰富的发言，在总委员会批准的马克思的报告中，首先，马克思认为"同所有一般的民法一样，继承法并不是一种原因，而是一种结果，是从现存社会经济组织中得出的法律结论，这种经济组织是以生产资料即土地、原料、机器等的私有制为基础的"。"承认废除继承权是社会革命的起点，只能意味着引诱工人阶级离开那实行攻击现代社会真正应持的阵地。这同既要废除买主和卖主之间的契约法，同时又要保存目前的商品交换制度一样是荒谬的。""这在理论上是错误的，在实践上是反动的。"[31]报告认为应当同原因而不是同结果做斗争，同经济基础而不是同它的法律的上层建筑做斗争。报告认为继承权的消亡将是废除生产资料私有制的社会改造的自然结果；但是废除继承权绝不可能成为这种社会改造的起点。其次，马克思认为在考察继承法时，必然要假定生产资料的私有制继续存在。最后，马克思认为从以上方面考虑继承法的修改，只是所有导致同一目的的其他许多过渡性措施中的一种。且这种过渡性措施只能是更广泛地征收在许多国家中业已存在的遗产税和限制遗嘱继承权。[32] 可以看出，马克思主义并不是主张废除一切私有制，废除的只是生产资料的私有制；"并不剥夺任何人占有社会产品的权力，它只剥夺利用这种占有去奴役他人劳动的权力。"[33]由此，不应当不顾社会原因条件而主张废除继承权。

实际上，马克思和恩格斯在《共产党宣言》中提出的废除继承权是有条件的。正如列宁所指出的："遗产制度以私有制为前提，而私有制则是随着交换关系的

---

〔30〕 莫泊桑小说《一家人》中，医生与和巴黎公社有过纠葛的主人公妹夫，认为"财产是剥削，继承遗产是可耻的"。

〔31〕《总委员会关于继承权的报告》，载《马克思恩格斯选集》第2卷，人民出版社1972年版，第284—285页。

〔32〕《总委员会关于继承权的报告》，载《马克思恩格斯选集》第2卷，人民出版社1972年版，第285—286页。

〔33〕《共产党宣言》，载《马克思恩格斯选集》第1卷，人民出版社1972年版，第267页。

出现而产生的。”[34]反过来，即可以说，交换关系产生了私有制，而有私有制的存在也就必然有遗产继承制度的存在。如果把继承和私有制联系起来，继承在本质上就成了维护财产所有权和财产私有制的手段，在一定条件下也就会成了一种不劳而获和剥削他人劳动成果的手段。在《共产党宣言》中，马克思、恩格斯认为无产阶级在夺取资产阶级的资本中，必须对所有权和资产阶级生产关系实行强制性的干涉，于最先进的国家可以“废除继承权”。[35] 马克思于《总委员会关于继承权的报告》中认为，“继承并不产生这种把一个人的劳动果实转移到别人口袋里的权利——它只涉及到具有这种权利的人的更换问题”。[36] 马克思主义以上关于继承的观点主要是：继承是以私有制为基础的；交换关系必然产生私有制；继承是财产权利主体的更换；废除继承权是有条件的。只要继承赖以存在的经济条件存在，只要继承权消亡的历史时期还未到来，继承制度就必然存在。在没有条件的情况下，要废除继承权“只会引起困难，只会惊动和吓坏人们，而不会带来任何好处。废除继承权不会使社会革命开始，而只会使社会革命完蛋。起点应该是：为生产资料的公有化创造条件”。[37]

在社会主义实践中，俄国十月革命胜利后，曾经颁布“关于废除继承制度”的法令，指出“法定继承和宗教遗嘱继承一概废止”，财产所有人死后其遗产均归国有。随后是对遗产数额进行限制，即 1 万金卢布以下的遗产可由死者一定的近亲属继承。1922 年颁布“关于遗产税”的法令。1926 年转为废除遗产数额的限制，并修改课征遗产税的办法。1945 年颁布“关于法定继承人和遗嘱继承人”的法令。1964 年制定《苏俄民法典》，第 7 编对继承问题做了具体规定。[38] 其中最重要的是把法定继承人规定为两个顺序：第一顺序是子女、配偶和父母；第二顺序是兄弟姐妹、祖父母和外祖父母。可见在社会主义实践中，继承权制度也经历了一个从废除、限制、征税到认可恢复的曲折过程。

在我国，1982 年《宪法》第 13 条规定：“国家依照法律规定保护公民的私有财产的继承权。”当时对此有不同认识和相当多的讨论。如有观点认为宪法规定是马克思主义财产继承观的体现，也是新中国成立 30 余年历史经验的总结，应当加深对新宪法保护公民私有财产继承权的理解，提高我们贯彻执行这一规定的自觉性。[39] 1985 年《继承法》颁布，有人认为《共产党宣言》中“废除继承权”的观点是指无产阶级在争得民主，上升为统治阶级之后，在还保存着资本主义私有制的条件下，作为对资本主义的所有权和生产关系采取强制性干涉的过渡性措施

---

〔34〕《什么是“人民之友”以及他们如何攻击社会民主主义者》，载《列宁选集》第 1 卷，人民出版社 1972 年版，第 20 页。

〔35〕废除继承权为其中实行的十项措施中的第三项。参见《共产党宣言》，载《马克思恩格斯选集》第 1 卷，人民出版社 1972 年版，第 272 页。

〔36〕《总委员会关于继承权的报告》，载《马克思恩格斯选集》第 2 卷，人民出版社 1972 年版，第 284 页。

〔37〕《卡·马克思关于继承权的发言记录》，载《马克思恩格斯全集》第 16 卷，人民出版社 1964 年版，第 652 页。

〔38〕彭万林主编：《民法学》(修订版)，中国政法大学出版社 1997 年版，第 806—807 页。

〔39〕王遂起：《简论马克思主义的继承观》，《北京政法学院学报》1983 年第 1 期。

之一。[40] 也有人认为,如何正确理解马克思关于继承权的一些论述和对待继承权的态度,对于理解我国继承法的理论依据与立法精神具有重要意义。[41] 还有人认为从长远看应当废除继承权,但从近期看应当限制遗嘱继承和征收遗产税。[42] 除了关于是否废除继承权有热烈讨论,社会上也不乏限制和废除继承的观点,如从国家的国体、反腐倡廉、社会公平、共同富裕、深化改革等方面论证和主张应当限制继承权或讨论遗产税问题。

对此笔者认为应当明确:在社会主义初级阶段,应当坚定保护公民的私有财产的继承权。

第一,财产继承权是私人财产所有制和所有权的必然结果。民商法中,只要承认私有财产所有权制度,就必须和应当承认财产继承权。因为在承认财产私有的前提下,不承认私有财产的继承,死者就必然会在生前早早地对自己的财产进行处分,通过生前赠与的方式将自己的财产转移给其中意之人。临死之时,已无财产,结果使继承权成为一个没有任何意义的东西。

第二,保护财产继承权是调动和维护人们生产劳动积极性的有效法制手段。中国将长期处于社会主义初级阶段,总体上生产力还处于较低水平,尚属发展中国家。保护继承权,有利于人们生前节约财产、增加获取财产的积极性。若废除继承权或者不对继承权进行保护,必然会导致财产的浪费和人们的懒惰。

第三,保护财产继承权有利于传承和发扬中华民族关心后代、为后代积累财富的优良传统。“家有方寸地,留与子孙耕”“前人栽树,后人乘凉”,乃中华民族传统。保护继承权,有利于维护此传统和加强亲属家族的凝聚力。如果不对继承权进行保护,其后果必然是“有酒今朝醉,顾己不顾他”,人心散漫,恒心丧失。

第四,保护财产继承权并非必然导致贪污腐败。因为保护财产继承权只是对合法财产继承权的保护。非法财产不受保护,故自不得继承。反腐倡廉是要扎好“笼子”,让人们不能贪、不敢贪、不愿贪、不想贪。生前所得财产取之正当、合法、清白,其所有之财产为合法财产,继承之财产自然亦为合法。

第五,保护继承权与共同富裕并不矛盾。共同富裕,乃使人生财有道,靠合法手段致富,并带领和帮助别人脱贫致富。一花独放不是春,百花齐放春满园。一人为富难长富,万民同富方安宁。故保护继承,更助帮人之力。通过捐助捐献,遗嘱遗赠,将自己的合法财产奉献于国家社会或继承人以外的民商主体,既尊重财产所有人之意愿,提振所有权人之名声,又助推共同富裕。

第六,保护财产继承权与民商法意思自由原则完全一致。废除继承权或者限制继承权,将死者财产直接没收归国家所有,必然违背死者意愿。而违背死者生前最后意愿,当是最不人道和违背民情人性的做法。“人之将死其言也善,鸟之将死其鸣也哀”,尊重死者遗愿,此符合民商法基本原则,符合社会主义核心价值观,符合中华民族传统习俗,符合天理人道和民情民心也。

---

〔40〕 谭天云:《正确理解〈共产党宣言〉中关于“废除继承权”的论述》,《社会科学研究》1985年第4期。

〔41〕 郭道晖:《马克思主义对继承权的态度》,《法学》1985年第7期。

〔42〕 王炼钢:《马克思恩格斯继承权理论与中国遗产税》,《社会与法制》2006年第20期。

五、继承制度之功用——聚富散财各有道

继承制度保持着财产所有与财产转承的一致性。保护财产所有权，必然承认财产所有权人对自己财产的处分权。处分包括事实上的处分和法律上的处分。于法律上之处分方法，区分为二：双方的民商行为与单方的民商行为。双方的民商行为即协议(契约)行为；单方的民商行为即遗嘱行为。所以继承制度中的遗嘱处分财产是民商主体处分财产所有权的当然内容，遗嘱担当着财产所有权人对自己财产进行处分、转让的功能。继承制度促使自然人勤劳工作、聚集财富。人群熙攘、工作忙碌，首先在于保证劳动力的简单生产，恢复体能，继续奋斗。其次在增集财富养儿育女，保证劳动力再生产，并提升生活水准。再次是参与社会、治国理政、平安天下。此为一种大家情怀，为国为民为天下。三种目标，价值递进，前途光明远久。[43] 目标理想则又反过来催人聚力奋进。

继承制度具有自然人私有财产的聚散转承功用。但从财产流通承转的整体上观察，更知继承于其中地位。总体完备的财产聚散转承，在民商法中实为以下路径。

第一，自然人作出契约行为，使财产在生前发生移转。即财产所有权人生前订立契约，把自己的财产通过买卖、赠与等契约之债的途径传承他人。此种方式，使自然人财产所有权于其生前即发生移转他人的法律后果。

第二，自然人作出契约行为，使财产在死后发生移转。财产所有权人生前订立契约，但并不于眼下转移财产，而是待自己死后，所约定财产方移转他人。这种移转方式，为双方民事行为，即遗赠扶养协议和遗产继承协议。遗赠扶养协议为遗赠人与扶养人就扶养人对遗嘱人进行扶养而待遗嘱人死后取得遗嘱人之遗产的协议。该协议双方约定，管得生死两事：遗嘱人生前被扶养；死后财产再转移。遗产继承协议是被继承人生前就其将来遗产去向分配与继承人达成的协议。该种情形在实践中存在，但未被重视。根据协议，其财产也为死后方移转他人。当事人意思表示，双方者之效力应当高于单方者之效力。故于继承法中应当首先承认遗赠扶养协议和遗产继承协议。[44]

第三，自然人订立遗嘱，财产于死后移转与人。根据遗嘱，遗嘱人可以将遗产遗赠给继承人以外的人，也可以将遗产留给自己的继承人。遗嘱人仅凭自己单方意思表示，可以将遗产散与非继承人，也可以改变继承人之顺序，直接指定或决定各继承人之继承份额。遗嘱行为充分表达遗嘱人之意旨，符合民商法意

---

[43] 项羽入关，人劝其都关中以成霸，项羽却说："富贵不归故乡，如锦衣夜行，谁知之者！"其想的是掠财回乡摆阔。而刘邦都关中约法三章，使百姓从严刑峻法中解脱出来。两人胸境目标不同，刘邦立汉于天下，项羽却赚个沐猴而冠之名与孤家别姬之恨。李自成事成燕京，但恋得乡土，视十燕京难抵一西京，最终落得个郭沫若笔下甲申 300 年祭之流传。

[44] 女教师魏某终身未婚，生前长期由一学生郑女士照顾。经常买菜做饭、承担家务，生病住院都由该生悉心照料，住院费用大都从郑某账户支出。魏某死后留下价值四百万遗产。魏某单位认为该遗产应当归单位所有，魏某尸体火化后骨灰由单位负责保管，但长期未安葬。因此郑某与魏某单位发生遗产归属纠纷。此例是否为事实收养、事实遗赠扶养协议，抑或帮助或者其他而已？

思自由与诚信原则，体现人之自然本性与权利自由。根据遗嘱，遗产去向归属为生前意思决定，死后发生流转效力。凭遗嘱进行的继承或者接受的遗赠应当放在协议之后，这应当是继承法将遗嘱继承和遗赠放在第二位的合理依据。

第四，自然人没有意思表示，遗产依法移转与人。死者生前没有来得及对遗产去向归属进行表达或者未想作出表达，其所留财产也需正常移转。这种移转由法律直接规定，该规定通常符合天理人情和世故习俗。因此在没有遗嘱的情况下，所留遗产应当给一定范围内的亲属进行继承，推断符合被继承人之意思，有利于加强和谐亲属之关系。这是继承法将法定继承放在遗嘱之后的合理依据。

第五，自然人生前没有对财产进行协议处分，也未留下遗嘱进行处分，并且没有法定继承人予以继承的情况下，该财产成为无人继受之财产，依法确定其合理归属。根据现行法律，通常认为无人继承的遗产归国家或者集体。其实此种观点并不妥当，理论上高大，实际上空假。因为遗产种类复杂，并不适合都归国家或者集体。故此应当根据情况，可由基层组织或者单位将相应遗产适当分配散归与死者近邻或者亲朋好友。

如此，继承制度对于遗产的流转承接方能起到更加完美之功用。

六、继承制度之归属——流转承接唯是瞻

继承为民商法律制度，特别于近现代社会，所继承者，绝非自然经济时代之狭隘财产，而包括企业商品、股票基金、商标专利、字号诚信等。但是在理论学说和立法体例上，将继承囿于民法典，甚或归于婚姻法，抑或成单独法律，看法并非一致。自罗马法以来，立法上继承属民法典内容，司法上继承案件归民事诉讼，理论上通常也是将继承归于民法学内容进行讲授。但是在婚姻法单行立法和单独设婚姻法或者婚姻家庭法的情形下，有的则将继承法纳入婚姻家庭法范畴。我国改革开放之初，高等学校法学教材《民法原理》中，继承权还为民法的单独一编。[45] 但是在后来的民法理论中，继承制度则被排除在外。其认为财产继承涉及财产所有权的转移，历来属于民法内容，我国《民法通则》也对继承予以规定，但财产继承关系毕竟不属于商品经济关系，也不适用等价有偿等民法原则，把它归于婚姻家庭制度似更适当；继承是家庭成员间基于扶助、赡养、抚育而产生的财产关系在一方死亡时的体现；并鉴于继承法学已另有教材，即不拟讨论财产继承制度。[46] 可以看出，把继承排除在民法之外，重要理由是民法调整的是商品经济关系，民法适用的是等价有偿原则，而继承关系不属于商品经济关系，不适用商品经济的等价有偿原则，由此认为财产继承不属于民法范围。也可间接看出，当继承被排斥到民法之外后，即单独成了继承法或者继承法学；或者基于继承与

〔45〕 佟柔主编：《民法原理》，法律出版社 1986 年版，第 483 页。

〔46〕 佟柔主编：《中国民法》，法律出版社 1990 年版，第 6 页。

婚姻家庭的关系，又形成了包括继承在内的婚姻与继承法学[47]、婚姻家庭继承法[48]、婚姻家庭法学[49]等。这对继承法律发展影响深刻，不仅在当今编纂民法典中，所谓的民商合一仍然被局限命名为“民法典”，还有人主张婚姻法应当独立于民法典之外[50]，将婚姻继承一起作为所谓的家事法进行研究[51]，甚至有不少的家事法研究机构或者组织。由此，继承制度何去何从也并非没有争议，以致对“加强市场法律制度建设，编纂民法典”目标的实现和构建科学的具有中国特色的民商法律科学体系产生重大影响。

其一，将民法的调整对象仅限于商品经济关系是极不科学的。一种社会关系本受多个法律部门共同调整规范，刑法、行政法也无不对商品经济关系进行调整。立法上，罗马法、法国民法典都是被作为典型的民法看待，而这些法律的对象并非都是商品经济关系，婚姻继承本在其中。因此可以说，商品经济关系的发展繁荣了民法，是民法的主要规范对象，但民法所规范的却并不仅是商品经济关系，商品经济关系也并非只是民法的调整对象。在我国，还有观点将商品经济关系作为商法的规范对象，而将农业社会的自然经济作为民法的基础，更是割裂了商品经济关系的统一性和民法商品经济的本质特性。正是因为将平等主体之间的商品经济关系仅作为民法调整对象的非科学性，才使笔者大胆放弃通说中关于民法调整对象的狭隘表述。[52]

其二，等价有偿被确立为民法的基本原则，具有其历史局限性，其也非民法唯一原则，更多情况下实际为公平原则所吸收。平等自愿公平诚信诸原则完全适用于婚姻与继承。在平等自愿条件下，当事人完全可以放弃等价有偿规则，赠与捐助、放弃权利皆属无偿。因此从科学的角度看，等价有偿并不能作为民商法的基本原则。[53] 但若从更为深层的角度分析，凡是流转交易的关系又可说都是有偿的。如赠与关系中，在金钱层面是无偿的，但在人身名誉精神方面，又是一种报偿，予人玫瑰，手留余香。婚姻家庭中，父母对子女抚养教育，而成年子女对父母赡养扶助，养儿防老即是一种报答，谁言寸草心，报得三春晖。继承关系中，对被继承人尽义务多者，可以多分遗产，能尽义务而没尽义务者，则应少分遗产甚至不能继承。因此，不能以等价有偿作为民法的基本原则来排斥婚姻家庭，而

---

〔47〕 巫昌祯主编：《婚姻与继承法学》，中国政法大学出版社 2001 年版。

〔48〕 夏吟兰主编：《婚姻家庭继承法》，中国政法大学出版社 2005 年版。

〔49〕 杨大文主编：《婚姻家庭法学》，复旦大学出版社 2004 年版。

〔50〕 蒋春华：《论新时代我国婚姻家庭法的功能、属性和独立性——民法典编纂之际的思考》，载《第二届民法典编纂与家事法改革研讨会在青岛大学成功举行(上)实录》，中国民商法律网，2019 年 10 月 10 日。《婚姻法》脱离民法，源于苏联立法；我国学之，婚姻法长期独立。如今编纂民法典，婚姻法仍为法典之单独一编，此无疑为苏联婚姻独立之陈态旧痕，不只无任何自立与独创，还将民法通则中人身权包括人格身份的特色亮点擦除灭熄。

〔51〕 如 2019 年 10 月 25—27 日在福州举办的“中国法学会婚姻家庭法学研究会 2019 年年会暨民法典婚姻家庭编、继承编立法完善研讨会”，即是明证。

〔52〕 王明锁：《中国民商法典编纂的重大疑难问题——附中华人民共和国民商法典通则编草案建议稿(黄河版)》，《晋阳学刊》2016 年第 3 期。

〔53〕 王明锁：《市场经济特质与民商法品格》，《河南大学学报》(哲学社会科学版)2007 年第 1 期。

实际上也难以排斥。

其三,主张继承与婚姻家庭结合,有人认为理由在于继承只是自然人的事情,与法人无关。其实,继承所涉遗产虽然只是被继承人自然人的事情,但法人及其他组织甚至国家都可以作为自然人所留遗产的接受者。继承制度虽然主要发生于家庭成员之间,但并非只与家庭成员相关,也不只是限于自然人。被继承人生前订立遗嘱,根据遗嘱接受遗赠的人,就不一定是与被继承人曾经一起生活的家庭成员;如果根据遗嘱,被继承人将遗产遗赠给自己的生前单位或者组织,或者把遗产遗赠给国家,那接受遗产者,就绝非局限于自然人主体。在遗赠扶养协议的情形下,遗产的归属也不一定限于自然人。如果是法定继承,当被继承人没有继承人继承时,按照规定该遗产将成为无人继承的遗产,无人继承的遗产根据法律的直接规定,可以归有关组织或者国家所有。因此,并非像有的理论上说的那样,继承与法人组织没有关系,继承仅是家庭范围内的事情。

其四,将继承划入婚姻法,似乎是犯了一种短视性和方向性的错误。自《汉谟拉比法典》、罗马法,到法国民法典、德国民法典,婚姻家庭规则从来都属于民法的内容。只是至苏俄制定民法典,因公有制基础上的计划经济,劳动力、生产资料、劳动产品,都由国家计划配置,社会的生产关系都是靠计划分配完成的;而唯独男女之间的婚姻关系不得不是天然的自由结合,家庭关系被自然的血缘关系所连接,不能靠计划分配,故此婚姻家庭法规范被排除于民法之外,并形成单独的婚姻家庭法。〔54〕若从市场经济关系与婚姻关系的本性看,两者也完全一致,无不遵循平等、自由、公平、诚信的运行轨迹。因此可以说,将婚姻排除于民法之外是一个错,而让继承追随婚姻,继而将继承也排除于民法之外则是错上加错。如今婚姻法回归民法,继承法更需守定民法。

而婚姻、继承归守民法,又当如何回归守定?婚姻继承并为一族,还是婚姻、继承依然各行其是?拟或真正的通过编纂而使其各得其所,各归其位?

婚姻法回归民法,有三种方式:一是简单回归,即汇编式回归,系把现成婚姻法作为民商法典的单独一篇,名称为婚姻编即可。第二种回归是沿袭式回归,即按照德国日本民法或者旧中国民法的模式,把婚姻家庭法改称为民法典亲属编。第三种是编纂特色式回归,即按照《民法通则》确立的具有中国特色的民事权利类型体系,依照人身权包括人格权、身份权的科学范畴,进一步确认和扩充人格权,并将婚姻、收养的内容整合编纂,形成法典的人身权专编,使之与“物权编”齐肩并行,并置于权利类型体系之首。这种回归,不仅守正完善了《民法通则》确立的具有民族特色和时代特色的科学体系,吸纳了罗马法、法国民法典、意大利民法典中关于人的统一规定的纯正基因,而且超越了罗马法和法国民法典、意大利民法典及德国、日本与旧中国民法仅定亲属身份的片面规定。

---

〔54〕 这种情况最早是单独颁行的《苏维埃婚姻家庭法典》,我国于1950年最先颁布《婚姻法》;在现代也还有此种情况,如《越南民法典》《土库曼斯坦民法典》里面都不包括婚姻法。

继承为民法天然内容，即使在曾经的苏俄民法典中，婚姻家庭被排除在外而单独立法，但继承依然为其独立一编，其他民法典也从未有过继承与民法脱离的现象。继承与民法须臾不可分的根本原因，当在继承与私有财产所有权制度的天然联系，而不在其与婚姻家事的牵连。在所有权取得方面，继承是取得财产所有权的重要方式。在民商主体行使所有权方面，遗嘱是所有权人处分自己遗产的最佳方式。特别是在资本起统治作用的社会，遗嘱更是成为资产所有者处分或者维护自身及其继承人或家族利益的理想手段，是私有财产所有权的一种转移承接，是继承人继续对被继承人生前财产的享用，是私有财产所有权制度的继续。其他用家庭成员之间的扶助赡养等对继承的存在和本质进行的解释都是苍白的，任何将遗产捐献给慈善事业或者公众基金的说法与做派也都是虚伪的。〔55〕但是无论如何，继承与所有制、私人财产所有权的联系是无法割断的。因此在我国社会主义阶段，依然允许和存在私有财产的所有权，民法中就必然和应当存在继承制度。对此不应轻视，而应加以守正调整与发展完善。

七、继承入典之顺位——画传不识真嫱美

通过以上分析，继承本质上属于传承财产所有权的一种方式，与债承具有最多的共性和特点。应当说这就是《法国民法典》将继承与债一起归属于取得财产各种方法之中的理由。也正是《法国民法典》洞察和抓住了债与继承的本性，其人、财产、取得财产方法的逻辑结构体系才奠定了《法国民法典》被称为典型资本主义民法典的崇高地位，使之当年风采今依在，可领风骚数百年！

如果把继承和债放在一起，显然比把继承和婚姻家庭放在一起更具科学性与合理性。如此债与继承在《民法典》中各自的先后顺序位置又会是一个重要问题。

在民法典中，有的把继承放在债的前面，有的则将继承放在债的后面。关于继承在民法典中的位置顺序，有以下三种情形。

第一种情形是债与继承不相干，两者没有规律可言。这种立法的典型模式如《德国民法典》，其各编排序是：总则、债的关系法、物权法、亲属家庭法、继承法。〔56〕《日本民法》各编排序是：总则、物权、债、亲属、继承。〔57〕其特点是债和继承被亲属隔开，表明继承与亲属婚姻关系密切；否定继承与债的共性特质。《土库曼斯坦民法典》的各编排序是：总则、物权法、债法、著作权法、继承法。其最大

---

〔55〕 在资本主义社会，诸多巨头资本家订立遗嘱，将其遗产留给所谓的慈善基金或公益组织管理，而不给自己的继承人。此为不明真相或者别有用心者鼓吹成资本家的慈善或开明之举。将遗产捐给慈善基金首先获得了免税利益；其次，这些接受遗产的慈善机构的开办者，本是遗嘱人的亲属亲戚，皆为局内之人；再次，根据慈善基金规定，所有基金用于社会慈善事业的不得少于5%，也就是说，对95%的资金慈善经营者是可以继续处分的；最后，通过几次处分转承，实际的资金最终还是回到了继承人手中，继续发挥着其资本的功能。因此，这种遗嘱捐赠，只是更好地维护了资本所有者的长远利益，防止富不过三代的衰落悲剧而已。

〔56〕 《德国民法典》：郑冲贾、红梅译，法律出版社2001年版。

〔57〕 《日本民法》：曹为、王书江译，法律出版社1986年版。

特点是没有婚姻家庭、债与继承被著作权隔离;在民法中规定著作权是半个亮点(规定了部分知识产权)。在民法学理论中,《民法原理》的体例是:总论、所有权、债、知识产权、继承权。其特点是没有婚姻,有知识产权,债在继承之前,中间有知识产权相隔。[58] 在民法典制定的讨论中,对法典体例的安排,有人认为怎样排列只是个技术问题,无任何优劣对错之分。这种主张应当说是一种浮躁不负责任或者“墙头草”的做派。2018 年 9 月初,全国人民代表大会公布的民法典各分编草案采用“物权、合同、人格权、婚姻家庭、继承、侵权责任”的结构。对此多有批评[59]和建议改进[60]的声音。徐国栋还认为可能改变为人格权法、婚姻家庭法、继承法、物权法、合同法、侵权责任法的顺序,采用“人前物后”的结构。[61] 但这样的结构排序是否还与《中共中央关于全面推进依法治国若干重大问题的决定》中所提的“加强市场法律制度建设,编纂民法典”的目标精神相一致,与民法典本是市场经济基本法的特性相一致,继承先于物权是否合理等,便会成为新的问题。

第二种情况是债和继承相连,但继承被放在债制之后。立法实践上,《越南民法典》所列体系是总则、财产和所有权、民事义务和民事合同、继承、土地使用权转让、知识产权和技术转让权、涉外民事关系。[62] 撇开其他编章不说,单就继承与债的关系看,继承被放在合同之后,两者紧密,性质相似。民法理论上,《民法》的编排体例是总论、物权、债权、继承权、人身权、侵权责任。别的不说,也是继承与债相连,继承在债之后。[63]《民法学》的体例安排是总论、人身权、物权、知识产权、债权、继承权。[64] 继承与债相接,继承在债之后。《民法学原理》的体例

---

[58] 佟柔主编:《民法原理》,法律出版社 1987 年版。

[59] 徐国栋:《中国民法典分则诸编的排序问题——民法典贯彻“人前物后”逻辑的最后一里路》,《法学杂志》2019 年第 2 期。

[60] 全国人民代表大会常委会对此讨论时,多位委员即提出应当将人格权的位次提前,参见朱宁宁:《多位常委会委员建议:应将人格权编放在民法典分编之首》,《法制日报》2018 年 9 月 4 日。王利明教授在 2019 年民法学年会上也说“应当将人格权编置于分编的第一编。因为民法总则已经把人身关系调整到了财产关系之前,与这个调整对象相适应,有关人格权保护的规则也应该放在财产权的前面”。参见《中国法学会民法学研究会 2019 年年会会议简报第 12 期》,中国民商法律网,2019 年 10 月 29 日。徐国栋:《中国民法典分则诸编的排序问题——民法典贯彻“人前物后”逻辑的最后一里路》,《法学杂志》2019 年第 2 期。但似乎均并未言明将人格权提前之后,婚姻、继承将置于何处?

[61] 徐国栋:《纯粹的〈人民法典〉的体系及其背后的德国民法思想的去潘得克吞化》,载《中国法学会民法学研究会 2019 年年会论文集》(第一分册)。

[62] 《越南民法典》中没有婚姻、债和物权范畴为其最大的不足,但其规定知识产权当为一大亮点。

[63] 魏振瀛主编:《民法》(第 6 版),北京大学出版社、高等教育出版社 2016 年版。

[64] 彭万林主编:《民法学》,中国政法大学出版社 1994 年版;《民法学》(修订本),中国政法大学出版社 1999 年版。这是与笔者主张相同的结构体系。参见王明锁:《对确立具有中国特色的民法体系的新构想》,载《中州民法论坛荟萃》,法律出版社 1990 年版。该文是作者参加河南省民法民事诉讼法学研究会所提交的会议论文,被选编出版,彭万林教授被邀请参加该年会,并到河南大学法律系做了学术报告。另参见《论我国社会主义民法应当具备的体系》,《烟台大学学报》(哲学社会科学版)1994 年第 3 期;《论罗马法体系的沿革与中国民法法典化》,《法律科学》1995 年第 5 期;《论中国民法法典化》,《法学研究》1995 年增总 1 期。

是总论、物权、知识产权、债权总论、债权各论、继承权。[65] 其特点是有知识产权而没有人身权，债被分为两编，债与继承相连，债比继承靠前。

第三种情形是债与继承联系密切，继承放在债之前。这种立法模式的代表是罗马法和《法国民法典》。在古罗马查士丁尼《法学阶梯》中，继承位于物权之后、债法之前。《法国民法典》的体系编排是：第一卷人（其中包括婚姻），第二卷是财产及对于所有权的各种变更；第三卷是取得财产的各种方法，其中包括继承与债，继承被放在债的前面。[66] 在理论上，笔者一直主张的民商法典的体系是：通则（总则）、人身权、物权、知识产权、继承、债的六编制体系。债与继承一起，债在继承之后。[67]

债与继承相连，其根据在于继承和债一起构成民商权利支配性权利移转接承的方式，是动态性的权利，两者调整的都是动态关系。债与继承放在一起，而不是让继承与婚姻亲密相随。继承先于债的理由在于：第一，从继承的起源看，继承产生发达较债为早。第二，从适用上看，现实生活中胎儿即可继承遗产，而极少享有债权。第三，继承主要发生于家庭成员之间，将继承置于债前，继承即相对与包含婚姻家庭在内的人身权比较接近。第四，继承放于债前，债自然被置于最后。把债放在最后，并非债不重要，而在于使债具有总结性功用。因为民法理论中尚无继承权的专门保护措施，把债放在最后，以其侵权行为之债即对人身权、物权、知识产权、继承权一并保护。第五，债在最后，债的合同中的和解合同与调解合同也可以对继承方面的纠纷提供解决途径。第六，将债放在最后，其内容篇幅比继承多，避免法典有头重脚轻、虎头蛇尾的感觉。第七，《汉谟拉比法典》、罗马法、《法国民法典》、《瑞士民法》、《意大利民法典》中，都是将债置于继承之后的。故笔者一贯主张，一直到完成《人身权编草案建议稿》时仍然是这种主张，但到接下来的物权、知识产权时开始产生疑问和发生顺序转变，特别是将中国传统文化五行学说与民商法典结合之后，将继承置于债后的念头逐渐增强，以致出现与原来的主张抗衡的状态。朝思暮想，来回反复，甚至认为这一难题可以留给立法者去任意裁断，但知行合一与编序条文的继续排列不容将此搁置待定。

最终将继承改在债后的理由根据逐步清晰而坚定。第一，从社会发展看，继承早于债，但从发展趋势看，债更有发展“前途”，与市场经济相适应，债将更为发达。罗马法、法国法将继承置于债前，正反映了罗马奴隶制时代和资本主义早期的社会经济生活状况。而后，由于契约债的发展，《德国民法典》直接将债放在了法典分编的首编，甚至超过物权的位置。第二，人一生当中可能会最早享有继承权而不是债权，但人的一生中必然的现象是可设定无数的债，而通常至多发生两

---

〔65〕 张俊浩主编：《民法学原理》，中国政法大学出版社 1991 年版。

〔66〕《法国民法典》：马育民译，北京大学出版社 1982 年版。

〔67〕 王明锁：《论罗马法体系的沿革与中国民法的法典化》，《法律科学》1999 年第 5 期；《中国民商法体系的再思考》，《中国法学》，纪念改革开放 30 周年专刊，2008 年 12 月。王明锁：《中国民商法体系哲学研究》，中国政法大学出版社 2011 年版。

次继承。故不必以偏概全，以偶然代必然。第三，中国人重生世慎言死。从先管生后管死的境况来看，先定债而后继承更显适当。第四，分量上债多而继承少。先重后轻也并非不可。将继承放在最后，并不一定就是虎头蛇尾头重脚轻。因为民商法典总体上是一头鹰、虎，是一条龙、蛇，无论如何不会是虎头蛇尾，而应当是虎头虎尾或龙头龙尾。第五，从五行相生相克来看，人身、物权、知识产权、债、继承，与木火土金水相适，从方位上与东南中西北相通，从人体经络上与心肝脾肺肾相应。水置金后最为相宜，继承为水、为北藏，故将继承放在五权之末正与传统五行照应，通俗明了，易于人们记忆接受。第六，优秀法典，亦如美人才郎。从头到脚，比例当匀称秀丽。按照民商法典各编比例，其头颈胸腹、腰臀腿脚，比例协调、貌美丰润，何而不为？第七，继承虽然多发生在亲属之间，但亲属之间也可发生债之关系，通过债而转移财产。生前赠与、买卖均可。[68] 在经济落后之社会，通过继承取得财产显得重要；而至商品经济发达社会，人们通过交换获得财产远超通过继承所得时，继承退位债后即更显合理。第八，将继承放在最后，更能头尾相照、前后呼应。人身权为分编之首，言人之出生成长、成家立命，中经物质生活、精神贡献、契债经营、人缘事故，后言死亡世事、遗产处置，此人生两要、头尾相照，完全符合人生规律，故为自然天道。唯疑似美中不足者，是继承之保护措施和纠纷协商机制提前，但思继承权之保护实以物产权、知产权等支配权为依据时，貌似之遗憾又实不存在。

故经以上反复思忖酌量，决意将继承权改置于债之后，典之末。

八、继承入典之体系——出塞方知落雁仙

继承权编的体系当放在民商法体系的整体格局中来观察。而民商法典的体系需在《汉谟拉比法典》、罗马法、《拿破仑民法典》、《德国民法典》、《瑞士民法典》、《意大利民法典》、《泰国民商法典》、《日本民法典》、《苏俄民法典》，以及旧中国民法典这一民商法法治长河中观览。民商法典立法长河中，有民商分立与民商合一两域，但民商合一已有的三种模式却被人忽视。《汉谟拉比法典》与罗马法本为民商合一，但法国德国改民商分立两流。至《瑞士民法典》，又民商并流，合为一域，意大利随之。然其法典名称依为民法典而无商法之体现。可谓“名不符实、内容庞杂”之民商合一。后至泰王国民商立法，法典直称为《泰王国民商法典》，内容同于瑞意，民商皆融，可谓“名副其实、内容庞杂”的民商合一。再后是西流东下，溢垮中华法系大堤，自清末审辩改制，国民政府亦持民商合一之态度，虽在内容上化繁为简，但在法典名称上依然固守单纯民法之表述，故此谓“名不符实、内容简约”之民商合一。若从形式与内容两方面思辨，还当有

[68] 黄某夫妇有两套房子，有五个子女，小女儿争气，培养出一个大学生。黄老先生想将其中一套房子赠与小女，但生怕生发纠纷，故以买卖之名将该房出卖给小女。而房款并未实际交付。名为买卖，实和赠与无异。此举比用遗嘱、法定继承更能直接满足赠与人心愿、避免纠纷。

“名副其实、内容简约”之民商合一模式。[69] 我国社会主义民商立法，历来主张民商合一，但却将旧中国民商合一模式视为圭臬，以就此一种尔！此乃刻舟求剑、坐井观天、闭门造车、掩耳盗铃、自欺欺人之自慰也！此真乃沉沉死气、因循守旧、邯郸学步、仰人鼻息、毫无开拓创新和底气自信矣！“名副其实、内容简约”的民商合一模式，当是四种模式中所剩之一，中国共产党领导立法，编纂民商法典，是百年难遇、千年等一回，可遇而不可求之良机！好像是专门候等高手知己来用一般！真乃“姜子牙钓鱼愿者上钩”，机不可失，时不再来也！应当说，就中国共产党领导中国人民在革命和社会主义建设中所取得的辉煌成就看，定更有智慧和勇气，故此相信我国在民商合一的立法模式选择上也会更上一层楼！

尊重专业，是现代社会的通用价值。每个专业都有自己的知识体系，但这个专业知识体系一定是经过反复考量打磨之后才形成的，并且须有一定的学研旅程。博学之、审问之、慎思之、明辨之、笃行之，人一吾百，人十吾千，虽愚也明，虽弱能强。没有认真的学习思考，是过不了这个门槛、上不了那个台阶的。如果只是通过传画览阅或者只站在门口张望张望，是难谋真面和难有实感的。若果真如此，将必是待等昭君出塞日，始见真情悔恨迟。

通则、人身权、物产权、知产权、债承权、继承权，当构成中国民商法典的科学体系。就继承权编本身而言，《法国民法典》设继承与遗嘱两部分，分继承开始、继承资格、继承顺序、国家权利、遗产的接受放弃、遗产的分割返还、生前赠与及遗嘱的一般规定、遗嘱方式、生前赠与、遗嘱处分等，共 15 章 383 条。《德国民法典》设继承顺序、继承人地位、遗嘱、继承合同、特留份额、继承权丧失、继承放弃、继承证书、遗产买卖，共 9 章 464 条。《意大利民法典》的继承编设一般原则、法定继承、遗嘱继承、遗产分割、赠与，共 5 章 354 条。《日本民法典》设总则、继承人、继承的效力、继承的承认及放弃、财产的分离、继承人的不存在、遗嘱、特留份，共 8 章 163 条。《越南民法典》设总的规定、遗嘱继承、法定继承、清理分割遗产，共 4 章 55 条。《土库曼斯坦民法典》设一般规定、法定继承、遗嘱继承、遗嘱形式、继承人替补、特留份、遗赠、遗嘱的变更撤销、遗嘱的执行、接受与拒绝接受遗产、遗产分配、继承人对债权人债的清偿、遗产的保护、继承证书，共 14 章 191 条。中国《大清民律草案》继承编，为通则、继承、遗嘱、特留财产、无人承认之继承、债权人或受遗人之权利，共 6 章 110 条。《民国民律草案》为总则、宗祧继承、遗产继承、继承人未定及无人承诺之继承、遗嘱、特留财产、债权人或受遗人之权利，共 7 章 225 条。《中华民国民法》继承编，分遗产继承人、遗产之继承、遗嘱，

---

〔69〕 民商合一四种模式：一为“名不副实、内容庞杂”式，瑞士、意大利民法典为代表；二为“名副其实、内容庞杂”式，泰国民商法典为代表；三是“名不副实、内容简约”式，旧中国民法典为代表；四为“名副其实、内容简约”式，当是新中国可以选择之模式。此百年难遇千年难等之良机。若使用“民商法典”之称谓，加上科学简约的内容和严谨的逻辑结构，将成最优秀的一部民商法典，将是中华民族民商立法上的骄傲，将是一派新的迷人风景，并会在世界民商法史册上增光添彩，贡献中国人的智慧。参见王明锁：《民商合一模式的演进及民法典编纂中的创新性选择》，《北方法学》2018 年第 2 期。

共3章88条。新中国的《继承法》分别是总则、法定继承、遗嘱继承和遗赠、遗产的处理、附则,共5章37条;除去附则规定,为34条。此次编纂民法典,公布"继承编稿"为一般规定、法定继承、遗嘱继承和遗赠、遗产的处理,共4章45条,体例与《继承法》相同,多了8个条文,可说是将《继承法》汇入了民法典。

各国继承法律制度,与其国情习惯照应密切,各具特点。相比之下,我国现行继承法内容比较简单。于当今社会主义市场经济日趋繁荣、人民生活不断提升之社会,似应做适当的调整和充实完善。

九、知行合一

涵《中华人民共和国民商法典"继承权编"草案建议稿(黄河版)》
——黄河滔滔又新唱

第六编 继承编
- 第一章 总 则
  - 第一节 继承的开始
  - 第二节 遗产的范围
  - 第三节 继承人范围
  - 第四节 继承的原则
- 第二章 遗产转承协议
  - 第一节 一般规定
  - 第二节 遗赠扶养协议
  - 第三节 遗产继承协议
- 第三章 遗嘱赠与和遗嘱继承
  - 第一节 遗 嘱
  - 第二节 遗嘱赠与
  - 第三节 遗嘱继承
- 第四章 法定继承
  - 第一节 法定继承的顺序
  - 第二节 代位继承的递补
  - 第三节 遗产数额的分配
- 第五章 继承权的放弃和丧失
  - 第一节 继承权的放弃
  - 第二节 继承权的丧失
- 第六章 遗产的保管和遗产的处理
  - 第一节 遗产的保管
  - 第二节 债税的清偿
  - 第三节 遗产的分割

第四节　无人继受遗产的归属

第七章　继受遗产证书

第六编　继承编[70]

第一章　总　则

第一节　继承的开始

第一千七百三十四条　国家依法保护自然人对其物质产权和知识产权等遗产利益进行的处分，保护继承人对被继承人的遗产进行继承的权利，保护其他民商主体对死者遗产依法接受的权利。[71]

第一千七百三十五条　继承从被继承人死亡时开始。死亡时间以死亡证明所记载的被继承人的死亡时间为准。

有继承关系的数人不幸死亡，不能确定其死亡时间的，按照第十六条规定，推定长辈先死；辈分相同者，推定没有其他继承人者先死；都有其他继承人的，推定同时死亡，彼此不生继承关系，由其各自继承人继承。

第一千七百三十六条　从被继承人死亡时，确定被继承人的遗产数额，确定继承人的人数和资格。

第一千七百三十七条　继承开始时知道被继承人留有受孕胎儿的，应当保留胎儿的继承份额。

第二节　遗产的范围

第一千七百三十八条　遗产是自然人死亡时遗留的个人合法财产。包括动产和不动产，以及依法可以继承或者移转的民商权利和利益。

第一千七百三十九条　属于被继承人生前所专有的人身权利不得继承。

除属被继承人所专有、不可与被继承人分离的人身权益外，可以继承。

因被继承人人身权利而获得的财产权益，可以继承。

第一千七百四十条　凡自然人享有所有权之各种财产，均得继承。自然人虽不享有所有权，但是依法可以继承者，也得继承。[72]

第一千七百四十一条　属于自然人之知识产权，除专属于权利人之权利者外，均得继承。

---

〔70〕本民商法典草案稿条文连续计数，上编“债承权编”最后一条为第一千七百三十三条。见易继明主编：《私法》第17辑第2卷（总第34卷），华中科技大学出版社2020年版，第121页。

〔71〕甲终身未婚，留有遗产，没有法律规定的继承人。乙曾照顾甲生活。甲死之后，甲之单位丙和乙就甲之遗产归属发生纠纷。显然，此非通常之继承权纠纷，但又当依照继承法进行解决。故继承法不只解决被继承人与继承人之间的遗产继承问题，还解决被继承人与非继承人之间的遗产移转问题；既涉及被继承人与继承人之间的亲属关系，也涉及被继承人与其亲属之外的民商主体之间的关系。

〔72〕如对房屋虽然不享有所有权，但是依照法律规定或者当事人事先的约定，享有居住权并且可以继承者，即可继承；土地使用权等他物权也得继承。

第一千七百四十二条 属于被继承人可移转于他人之债权及其利益，可以继承。

第一千七百四十三条 经营权人死亡时未取得的经营收益，列入遗产范围。

第一千七百四十四条 夫妻一方死亡，其共同所有的财产，除有约定者外，其二分之一列入遗产范围。其他共有财产中，死者应得之部分，列入遗产。

第三节 继承人范围

第一千七百四十五条 依照法律规定有权利继承死者遗产的自然人，为继承人。继承人与被继承人具有特定的亲属关系。[73]

第一千七百四十六条 继承人包括本位继承人和代位继承人。[74]

本位继承人包括：配偶，子女，父母，兄弟姐妹，祖父母，外祖父母。

代位继承人包括：(一)晚辈直系血亲，孙儿、孙女，外孙、外孙女。(二)晚辈旁系血亲，侄儿、侄女，外甥、外甥女。[75]

代位继承人不受晚辈辈分的限制。[76]

第一千七百四十七条 当事人虽属继承人范围，但是因实施违法行为、名誉不端，被依法剥夺继承权的，丧失其继承人资格。

当事人属于继承人范围，但是被被继承人以遗嘱方式取消继承权的，不再享有继承遗产的权利。

第四节 继承的原则

第一千七百四十八条 继承遗产实行尊重被继承人生前意愿的原则，维护权利义务相一致和男女平等的原则。[77]

第一千七百四十九条 继承遗产应当体现养老育幼、照顾弱者的原则，应当维护继承人的亲情友爱，酌情继承人状况，张扬公平诚信、团结和睦的精神。

第一千七百五十条 遗产的归属和继承，按照协议、遗嘱和法律规定的次序及协议、遗嘱的时间次序确定其效力。

应当按照公平照顾、有利生产、方便生活的原则对遗产进行分配和分割。

---

〔73〕 亲属的范围由“人身权编”第二章作出规定。见《中国民商法典编纂中对人身权制度的整合与完善——附“中华人民共和国民商法典人身权编草案建议稿”(黄河版)》，《晋阳学刊》2007年第1期。

〔74〕 将继承人分为本位继承人和代位继承人符合实际，也更合乎逻辑。因为在现行继承法和继承法理论中，已经有代位继承人的范畴。既然有代位继承人，就表明代位继承人是继承人的一类，并且有与代位继承人相对应的本位继承人或者被代位的继承人。

〔75〕 规定侄儿侄女、外甥外甥女为继承人范围，有利于明确血缘关系和承认社会现实，有利于加强叔伯与侄儿侄女、外甥外甥女之间的亲情关系，也有利于公平处理有关继承纠纷，更是对我国现行法律规定的认可与完善。我国《继承法》第11条规定有“代位继承人”概念，既然规定为代位继承人，即意味着代位继承人已是继承人的一种类型。如果根据继承顺序，第二顺序的兄弟姐妹为继承人时，其中一个兄弟姐妹已经亡故，此时即应由其子女代位继承。相对于被继承人而言，其侄儿侄女、外甥外甥女即为代位继承人。

〔76〕 爷爷立遗嘱将财产给孙子，是遗赠还是遗嘱继承？孙子是第一顺序代位继承人。不承认孙子女为继承人，根据遗嘱接受遗产就是遗赠；承认孙子女为继承人，根据遗嘱接受遗产就是遗嘱继承。

〔77〕 将权利义务相一致放在男女平等原则之前，原因在于继承中男女平等实为权利义务相一致原则所决定。

第二章　遗产转承协议

第一节　一般规定

第一千七百五十一条　被继承人生前有权与他人订立遗产协议，提前处理将来所留遗产的归属和料理死后事务。

第一千七百五十二条　遗产转承协议包括遗赠扶养协议和遗产继承协议。但是遗产继承协议与遗赠扶养协议不得同时存在。

第二节　遗赠扶养协议

第一千七百五十三条　自然人生前与继承人以外的自然人或者组织按照第一千四百九十六条订立有遗赠扶养协议，扶养人按照遗赠扶养协议对被扶养人履行了生养死葬的义务，扶养人有权取得被扶养人所遗留的财产。

第一千七百五十四条　扶养人按照遗赠扶养协议取得遗产，应当具有扶养人与被扶养人生前所订立的书面遗赠扶养协议。没有书面遗赠扶养协议，发生争议的，应当由所在基层组织出具证明。〔78〕

第一千七百五十五条　集体组织和“五保户”有扶养协议的，按照协议处理。没有扶养协议，死者有继承人要求继承的，按遗产继承处理，但是集体组织有权要求继承人偿还“五保”费用。

由国家或者集体组织供给生活费用的烈属和享受社会救济的自然人，其遗产准许继承人继承。

第一千七百五十六条　被扶养人与扶养人订立有遗赠扶养协议的，不得再订立遗嘱将遗产赠与其他人，但是经扶养人同意者除外。

被扶养人订有遗赠扶养协议，又立有遗嘱的，遗嘱与遗赠扶养协议不得抵触；有抵触者，按照遗赠扶养协议办理。〔79〕

第三节　遗产继承协议

第一千七百五十七条　被继承人与其法定继承人签订的对将来所留遗产进

---

〔78〕 村民某甲孤独一人，有房屋生活用品等物。晚年生活，全靠侄儿照顾，去世之后，也由侄儿出钱料理送终。但丧事结束，邻居妇女乙说自己家的女儿是甲之养女，应继承房产，并说甲之户口簿上有记载。对此，甲之侄儿甚感惊奇，后说，这是乙为逃避计划生育政策，将其女儿登记在了甲之名下。由此似当指导百姓，依照债权编规定订立遗赠扶养协议，将事实上的遗赠扶养关系转换成具有法律效力的债的关系，并可塞堵欺诈恶念，张扬诚信良善的社会风尚。值得指出的是，按照《继承法》规定，某甲的遗产并非无合法继承人继承。因为依继承人顺序，其兄弟即可继承。但其兄弟若先于其死亡的，则按照代位继承的规定，其侄子不能代位继承。故按照本建议稿规定，则当然由其侄子代位继承。

〔79〕 王某的父亲于2000年病逝，母亲张某于2010年立遗嘱，明确表示在自己去世后其名下唯一的房产由独生子王某继承。王某于2011年出国定居，母亲张某由其侄子张甲照顾。2012年，张某与张甲订立遗赠扶养协议，约定由张甲负责张某的生养死葬，张某去世后，名下房产归张甲所有。张甲悉心照顾张某，2017年张某去世。张甲安葬好张某后欲将房屋过户至自己名下。此时王某回国，要求继承房产，应依遗赠扶养协议。

行继承和对被继承人扶养死葬事项等所订立的协议，为遗产继承协议。[80]

第一千七百五十八条 遗产继承协议应当符合民商行为的有效条件，不得剥夺或者损害没有生活能力又没有生活来源的继承人的应得利益。

第一千七百五十九条 遗产继承协议应当由继承当事人参加，并且由协议人签字、加盖印章或者加按指印。[81]

遗产继承协议从协议签订时起生效，但是只包括遗产继承分割内容的协议，则从被继承人死亡时生效。

第一千七百六十条 遗产继承协议可以变更。变更遗产继承协议应当以原有协议的方式进行变更。但是被继承人根据情况，以遗嘱的方式对继承协议进行变更的，发生变更的效力。[82]

第三章 遗嘱赠与和遗嘱继承

第一节 遗 嘱

第一千七百六十一条 遗嘱是被继承人生前对自己将来所留遗产进行自愿处分的单方民商行为。[83]

立遗嘱人有权确定由遗嘱指定的继承人对遗产进行继承，也有权将遗产赠给继承人以外的民商主体。

第一千七百六十二条 立遗嘱人应当具有完全的民商行为能力。不具备完全民商行为能力条件的人所立的遗嘱不具有法律效力。

第一千七百六十三条 遗嘱应当是立遗嘱人的真实意思表示。受欺诈、胁迫等，违背遗嘱人真实意愿所立的遗嘱无效。

伪造的遗嘱无效。遗嘱被篡改的，篡改的部分无效。

第一千七百六十四条 遗嘱的内容不得违反法律和社会公共道德，不得明

---

〔80〕 协议继承自古有之。战国时白氏部族兴达，魏国丞相白圭临终前将其大量财产有的捐赠官署，有的分给氏族支脉，留给独生女儿的房产只两处院落。此非简单遗嘱，而有对遗产处分的协议性质。

〔81〕 薛老先生有四个女儿，收养一个儿子。五个子女都已工作成家。两个女儿和儿子在本地，其他两个女儿在外地。有一年春节，薛老先生趁子女都在场，表明将来想把自己的一处房产留给儿子，并与子女们商量，征求意见。对父亲的意见，三个女儿明确表示赞同，大女儿也没提出不同意见。薛老先生高兴，毛笔楷书书写，署名盖印，以为后事办妥。但待薛老先生去世后，大女儿要求继承房产，其他三个女儿都表示应当按照父亲所写文书办理，发生纠纷。据此规定，该文书不发生协议效力。

〔82〕 田某有五个女儿，大女残疾，能顾住自己；二女、三女已出嫁，四女送人抚养，欲以小女老五招婿上门养老。但老五不愿意而另嫁他人，户口还在当地。2007年，田某与女儿们达成遗产继承协议：拆迁房有老三、老五各一套，老大得现金。相安无事。后田某摔伤，全由老二照顾，其他女儿只到医院看望一回，逢年过节老五也没去过。后田某到村委会订立遗嘱，将拆迁补偿房全部给二女儿，并且二女儿和女婿一起搬到了老人家。老五知道后，认为应按协议履行，所立遗嘱无效，由此发生纠纷，此时应以遗嘱为准。

〔83〕 经济落后，生活困难，遗嘱中多涉及生活用品；温饱解决，小康社会，遗嘱中多会涉及房产、汽车之类；经济发达，生活富裕，遗嘱中当会更多涉及公司企业、事业发展等事项，故用民商行为表达，显具前瞻性。

显违背常情事理。[84]

第一千七百六十五条 遗嘱应当为缺乏劳动能力又没有生活来源的继承人保留必要的遗产份额。未保留缺乏劳动能力又没有生活来源的继承人的必要的遗产份额的，遗产处理时，应当为该继承人留下必要的遗产，对剩余部分，参照遗嘱确定的数额比例处理。

为缺乏劳动能力又没有生活来源的继承人保留的必要的遗产份额，不得少于该继承人平均继承时应当得到的遗产份额。[85]

第一千七百六十六条 遗嘱人以遗嘱处分了属于国家、集体或者他人所有的财产的，该部分的遗嘱内容无效。

第一千七百六十七条 遗嘱人自书遗嘱的，应当由遗嘱人亲笔书写，签名，注明年、月、日。签名应当与其身份证姓名相同，并应当加盖印章或者加按指印。

遗书中涉及死后个人财产处分的内容，确为死者真实意思表示，有本人签名并注明年、月、日，无相反证据的，可以按照自书遗嘱办理。

第一千七百六十八条 遗嘱人打印遗嘱的，打印成的遗嘱应当有两个以上见证人在场见证。由遗嘱人和见证人在遗嘱的每一页上签名，并于最后页注明年、月、日。

第一千七百六十九条 遗嘱人以录音录像形式订立遗嘱，应当有两个以上见证人在场见证。遗嘱人和见证人应当在录音录像中记载和表明其姓名或者肖像，以及年、月、日。

第一千七百七十条 遗嘱人在危急情况下，可以订立口头遗嘱。口头遗嘱应当有两个以上的见证人在场见证。危急情况消除后，遗嘱人能够用书面或者录音录像形式订立遗嘱的，所立的口头遗嘱无效。

第一千七百七十一条 公证遗嘱由遗嘱人经公证机构办理。公证遗嘱可以在公证机构的住所办理，也可以在立遗嘱人的住所办理。

第一千七百七十二条 遗嘱见证人不得是下列人员：(一)无民商行为能力人、限制民商行为能力人以及其他不具有见证能力的人；(二)继承人、受遗赠人；(三)与继承人、受遗赠人有利害关系的人。

第一千七百七十三条 遗嘱人可以撤回或者变更自己已经订立的遗嘱。

遗嘱人立有数份遗嘱，内容相抵触的，以最后的遗嘱为准。

遗嘱人生前的行为与遗嘱的意思表示内容相反，使遗嘱处分的财产在继承开始前灭失或者发生权利转移的，遗嘱视为被撤销或者被变更。

---

〔84〕 有以遗嘱将遗产留给情妇而不留给自己子女者。此类遗嘱若在罗马法中，谓称不合情理之遗嘱，可被确定为无效遗嘱。

〔85〕 国外立法中，曾有特留份制度。对此我国民法学界也有人主张应规定特留份制度。实际上，我国继承法中为缺乏劳动能力又没有生活来源的人保留必要遗产份额的规定，已经完全达到保护和照顾弱者的目的；同时，我国社会主义制度下的社会保障制度不断完善，故没有必要照搬国外有关立法特别增加一项所谓的特留份制度。

第二节 遗嘱赠与

第一千七百七十四条 遗嘱人订立遗嘱将遗产赠与继承人以外的民商主体的，为遗嘱赠与。根据遗嘱接受遗产赠与的人为受遗赠人。受遗赠人可以是继承人以外的自然人，也可以是法人及非法人组织或者国家。

第一千七百七十五条 遗嘱中指定有受遗赠人的，受遗赠人有权接受遗赠的财产。

遗嘱中对受遗赠人规定有义务的，受遗赠人应当遵守或者履行义务。受遗赠人认为难以完成义务的，可以放弃受遗赠或者返还受遗赠的财产。

第一千七百七十六条 受遗赠人可以自愿放弃接受遗赠的权利，将可得财产谦让与其他更需要帮助接济的继承人。[86]

第一千七百七十七条 受遗赠人应当在知道受遗赠后两个月内，作出接受或者放弃受遗赠的表示。到期没有表示的，视为放弃受遗赠。

第三节 遗嘱继承

第一千七百七十八条 被继承人生前订立遗嘱，确定继承人或者继承人的继承份额的，为遗嘱继承。遗嘱继承人可以是本位继承人和代位继承人范围中的一人、数人，或者全部，并不受法定继承中有关继承顺序的限制和继承人中的血亲等限制。

被继承人在遗嘱中也可以指定遗嘱的执行人。

第一千七百七十九条 遗嘱中对继承人附有义务的，继承人应当履行义务。继承人认为不能完成或者履行义务的，应当主动放弃接受相应的遗产。已经接受的，可以被取消或者返还遗产。

第四章 法定继承

第一节 法定继承的顺序

第一千七百八十条 被继承人对其遗产归属没有订立协议和遗嘱的，继承人按照下列顺序继承：

第一顺序继承人：配偶，子女，父母；

第二顺序继承人：兄弟姐妹，祖父母，外祖父母。

第一千七百八十一条 继承开始后，由第一顺序继承人继承，第二顺序继承人不继承。没有第一顺序继承人继承的，由第二顺序继承人继承。在同一顺序的继承人中，没有先后次序的区别。

---

〔86〕 法律应当教导人们明白规则并能谦让，而不是自私自利、死活争抢。研习揣摩现行我民商之法，似乎正应了所谓的“民法是私法”的一个“私”字，总觉得更使人见利忘义越来越自私。其结果必然是法院案件越来越多、案多为患。深层次讲，收取案件诉讼费、以案件标的数额确定级别管辖，均为利益引导。由此推论有些规定本有陋弊，立法层当担其责。现代社会，若能有古人“让他三尺有何妨”之雅量，非社会退步民商法落后，而是社会和谐民商法之境界也。民商法当讲财爱财取财正道，而不引人贪财争财骗财抢财。此处一注释，多处都涉及。

第一千七百八十二条 第一顺序继承人中,继子女与继父母之间形成扶养关系的,具有相互继承的权利。第二顺序继承人中,继兄弟姐妹之间有扶养关系的,有相互继承的权利。

继子女与继父母之间、继兄弟姐妹之间相互继承遗产的,不影响亲生子女和亲生父母之间的遗产继承;继兄弟姐妹之间继承遗产的,不影响其亲兄弟姐妹之间的遗产继承。

第二节 代位继承的递补

第一千七百八十三条 被继承人的子女先于被继承人死亡的,由被继承人的子女的晚辈直系血亲代位继承。

被继承人的兄弟姐妹先于被继承人死亡的,由被继承人的兄弟姐妹的子女代位继承。[87]

第一千七百八十四条 代位继承人一般只能继承被代位继承人有权继承的遗产份额。但是代位继承人生活困难或者对被继承人扶养较多的,可以适当多分遗产。

第一千七百八十五条 丧偶儿媳对公婆,丧偶女婿对岳父岳母,尽了主要赡养义务的,作为第一顺序继承人。

丧偶儿媳或者丧偶女婿被作为第一顺序继承人时,不影响其子女代位继承。

第三节 遗产数额的分配

第一千七百八十六条 同一顺序继承人具有同等的继承资格,继承人条件相同的,可以均等分配遗产。但是继承人协商同意的,可以不均等。

第一千七百八十七条 对生活有特殊困难的缺乏劳动能力的继承人,分配遗产时,应当予以照顾,适当多分遗产。

第一千七百八十八条 对被继承人尽了主要扶养义务或者与被继承人共同生活的继承人,分配遗产时,可以多分。

有扶养能力和有扶养条件的继承人,不尽扶养义务的,分配遗产时,应当不分或者少分。

第一千七百八十九条 对继承人以外的依靠被继承人扶养的人,或者继承人以外的对被继承人扶养较多的人,可以分给适当的遗产。

第一千七百九十条 对被继承人生活提供主要经济生活来源,或者在生活劳务等方面给予主要扶助的,应当认定其尽了主要赡养义务或者主要扶养义务。

第一千七百九十一条 继承人应当本着亲情友爱、互谅互让、和睦团结的精

---

〔87〕 一如何某未婚,兄弟早逝,晚年生活,靠一侄女照顾。死后留有房屋等物。按照原《继承法》规定,何某侄女并不能当然享有继承权。而依此规定,何某侄女即享有代位继承权,可继承何某遗产。再如汪某兄弟姐三人,兄已逝,姐嫁外乡。己与人同居,生一子。不幸子少溺水而亡。汪某去世,有房屋三间、物品若干。依乡成俗,汪之房屋成无人继承之遗产,当归农村集体组织所有;依原《继承法》规定,当由其姐继承;而以此规定,其侄儿侄女、外甥外甥女均可代位继承。

神，协商分配遗产。协商分歧，达不成一致意见的，可以恳请亲属会议或者基层调解组织参与解决，也可以直接向人民法院提起诉讼。

第五章 继承权的放弃和丧失

第一节 继承权的放弃

第一千七百九十二条 继承人放弃继承的，应当在遗产处理前作出放弃继承的表示。没有表示的，视为接受继承。

第一千七百九十三条 继承人可以自愿放弃自己的继承权，但是因放弃继承权，致使不能履行法定义务，损害其债权人利益的，放弃继承权的行为无效。

第一千七百九十四条 遗产处理前，继承人对放弃继承的意思表示可以撤销或者更改。遗产处理后再更改或者撤销的，不再发生效力。

第二节 继承权的丧失

第一千七百九十五条 故意杀害被继承人，或者为了争夺遗产而杀害其他继承人的，不论其杀害行为是否既遂，均确认其丧失继承权。若遗嘱中已经将遗产指定由该继承人继承的，也应当确认该遗嘱内容无效，不得由其继承遗产。

第一千七百九十六条 遗弃被继承人的，或者虐待被继承人情节严重的，丧失继承权。

继承人虐待被继承人情节是否严重，应当从实施虐待行为的手段、后果方面认定，不论是否构成犯罪，均丧失继承权。

第一千七百九十七条 伪造、篡改、隐匿或者销毁遗嘱，情节严重的，丧失继承权。

以欺诈、胁迫手段迫使或者妨碍被继承人设立、变更或者撤回遗嘱，情节严重的，丧失继承权。

第一千七百九十八条 继承人虐待被继承人情节严重，或者遗弃被继承人的，如以后确有悔改表现，且被虐待人、被遗弃人生前又表示宽恕的，可以不再确认其丧失继承权。

第一千七百九十九条 继承人丧失继承权的，其晚辈直系血亲不得代位继承。但是该代位继承人缺乏劳动能力又没有生活来源，或者对被继承人主动尽赡养义务较多的，可适当分给遗产。

第一千八百条 对继承人是否丧失继承权发生争议的，可经基层组织调解认定，提起诉讼的，由人民法院判决确认。

第六章 遗产的保管和遗产的处理

第一节 遗产的保管

第一千八百零一条 继承开始后，得知被继承人去世的继承人或者其他个人、组织，应当及时通知相关的继承人和有关组织。

第一千八百零二条 与被继承人生前一起生活的继承人或者其他个人，应当对被继承人所留遗产妥善保管。任何人不得对被继承人的遗产进行隐匿或者侵吞。隐匿或者侵吞遗产的，应当承担侵权行为的民商责任，构成犯罪的，追究刑事责任。

故意隐匿、侵吞或者争抢遗产的继承人，应当减少或者取消其应当继承的遗产份额。

第一千八百零三条 发现遗嘱或者存有遗嘱的人应当妥善保管遗嘱。对于密封的遗嘱，任何人不得擅自拆封，而应当于全体继承人在场时进行公开。

擅自拆封遗嘱的人，为名誉上不诚信之人，擅自拆封遗嘱者为继承人并有继承份额的，可丧失其继承份额之二分之一。

第一千八百零四条 继承人应当按照本法典第二百三十四条的规定，对被继承人妥善安葬。经继承人共同协商，安葬费用可以从被继承人所留遗产中支出。遗产中没有可随时支付费用的，由继承人支付。

第二节 债税的清偿

第一千八百零五条 保管和处理遗产，应当对实际遗产进行清算。被继承人的应得利益和债权应当归入遗产范围。

第一千八百零六条 继承遗产应当清偿被继承人的债务、缴纳所欠税款。清偿债务、缴纳税款以所留遗产的实际价值为限。超过遗产实际价值的部分，继承人可以自愿偿还。

继承人放弃继承的，对被继承人的债务和所欠税款可以不负清偿责任。

第一千八百零七条 有遗嘱继承和法定继承的，由法定继承人清偿被继承人的债务和所欠税款；超过法定继承遗产实际价值的部分，由遗嘱继承人清偿。

有遗赠和遗嘱继承的，由遗嘱继承人清偿；超过遗嘱继承遗产价值的部分，由受遗赠人用所得遗产清偿。

第一千八百零八条 继承人中有缺乏劳动能力又没有生活来源的人的，应为其保留适当遗产，再按所剩遗产实际价值清偿债务和所欠税款。

继承人应当支付的丧葬费、遗产管理费等，由遗产继承人按照所欠债务清偿。

第一千八百零九条 债税的清偿按照先债务后税款的次序进行。

继承人所承担的债务或者所欠税款，继承人处于缺乏劳动能力又没有生活来源的境况时，所欠税款予以免除；所欠债务，可以减缓清偿。

第三节 遗产的分割

第一千八百一十条 遗嘱中指定有遗嘱执行人的，由遗嘱执行人对遗产执行分割。遗嘱中未指定遗嘱执行人的，由继承人自行执行分割，必要时可以由继承人在亲属会议范围内共同推举具有威信或者公正口碑的人为遗嘱执行人。

第一千八百一十一条 遗嘱执行人应当按照遗嘱的指定，对遗产进行分割，指认移转于相关有权接受遗产的人。

遗嘱中指定有受遗赠人的，应当通知受遗赠人接受遗赠。

遗嘱中没有指定受遗赠人或者受遗赠人放弃受遗赠的，遗嘱执行人按照遗嘱指定的继承人对遗产进行分割。

第一千八百一十二条 被继承人没有订立遗嘱的，由法定继承人按照法律规定的继承人顺序和分配原则进行遗产分割。〔88〕

第一千八百一十三条 被继承人立有遗嘱，但有下列情形之一的，也按照法定继承办理遗产分割：(一)遗嘱未处分之遗产；(二)遗嘱无效所涉及之遗产；(三)遗嘱中指定的受益人放弃或者丧失其受益权利；(四)遗嘱中指定的受益人死亡或者资格终止。

第一千八百一十四条 遗产分割时，为胎儿保留的遗产份额，由胎儿的母亲代为接受和管理。胎儿娩出成为现实公民的，所留遗产归其所有。

应当为胎儿保留遗产份额而没有保留的，从其他继承人所继承的遗产中扣回。

第一千八百一十五条 有权接受遗产的人在遗产分割前死亡的，其有权接受的遗产转由其法定继承人继承。

第一千八百一十六条 遗产分割应当有利于遗产使用效益和继承人实际需要，兼顾各继承人利益。不宜分割的遗产，可以采取折价、适当补偿或者共有的方法处理。〔89〕

第一千八百一十七条 夫妻一方死亡，另一方继承遗产后再婚的，有权处分其已经享有所有权的财产，任何人不得干涉。干涉者，应当承担侵权行为的民商责任。

第四节 无人继受遗产的归属

第一千八百一十八条 无人继承又无人受遗赠的遗产，为无人继受的遗产。

无人继受的遗产根据被继承人生前地址和所留遗产类型状况确定其归属。

第一千八百一十九条 被继承人为城镇居民，其无人继受的遗产为不动产的，归国家所有。无人继受的遗产为动产的，归生前与被继承人一起生活或者对被继承人生活予以照顾过的人所有，〔90〕或者按照社会捐献处理。

---

〔88〕 刘某去世，留下价值500万元房产，其子女两男两女四人商量分割遗产。老二认为父亲刚去世分割遗产不妥，等三年后再分。三年之后，老二欲独占，理由是自己家生的是儿子；父亲生病住院期间也曾表示要将房子给孙子，孙子户口也与爷爷在一起，但没有遗嘱证据。其他三子女均主张平分遗产。按照规定，男女平等，当均分遗产为是。

〔89〕 遗产分割协议不同于遗产继承协议。遗产继承协议为被继承人生前与继承人一起订立；遗产分割协议是被继承人死后，由继承人对遗产进行分割所订。但是在实践中，通常将遗产分割协议称为遗产继承协议，甚至说成是放弃继承的协议。如“某老太于1992年去世，所留首饰物品归两个女儿，所留平房一间，由舅公主持，立一份协议，明确两个儿子平分，折价1000元(包括地基)，大儿子拿出500元给小儿子，房产归大儿子所有，双方都签了字。现房子面临拆迁，房价翻了几倍，小儿子又提出要平分”。对此应解释为遗产继承协议。再如“老人过世后，六个子女协商，由其中一位继承房产，并向其余五位进行现金补偿”。此被解释为五位子女放弃继承权，而获得补偿的协议。

〔90〕 上海某教师独身未婚，无亲属，生病住院靠一学生照顾。生前无协议，死后无遗嘱，遗产无合法继承人继受。单位与照顾人发生争议。经法院审理判决，房屋及部分动产归学校所有；部分钱款动产归对其照顾的学生所有。若按照本条所定规则，不动产归国家，动产、存款等均可归生前给予被继承人照顾的个人所有更为公允妥当。因为房屋所在的土地本归国家所有，生前地随房走，死后可房随地去。

第一千八百二十条 被继承人为农村集体组织成员，其无人继受的遗产为不动产的，归其所在集体组织所有。无人继受的遗产为动产的，归生前与被继承人一起生活或者对被继承人生活予以照顾的亲戚或者邻居所有，或者由所在集体组织负责处理给本集体组织中需要给予生活照顾的人。[91]

第七章 继受遗产证书

第一千八百二十一条 根据遗赠扶养协议或者遗产继承协议取得遗产的，应当以遗赠扶养协议或者遗产继承协议作为相关的证明文书。

第一千八百二十二条 遗赠受领人或者遗嘱继承人取得遗产的，应当以遗嘱作为有权接受遗赠或者享有遗嘱继承权的证明文书。遗嘱继承和接受遗赠的证书可以是单独的证书，也可以是共同的证书。

第一千八百二十三条 法定继承人取得遗产的证书为继承人与被继承人存在特定亲属关系的证明。对继承人的资格或者继承权无异议的，可以不提供相关继承的证明文书。

第一千八百二十四条 取得无人继承遗产的，应当提供遗产接受人有权接受该项无人继承遗产的证明。

第一千八百二十五条 继承人或者受遗赠人接受遗产、放弃接受遗产的通信凭证或者证明，人民法院关于当事人继承权的判决文书，也是当事人是否享有继承权或者能否接受遗产的证明。

十、结语：继承若水上善——唱清黄河不改弦

市场经济，源发始起，涓涓汇集，浩浩汤汤，冲积推涌着人类社会不断前行，修改变换着世界的相貌景颜，震惑牵扭着世人的心灵情感。为使市场长河浸润万物而不致横无际涯，为使社会人类操持善念而不致贪婪自毁，遂有规范与法治。《汉谟拉比法典》开其宗，《查士丁尼法典》奠其本，成就拿破仑与德瑞意泰等浩瀚壮观之民商法典。中国近代变法改制，纳人类法治智慧精华，形成与古老中华法系相续接、与世界法治文明相融合的民商法范式，开"内容简约、名不符实"之民商合一的新格局。新中国市场经济艰难曲折，终成现代世界市场经济汪洋之巨流。新中国法治治理艰难探索，终有中国特色社会主义法治体系之基础。中国历史又进入新的时代，市场经济潮流继续奔腾向前，中国民商法典正在编纂，决然智取"名副其实、内容简约"之民商合一——"民商法典"之模式，当为最佳选择。此不仅与世界民商法相续，与新中国民商法基础相接，且更能体现中华民族传统，锻造当今中国特色、中国风格、中国气派之民商法科学理论体系、学科体系与话语体系。

中华灿烂的传统文明中，无形无象谓之道，有形有象谓之器。此于市场经

---

〔91〕 农村集体村民的房屋所在的土地所有权也本为集体所有，故房屋不动产也随地去；其他财产为被继承人生前亲属邻居等对被继承人进行了照顾的人所有或者由集体组织分配给需要这些生活用品之人，也更为现实妥当。

济，人身权、物产权、知产权、债承权与继承权，[92]为其不可或缺可识可把之五要素。此与中华文明之五行学说完美契合。人身为东木，生长茁壮，立于天地之间，传宗接代，繁衍相袭。物产为中土，厚德载物，万物之基。智识为南火，或光焰万丈，或豆亮灯苗，而燃燃不息，为暗天夜黑之光明，引导人类人生奋斗前行，于千世万物间不断成为新的探索者和胜利者。债承属为西金，贝银币数，变化多端，同于脏肺，主呼吸之用。债系双方，进出收付，买卖借还。其间之货币，时隐时现，似人像妖，鬼使神差，诱引私欲，链锁由开，致人行于道，或上断魂桥，今朝尚坐高堂上，明宵悔罪在牢房，高贵者忽得卑贱，卑贱者也可高贵。继承者自属北水，善利万物而不争，处众人之所恶，人之将死，其言也善，身隐于土，财转与人，"落红不是无情物，化作春泥更护花"，朽而助生，复转于"人身"之东木。此近于道，合于实，周而复始，人世间征象轮回，我民商法典权利要素之规律，黄河滔涌之新唱！故民商法典各分编可谓市场民商权利法治之五行，千不可臾缺，万不可分改矣！五行之上谓其道，道者为通，为通用之规则，故总计六编，一千八百二十五条。

中国近现代法律多为舶来品，如若一席盛餐，为"主食酒饮加零点，三荤三素一个汤"之格局。其主食当为根本之餐，顿不可缺，菜不丰盛情形下，更为显要。此根本大法是也。六个菜乃三荤三素三大实体法与三大程序法为是。老酒陈酿为法律史类，让人悟觉悠久沧桑或甘爽清香；茶饮咖啡为法理法哲学一组，能生形而上之飘然。些许零点要指各色的单行法规与司法解释之类，起着细密补缺之用。那个浩浩盆汤便是国际法部分，于大宴盛餐中是绝少不了的。依此而论，中国法治盛餐体系中最缺薄的是民商法和行政法。这两个荤菜名盘，行政部分还有其丰厚传统与宝贵经验，只认真总结、定好标准、真正执行就成地道特色。而民商法部分确是最困难的，其原材料外来者多，本土者少，人们对其水土不服和消化不良最为突出，亦缺乏对其真正全面认知及其正负能量作用后果的切身经验。故制作此道大菜，名师高厨们必当格外铭心用功，使之适合中国人之视觉口味和肠胃消化，而包括烹饪者在内的所有消费者似乎也必须仔细观感品嚼，体悟其中的味道营养，进行反刍性的消化和提出改进意见，恐怕才能得到有效吸收之功效。这个过程，无不需要新的发现体验和改革创造。由此，想起人民音乐家马可的一句话来："在这大时代里，不怨天，不求人……是汉子，就该自己创造自己！"

人当明其志，事当明其理，器当明其用，法当明其意。法典编纂，自宏至微，

---

[92] 就分编称谓，笔者原称人身权、物权、知识产权、债权、继承权。但在研究中，认为将物权加一产字，将知识产权减一识字，成物产权、知产权，将明确两种产权制度，构成完整科学的产权制度体系，与党和国家关于产权范畴与产权制度改革正相适应。将债加一承字，更加准确深刻地体现债的移转承接的价值功用，并与继承权一起构成产权移转承接的动态法律关系机制，如此，不仅准确新颖，还显得齐整庄重。故精斟细酌为"通则、人身权、物产权、知产权、债承权、继承权"，并于完成债权编时即将债权改称为"债承权编"。另可参见王明锁：《海南会间求教先生，黄河岸边知行法典》，载《中国法学会民法学研究会 2019 年年会民法典各分编编纂中的疑难问题》，中国苏州，2019 年 10 月 19—20 日。

均需明其意旨，知其功用，行其至善，方可酌其规范，量其公平，衡其正义，扬人性之善抑人性之恶，以达其稳定和谐文明与更塑社会关系之力效。权益安全、公平效率、诚信良善在任何社会的法律中都应当是要被着重考量和恒久尊重的。本民商法典之新体系，通则编植根于市场经济规律之正道，集中反映和体现市场经济之主体、客体、权利、行为、责任五大元素；分编之人身权、物产权、知产权、债承权、继承权之序，则合道生万物之象，反映和体现木、土、火、金、水五行之说；适者相合，合十为一，共同构成社会主义市场经济基础上的民商法科学理论体系、学科体系与话语体系，并渗透向实求是之心与应时更新之志。此编章恢宏、现代新颖、逻辑严谨、体系科学、内容全面、悠然沧桑、洒脱开放、求实创新、庄重齐整、疏简适度、精准通俗、清秀明晰、浩然大气，颇具中国特色、中国风格与民族气派；由正道统领、五行构塑，宛如长城万里、故宫华典、黄河灌泽，显出天下，造福于民，展屹于世界民商法之林，并成我中华法系与黄河法治学术理论文明之新贡献和新骄傲。

本文继承权编完成，也标志着“民商法典草案”系列研究完美收官。故总结对中国民商法典编纂中的各种重大疑难问题之研讨和对《中华人民共和国民商法典草案建议稿(黄河版)》整体之感悟，可得七律一首。诗曰：

通则精原贯全程，主客权行责分明。
人身东木繁茂盛，物产中土康复兴。
智识南火熊熊燃，债链西金路路新。
继承北水不忘本，良法善治佑华林。

The Adjustment of Integrity and Development of the Inheritance System in the Compilation of the Chinese Civil and Commercial Code—Attached Recommendation Draft of Civil and Commercial Code of the People's Republic of China "Inherited Rights" Draft (Yellow River Edition)

WANG Mingsuo

Abstract: Since the code of Hammurabi, inheritance is the content of civil and commercial law. The successor of feudal times, cover personal property. In ancient China, the eldest son was heir to the throne. The change of law in the late Qing dynasty resulted in the abrogation of ancestral temple; In the civil law of the Republic of China, men and women inherit. New China promulgated the inheritance law in 1985 to construct the inheritance legal system. We are now compiling the civil and commercial code and inheriting it as a special edition. We must uphold the excellent achievements of the inheritance law and improve it so as to share its duties and fulfill its mission with other editions. In this paper, according to former concept, uphold the unity oneness, unity on civil and commercial relationship between the national commercial code of the People's Republic of China "inheritance compiled" draft proposal (Yellow River), including the general provisions, heritage vicarious agreement, will the gift and testamentary succession, statutory succession, inheritance of give up and lose the storage and heritage, heritage of processing, the heritage certificate, chapter seven, to "civil and commercial law draft" all done: general principles (226), personal rights (247), property rights (398), intellectual property rights (195), debt rights (667), inheritance rights (92). This chapter is grand, novel system, rigorous logic, scientific structure, comprehensive content, realistic and modern, solemn and neat, elegant and elegant, simple and accessible, grand atmosphere, full of Chinese characteristics and national style; It is like the Great Wall, the imperial palace, and the Yellow River. It shows the world, benefits the people, spreads the world's civil and commercial laws, and becomes the new contribution and pride of the Chinese legal system and the academic and theoretical civilization of the rule of law.

Key Words: Civil and commercial code; Right of succession; Keep correct adjustment; Development and perfection; The draft; Version of the Yellow River

《民法典》时代“家产制”的反思

徐方亮*

摘　要　《中华人民共和国民法典》为反思作为对现行家庭财产制度之批评的“家产制”提供了一个重要契机。首先,历史上的“同居共财”应被理解为一种强制性的家庭成员间的经济关系,因而一个统一的“家产”之法律概念是可行且有意义的,但考虑到古代家的公法意义,将之理解为家父所有更具解释力。其次,在现代社会,不仅由于婚姻观念和家庭经济模式变化,“家产”的概念功能已经退却,还因为离婚和分家实践的不同,需要从个人财产制度角度进行制度建构以处理相关问题。最后,现行法虽未采纳“家产制”,但因有一些其他制度安排,仍能成功地维护家及其社会价值。

关键词　家产;家产制;同居共财;婚姻家庭财产制度

目　次

---

* 徐方亮(1987—),北京大学法学院2018级博士研究生,主要研究方向:民商法、公司法。
本文在写作过程中得到了马忆南教授的指导和帮助。谨此致谢,文责自负。

引论："家产制"的追问

2020年5月28日通过的《中华人民共和国民法典》(以下简称《民法典》)将"婚姻家庭"列为第五编，标志着我国婚姻法至少已经完成了形式意义上的"回归民法"，自此，婚姻法将迎来"大民法时代"。但在内容上，《民法典》婚姻家庭财产制度，只是"对2001年婚姻法及相关司法解释的传承和发展"，[1]基本上保留了2001年婚姻法建构的夫妻个人财产/法定婚后共同财产制(第1062条、第1063条)而未作实质性修改。[2] 因此，可以说《民法典》肯定并继承了我国婚姻法一直以来遵从的个人财产制。

与之相对的是"家产制"。尽管该说的提出与2011年《最高人民法院关于适用〈中华人民共和国婚姻法〉若干问题的解释(三)》(以下简称《婚姻法解释三》)有关，但其自身意涵和批评的范围均超越该司法解释。该说主张，婚姻家庭的稳定应当建立在反映"家庭成员模模糊糊地共同拥有家产"的"家庭财产制"之上，而建立在个人财产制之上的婚姻法及其司法解释(对应《民法典》婚姻家庭财产制度)，是在不断瓦解"家产制"，[3]遵循的是"家产制到个人财产制的下行路线"，[4]由此则摧毁了家的整体性与伦理关照。[5]质言之，"家产制"实乃对自1980年伊始婚姻法建构的个人财产制的反思与批判。[6] 在此立论下，现实被理解为依然遵循"家产制"逻辑，"个人财产制没能在事实上取代家产制"，再反观现行法律制度，则是"没有正视家和家产"。[7] 因此，该理论还提出一个实践性命题，即应当对现行婚姻家庭财产制度予以重构；由于该说立基于"同居共财"，其重构的起点和终点均指向"家产制"——这一回溯历史的、有关中国古代家族财产制度的概念表达，借法史学者俞江教授的话来说，即：

> ……家产归属于家。如果非要给家产找一个归属，那么只能说，家产归属于家，而不是任何个人。"家"是不可分割的概念，不能贸然把任何家人包括家长、家属，从"家"这个概念中分裂出去……父祖在子孙未成年时掌管家

[1] 贺剑：《婚姻家庭编：保护婚姻家庭，守护命运共同体》，《人民法院报》2020年6月11日，第7版；另参见张鸣起：《民法典分编的编纂》，《中国法学》2020年第3期。

[2] 《民法典》在家庭财产制度上最突出的发展是明确了夫妻共同债务的范围(第1064条)，参见《关于〈中华人民共和国民法典(草案)〉的说明》。

[3] 参见强世功：《司法能动下的中国家庭——从最高法院关于〈婚姻法〉的司法解释谈起》，《文化纵横》2011年第1期。

[4] 参见赵晓力：《中国家庭资本主义化的号角》，《文化纵横》2011年第1期。

[5] 参见俞江：《论分家习惯与家的整体性——对滋贺秀三〈中国家族法原理〉的批评》，《政法论坛(中国政法大学学报)》2006年第1期。

[6] 2001年《婚姻法》是对1980年《婚姻法》的修正，因此婚姻法个人财产制可追溯至1980年。值得注意的是，为积极回应司法实践中相关争议，最高人民法院于1993年颁布《最高人民法院关于人民法院审理离婚案件处理财产分割问题的若干具体意见》(以下简称《离婚案件若干意见》)，从规则变迁角度看，该司法解释起到了承上启下的作用，很多内容为2001年《婚姻法》修改时吸收。

[7] 参见俞江：《中国民法典诞生百年祭——以财产制为中心考察民法移植的两条主线》，《政法论坛》2011年第4期。

> 产，在子孙成年后移交家产。哪一辈人都只是这个延续性的家的一部分，无所谓哪个人是家产的主体……[8]

质言之，该说主张建立一个以“家”为主体的家庭财产制度，并用“家产”概念统摄家庭内相关财产，以实现或维持“同居共财”。

尽管“家产制”对个人财产制给予了尖锐的批判并且提出了相应的改造建议，两者间却鲜有“对话”。个中缘由，或许有二：(1)立法上已经明确采取个人财产制，使得该类问题的争论并无多少实益；(2)“家产制”大多为法理学者和法律史学者主张，这对于婚姻法或民法之部门法学影响有限。然而，这种“缺乏对话”的研究现状却至少产生了两个弊端：(1)类如“家产制”“同居共财”“分家析产”尽管并非法律概念，但仍普遍见诸学术文献，[9]由此造成的概念冲突不仅带来了理解上的困难，还似乎暗示了婚姻法与现实间的轩轾。(2)忽视了对个人财产制之婚姻家庭财产制度的历史合法性研究。而不论是对个人财产制历史合法性的自我追问，还是积极回应“家产制”及其相应主张的挑战，都不仅有助于澄清乃至消弭一些概念上的混乱，还有利于理解和把握现行婚姻家庭财产制度的基础及其意义。这也构成本文之目的，即通过与“家产制”直接对话，以期参与学术发展。

总的来说，“家产制”相关学说论点有三：(1)认为古代中国家庭采取的“同居共财”=“家产制”；(2)主张当前人们仍普遍地坚守“同居共财”，因此当前家庭财产制度应当采纳“家产制”；(3)现行法没有采纳“家产制”，因此忽视了对家的维护。作为回应，在结构上，下文将从三个方面展开：(1)探讨古代家族法上“同居共财”的意义，以期探明古代家产归属；(2)探究“家产”“同居共财”等在现代法律制度中的意义；(3)对现行法律制度进行考察，探讨其与家的价值维护的关系。

一、古代的家与“家产”

(一)古代的家：同居共财与分家

“家”几乎与每个人都有联系，且由于经验的相似性，家给人们留有相似的印象：它指一个血亲共营生活的团体，往往被看作一个经济单位。[10]但人们对家的具体意象，又因民族和时代不同而各有差异。对中国人来说，尤其在近代以前，

---

〔8〕 俞江：《家产制视野下的遗嘱》，《法学》2010年第7期。

〔9〕 有关文献主要集中于2011年后的事实即其例证之一。笔者于2020年7月10日在“中国知网”上、在“法学”学科内，以“家产制”为关键词检索，得文献24篇，其中2011年后有17篇；以“同居共财”为关键词检索，得文献42篇，其中2011年后有24篇；以“分家析产”为关键词检索，得文献46篇，其中2011年后有28篇。

〔10〕 关于中国古代“家”的语义学分析，日本学者滋贺秀三有深入研究，分别从“家”与“宗”“户”，以及“家产”等三个方面进行了详细分析，详见[日]滋贺秀三：《中国家族法原理》，张建国、李力译，法律出版社2003年版，第40—43页。

与家相连的是“同居共财”；当前学界在批判婚姻财产制度并希望建立“家产制”时，经常提到的也是“同居共财”。[11] 因此，以下探讨将从“同居共财”开始。[12]

1. “子孙别籍异财”条的意义

所谓“同居共财”，又称“大功同财”“同居”“共财”“同财”“同爨”“同居共爨”等，泛指一家人共同生活；与之对应的就是“分爨”或“分财异居”，俗称“兄弟分家”。[13] 研究中国法制史的学者之所以关注“同居共财”，从中国法律史本身来说，并不让人感到奇怪，尽管这一点可能构成世界法系内中国古代法上的特色：至少自唐朝开始，历代律法中都有“别籍异财”规定。[14] 以唐律为例，《唐律·户婚》(卷十二)“子孙别籍异财”条规定：

> 1. 诸祖父母、父母在，而子孙别籍、异财者，徒三年。[别籍、异财不相须，下条准此]
>
> 2. 若祖父母、父母令别籍及子孙妄继人后者，徒二年；子孙不坐。

其中《疏议》曰：

> 1. 称祖父母、父母在，则曾、高在亦同。若子孙别生户籍，财产不同者，子孙各徒三年。注云“别籍、异财不相须”，或籍别财同，或户同财异者，各徒三年，古云“不相须”。“下条准此”，谓父母丧中别籍、异财，亦同此义。
>
> 2. 若祖父母、父母处分，令子孙别籍及妄继人后者，得徒二年，子孙不坐。但云“别籍”、不云“令其异财”，令其异财者，明其无罪。[15]

在分析该条之前，首先要剔除与“户”“籍”有关的内容。[16] 所谓“户”或“籍”，是指政府登录人口的一种类似于账本的簿册。[17] 古代统治者之所以要登录人口掌握人口变动，是因为其财政收入端赖于此。[18] 换言之，“家”是公法上的课税对象，禁止“别籍”的目的是防止民众借此逃脱捐税。除此之外，“子孙别籍异财”条可以转述为：“诸祖父母、父母在，子孙别财异居者，徒三年，但祖父母、父母令其别财异居者除外。”

---

〔11〕 参见赵晓力：《中国家庭资本主义化的号角》，《文化纵横》2011 年第 1 期。

〔12〕 法制史上第一次关注“同居共财”并据此提出中国古代家产的法律学构造的学者，是来自日本的学者中田熏，并且由其学生仁井田陞发展，参见李淑媛：《唐宋的家产与法律·争财竞产》，北京大学出版社 2007 年版，第 7 页；[日]仁井田陞：《中国法制史》，牟发松译，上海古籍出版社 2011 年版，第 169 页。

〔13〕 参见俞江：《继承法领域内冲突格局的形成——近代中国的分家习惯与继承法移植》，《中国社会科学》2005 年第 5 期。

〔14〕 唐以后历朝律法参见薛梅卿：《宋刑统》，法律出版社 1999 年版，第 216—217 页；怀效锋：《大明律》，法律出版社 1999 年版，第 51 页；田涛、郑秦：《大清律例》，法律出版社 1999 年版，第 186—187 页。

〔15〕 刘俊文：《唐律疏议》，法律出版社 1999 年版，第 257—258 页。

〔16〕 同此见解者可参见艾永明、郭寅枫：《〈唐律〉别籍异财之禁探析》，《法学研究》2010 年第 5 期。

〔17〕 参见袁文兴、袁超：《唐律疏议注译》，甘肃人民出版社 2017 年版，第 347 页；钱大群：《唐律疏议新注》，南京师范大学出版社 2007 年版，第 390—392 页。

〔18〕 参见鲁晓明：《从家户并立到家庭统摄》，《法商研究》2018 年第 5 期。

循此，"同居共财"描述的是这样一种家族生活样式：它始于父子之间且同辈之间没有经过财产分异，从而一直延绵数个世代，仍保持着依靠一个家计一起生活。与之相对，"别财异居"意指同辈间结束"同居共财"继而各自生活的状态。如果将"同居共财"看成一个"大家"，那么，"别财异居"则指向这个"大家"分裂后各自独立的"小家"。

从事物的自然之理看，"别财异居"在所难免：家里人口一多，尤其当同辈的数人都在为家贡献时，他们之间难免发生摩擦，无法调停就会导致分裂而各自生活。由此引发的疑问是，既然分家之事理如此分明，何以唐律还要专门立法规制，并对违法者处三年徒刑？〔19〕一种解释将之归于古代中国特有的法律文化或意识形态，即在古人看来，"同居共财"的家族生活是一种道德上值得褒奖的生活状态。申言之，国家立法提供正向激励，以及普通庶民将之作为一种理想（如《大宅门》里白萌堂死前声嘶力竭地喊着"不许分家"），与儒家学说有紧密关联：儒家倡导"孝""悌"之道，鼓励人们维持家族团体（《尚书·康诰》："天惟与我彝。"孔传曰："天与民五常，使父义、母慈、兄友、弟恭、子孝。"）。〔20〕

尽管儒家的理想美妙，但终究拗不过真实生活，因此，古人普遍接受并践行分家。〔21〕由此，我们或许能解释唐律为什么还规定了"但祖父母、父母令其别财异居的除外"。此处父母的许令，在功能意义上，相当于为现实分家提供了一项"法定免责事由"：如果子辈间闹得凶，父亲纵使极不情愿也往往会考虑分家；而在实际分家的情形下，假若有官府强行介入问责，父亲可以借此回应"已经过其允许了"。

2. 法律学意义上的"同居共财"、"分家"以及"家产"

我国古代有无民法问题，学界讨论较多但尚未有定论。〔22〕如果只将法理解为"给予每一个人所应有的"，〔23〕则即便在中国古代家庭生活中，也应认为存在一套规则体系。如果用现代权利义务话语体系对其分析，则实质上是在进行法律学的建构。这是学者讨论古代家族法的基本共识，也构成了本文以下讨论的前提。

从法律学建构的角度，"同居共财"是指一定范围内的血亲团体（俗称"一家子"）依靠一个单一或共同家计共营生活。〔24〕"家"就是维系同居共财之生活的一

---

〔19〕 古代法关于此的惩罚机制是逐步减轻的，明清两朝由三年改为杖八十，《大清明律草案》没有规定任何惩罚，大理院执掌全国审判期间基本上没用动用相关处罚。

〔20〕 参见尹成波：《理想与现实的冲突及整合——唐代"别籍异财法"研究》，《法学家》2014 年第 2 期。

〔21〕 如顾炎武《日知录》中谈到"士大夫父母在而兄弟异居，计十家而七。庶人父子殊产，八家而五"，转引自马作武：《中国古代法律文化》，暨南大学出版社 1998 年版，第 77 页。现代学者研究也多认为古代是以小家庭为主，参见包伟民、尹成波：《宋代"别籍异财法"的演变及其原因阐析》，《浙江大学学报》（人文社会科学版）2009 年第 3 期；彭希哲、胡湛：《当代中国家庭变迁与家庭政策重构》，《中国社会科学》2015 年第 12 期，第 114—115 页。

〔22〕 俞江：《关于"古代中国有无民法"问题的再思考》，《现代法学》2001 年第 6 期。

〔23〕 参见徐国栋：《优士丁尼〈法学阶梯〉评注》，北京大学出版社 2011 年版，第 29—30、第 32—34 页。

〔24〕 参见[日]滋贺秀三：《中国家族法原理》，张建国、李力译，法律出版社 2003 年版，第 3 页。

个集团。值得注意的是,该定义与唐律“别籍异财”条中的“同居共财”并不完全等同,它不仅包括唐律“同居共财”之“大家”,还包括“别财异居”后的“小家”。具体而言,“同居共财”在法律学中的意义有二:

一是家中每一个人的劳动所得要被强制性地全部放进单一的家计之中。这种纳入共同家计的强制性要求是本质性的,它不仅适用于以农耕为计的家,对于那些从事非农副业甚至在异地从业的人(如经商)也同样适用,即无远弗届,他们的收入均被要求必须纳入同一家计之中。[25] 可以说,家中每一个有收入的人都有一种自主性的规范意识,迫使其将所得交给父亲。

二是每个同居者生活上的各种消费将由同一家计支撑。这是每个人的收入被强制纳入共同家计的必然结果。“同爨”形象地表达了该层意思,一家人共吃一口灶(锅),由共同家计来解决每个人的基本生活需要(《广雅》:“爨,炊也”。)。

总之,法律学意义上的“同居共财”一方面界定了“家”的范围,一方面指将家中每个人之所得纳入同一家计并凭此来维持各人生活需要的一种共同计算关系。反之,“分家”则意味着“分爨”“析烟”,结束同居共财下的共同计算关系,进而形成各自独立且并行的家计关系。这是“分家”的目的,是其在同居共财上极为重要的法效果;一旦分家,“分离出去”的儿子的收入就不再被强制性地纳入分离前的同一家计中。借用费孝通先生的话说,就是儿子们在父亲之下获得了经济上的独立性。[26]

由此也就形成了一个抽象意义上的“家产”概念。由于同居共财(强制性的共同计算关系)的普遍存在,人们朴素地形成了“家产”观念,以此来指射家中诸如田宅农具等具体的财产。[27] 而正是考虑到“同居共财”在中国古代家族生活中的普遍状态的客观事实,即它并不是“人们从多种的可能性当中任意采择的一个生活样式”,而是作为“一个维持不变的原理”存在且构成了中国古代家族生活的“本质性要素”,[28]我们可以在法律学上建构“家产”概念,并由此建构同一家计所统筹的具体财产的变动规则。[29]

(二)“家产”之法律学意义上的归属

1. 家族共产制的反思:同居共财不等于共同共有

基于同居共财形成的“家产”概念,是否意味着家庭成员之于家产的共同共有关系呢?家族共产制即持此观点,认为同居共财中的人的衣食住行都依赖共

---

[25] 这样的例子古代很多,例如《史记》“张释之冯唐列传”。

[26] 参见费孝通:《江村经济》,上海世纪出版集团 2007 年版,第 59 页。费孝通先生将“同居共财”称为“集权的家庭经济”,并指出“年轻一代对经济独立的要求便成为家这一群体的瓦解力量,最终导致分家”。

[27] 与之相对的是“特别财产”概念,如“妻家所得之财,不再分限”(参见《唐律疏议》“户婚·同居卑幼私辄用财”条)。

[28] 参见[日]滋贺秀三:《中国家族法原理》,张建国、李力译,法律出版社 2003 年版,第 3、第 45、第 56 页。

[29] 参见陈顾远:《中国法制史概述》,商务印书馆 2011 年版,第 219、第 230—231 页。

同家计，因此同居共财等同于家庭成员“共同共有”。[30] 但该说有两个解释上的难题：第一，家族共有制不能解释家产分割时的诸子均分规则。《唐律·户令》规定，“应分田宅及财物者，兄弟均分”。[31] 这意味着，尽管依据同居共财他们会依靠统一家计生活，但家产只在家子间分割，而不会考虑其他家庭成员。换言之，同居共财的成员并不当然地成为家产的持份者。第二，家族共财制不能解释女性与家产的关系。虽然作为同居共财的一员，不论是母亲、妻子还是女儿都会受益于家产，但妻子只有在夫亡守志的情形下才可以“承夫分”，[32]女儿则只有在户绝的情形下承受家产。[33]

因此，滋贺秀三言道，“就某种财产来说，其经济上的机能问题和法上的归属问题必须加以严密地区分。共财表示在经济的机能上的共同关系，共有表示在法的归属上的关系，两者说起来是性质上完全不同的概念”。[34] 即(经济上)共财≠(法律上)共有：在基于家产、获得照顾的意义上，只要是同居共财组织体中的一员，则不论性别也不分尊卑长幼，皆是一样的，但在围绕家产的法律学意义上的归属上，成员间有清晰分明的规则。家族共财制的理论构造，与其说探明了家产的归属，毋宁说解释了古代家族生活之经济表现形态，说明了家产的经济机能。

2. 另外两种理论框架：家父所有制与家产制

对古代中国家产的法律学意义上的归属问题，还有另外两种学说，即家父所有制和家产制。

在笔者有限的阅读范围内，对“家父所有制”做详尽阐释并论证的是日本学者滋贺秀三所著的《中国家族法原理》。[35] 该理论由三个核心部分构成：(1)在同居共财的家中，所有能够纳入单一家计的家庭财产，都可以用“家产”概念统一把握，家父对家产享有完全的所有权：不论是家产的典卖，还是让家产负担债务，甚至生前析产，只要有家父的意思就足够了；儿子们不仅没有处分家产的权利，而且不拥有制约父亲意志的权能。[36] (2)尽管父亲对家产享有完全的所有权，但是该所有权又并非强大到可以剥夺子辈对家产的无差别的承继期待权：如父亲至少在常态下不能剥夺任何一个儿子作为承继人的资格；父亲析产的决定严格地

---

〔30〕 有关古代家产的共有理论，可参见史凤仪：《中国古代婚姻与家庭》，湖北人民出版社 1987 年版，第 261 页；马作武：《中国古代法律文化》，暨南大学出版社 1998 年版，第 75—78 页；祝瑞开主编：《中国婚姻家庭史》，学林出版社 1999 年版，第 280 页。

〔31〕 参见刘俊文：《唐律疏议》，法律出版社 1999 年版，第 263 页。

〔32〕 参见田涛、郑秦：《大清律例》，法律出版社 1999 年版，第 179 页。

〔33〕 各朝律例对女儿承受户绝家产的规则变化，参见李淑媛：《唐宋的家产与法律·争财竞产》，北京大学出版社 2007 年版，第 154—185 页。

〔34〕 [日]滋贺秀三：《中国家族法原理》，张建国、李力译，法律出版社 2003 年版，第 64 页。

〔35〕 本节对“家父所有制”理论所做的综述，基本采纳了滋贺秀三在《中国家族法原理》中阐述的观点。如读者想进一步了解，可详见该书相关论述。

〔36〕 参见历朝刑律中的“卑幼私(擅)用财”条规定，“尊长既在，子孙无所自专”。

受到诸子均分原则约束。[37] (3)中国家族制度应被理解为一种身份法,即应当放在宗的理念性秩序中来把握,而绝不能看成纯粹意义上的财产关系。正是家中每个人(男性和女性)所对应的祭祀祖先的位置,决定了其对家产所拥有的权利。[38]

与"家父所有制"理论不同的是,中国法史学界提出的"家产制"理论的核心论点是:[39]家产是一个以"整体意义的家"为主体的财产制度,这里的"家"除了考虑父子关系等现实性的一面,也包含反映于信仰和观念之上的一面。家父在家产上虽然享有很大的权力,但其是作为家的现实的管理者而享有这种地位的,即家"实实在在地控制着中国家父的行为","必须把中国家父置入家庭内部加以考虑"。基于此,家父只是家长,而"家长在家这个体系中只是一个独立的系统,但他的独立性是相对于其他成员而言的,并不意味着他可以超越了家的体系,并反过来控制和主宰家庭"。[40] 而具体到家产代际间传承,也就是对分家析产的解释时,则认为参与分家的是"房"而不是"儿子",分家实质上是分房,家产是按照"房"来计算并传承的。

3. 本文观点

承上述,"家父所有"和"家产制"两说既有相同又有区别;其共同之处在于都承认家产概念的统一性和家父在家产处分上享有很大的权力;其相异之处体现在家产归属主体的不同,进而在解释具体规则上产生了偏离。由此引发的追问是,究竟应采何种理论?或者,谁更具有说服力呢?

本文以为,在"父=家"背景之下,两种论理都能自圆其说。俞江教授论及的古代中国的"整体性的家"观念,在滋贺秀三看来是"祭祀与被祭祀"之宗的理念性秩序;前者将同居共财的成员都看作历史时空中无限延伸的"家"的一部分,从而家父不能恣意妄为;后者则将家父看作"祖先—子孙锁链"中的一环,在其享有绝对权力的同时,也受到上及祖先下达子孙等人对家产权力的制约。虽然上述两说对"兄弟析产"的解释路径不一样,但都意识到古代中国家产传承的强制性,并且都认为此时表现的虽是财产关系,但实质上应当作为某种观念的延伸(在滋贺秀三是"祖先—子孙的锁链",在俞江教授是"既抽象又具体的整体性的家的观念")或身份法来把握。因此,在仅考虑家产处分及其限制的规则下,两种理论框架都具有一定的解释力。然而,本文以为,如果考虑父子间的法律地位,甚至家

---

〔37〕 史料中有大量类似案例,如《资治新书》(卷一四)"宪判黑冤事"案。该案中,姚大化生前将家产做四六分,其中小儿子占四、大儿子占六。父亲去世后,小儿子对此分法有意见且将哥哥告到官府。该案官吏将父亲生前四六分产行为斥为"乱命",并判令哥哥将多分得的一千五百两银子返还给弟弟。

〔38〕 反映于《大清民律继承法草案》中就是区分"继承"与"承受":前者指宗祧继承意义下的财产继承,后者指单纯意义上的财产继承,参见怀效锋主编,李俊、王为东点校:《清末法制变革史料》(下卷),中国政法大学出版社 2010 年版,第 783—784 页。

〔39〕 参见俞江:《家产制视野下的遗嘱》,《法学》2010 年第 7 期。

〔40〕 俞江:《论分家习惯与家的完整性——对滋贺秀三〈中国家庭法原理〉的批判》,《政法论坛》2006 年第 1 期。相同观点另参见桂华:《重新恢复中国家庭的神圣性》,《文化纵横》2014 年第 1 期;张剑源:《同居共财:传统中国的家庭、财产与法律》,《北方民族大学学报》(哲学社会科学版)2015 年第 5 期。

在公法上的意义，家父所有制更具有解释力。

首先，“同居共财”的经济模式并非自然形成。此所谓“不自然”，不是指古人能跳出“同居共财”的家庭生活样式，而是强调家庭内部实现同一计算关系，除了依靠血缘姻亲等情感维系外，还需要仰赖法律、社会上承认的权力。尽管家庭成员之间可能会由于亲情等缘故自愿地作出一些集体行动（如上交收入所得），但仅此并不能确保其普遍地、长期地采取这类行动；而在私藏或拒绝上交所得者仍可享受同一家计提供的福利的情况下，仅靠自律和自愿并不能实现和维持“同居共财”。家父权力的存在，使得上交所得在自愿自律之外有了法律上的强制性，确保“同居共财”不会因履行意愿不足引致瓦解。在此意义上，强制性为父权吸收，家父是塑造“同居共财”的关键制度性前提，家父所有制因突出“父权”比家产制更有解释力。

其次，除了经济权力之外，家父对子女还享有人身权力。诚如陈顾远先生所言，“家族制度下之家，家长乃家的代表，家属受家长支配”〔41〕，即子女的各个方面都要受到父亲制约。换言之，父子间的财产关系，在一定意义上甚至可以说，只是父子间身份上关系在经济上的延伸。

据《说文》，“父”意“矩也。家长率教者。从又举杖”。“父”本就含有统治与权力的意涵，而不仅是指父子间的人伦关系。自汉以降，法律和社会中就承认父之于子女的人身自由享有决定权，如可以出卖子女，可以建立非血亲的宗法关系（如过继）。故此，瞿同祖先生曾评论道，“父亲实是子女之所有者”。〔42〕

最后，家的公法上的意义，也必然决定了家父地位。〔43〕古代中国是一个以家族为本位的社会，由此产生“家国一体”思想，以及家国统治理念。〔44〕正如古代帝王对于臣民所享有的地位那样，每一位家父在其所处的同居共财的集团中，也享有类似于主权者的地位。〔45〕正因此，我们才能理解为什么在公法的意义上，家父可以代表整个家。换言之，“家长对外为一家之代表，具有公法上的责任，使其统率家人，已尽人民对于国家的义务”，“家长实处于‘国’与‘家’中间之连系地位”。〔46〕

总结而言，中国古代的家族实为政治、法律的公私一体化的单位，“是父权家长制的，父祖是统治的首脑，一切权力都集中在他的手中，家族中所有的人口都在他的权力之下”。〔47〕具体到家产之归属问题上，本文认为“家父所有”更具有解释力。

---

〔41〕 陈顾远：《中国法制史概述》，商务印书馆 2011 年版，第 227 页。

〔42〕 参见瞿同祖：《中国法律与中国社会》，商务印书馆 2010 年版，第 6—12、第 18 页。

〔43〕 参见梁治平：《法辨——中国法的过去、现在与未来》，贵州人民出版社 1992 年版，第 40 页。

〔44〕 学者总结为“家国同构共理”和“一体两元主从式多样化”结构，参见张中秋：《传统中国国家观新探——兼及对当代中国政治法律的意义》，《法学》2014 年第 5 期。

〔45〕 参见尹成波：《理想与现实的冲突及整合——唐代“别籍异财法”研究》，《法学家》2014 年第 2 期。

〔46〕 参见陈顾远：《中国法制史概述》，商务印书馆 2011 年版，第 220—230、第 227—228 页。

〔47〕 瞿同祖：《中国法律与中国社会》，商务印书馆 2010 年版，第 6 页。

二、“家产”与现代社会

古代“家产”概念建立在家庭成员的收入被强制性地纳入同一计算关系的普遍实践基础之上，且在观念层面上依托于宗法制度。然而，近代以来，婚姻观念的变化（对应于宗法），家庭经济模式的变迁（对应于家庭成员收入的强制性纳入），离婚和分家实践（对应于需要解决的问题），都发生了根本性变化。这些方面的集中作用，使得“同居共财”中所包含的强制性共同计算关系难以为继，因此在现代社会，“家产”概念几无存在的可能和必要。

（一）值得考虑的两个方面变化

1. 婚姻观念的改变

首先是婚姻在古今中国社会中的意义已经发生了改变。

成年男女成婚、组建家庭、生子抚育，是人类亘古未变之事，可是由于时代、民族的差异，人类对这些活动的理解各具特色。在古代中国，这些活动是围绕着宗展开的。（《诗经》将《关雎》列为首篇，即体现了“夫妻之礼，人伦之大体也”。）而宗法又建立在对“人”的独特的本质性理解之上：在古人看来，活着的现世与死后成鬼的世界，是同样真实的、应予尊重的，为人子者，死时丧葬和葬后祭祀，与生的奉养一样，都是“孝”所包含的最基本内容。[48] 由此，每一个人都被强制性地纳入“祖先—子孙”的锁链之中，祭祀先祖、延续香火被解释为人之最重要的事。（《魏书》：“三千之罪，莫大不孝，不孝之大，无过于绝祀。”）婚姻在此寻找到了意义，即被视为联结已逝的祖先（父亲和父祖）与嗣后的晚辈的不可或缺的一环。（《礼记·昏义》：“昏礼者，将合二姓之好，上以事宗庙而下以继后世也。”）

这决定了古代女性在家族法中的地位及其与家产的法律关系。在一个同居共财的家中，妻只有在离婚或夫亡改嫁时取回原初嫁妆；“家产”或区别于妆奁的“夫家财产”，则不论是夫在还是夫亡，都不能主张分割。尽管古代法有规定夫亡后妇可“承夫分”，但其前提是妇要为夫“守志”。其制度逻辑是，此时“家”仍然继续着，亡夫及其祖先仍然可以借由这位守志之妇所生的亲子或所立的嗣子得到延续。换言之，“承夫分”的妇人，被看成为了亲子或嗣子的利益，对夫家财产的暂时性的管理者。（《仪礼·丧服·子夏传》：“妇人有三从之义，无专用之道。故未嫁从父，既嫁从夫，夫死从子。”）

但是，这些观念及其支撑的家产制度，在今天已经变得不可理解了。这种转变与清末以来中国法律制度的转型深刻关联，但深入探讨这一问题却非本文目的所在。[49] 在此我们只需概述其异同。总的看来，这就好比一条线的两端：在古

---

〔48〕 学者解释认为包含“利亲、善事、慎终”三个方面，参见龙大轩：《孝道：中国传统法律的核心价值》，《法学研究》2015 年第 3 期。崇祖对于行为激励和社会秩序形成的功能，参见黄金兰：《家族观念在中国传统社会中的秩序功能》，《现代法学》2016 年第 5 期。

〔49〕 金眉教授指出这是“一场没有硝烟的战争”，参见金眉：《中国亲属法的近现代转型》，法律出版社 2010 年版，第 23—49 页。

代，由于宗法，人们认为先有家才有婚姻，婚姻因其传承香火的功能，在宗的观念中找到了意义；而今天，我们却是从最自然的意义上来理解，即从人到婚姻再到家。换言之，对于男女成婚、组建家庭、生子抚育这样的按照时间顺序推进的系列活动，古人是用从后向前的反时间的逻辑来建构的，而今天，我们是从男女平等的个人开始思考，然后是婚姻、血亲团体，以及他们之间的各种身份上的关系。因此，今人对"人"的理解已经除去了"祖先—子孙的锁链"，这正如《民法典》第13条宣示的，每一个生命意义上的人，都是"从出生时起到死亡时止，具有民事权利能力，依法享有民事权利，承担民事义务"。

进而言之，正是这种对"人"的不同理解及其带来的婚姻观念上的变迁，使得当前的婚姻法关注夫妻财产，以及夫、妻对其相应血/姻亲的抚养、照顾、赡养等身份法上的义务。在一定意义上，这种转变并非只是建立在以核心家庭作为社会现实之判断的基础上，〔50〕而是对这种变化了的"人"和婚姻观念所做的直白的法学上的"转述"：人从宗的理念性秩序中解放，就意味着子从父权中得到了解脱，妻从夫权中独立出来，父母与子女间的关系就不再具有古代的宗法上意义；古代宗法中的父/夫权关系，就转化为现代法上平等主体之血/姻亲之间的相互抚养的法律关系。〔51〕对应于现代法中的表达是《婚姻法》第21、第23、第28、第29等条，且为《民法典》完全吸收（第1067—1075等条）。

由此亦可知，批评者认为当前婚姻立法已经排除了父母地位的说法并不能成立。〔52〕之所以得出"爷爷奶奶、外公外婆对未成年的孙辈，兄弟姐妹对未成年的弟妹的抚养义务"只能建立在"家产制"之上的结论，〔53〕是因为其混淆了财产归属与财产效用的关系：家庭成员之间互负抚养义务，是建立在民法对于婚姻家庭之人类最小的命运共同体的确认之上的，因此是法定性的；子女对父母的赡养以及父母对幼子的抚育，并不当然地要求"家产制"；而在财产各自归属的情况下，由于相互抚养的法定义务的存在，并不会造成家庭成员之间的亲情没落与隔阂。

2. 家庭经济模式的变迁

家庭经济模式的变迁，使得"家产"概念在现代社会很难成立。

正如前面论证的，"家产"作为统筹家中具体财产的抽象化的法律概念，在于社会中普遍存在"同居共财"的家庭经济，即同居共财成员的收入会被强制性地纳入单一家计中。其制度上的保证是"家政统于一尊"：要想维持这种家庭经济模式，仅依靠个人的自律是不够的，还需要强大的父权、同辈间的相互监督，甚至

〔50〕 2000年后核心家庭比例明显下降，参见王跃生：《当代中国城乡家庭结构变动比较》，《社会》2006年第3期；王跃生：《中国城乡家庭结构变动分析——基于2010年人口普查数据》，《中国社会科学》2013年第12期。

〔51〕 参见金眉：《中国亲属法的近现代转型》，法律出版社2010年版，第49、第50—60、第63页。

〔52〕 参见俞江：《中国亟宜确立新型的家制和家产制——婚姻法解释（三）评议》，《清华法治论衡》2011年第1期。

〔53〕 参见赵晓力：《中国家庭资本主义化的号角》，《文化纵横》2011年第1期；俞江：《中国民法典诞生百年祭——以财产制为中心考察民法移植的两条主线》，《政法论坛》2011年第4期，第128页。

以分家作为一种威胁手段。然而,在现代社会中,这种家庭经济模式近乎瓦解。首先,法律上找不到任何强制性要素,迫使人们必须(或应当)将家里所有人的收入纳入共同计算关系中。这种变化已经为现代社会学者的经验观察所确认,即在现代社会中,成年子女基本上能独立谋生,所得收入不纳入单一家计已是常态,他们将之称为"共伙"或"共居而不共财"。[54] 换言之,尽管子女可能仍然与父母住在一起,但实际上他们之间早就开始"别财"生活了。

在此背景下,即使是子女将收入交给父母的生活实践,现代法也不是将其解释为建立在子女收入应被强制性地纳入单一家计的基础上,而是认为这只是一种子女和父母间基于意思自治形成的保管关系,即由父母暂时性地代子女保管。[55] 这种解释并非仅具有认识功能,其还暗含着现实意义上的规范功能。例如,父母以个体工商户从事家庭经营且子女在外地打工时,尽管根据《民法典》第56条第1款规定,所欠债务应由"家庭财产"清偿,但此所谓"家庭财产"应解释为"夫妻共有财产",子女外地打工挣得的交由父母保管的钱财应解释为属于子女财产而非夫妻共同财产,因此无须对该个体工商户债务负责。[56] 反之,有且只有在子女与父母一起参与家庭经营,从而基于各方意思形成共有财产关系时,才会形成"家庭共有财产"对外负责之可能。此时父母子女在家庭经营事项上更类似于合伙关系,故而类如合伙人那样的每个家庭成员,均需对外承担责任。

进一步而言,即使现实中存在统一家计的家庭经济,现代法仍将之解释为基于家庭成员各自意思作用的结果,是基于各方自主意思形成的共同共有状态。[57] 这与古代法中强调"子妇无私货、无私蓄、无私器"(《礼记·内则》)观念构成根本对立。而《民法典》第1153条第2款"遗产在家庭共有财产之中的,遗产分割时,应当先分出他人的财产"中提及的"家庭共有财产"概念,也应在私人自治的基础上予以具体化。一定意义上,该处"家庭共有财产"可以理解为现代意义上的"同居共财",与古代法上的非共同共有的"同居共财"不同,现代法上的"同居共财"对应的是《民法典》第56条第1款之规定,即家庭成员共同从事家庭经营事业,从而形成了家庭成员共同共有的财产。

---

〔54〕 参见彭希哲、胡湛:《当代中国家庭变迁与家庭政策重构》,《中国社会科学》2015年第12期;王跃生:《当代中国家庭结构变动分析》,《中国社会科学》2006年第1期。

〔55〕 一些具体的实证分析,参见杨龙:《独子家庭的财产继承——清代至今家产制的形态及其变迁》,《法律和社会科学》2013年第1期。

〔56〕 广西壮族自治区梧州市中级人民法院(2001)梧经初字第92号(家庭成员未参与经营的,不承担责任),参见法信编辑部汇编:《〈民法总则〉条文理解与实务指引》,人民法院电子音像出版社,第415—419页。另外,从规则变迁来看,《民法典》同《民法总则》(第56条第1款),承继《最高人民法院关于贯彻执行〈中华人民共和国民法通则〉若干问题的意见(试行)》,(以下简称《民通意见》)第29条,《民通意见》依经营形态解释为两个类型:(1)家庭共同经营,如父母子女均参与经营,则形成家庭共同共有关系,对应于"家庭共有财产"(第42条);(2)夫妻经营,如夫妻店但其子女不参与经营,则等同"夫妻共同财产"(第43条)。

〔57〕 有学者认为不是共有而是"公有",参见林辉煌:《家产制与中国家庭法律的社会适应》,《法制与社会发展》2012年第4期。

再回到社会变迁的事实过程中，其实，早在20世纪30年代，费孝通先生就已经在《江村经济》中道出了个中缘由：

> [在传统社会中]个人不容易意识到在一家的集体生产中的贡献。但挣工资基本上是个人的事。挣钱的人能感觉到她的工资收入是她自己劳动的结果。这是收入者本人和家长，都会感觉到的。此外，工资由工厂直接付给她本人。至少在这个时候，他可以讲她的一部分工资按她自己的愿望去花费。因此，家中的经济关系就逐步地得到改变。[58]

如果20世纪的开弦弓村可以被看成是现代经济的雏形，那么，当时尚且如此，又何况现在？鉴于此，一个不可否认且需要正视的事实是，古代家族法意义上的"同居共财"的家庭经济模式已经瓦解，"家产"很难再被作为一个统一的法律概念来统筹家庭成员之间的身份财产关系。

(二)现代法上的离婚与分家

1. 离婚带来的挑战

从问题处理来看，统一的"家产"概念无法解决现代离婚引发的各种争议。

在古代中国，"家"实指"夫家"。正如结婚是女性为了夫家祖先的延续从父宗向夫宗移转一样，离婚是脱离夫宗并再次回到娘家(又称为"归宗")，与之对应的财产效果就是"净身出户"：夫家的财产(家产)仍保留在夫家，唯一能够带走的是那些她当年从娘家带过来的尚存的嫁妆。从"家"的角度概括，可以说，纵使离异，"家"还是存在的。

在现代社会，离婚只是意味着夫妻感情破裂，是婚姻关系的解体，而非谁从"家"中被排除出去。因此，古代的"净身出户"财产规则，在现代法中，相应地转化为如何分割夫妻共同财产，如何进行家务劳动补偿等法律问题。[59] 在一定程度上，这种转变还能解释1950年《婚姻法》第10条之"家庭财产"概念的消退：不是"家庭财产制"的瓦解，而是这一概念无益于解决离婚引发的财产分割争议。不仅如此，《婚姻法》规定的财产规则的高度抽象特性、现实复杂性还促使最高人

---

〔58〕 费孝通：《江村经济》，上海世纪出版集团2007年版，第177页。括号中的内容，为笔者根据上下文增加。从费孝通先生就开弦弓村的近代缫丝工业对亲属关系的影响的考察中还可以得到如下几点认识：(1)作为古代诸子析产前提的"同居共财"，绝不是立基于家庭成员的自愿贡献之上，人们基本生活需要通力合作、父祖的权力，以及家中每一个人的经济能力的社会性规定都是必要的；(2)近现代社会变革深刻影响了维持"同居共财"的每一个方面；(3)虽然法制变革自20世纪初就已经开始了，但是其中承载的近代意识，却只有在社会的确发生了相应变革后，才真正确立，在此意义上，我们可以说法律与社会的冲突，或许是法制变革不可避免的；(4)冲突伴随着社会与法律制度的融合，这一点尤其体现在开弦弓村，一方面家中但凡有劳力者通力合作维持家庭基本生活，另一方面统筹家务的父的权威开始松懈。

〔59〕 孔祥瑞、李黎：《民法典亲属编立法若干问题研究》，中国法制出版社2005年版，第131—133、第136页。

民法院必须因应情势变化创设具体规则，[60]以期能妥善解决离婚纠纷案件中的财产分割争议。[61]

上述见解亦为《民法典》所承继：在婚姻家庭编中，立法者并未采纳“家庭财产”概念；而尽管《民法典》在第 56 条第 1 款提及“家庭财产”，以及在第 1153 条第 2 款提及“家庭共有财产”，但正如前述分析，该两个概念均应被解释为基于家庭成员的自主意思（包括共同劳动）形成的家庭共同共有财产。针对《民法典》规定的家庭土地承包经营权和宅基地使用权，尽管由于其是按户享有而常被理解为“家产”，[62]但需要特别强调的是，这种按户享有的性质，是基于土地管理法等公法强制塑造的。换言之，该两项财产之所以按户持有是由于公法的按户配置导致的，公法所欲实现的政策目标决定了该类配置的合理性。[63] 然而，并无什么政策目标足以将所有家庭“私财”全部类比于农村土地使用权而设定为由家或户持有正当化。此外，在私法层面，按户享有的土地承包经营权和宅基地使用权，尽管在确保家庭成员共享收益方面功勋卓著，但也给现代离婚带来了一些亟待解决的问题：由于按户配置的属性导致其不能被分割，离婚时公平分割财产因此变得很困难；正因此，《民法典》第 1087 条第 2 款特别强调，“对夫或妻在家庭土地承包经营中享有的权益等，应当依法予以保护”，以防止出现婚姻解体时封建性的“净身出户”结果。[64] 然而，需要进一步追问的是，此处提及的“法”又何在？由此亦可推知，全面的“家产制”必然会陷入更严重的分割困境。

此外，有必要说明的是，即使是“家产制”论者引证的《瑞士民法典》相关规则，[65]其仍需要依托于当事人的意思。[66] 该法第 335 条规定，“为家庭教育的支付，为家庭成员的补助或救助，或类似目的，得依人法或继承法的规定，以财产与

---

[60] 具体而言包括：具有承上启下作用的 1993 年《最高人民法院关于人民法院审理离婚案件处理财产分割问题的若干具体意见》（以下简称《离婚若干意见》）；2001 年《最高人民法院关于运用〈中华人民共和国婚姻法〉若干问题的解释（一）》，主要是对 2001 年婚姻法进行注解，在夫妻财产制度方面，最大的变动是明确否定婚前个人财产可因婚姻事实而转化的可能性；2003 年《婚姻法解释二》中涉及婚姻财产的条文有 16 条，占比 50%以上；2011 年《婚姻法解释三》中涉及婚姻财产的条文有 12 条，占比将近 70%；这些婚姻法解释，因《民法典》的颁行，而全部吸收进《最高人民法院关于适用〈中华人民共和国民法典〉婚姻家庭编的解释（一）》[以下简称《民法典婚姻家庭编解释（一）》]。

[61] 类似见解可参见申晨：《夫妻财产法价值本位位移及实现方式——以约定财产制的完善为重点》，《法学家》2018 年第 2 期。

[62] 参见俞江：《中国民法典诞生百年祭——以财产制为中心考察民法移植的两条主线》，《政法论坛》2011 年第 4 期。

[63] 参见鲁晓明：《从家户并立到家庭统摄》，《法商研究》2018 年第 5 期。

[64] 值得注意的是，除了夫妻离婚时财产分割争议外，更大的争议则体现于由农村拆迁引发的补偿及其分配问题。

[65] 参见俞江：《中国民法典诞生百年祭——以财产制为中心考察民法移植的两条主线》，《政法论坛》2011 年第 4 期。

[66] 参见鲁晓明：《从家户并立到家庭统摄》，《法商研究》2018 年第 5 期。

家庭结合的方式,设立家庭财团",[67]但这不是将"家"看成私法上与自然人、法人相并列的又一个权利主体,而是借助于当事人的意思,对一般意义上的个人财产赋予特别的目的。[68]

2."分家析产"的现代法阐释

一个经常被提及的用于证成"家产制"存在的现实基础,是当前农村仍然大量存在的"分家"实践。有学者认为:农村城市化是一个长期过程,立法应当关注现实,因此急需确立"家产制",以解决实践中发生的各种问题。[69] 基于此,有学者还进一步主张,由于清末以来的西化,"分家"很早就从国家法中淡出,隐遁到了民间社会成为习惯法,形成了实质意义上的国家法与习惯法的冲突格局。[70]对此,本文分析如下。

首先,对学者们有关当前农村中多子家庭分家实践大量存在的观察,笔者并不表示怀疑。但这并不当然意味着"分家"需要进行法律调整。一个重要的区别是,分家在古今之间被赋予了不同的意义:古代分家的首要意义是结束同居共财的生活,它意味着自己之所得不再被强制性纳入父家中;而在现代社会中,同居共财不具有强制性,子女收入早已与父母分离,"分家"更多的是强调"分居另过"。因此在现代,两代人之间对应于古代法意义上的"异财"早已开始,各方实处于"共居不共财"状态,"分家"的意涵将只剩下结束"共居",让各自生活更加独立。

在此情景下,即使想提高父母的地位,例如考虑赋予父母对分家一事的决定权,在没有了古代社会那样的价值观作为支撑的情况下,其必然难以实现。正如杨鸿烈先生曾言及的,"以今日中国社会的组织有前古所无的剧烈变迁……现若尚提倡'孝治',严定禁止别籍异财的法律,就不啻是犯了'时代错误'的毛病!"[71]倘若想象一个类似条文,或许仅能如 1930 年《中华民国民法典》第 1127 条所规定的那样,"家属已成年或虽未成年而已结婚者,得请求由家分离"。[72]

其次,"析产"在现代社会与古代之间似乎形成了一种完全相反的印象。古

〔67〕 该法第 336 条更是规定:"家庭成员有权决定其财产为自有或家庭共有财产。家庭共有财产的设立,须订立契约。"参见《瑞士民法典》:戴永盛译,中国政法大学出版社 2016 年版,第 127 页。另外,学者比较法研究揭示该条在现今瑞士"早已意义甚微",参见贺剑:《论婚姻法回归民法的基本思路》,《中外法学》2014 年第 6 期。

〔68〕 关于财产目的的分析,参见梁慧星:《民法总论》(第 5 版),法律出版社 2017 年版,第 160—162 页。

〔69〕 参见俞江:《中国民法典诞生百年祭——以财产制为中心考察民法移植的两条主线》,载《政法论坛》2011 年第 4 期;张剑源:《同居共财:传统中国的家庭、财产与法律》,载《北方民族大学学报》(哲学社会科学版)2015 年第 5 期。

〔70〕 参见俞江:《民事习惯对民法典的意义——以分家析产习惯为线索》,载易继明主编:《私法》第 5 辑第 1 卷(总第 9 卷),华中科技大学出版社,第 60 页。

〔71〕 杨鸿烈:《中国法律思想史》,商务印书馆 2020 年版,第 359 页。现行台湾地区所谓"民法典"的规定是第 1127 条:"家属已成年或虽未成年而已结婚者,得请求由家分离。";第 1128 条:"家长对于已成年或虽未成年而已结婚之家属,得令其由家分离,但以有正当理由时为限。"

〔72〕 参见金眉:《中国亲属法的近现代转型》,法律出版社 2010 年版,第 260 页。对民国时期民法中家制的分析,参见许莉:《〈中华民国民法·亲属〉研究》,法律出版社 2009 年版,第 59—61 页。

代家庭遵循“同居共财”的经济关系，“分家”前个人所得均被强制性地纳入父家之中而无私财，分家意味着独立生活，故而其必须获得父家支持（分家也被理解一种威胁策略）。因此，古代“分家”往往伴随“析产”，生前析产很普遍。但在现代社会中，由于新婚夫妻往往已经具备了独立的经济能力，能应对基本生活，故而“生前析产”的功能和意义也发生了改变。

与此同时，现代法律对于父母与子女之间的财产代际传承给予不同理解。在古代，生前析产必须受诸子均分限制，因为在宗的理念性秩序下，每一个儿子对于父亲来说在宗的地位上都是一样的；反之，如果父亲生前未遵循诸子均分原则，则会被斥为“乱命”。然而，在现代社会，宗法式微，宗法观念下的法律评价也随之消散。由此产生的一个自然的结论是，再无正当性要求父母在传承自己财产上必须遵循诸子均分的限制。相应地，现代民法中调整父母传承自己财产的原则就演变为处分自由与遗嘱自由，强调财产所有权人即父母的意思。

再具体到父母对于子女的生前资助，现代民法因侧重于尊重父母的意思而将之定性为赠与。这一点在当前高房价时代更具有实践意义。很多家庭在买房时都需要父母的资金支持，“房”因此被看作现代社会中家庭财产生前代际传承的重要载体。很多学者也因此将之解释为“家产制”的体现之一。〔73〕然而，这种解读却错误地理解了催生这一现象的现实基础，即父母与子女之间所处的经济关系，不是“同居共财”，而是“共居不共财”甚至“别居异财”，而后者正是建基于个人财产制。循此，父母对于子女的资助，不论是婚前还是婚后，在现代法中均被理解为对自己子女之赠与。〔74〕

三、“家”在当前法律制度中的体现

《民法典》在第五编将婚姻和家庭并举，并在第1043条规定，“家庭应当树立优良家风，弘扬家庭美德，重视家庭文明建设”，至少能够避免民法“只提婚姻忽视家庭”等形式主义批评。然而，民法对于家及其价值的维护，更在于各项实体法律制度中。本部分立足于具体制度，以列举的方式展现现代法“为家奋斗”的一些努力。概括而言，它们主要体现在两个方面：(1)财产的代际传承，主要体现在继承法的遗嘱制度的实施，以及司法解释中有关婚后父母资助购房在离婚时的处理；(2)家庭关系中个人财产制的缓和，主要体现在侵权法上的监护人责任和法定夫妻婚后所得共同财产制。

(一)家业子承

1. 遗嘱制度的实效

《民法典》第六编继承，是1985年《继承法》颁行以来我国在继承领域的第二

---

〔73〕 参见赵晓力：《中国家庭资本主义化的号角》，《文化纵横》2011年第1期；俞江：《中国民法典诞生百年祭——以财产制为中心考察民法移植的两条主线》，《政法论坛》2011年第4期。

〔74〕 这种赠与为什么未被纳入“夫妻共同财产”而只看作是对自己子女的赠与，详见下文“父母资助买房的定性”之分析。

次立法,内容上主要体现为对《继承法》的修改完善,〔75〕其中,遗嘱继承先于法定继承的现代法律原则仍获肯定(第1123条)。〔76〕立法目的是肯认每个人对其死后遗产有权自由处分。从比较法来看,我国民法中的遗嘱自由却远高于其他大陆法系。以《德国民法典》第2303条为例,被死因处分排除继承的特定血亲,有权请求被分配特定份额,称为“特留份”制度。〔77〕相比之下,《民法典》第1141条只规定,“遗嘱应当为缺乏劳动能力又没有生活来源的继承人保留必要的遗产份额”,即应保障没有独立生活能力的法定继承人的生活,又称“必留份”制度。因必留份的约束力度较弱,我国遗嘱制度又被评价为最大程度的遗嘱自由。〔78〕

然而,这种看似巨大的遗嘱自由空间,却未造成人们担心的结果,即被广泛用来分离其财产与家的联系。〔79〕究其缘由,或在于包括遗嘱在内的民事活动,除应满足具体制度要求外,还需遵循“公序良俗”原则(《民法典》第8条)。因此,在肯定社会应保护血亲财产利益之价值判断基础上,法律可以借助该原则否定将财产遗留给家外人的遗嘱的效力。但即便如此,我们也很少听闻通过这种方式来限制血亲承受财产的事例报道。〔80〕这反过来说明,人们实际上普遍地践行着“家业子承”的原理。

再具体到30多年来《继承法》的施行,除了1985年出台配套实施的司法解释外,最高人民法院并未创制类如婚姻财产制度那样的一系列的司法解释。〔81〕“司法是社会问题之窗”,司法实务中规则需求的不强烈,亦可表明中国人血亲继承财产的事实是普遍存在的。换言之,在现代法律框架下,人们依然把“家”看成生活的目的,财产最终是作为子女的财产而传承下去。或许也正出于对这种现实的自信,《民法典》坚持了必留份制度,而未如学者建议的那样,〔82〕创设“特留分”制度。〔83〕

---

〔75〕修订内容,参见《关于〈中华人民共和国民法典(草案)〉的说明》。另参见龙俊:《继承编:变革与争议》,《人民法院报》2020年6月11日,第7版;张鸣起:《民法典分编的编纂》,《中国法学》2020年第3期。

〔76〕有关该原则的阐释,参见马忆南:《婚姻家庭继承法》(第2版),北京大学出版社2011年版,第359—360页。

〔77〕台湾大学法律学院、台大法学基金会编译:《德国民法典》,北京大学出版社2017年版,第1579页。

〔78〕参见张玉敏:《继承法律制度研究》,法律出版社1999年版,第246页;叶朋:《公证视角下的遗嘱自由与限制私法研究》,江苏大学出版社2011年版,第54、第130页。

〔79〕社会实践中遗嘱与赡养的绑定也反映了血亲继承的普遍性,参见杨龙:《遗嘱与当代华北乡村家产制的变迁——财产自由处分和赡养的再结合》,载[美]黄宗智主编:《中国乡村研究》第11辑,福建教育出版社2014年版,第193—196页。

〔80〕实践中少见报告的该类案例之一,可参见余净植:《旧案重提:“泸州遗赠案”两种分析路径之省思》,《法学论坛》2008年第4期。

〔81〕在此期间,仅颁布了《最高人民法院关于贯彻执行〈中华人民共和国继承法〉若干问题的意见》。此后,立法者只是在各个专门立法中针对新类型财产的继承进行分别处理,如2005年《公司法》第76条、2006年《合伙企业法》第50条等。

〔82〕学者建议稿,参见梁慧星主编:《中国民法典草案建议稿附理由 继承编》,法律出版社2006年版,第179—181页。

〔83〕学者对于《民法典》采纳相关意见的解释是:(1)不违反公序良俗就没必要干涉;(2)配偶的财产权有夫妻共同财产制保护,参见龙俊:《继承编:变革与争议》,《人民法院报》2020年6月11日,第7版。

或许有人认为当前之所以不需要血亲份额的特别保护，是大量生前析产实践的存在，使得遗产自由处分并无意义，即当前的法律状况应归于继承法的落空（没有遗产）。然而，这种解释却忽视了现代社会中两代人间广泛存在的"别财异居"事实：虽然生前析产的增多（如父母资助子女买房）确实会减少遗产，但现代社会中父母与子女间的"别财异居"，却使得继承之法律事件的发生又必不可少。可以说，只要人们亡故后多少留有财产，就不能小觑继承法的社会意义。故此，中国人很少使用遗嘱的事实，尤其是极少出现利用遗嘱来割裂财产和其子女间联系的事实，还是应当从当前人们对"家"的一般态度中寻求合理解释，即继承法有关法定继承的规定，符合绝大多数中国人关于其死后财产流转的看法，从而遗嘱的自由空间过大问题就显得不太重要了。[84]

2. 父母资助买房的定性

"父母的财产都留给子女"之精神在现代社会最突出的体现，就是父母资助子女买房。其之所以广受社会关注，不在于该实践本身，而是由此形成的财产在夫妻离婚时应当如何处理。就此，《婚姻法解释三》第 7 条曾作出明确规定，并为《最高人民法院关于适用〈中华人民共和国民法典〉婚姻家庭编的解释（一）》第 29 条吸收。

就《婚姻法解释三》第 7 条，最高人民法院曾表示，"从《婚姻法解释（三）》公开征求意见反馈的情况看，作为出资人的男方父母或女方父母均表示，他们担心因子女离婚而导致家庭财产流失。在实际生活中，父母出资为子女结婚购房往往倾注全部积蓄，一般也不会与子女签署书面协议，如果离婚时一概将房屋认定为夫妻共同财产，势必违背了父母为子女购房的初衷和意愿，实际上也侵害了出资购房父母的利益。所以，房屋产权登记在出资购房父母子女名下的，视为父母明确只对自己子女一方的赠与比较合情合理，多数人在反馈的意见中对此表示赞同，认为这样处理兼顾了中国国情与社会常理……"[85]实际上，该条也极具有创造性。它以一种理解的态度考虑到了独特的中国人文观念：结婚时，出于文化等各方面因素考虑，人们往往不会去精打细算（这并不是说每个人都这样），也不会思考万一离婚了财产怎么分。但是，与"妻子的妆奁"所承载的意识一样的是，"父母给的只能当成给自己的子女"，由此建构的财产规则，既很清楚也为人们所遵从。[86] 从该条逻辑来看，其是在肯定父母对自己子女之赠与的意思的前提下，将赠与给夫妻双方的意思，委之于独特的外在行动，如房屋所有权证上登记夫妻两个人的名字。这不是完全根据物权登记制度来判断：与其说是物权法在起作

---

〔84〕 这可类比梅英有关古罗马人对遗嘱的一般情绪的分析，其认为古罗马人对遗嘱厚爱的缘由在于当时法定继承的混乱，即相对于法定安排，遗嘱更契合并能实现罗马人的基本情感。参见［英］梅英：《古代法》，沈景译，商务印书馆 1959 年版，第 142—143 页。

〔85〕 参见《最高人民法院关于适用婚姻法若干问题的解释（三）新闻发布稿》，https://www.66law.cn/domainblog/27815.asp，更新时间：2011 年 8 月 13 日，访问时间：2021 年 7 月 14 日。

〔86〕 类似的意识还存在于彩礼返还等问题上，如《民法典婚姻家庭编解释（一）》第 5 条（原《婚姻法解释二》第 10 条）。

用，毋宁说事实的评价性因素才是决定性的。换言之，该条体现了“父母给的只能当成给自己的子女”之家产传承观念。

就《民法典婚姻家庭编解释(一)》第29条而言，尽管其只明确规定了父母婚前赠与原则上视为对子女赠与，而就父母婚后赠与仅要求要按照《民法典》第1062条第1款第4项规定处理，但规则的实质并未改变，核心问题依然是要结合《民法典》第1063条第3项分析判定一般社会情形下其是否构成“赠与合同中确定只归一方的财产”。在此方面，精神实质似应依旧是：“从父母自身的角度来说，赠与子女房产的目的是保障其婚姻幸福，当婚姻破裂时，父母的真实意愿是不损害自己及子女的利益。”[87]

(二)个人财产制的缓和

1. 中国监护人责任的解读

家的价值还体现在父母对子女造成他人损害的责任承担上。比较法上，尤其是欧陆立法中，未成年人造成他人损害是否应承担责任，需根据其是否有责任能力和过失等判断，监护人责任则据是否有监督之过失认定。[88] 与此不同的是，我国《民法典》第1188条第1款采取的是监护人无过失归责原则，因其与个人责任原则相冲突常遭受批评。[89] 然而，如果将之纳入中国文化中加以解读，该条却显得十分可取。与欧陆个人主义思维不同，在中国人的观念中，孩子造成他人损害，首先是父母的责任，父母理应对受害人给予赔偿。立法者就此亦无法“独善其身”：一方面，《民法典》秉承婚姻立法中一贯态度(1980年《婚姻法》第17条、2001年《婚姻法》第23条)，在婚姻家庭编中重申，“未成年子女造成他人损害的，父母应当依法承担民事责任”(第1068条)；另一方面，在监护人责任上又坚持《民法通则》以来一贯的表达方式——监护人无过失归责原则，从《民法通则》第133条到《侵权责任法》第32条，再到《民法典》第1188条可知，该规则几无变化。

另外，我们还可以将其放在历史的脉络中来理解。《三字经》言“子不教，父之过”，具体到孩子致人损害问题，人们会认为这不是孩子的过失，而应归责于父母，是父母的管教疏忽致生损害，因此父母应当担责。[90] 如果将这种观念与现代法联系起来考虑，则恰如学者所说，“一个被称作传统的东西，如果确实符合这个词的含义，那么，它就不仅仅是一个历史上曾经存在的过去，同时还是历史地存

---

〔87〕 吴晓芳：《对民法典婚姻家庭编新增和修改条文的解读》，《人民司法·应用》2020年第19期。

〔88〕 参见王泽鉴：《未成年人及法定代理人之侵权责任》，载王泽鉴：《民法学说与判例研究》(第3册)，中国政法大学出版社2005年版，第125—133页。

〔89〕 学界从个人责任出发，将监护人责任解释为补充责任。参见薛军：《走出监护人“补充责任”的误区——论〈侵权责任法〉第32条第2款的理解与适用》，《华东政法学院学报》2010年第3期。

〔90〕 王泽鉴先生在评论台湾监护人过失责任相关规定时也曾指向这一文化因素，其论道，“……传统上向有‘子不教，父之过’之思想，从不免更倾向于加重法定代理人之责任，致变为道德上之制裁……”参见王泽鉴：《未成年人及法定代理人之侵权责任》，载王泽鉴：《民法学说与判例研究》(第3册)，中国政法大学出版社2005年版，第133页。但我国《民法典》因采监护人无过失归责原对此无须担忧。

在的现在”。[91]“子不教,父之过”,基于历史传承,渗入现代民法监护人责任规则中。

同样地,《民法典》第 1188 条第 2 款关于“先由孩子财产承担,不足时再由父母支付”之规定,亦应可在此框架内获得合理解释。对此,薛军教授写道:“从形式法律的角度看,可能违背了监护人与被监护人之间的人格、财产、责任分离的原则,但中国的社会文化观念事实上并不严格强调这样的区分,因此用(形式上)属于孩子的财产来支付法律课加于父母的损害赔偿义务,并不违背中国社会大众的正义观念。考虑到父母本来就是为子女的侵权行为承担责任,这样的做法就更加可以接受了。”[92]此所谓“中国的社会文化观念”,即中国的“家”文化及其对父母子女关系的理解。

2. 正确理解法定夫妻婚后共同财产制

尽管法定夫妻婚后共同财产制度是建立在个人财产制基础上的,但又具有特殊性,即其又包含了对个人财产制之缓和的要素。

首先,法定夫妻婚后共同财产制的核心是婚后夫妻各自所得将会自动地、当然地变成夫妻共同共有。这本就突破了“个人财产制”意义上的一般财产规则,因为根据私人自治,有且只有所有权人的意思才能另行创设所有物的归属。

其次,从 1993 年《离婚若干意见》到 2001 年《婚姻法》变迁看,现行婚姻法已经消除了个人财产向夫妻共同财产转化的可能性。尽管这一点遭到学界批评,但其仍有积极意义,这意味着法律“锁死”了个人财产的范围,将婚后所得全部纳入夫妻共同体中。但需要注意的是,社会经济生活的变化及其导致的财产之类型和内容的丰富,使得在具体财产的定性上,仅简单地考虑结婚时点因素是不够的。以婚前个人贷款买房、婚后共同还款为例,尽管问题还是该房产之定性为个人财产还是夫妻共同财产,但显然仅根据婚姻时点来判断财产归属很难令人信服,因为这其中还涉及其他值得法律保护的新的价值和利益诉求,例如对配偶贡献的评价、房贷之银行债权的维护等。《民法典婚姻家庭编解释(一)》第 78 条继承原《婚姻法解释三》第 10 条所采方案即如此,是权衡配偶双方利益与贷款银行债权之安全的结果,是在肯定个人财产的同时又不将配偶一方的贡献视为借贷,而是将此转化为让他们共同享有对应的房产之增值。该方案基本上遵循 2001 年《婚姻法》第 17 条规定的共同财产的立法意旨(《民法典》第 1062 条),其独特之处即缓和个人财产的制度逻辑,使个人财产的孳息增值能够成为共同共有。[93]

最后,法定婚后共同财产制的“共同”之强度亦具有特殊性。根据《民法典》第 1066 条规定,夫妻共同财产之法定“共同性”,只有在极其有限的个别情形之

---

[91] 梁治平:《法辨——中国法的过去、现在与未来》,贵州人民出版社 1992 年版,第 56 页。

[92] 薛军:《走出监护人“补充责任”的误区——论〈侵权责任法〉第 32 条第 2 款的理解与适用》,《华东政法学院学报》2010 年第 3 期。

[93] 但《婚姻法解释三》第 5 条将财产孳息和自然增值定性为个人财产备受学者批评,详细分析参见贺剑:《夫妻个人财产的婚后增值归属——兼论我国婚后所得共同制的精神》,《法学家》2015 年第 4 期。

下，才允许夫或妻"破坏"、提议分割。换言之，当前法律上夫妻共同财产制，是以夫妻协力创造家庭生活为基本前提的，且为此目的，法律只准许特别情形认可夫妻一方请求分割共同财产。概言之，正如学者所言，"夫妻的共同关系，远超过物权法上的公共共有及债法上的合伙关系。故拟以普通债法或物权法上的法律关系，规范以身份为基础的夫妻之财产关系，则嫌不足，所以法律特设夫妻财产制，以为婚姻共同生活中财产关系的基准"。[94]

结语

由上论述，本文研究结论有三。

第一，古代法上的"同居共财"是指家庭成员收入被强制性纳入统一计算的经济关系，由此可以形成"家产"概念。但这并非意味着家庭成员共有家产；如果仅考虑私法上的意义，"家产制"和"家父所有制"都能得到解释，但如果考虑到古代家在公法上的意义，后者更有说服力。

第二，中国近现代转型致使"家产"概念的现实基础丧失。婚姻观念和家庭经济模式的变迁，使得人们无法维持古代法意义上的"同居共财"；离婚、分家等活动及其引发的问题，需要在以个人财产制为基础的法律框架内予以解说和处理。

第三，现行法虽然没有采纳"家产制"，但也没有忽视"整体性意义上的家"的观念，相反，一些制度及其实效只有在考虑了"家"的价值的情况下才能得到合理阐释。

总结而言，现代婚姻家庭财产制度不可能建立在"家产制"之上，而当前立基于个人财产制之上的婚姻家庭财产制度具有合理性与社会基础。虽然本文在结论上否定了"家产制"，但其对当前婚姻财产制度的一些批评仍至少具有两点启示意义。一方面，它至少提示了当前婚姻财产制度的某些不足，如其强调了家宅对于婚姻家庭生活的重要性，呼吁在法律上应当对其处分作出必要的限制。这是原《婚姻法解释三》第 11 条[现为《民法典婚姻家庭编解释(一)》第 28 条]备受批评的原因，也将是《民法典》要面临的问题之一。比较法上已有的可资借鉴的方案，是创设特别规定以缓和个人财产制的法律逻辑。[95] 另一方面，"家产制"反映了现代家事立法中存在的法律文化之心理上的冲突。可以说，也正是由于这种社会心理，婚姻状态下的人们不太关注财产归属问题，甚至对法律详细规定还持反感态度。然而，正如本文揭示的，在真实生活中，不论是古代还是现代，"家"中的财产归属，自始至终都有着明确且清晰的规则。如果可以将这种文化心理看成"爱"的一种表现，那么，在有关婚姻家庭财产归属之规则范畴内，正好印证了尼采之论断，"没有任何制度有可能建立在爱之上"。[96]

---

〔94〕 戴东雄：《亲属法论文集》，东大图书股份有限公司 1988 年版，第 109 页。

〔95〕 具体规则可参见学者建议稿中针对家宅之类的不动产创设的特别处分规定，梁慧星主编：《中国民法典草案建议稿附理由 侵权行为编・继承编》，法律出版社 2006 年版，第 75—77 页。令人遗憾的是，《民法典》并未采纳之。

〔96〕 尼采语，转引自苏力：《制度是如何形成的》，北京大学出版社 2007 年版，第 3 页。

Reflection on "the System of Family Property" in the Era of the Civil Code

XU Fangliang

Abstract: The Civil Code of PRC provides an important chance to reflect "the System of Family Property", which has been advanced to criticize the current the System of Marriage and Family Property. First, the historical "Common Living" should be seen as a certain kind of enforced economic relationships between family members, where it is possible and applicable to construct the uniform legal concept of "Family Property". However, under the consideration of its meaning under public law, it's more convincing to interpret the old family as Paternal Ownership. Second, in modern society, because of changes of the marriage views and family economic models, the function of the concept of "Family Property" has being degraded, and thus we need to construct the whole family property institution based upon the personal property system in order to deal with all kinds of problems rising from breaking up of both the marriage and the family. Third, although the current legal system does not adapt " the System of Family Property", by the implement of some institutions it still successfully maintain the family and its social values.

Key Words: Family Property; the System of Family Property; Common Living; the System of Marriage and Family Property

论欺诈结婚的救济体系
——以损害赔偿为中心

刘 果*

摘 要 受制于类型法定，受欺诈方错误作出结婚意思表示，仅得以感情破裂主张离婚，既不得撤销婚姻也不得寻求离婚损害赔偿，亦鲜有财产分割的倾斜保护。《民法典》婚姻家庭编创设特定情形下欺诈撤销在身份行为意思表示瑕疵时的适用，却并未明确其他欺诈结婚类型的效力及救济。依与婚姻实质及夫妻共同生活相关程度的划分，欺诈结婚受欺诈方可依三层架构寻求救济：其一，故意隐瞒重大疾病、性功能障碍等，受欺诈方得以主张侵权损害赔偿，基于损害赔偿具体内容的考量，应排除缔约过失的适用，损害范围限制为非财产上损害赔偿；其二，针对不可撤销欺诈结婚类型，基于婚姻家庭编对特殊客体的保护，在限缩解释"其他重大过错"前提下，欺诈行为的效果延续且违反忠实、扶养义务或侵犯配偶权的，受欺诈方得以1091条第（五）项主张离婚损害赔偿；其三，仍不足救济的，基于《民法典》关于财产分割与离婚扶养制度的修正，欺诈得作为考量因素，以妥善保护受欺诈方合法权益。

关键词 欺诈结婚；可撤销；损害赔偿；救济体系

目 次

---

* 刘果（1995—），男，河南郑州人，中国政法大学民商经济法学院2021级博士研究生。

一、问题的提出

一方或双方当事人故意捏造事实、隐瞒真实情况欺骗登记机构为结婚登记，若为行政机关未尽形式审查义务所致，则结婚登记之具体行政行为得以撤销。[1]由于婚姻登记系婚姻生效之形式要件，登记行为被撤销的，视为没有进行结婚登记，[2]由此实现民法上"婚姻撤销"的效果。学界讨论欺诈结婚，一般是在私法领域讨论身份行为意思表示瑕疵的法律效果。《中华人民共和国民法典》(以下简称《民法典》)实施前，立法及司法实践表明，《中华人民共和国婚姻法》(以下简称《婚姻法》)第11条关于胁迫婚姻可撤销的规定，不存在适用或类推适用意思表示瑕疵一般规则的余地，系封闭式规定，[3]当事人不得以欺诈为由主张撤销婚姻；因欺诈结婚对"人的性质"认识错误的，仅能依离婚处理。[4] 此外，限于《婚姻法》第46条离婚损害赔偿严格的类型化适用、我国法定财产制下适用婚内侵权的质疑，欺诈结婚的受害人难以主张损害赔偿，即使是离婚后夫妻财产分割，依《婚姻法》第39条是否照顾无过错方，学界存有争议，[5]司法实践亦难以认同。[6] 乃至因对方欺诈导致婚后额外支出的费用，法院一般也不支持过错方对

---

〔1〕 但当事人伪造、变造或冒用证件欺诈登记机构而登记结婚的，法院亦以存在"重大明显违法"判决行政行为无效，参见《使用虚假身份信息办理的婚姻行政登记应予确认无效》，郑州市中原区人民法院网，http://zzzyfy.hncourt.gov.cn/public/detail.php?id=3463，访问时间：2019年12月4日。另有判决认为，登记机关未尽审慎审查义务，以虚假身份证明办理的结婚登记应撤销，参见陈文：《当事人弄虚作假骗取的结婚登记应予撤销——山东即墨法院判决高萍丽诉即墨民政局结婚行政登记案》，《人民法院报》2012年第6版。而依《关于撤销黄清江与叶芳结婚登记问题的答复》(民办函〔2002〕129号)及其提到的最高人民法院法研〔2002〕81号文件，登记机关无权撤销，当事人可依法提起离婚诉讼。笔者以为，是否所有欺骗结婚登记行为，皆构成行政法上"重大违法行为"存疑，判断行政行为效力，得从公法角度衡量，以允许撤销为宜。

〔2〕 参见余延满：《亲属法原论》，法律出版社2007年版，第147页。

〔3〕 关于婚姻可撤销事由，立法机关采纳的，仅限于"胁迫"，参见余延满：《亲属法原论》，法律出版社2007年版，第203页。另，2003年《婚姻登记条例》仅就胁迫婚姻的撤销作出规定(第9条)。2016年《民政部关于印发〈婚姻登记工作规范〉的通知》第53条明确，除胁迫婚姻以外，以任何理由请求宣告撤销，不予受理；地方亦有类似规定，如2010年《江苏省高级人民法院婚姻家庭案件审理指南》，明确撤销事由仅为胁迫，2015年《泰州市人民政府办公室关于做好便民服务事项梳理工作的通知》亦同。有司法人士认为：其一，撤销事由法定，不可随意类推；其二，胁迫较之欺诈更具危害性，欺骗、重大误解在实践中亦不好掌握，故仅规定胁迫婚姻的撤销，参见陈爱武主编：《最高人民法院婚姻法司法解释精释精解》，中国法制出版社2016年版，第99—100页。此外，据笔者在无讼网以"婚姻撤销""欺诈"等关键词检索，涉及欺诈结婚法律效果百余件有效案例中，无一支持无效或撤销，但多支持以感情破裂判决离婚。

〔4〕 参见王礼仁：《"婚姻登记瑕疵"中的婚姻成立与不成立》，《人民司法》2010年第11期。

〔5〕 相应争论见余延满：《亲属法原论》，法律出版社2007年版，第347页。需要说明的是，即使是赞同照顾无过错方原则的学者，亦认同其为"补偿"，而非损害赔偿。

〔6〕 如认为隐瞒患病史系为维护双方感情，不能认定为具有过错，参见北京市第二中级人民法院(2015)二中民终字第05672号民事判决书。此外，法院多认为，一方虽患病但并无证据证明其故意隐瞒，不存在过错，见(2018)闽0322民初2371号民事判决书，(2018)沪0110民初3167号民事判决书，(2014)峰民初字第300号民事判决书，(2016)鄂06民终328号民事判决书，(2014)鄂武汉中民终字第01084号民事判决书。

无过错方进行补偿，[7]而更多的是在彩礼返还份额上体现对受欺诈方的保护。[8] 总的来说，立法及司法实践对欺诈结婚受害人的保护乏善可陈。

依《民法典》第1053条，一方隐瞒患有重大疾病事实而结婚的，另一方享有撤销权，却并未规定存在其他欺诈类型时，当事人是否享有撤销权，由此引发两个解释难题：其一，第1053条是否系立法者有意的“列举式规定”，而排斥其他欺诈结婚类型的撤销适用。其二，不同欺诈结婚类型，其损害赔偿后果有何不同，尤其在不得撤销时，《民法典》是否赋予了被欺诈人其他可供选择的救济途径，似乎存在可解释的空间：针对可撤销的欺诈结婚类型，第1054条第2款新增的婚姻无效或可撤销后无过错方的损害赔偿请求权可兹援引，唯需法律解释以明确损害赔偿的性质及范围；经识别，特定欺诈结婚类型，其违法性不足以证成撤销权形成的，或权利人虽享有撤销权但未行使的，并不致不发生任何私法上的效果，对欺诈行为的制裁及其损害的赔偿，随着《民法典》关于离婚损害赔偿类型的扩张及夫妻财产分割原则的确立、离婚扶养制度的完善，受害人的救济途径得以弥补，本文尝试寻找一条较为完备的法解释路径。[9]

二、可撤销欺诈结婚类型的扩张

(一)可撤销欺诈结婚事由识别

依第1053条，可撤销的欺诈结婚类型，仅限于一方隐瞒“重大疾病”。在此之前，学界虽不认同《婚姻法》第11条身份行为意思表示瑕疵的封闭式规定，但多从立法论认为应增加可撤销事由；[10]解释论上，有学者认为，隐瞒其他事项同患病欺诈皆侵害他人意思决定自由，而离婚制度无法解决婚姻缔结时意思表示不自由的问题，且立法者没有采取“下列情形婚姻可撤销”的类似婚姻无效的规范样式，又与德国“婚姻废止”存在特别效力不同，我国关于婚姻的撤销，同民事法律行为的撤销并无根本差别。由此，民法总则关于欺诈撤销的规定，婚姻家庭编可同等适用。[11] 然而，一来《民法典》关于可撤销的规定样式同《婚姻法》如出

---

〔7〕 见廊坊市中级人民法院(2015)廊民一终字第1521号民事判决书。

〔8〕 受害人以何请求权基础请求返还彩礼，不无疑义。相应判决见(2015)饶中民一终字第152号民事判决书，(2014)桂市民一终字第676号民事判决书，(2016)冀09民终2637号民事判决书，(2017)苏0312民初1254号民事判决书。

〔9〕 一方伪造、变造、冒用证件欺骗另一方配偶及登记机关而登记结婚的，依2019年7月5日发布的《民法典婚姻家庭编(草案)》第828条第(四)项，是为无效，而在之后的草案及正式稿中，此项规定被删除。但即使规定，该无效否定的是“登记婚姻”的效力，即被冒名人与另一方配偶婚姻无效，冒名者与被欺诈结婚的另一方的婚姻效力，或认为其不满足实质要件而不成立，或认为仅存在登记瑕疵可补正，自有救济之道，似不存在适用欺诈撤销的余地。由此，本文讨论意思表示瑕疵下的欺诈结婚损害赔偿，不包括一方伪造、变造、冒用证件欺诈相对方之情形。

〔10〕 参见余延满：《亲属法原论》，法律出版社2007年版，第204页；陈苇：《亲属法与继承法专论》，法律出版社2009年版，第164—165页。

〔11〕 参见李昊、王文娜：《婚姻缔结行为的效力瑕疵——兼评民法典婚姻家庭编草案的相关规定》，《法学研究》2019年第4期。

一辙，而立法及司法实践皆肯认封闭式撤销事由的适用，二来德国关于婚姻废止的特殊规定，自因其法律传统与公民习俗相关。有学者考证，各国家关于欺诈、胁迫、错误婚姻及其内在类型的规定各有不同，本质上是"立法者对于婚姻中当事人的容忍程度和特定行为的评价差异"，〔12〕德国基于国情设定婚姻废止制度以凸显其特殊性，不能以此认为我国婚姻撤销无此特殊性故而径直适用民法总则的规定。更重要的是，财产法上欺诈的违法性，体现对法律与诚信原则的违反，强调的是对市场交易中诚信的违反达到了社会不能容忍的地步。〔13〕婚姻法上欺诈的违法性，得依不同国家和地区对善良风俗的认识、婚姻市场上男女双方的婚恋观念的区别而有所不同，它不具有财产法上对违法性认识的"普适性"。由此，以欺诈结婚适用民法总则关于民事法律行为欺诈的构成时，不能简单限缩或扩张，两者对违法性程度的要求，更可能是交叉存在的。显而易见，此种解释给予法官自由裁量的同时，极大地增加法律适用的不确定性。

笔者以为，针对可撤销欺诈结婚的类型，立法宜窄不宜宽，解释上更不可过度扩张立法者对身份行为意思表示瑕疵既有规定的选择。学界关于何者为可撤销的"欺诈"结婚尚存争议，在立法未予肯定时，将选择权交由司法实践，难言合理。德国法上，构成可废止欺诈结婚类型的核心，在于隐瞒导致受害人不能"正确认识婚姻的实质"，因而社会关系、财产关系的欺诈不在规制之列，但隐瞒婚史及违反扶养义务而受到惩罚的事实、因怀孕而结婚却隐瞒同时与他人存在性关系等，另一方得以主张因受欺诈而废止婚姻。〔14〕然而，何为"缔结婚姻的实质"或"共同生活所必需"，在不同国家和地区各不相同，一定程度上也取决于人们对"良俗"的认知。在梁慧星教授主导的民法典建议稿中，认为所谓欺诈，仅指与法定结婚"实质要件"相关联的内容，诸如隐瞒未到法定婚龄、有配偶而重婚、存在不宜结婚疾病、〔15〕婚姻状况、健康状态，及性取向与性功能障碍，〔16〕或进一步将结婚对象的真实情况如恶劣品行的隐瞒纳入欺诈类型，〔17〕如持续性犯罪或恶习，〔18〕乃至实际年龄与婚史的隐瞒。〔19〕《婚姻法》下，司法实践对上述情形皆未肯认。〔20〕学界目前较为肯定或达成一致意见的，仅为隐瞒"重大疾病"的，受欺诈方享有撤销权，亦与《民法典》相吻合。

---

〔12〕 申晨：《论婚姻无效制度的构建》，《中外法学》2019 年第 2 期。

〔13〕 参见陈甦主编：《民法总则评注》（下册），法律出版社 2017 年版，第 1072 页。

〔14〕 [德]迪特尔·施瓦布：《德国家庭法》，王保莳译，法律出版社 2010 年版，第 49 页。

〔15〕 参见梁慧星主编：《中国民法典草案建议稿附理由 亲属编》，法律出版社 2013 年版，第 67—68 页。

〔16〕 参见田韶华：《民法典编纂中身份行为的体系化建构》，《法学》2018 年第 5 期；参见申晨：《论婚姻无效的制度建构》，《中外法学》2019 年第 2 期。

〔17〕 参见焦少林：《建立违法婚姻侵权责任制度探析》，《法学家》2004 年第 4 期。

〔18〕 参见申晨：《论婚姻无效的制度建构》，《中外法学》2019 年第 2 期。

〔19〕 参见冉克平：《论婚姻缔结中的意思表示瑕疵及其效力》，《武汉大学学报》（哲学社会科学版）2016 年第 5 期。

〔20〕 受限于《婚姻法》封闭式规定，司法实践少有以上述情形主张婚姻无效或可撤销，已检索案例中，涉及以"性功能障碍""疾病"为由主张婚姻无效的有 1 例，亦因不符合法定情形而被驳回。见陇南市中级人民法院(2015)陇民一终字第 203 号民事判决书。

然而,就解释而言,否定过宽的类型适用,不意味着不存在任何“重大疾病”外的其他可撤销欺诈结婚类型。所谓的“效力待定无效”的法律行为,其可撤销性的本质,是“撤销权人有权决定法律行为是否生效”。〔21〕婚姻法上受欺诈方的意志自由不同于财产法上的交易自由,但其限制应存在一定的维度,尤其在个人自治与家庭功能密切联系的场合,始有赋予受欺诈方单方决定法律行为效力的权利。〔22〕上述讨论,对何者构成结婚中的可撤销的欺诈,做了“程度”上的考量:其一,欺诈事项应与婚姻实质或夫妻共同生活相关联;其二,确有必要救济受欺诈方某项权益而牺牲稳定的家庭关系。〔23〕私法上,撤销婚姻在身份法上的效果等同于未结婚,是从根本上否定婚姻效力,因而仅在欺诈行为具有较强的违法性时,赋予受欺诈方以撤销权。显而易见,无论是实证法抑或学说,皆认同并非所有与婚姻实质或夫妻共同生活相关联的欺诈行为,都要以“消灭”家庭关系为手段达到惩戒和救济的效果。此种限制又可从两个角度讨论:或严格解释“婚姻实质相关”,以此缩小某些具有影响因素的重大事实的范围,或界定婚姻成立中当事人意志决定自由的边界,以剔除游离于家庭法的“市场交易上”的自由。就前者而言,品行并不一定是共同生活之必备要件,对婚前犯罪记录、卖淫嫖娼等事实的隐瞒,不意味婚后不能改正或对共同生活存在实质影响,因“黑历史”而对行为人进行如此严厉的限制,似乎过于苛刻;而在长期品行不端如长期犯罪与恶习的场合,真正阻止婚姻存续或影响婚姻效力的,是婚后行为人屡教不改、双方感情破裂,与婚前“隐瞒”“欺诈”有关联,但不至于赋予受欺诈方撤销权,或应交由其他制度救济;诸如婚史、家庭状况与年龄的隐瞒等,与未来婚姻共同生活并无直接关联,自不应肯认撤销权,至于是否存有其他救济,取决于欺诈之违法性与受欺诈方权利保护的边界界定。对某些事项的隐瞒与欺诈不构成婚姻撤销事由,但仍可能侵犯当事人意志决定自由权,对此类不可撤销结婚类型,仍应赋予救济途径。〔24〕而与婚姻实质或共同生活直接相关联的,意味着行为人至少不应隐瞒身体健康状况,尤以重大疾病及性功能障碍〔25〕为例;且具有共同生活必需之最根本的感情基础,即不应隐瞒对双方感情的维持、结婚意愿的形成有重大影响

---

〔21〕[德]维尔纳·弗卢梅:《法律行为论》,迟颖译,法律出版社2013年版,第665页。

〔22〕家庭法上对法律行为或身份行为类型法定的限制,随着个人自治的增长,尤其是人权和基本权利在家庭法的适用而缓和,家庭功能更多关注“再生产、儿童抚养和社会化”,参见刘征峰:《家庭法中的类型法定原则——基于规范与生活事实的分离和整合视角》,《中外法学》2018年第2期。由此,在诸如此类家庭核心功能的实现上,才涉及婚姻最本质的内容。

〔23〕在意思表示不真实时,仍着力维护婚姻效力,是以牺牲当事人救济途径的方式,维护身份关系的安定。参见邓丽:《论民法总则与婚姻法的协调立法——宏观涵摄与微观留白》,《北方法学》2015年第4期。

〔24〕例如司法实践中最常见的,对诸如年龄、民族等的隐瞒,受欺诈方得以感情破裂为由主张离婚。见2018鲁14民终316号民事判决书,(2014)茂中法民一终字第172号民事判决书,(2016)晋04民终669号民事判决书。然而,仅作为离婚事由,是否足够救济,不无疑义。

〔25〕除性功能障碍外,学界似较少讨论性病及不能生育之隐瞒应否肯认受害人撤销权。有认为“女子之不育则否”,参见史尚宽:《亲属法论》,中国政法大学出版社2000年版,第257页。台湾地区有判决认为,存在生殖能力疾病的,应为告知,否则为欺诈而得以撤销,参见戴炎辉、戴东雄:《中国亲属法》,三文印书馆有限公司1955年版,第76页。本文置于不可撤销欺诈结婚类型处讨论。

的因素，如性取向。[26] 无论如何轻视性交及生育在现代婚姻生活中的地位，就个体而言，性功能障碍的隐瞒，及所谓的“形婚”，[27]对另一方配偶造成的伤害是客观存在的。在形婚场合，同性恋者甚至并无与另一方配偶共同生活的内心真意，确有规制必要。此外，如果一方欺诈行为严重违反善良风俗，似亦应承认受欺诈方之撤销权，如台湾学者认为，“妻诈称受孕而促成结婚，其实系由他男受孕，可撤销”，“诈称受孕，其实未受孕，不为撤销原因”，“上述即使行为人不知，对方亦可以错误撤销”，[28]殊值赞同。

司法实践中，除法定婚姻无效撤销、离婚损害赔偿外，当事人又主张婚姻无效、撤销与离婚损害赔偿的，最常见的即为一方隐瞒性功能障碍、不能生育等事实，另一方主张救济。[29] 上述逻辑推演亦与经验相吻合。综上，需由立法确认的可撤销欺诈结婚事由，应包括隐瞒重大疾病、性功能障碍及性取向，以及其他严重违反善良风俗之情形。

(二)“形婚”的无效与“重大疾病”的扩张

《民法典》第 1053 条，仅就隐瞒重大疾病作出规定，隐瞒性功能障碍及性取向而结婚的，婚姻撤销或无效的解释路径尚可讨论：其一，是否存在其他婚姻无效的解释路径，赋予受欺诈人请求权。《民法典婚姻家庭编(草案)》第 828 条第(四)项规定，“……等方式骗取结婚登记”的，婚姻无效。然而，将隐瞒性取向“形婚”而骗取结婚登记的情形纳入其中，似太过牵强。本项意旨否认伪造证件骗取登记机关结婚登记的效力，“形婚”场合，至多行为人内心并无结婚合意，但在登记时双方共同作出结婚意思表示，且并未伪造变造与冒用证件，即使对“……等方式”进行体系解释，亦要同“伪造、变造、冒用”相类似，更不用说冒用证件等骗取结婚的，婚姻是否无效本身即存疑。进一步的，其问题本质是，当事人未达成结婚合意而登记结婚的，是否以其符合形式要件而肯定婚姻效力。严格来说，动机不构成“错误”之事由，否则，夫妻双方为享受福利待遇如保障性住房资格等“形式上结婚”，婚后发现不具有住房资格而请求撤销的，似过于荒唐；但在欺诈方恶意隐瞒或故意告知虚假事实，受欺诈方基于对“动机”实现的错误认识而为法律行为的，至少在合同法上，通说认为属于欺诈撤销的规制对象，这也是在错

---

[26] 现行法下，关于隐瞒性功能障碍，尤其是隐瞒性取向，对另一方配偶的救济实属有限。《最高人民法院关于人民法院审理离婚案件如何认定夫妻感情确已破裂的若干具体意见》(2021 年 1 月已失效)第 1 条，“不能发生性行为”为感情破裂事由，进而准许离婚；由于《婚姻法》第 46 条的限制，司法实践中，一方隐瞒性取向而结婚的，另一方无权主张离婚损害赔偿。见上海市闵行区人民法院(2015)闵民一(民)初字第 15929 号民事判决书，玉林市中级人民法院(2016)桂 09 民终 533 号民事判决书。

[27] 参见申晨：《论婚姻无效的制度建构》，《中外法学》2019 年第 2 期；见李昊、王文娜：《婚姻缔结行为的效力瑕疵——兼评民法典婚姻家庭编草案的相关规定》，《法学研究》2019 年第 4 期。

[28] 参见史尚宽：《亲属法论》，中国政法大学出版社 2000 年版，第 264—265 页。

[29] 诸多主张婚姻效力瑕疵与损害赔偿的事由，不外乎隐瞒疾病、恶习、婚史、性功能障碍及性取向和身份关系与财产关系的欺诈，依笔者对各案型检索的结果来看，涉及性功能障碍、性取向及生育问题的案件，占上述案件的 60%以上。

误意思表示外设置被欺诈之意思表示的实益之一。〔30〕 由此，在我国未就婚姻成立生效作出严格区分时，将诸类因欺诈结婚而不具有结婚合意的案型，如单纯为钱财骗取结婚等，解释至“骗取结婚登记”之列，似具有一定合理性。2019 年 12 月 28 日《民法典(草案)》及正式稿将该项删除后，断无可解释的空间。对“形婚”下受欺诈方的保护，可能更多得在婚姻有效或离婚条件下考量。

其二，性功能障碍能否纳入“重大疾病”范畴，从而赋予受害人以撤销权？受《婚姻法》第 10 条第(三)项的影响，学者一般是在婚姻无效的场合讨论“重大疾病”。《母婴保健法》第 8 条、2001 年卫生部致民政局的函件及 2002 年卫生部《婚前保健工作规范(修订)》等，确立了医学上不宜结婚的疾病主要指重度、极重度智力低下、当事人不具有婚姻意识能力或病情发作期有攻击危害行为的重型精神病。〔31〕 学者认为，无论是否具有攻击性，凡精神病患者及痴呆症者，因不具有婚姻行为能力，皆禁止结婚。〔32〕 也有学者指出禁止结婚有两类情形：一类为影响结婚能力的疾病如精神病，一类为非精神类疾病的结婚障碍如艾滋病等传染病。〔33〕 同时，考虑到行为人不至危害社会，亦有人自愿与生理缺陷者结婚，故应排除因生理缺陷不能发生性行为者。〔34〕 由此，从对《婚姻法》第 10 条第(三)项的解读来看，所谓重大疾病，不包括当事人性功能障碍、性取向等直接与生殖有关的内容，而仅限于不具有结婚行为能力或存在严重婚姻障碍的情形。

然而，重大疾病对婚姻效力的影响经历了从“无效”到“可撤销”的变迁，且《婚姻法》与《民法典》对重大疾病的规范意旨并不相同。《婚姻法》第 10 条第(三)项关于“婚前患有医学上认为不应当结婚的疾病且婚后不能治愈”而导致婚姻无效的描述，是婚姻行为能力下对智力精神状态的规制，〔35〕其逻辑为：行为人患有严重遗传性疾病或精神病—智力精神状态缺失—不具有婚姻行为能力—婚姻无效；《民法典》第 1053 条因“重大疾病”而可撤销系由欺诈结婚所生，强调的是对受欺诈方真实意思的保护。换句话说，《民法典》取消了婚姻行为能力关于智力精神状态的要求，而仅以年龄作为判断标准，同时，新增关于真实结婚意思表示保护的规定。此种理解差异，直接影响对“重大疾病”的界定：公共利益或公法上，应尽可能不限制结婚能力而赋予行为人婚姻自由，重大疾病的外延较窄；私益或婚姻家庭下出于维护家庭和睦、维持夫妻共同生活、促进双方履行忠实义务、如实告知义务的需要，重大疾病的外延得以拓宽，凡故意隐瞒严重影响夫妻共同生活及家庭维持的疾病如严重的性功能障碍等，受欺诈方可适用《民法典》第 1053 条撤销婚姻。

综上，对重大疾病的解释，至少应认识到两点：其一，《民法典》可撤销婚姻下

〔30〕 参见韩世远：《合同法总论》，法律出版社 2018 年版，第 255 页。

〔31〕 参见王敏、严蓓佳、王渊：《认定不应当结婚的疾病的司法尺度》，《人民司法(案例)》2012 年第 18 期。

〔32〕 参见史尚宽：《亲属法论》，中国政法大学出版社 2000 年版，第 171 页。

〔33〕 参见夏吟兰、薛宁兰主编：《婚姻家庭编立法研究》，北京大学出版社 2016 年版，第 150 页。

〔34〕 参见王洪：《婚姻家庭法》，法律出版社 2003 年版，第 80 页。

〔35〕 参见邓丽：《论民法总则与婚姻法的协调立法——宏观涵摄与微观留白》，《北方法学》2015 年第 4 期，第 70 页。

的重大疾病，不同于婚姻无效中对婚姻行为能力的限制，其含义得到拓宽；其二，行使撤销权的前提，是另一方配偶“故意隐瞒”影响到夫妻共同生活的重大疾病，即法律“禁止”或“惩罚”的不是重大疾病，而是具有高度违法性的“欺诈行为”。〔36〕至于其他立法上似应肯认撤销权之情形，受欺诈方只能通过其他手段予以救济。

三、可撤销欺诈结婚的侵权损害赔偿

依《民法典》第 1054 条第 2 款，无过错方在婚姻无效或撤销后有权请求损害赔偿。在可撤销婚姻中，该损害赔偿指向的是胁迫或欺诈结婚本身，而不包括同居时的侵权损害赔偿。如以暴力方式胁迫结婚，和在婚后以暴力方式胁迫共同生活，两者所引致的法律效果应区分对待，即前者属可撤销结婚的损害赔偿，后者属侵权法上的一般侵权损害赔偿。一般认为，该损害赔偿包括财产损害赔偿与精神损害赔偿。〔37〕

有疑义的是，可撤销欺诈结婚的损害赔偿，性质上属缔约过失责任，还是侵权损害赔偿？合同法上，依通说，合同无效或撤销后，得依《合同法》第 58 条请求过错方承担缔约过失责任；但在“法律行为”这个上位概念下，依《民法典》第 148 条、第 157 条，法律行为无效或撤销后，是否为缔约过失，不无疑义。有观点认为，《民法典》规定的是关于法律行为无效或撤销后的一般情形，不限于合同，而除合同外，考虑到少有先合同义务的存在，不可能是缔约过失责任，〔38〕在合同之外的场合，应依侵权法请求赔偿并确定损害赔偿范围。〔39〕可撤销欺诈结婚下，至少有两个特征与缔约过失较为符合：其一，身份契约虽具有特殊性，但居于民事法律行为之下；其二，依习惯或夫妻之间应具有的忠实或为婚姻维持而产生的告知义务，与合同法下的先合同义务较为接近，甚至可以认为，诸多婚姻无效或可撤销事由中，因告知义务的存在，欺诈结婚撤销后的损害赔偿，是最有可能被证成为缔约过失责任的类型。然而，德国法上之所以生成缔约过失责任，乃填补侵权责任法保护客体之不足，“旨在规避侵权法在纯粹经济损失上的缺陷”，〔40〕换句话说，如果侵权法对相应客体提供了保护，如我国侵权法足以保护绝对权外的客体，则从保护客体角度，缔约过失的独立性即受到质疑。〔41〕更为重要的是，若行为人侵害的是绝对权益，则更无缔约过失适用余地。〔42〕进一步的，所谓缔约过失

〔36〕 我国台湾地区所谓“民法典”第 995 条规定，“结婚时不能人道者，他方得向法院请求撤销之”，未将“不能人道”置于欺诈之下，即纯粹的婚前不能人道之客观事实，他方亦得为撤销。此或过于苛刻。在相对方知晓存在不能人道事实而自愿为结婚的，并无赋予相对方撤销权的道理。

〔37〕 参见薛宁兰、谢鸿飞主编：《民法典评注婚姻家庭编》，中国法制出版社 2020 年版，第 101 页；最高人民法院民法典贯彻实施工作领导小组主编：《中华人民共和国民法典婚姻家庭编继承编理解与适用》，人民法院出版社 2020 年版，第 109 页。

〔38〕 参见李宇：《民法总则要义：规范释论与判解集注》，法律出版社 2017 年版，第 741—742 页。

〔39〕 参见陈甦：《民法总则评注》，法律出版社 2017 年版，第 1106 页。

〔40〕 张金海：《耶林式缔约过失责任的再定位》，《政治与法律》2010 年第 6 期。

〔41〕 参见孙维飞：《〈合同法〉第 42 条（缔约过失责任）评注》，《法学家》2018 年第 1 期。

〔42〕 参见张金海：《耶林式缔约过失责任的再定位》，《政治与法律》2010 年第 6 期；李中原：《缔约过失责任之独立性质疑》，《法学》2008 年第 7 期。

与侵权责任的竞合,仅仅具有形式上的意义,并无实益。[43] 由此,讨论损害赔偿的具体内容可否为缔约过失或侵权损害赔偿所涵盖,才具有裁判适用的意义。

第一,婚姻缔结时,因欺诈侵害相对方"自由权"的,受欺诈方得以主张损害赔偿。严格来说,在欺诈结婚场合,此或受欺诈方依《民法典》第 1054 条第 2 款得以主张的主要内容。合同法上,因欺诈导致合同撤销的,受欺诈方可主张不当得利返还及缔约过失损害赔偿,自不待言。然而,欺诈是否构成侵权向来是极具争议的问题。德国法上,特定情形如以欺骗形式侵犯意志自由的,属于《德国民法典》第 823 条第 1 款中自由的侵犯,但前提是受害人遭受实际的损害;[44]英美法上,如 Graham v. Saville 一案中,谎称自己是单身而诱骗另一方结婚,因欺诈侵权导致人身损害的,受欺诈方也得以主张。[45] 我国有学者认为,欺诈使受害人非为本意而行为的,受害人可以撤销意思表示,也可以侵权损害赔偿请求权恢复原状;[46]婚姻自主权系人身自由权的一种具体形态,而婚姻自主权即为意志决定自由权。[47] 虽然实践有所变动,但台湾地区倾向于认为人身自由包括行为自由和精神自由,[48]学者大多对欺诈构成侵权持肯定意见。[49] 然而,将财产法上的欺诈侵权,应用于家庭法上,仍需回答:此种适用是否受到家庭法特殊性的限制,进一步的,在婚姻未撤销时,受欺诈方是否仍得因结婚意思表示瑕疵而主张侵权损害赔偿?

财产法上,学者主张欺诈撤销权与侵权损害赔偿权之所以可并存,除权利性质外,尚因功能、构成要件与法律效果存有不同。[50] 但是,在性质上,撤销权具有先天的优势,原则上可对抗第三人,系形成权,而侵权损害赔偿请求权仅为债权,应坚持欺诈仅对法律行为效力产生影响,而由侵权法处理损害赔偿问题。[51] 同时,身份法上,婚姻无效或撤销的事由,系由家庭法特别选定,对何者构成欺诈撤销,家庭法予以封闭式的限制,其本意即为在保护当事人婚姻自由的同时,限制欺诈损害赔偿的适用。换句话说,欺诈结婚类型仅在法律明定可撤销的情况下,才有权主张损害赔偿,对不可撤销欺诈结婚类型,及可撤销欺诈结婚下受欺诈方未在法定期间行使撤销权的,皆不应肯定侵权损害赔偿请求权的存在,否则第

---

〔43〕 参见张家勇:《中国法民事责任竞合的解释论》,《交大法学》2018 年第 1 期。

〔44〕 参见朱晓峰:《侵权可赔损害类型论》,法律出版社 2017 年版,第 538 页。

〔45〕 See John Murphy, *Street on Torts*, Oxford: Oxford University Press, 2007, p. 368.

〔46〕 参见冉克平:《论人格权法中的人身自由权》,《法学》2012 年第 3 期。

〔47〕 参见余延满:《亲属法原论》,法律出版社 2007 年版,第 56 页。

〔48〕 台湾地区司法实践否认受欺诈方在行为未得撤销时得以主张侵权损害赔偿;但其 1992 年相关判决,肯定了对自由的侵害得以主张非财产上损害赔偿。参见王泽鉴:《侵权行为》(第三版),北京大学出版社 2016 年版,第 147—148 页;王泽鉴:《民法学说与判例研究》(第二册),北京大学出版社 2009 年版,第 148—149 页。

〔49〕 参见杨巍:《略论欺诈的侵权责任——以合同法、侵权法对欺诈的不同规制为角度》,《暨南学报》(哲学社会科学版)2010 年第 3 期。反对者认为,人身自由权仅限于对行为自由的保护,参见程啸:《侵权行为法总论》,中国人民大学出版社 2008 年版,第 217 页。

〔50〕 参见王泽鉴:《民法学说与判例研究》(第二册),北京大学出版社 2009 年版,第 152—153 页。

〔51〕 参见刘勇:《"欺诈"的要件重构与立法课题——以民法典的编纂为背景》,《东南大学学报》(哲学社会科学版)2016 年第 5 期。

《民法典》1054 条第 2 款即为具文。相比于财产法上对受欺诈方意思自由的完全救济，家庭法上，对受欺诈方的意思自由的保护本身就受到特别的限制，[52]故对相应损害赔偿请求权，亦应限制其适用。需要说明的是，此处对自由权的侵害，是否仅为非财产上损害赔偿。如台湾地区民事相关规定认为受害人有无过失，皆可主张财产上损害赔偿，唯无过错时，才能主张非财产上损害赔偿。作为对比，《民法典》第 1054 条，明定“无过错方有权请求损害赔偿”，是否限制仅得主张非财产上损害赔偿？其实不然，此种表述旨在要求损害赔偿请求权人对婚姻无效或撤销无过错以限制其请求权的适用，与此类似，离婚损害赔偿中，亦要求请求方为“无过错方”（《民法典》第 1091 条），但司法实践及学说，皆认同所谓损害赔偿包括财产与非财产上损害赔偿。[53] 然而，此种结论不免面临这样的诘问：侵犯自由权的财产损害赔偿具体为何？若寻不到一处实例，认同财产损害赔偿的存在，即无任何意义。综上，因欺诈结婚而撤销场合，依《民法典》第 1054 条第 2 款主要为非财产上损害赔偿，缔约过失似不存在适用余地。

第二，婚后隐瞒重大疾病，侵犯受欺诈方健康权的，受欺诈方有权主张固有利益的损失及精神损害赔偿。然而，缔约过失损害赔偿以信赖利益的赔偿为原则，且一般不应超过履行利益，虽有学者主张包括对固有利益的赔偿，但实践中颇为少见；[54]而即使主张对意思表示的欺诈构成对自由权的侵害，此种损失亦非结婚的身份行为意思表示瑕疵所致，而是婚后患有疾病一方故意实施侵权行为，侵害另一方健康权。问题是，双方各自隐瞒重大疾病而结婚，并侵害另一方健康权的，一方依《民法典》第 1053 条撤销婚姻后，是否还有权主张损害赔偿？欺诈结婚中的过失，指的是故意隐瞒具有婚姻撤销之事由，依《民法典》第 1054 条第 2 款，仅无过错方有权请求损害赔偿，然此并非否认双方各有过错侵害对方健康权等绝对权时任意过错方的损害赔偿请求权（婚内侵权）：两个请求权的客体不同，内容不同，得同时为之，即无过错方可依第 1054 条第 2 款主张对意志决定自由权的损害赔偿，即使是有过错方，若对方故意或过失传染疾病等，其得依一般规则主张侵权损害赔偿。

第三，行为人以婚姻有效期间夫妻共同财产治疗疾病的，受欺诈方是否得以主张损害赔偿。有判例认为，“被告要求原告给付婚后犯病的医疗费，因被告在结婚时隐瞒了病史，对此本院不予支持”，[55]从侧面肯定了婚前隐瞒疾病的一方无权以夫妻共同财产支付治疗费；相反判决认为，手术花费系家庭生活中的合理

---

[52] 此种限制，如前所述，体现为欺诈类型的“类型法定”。

[53] 司法实践，见《最高人民法院关于适用〈中华人民共和国婚姻法〉若干问题的解释（一）》第 28 条。

[54] 参见孙维飞：《〈合同法〉第 42 条（缔约过失责任）评注》，《法学家》2018 年第 1 期。支持缔约过失责任包括固有利益者，参见韩世远：《合同法总论》（第 4 版），法律出版社 2018 年版，第 186—187 页。然而，此书或有自相矛盾之处：在讨论缔约上过失和侵权责任的关系时，明确指出缔约过失是信赖利益，侵权责任是固有利益，即将固有利益的赔偿，作为两者区别之处，见韩世远书（第 4 版），第 171 页；在“社会生活安全义务”是否存在缔约过失责任适用空间处，认为解释论上尚无依据，故暂时不应纳入，见韩世远书（第 4 版），第 184 页。

[55] 见商丘市中级人民法院（2014）商民终字第 62 号民事判决书。

开支，且花费已实际支出，不得要求返还。[56] 我国法律并未对扶养义务的范畴作出界定(《民法典》第1059条第1款)，学说上，在家庭成员危难时不予救济的，构成虐待、遗弃，[57]德国法上，配偶一方医疗费用的支出，应属另一方基于扶养义务支付扶养费的范畴。[58] 此因个人生产生活需要而支出的费用，应由夫妻共同财产承担应无疑义，为治疗疾病而负担的债务，应由双方承担。

然而，该项损失并非通过"损害赔偿"解决——婚姻无效或撤销后，婚姻自始无效，婚姻登记视为没有登记，夫妻间权利义务关系视为不存在，扶养义务自始不存在。由此，在婚姻有效时，基于扶养义务而以共同财产治疗疾病甚至负担共同债务的，因扶养义务的"消失"，该项支出变为欺诈人个人债务。换句话说，欺诈人隐瞒疾病结婚，婚后以共同财产治疗疾病、负担共同债务的，在婚姻撤销后，在夫妻内部由欺诈人个人承担医疗费，夫妻外部，为保护善意第三人如医院，由夫妻承担连带债务。与此同时，此种解释似乎对《民法典》第1054条第1款进行了限制：同居期间取得的财产或负担的债务，应先析出个人财产与个人债务，而后才是同居"共有财产"的分割。依照此种解释路径，欺诈人为治疗疾病而支出的费用，系其个人债务，同居期间以共同财产清偿的，在婚姻撤销后应予返还，受欺诈方享有不当得利返还请求权。

第四，婚姻撤销，导致丧失基于夫妻人身关系而享有的继承权、扶养费请求权等，是否得以主张损害赔偿。比较法上，继承权等期待权因身份关系消灭而消灭，[59]然此种身份法上的权利丧失导致受欺诈方受有纯粹财产上损失的，受欺诈方是否得以主张损害赔偿，不无疑义。从制度迁移的角度来看，通说以为在我国法语境下，离婚损害赔偿的范围多采狭义说，不包括因丧失配偶继承权等期待权的损害赔偿，[60]则婚姻无效或撤销后的损害赔偿，自不应包括此类因期待权的丧失而产生的财产损失；与此相反，离婚时一方生活有困难的，另一方应给予经济上的帮助。有学者认为，对婚姻无效或撤销负有过失的一方，导致另一方生活困难的，他方亦享有赡养费请求权，且该权利性质为侵权损害赔偿。[61] 笔者以为，对有困难的一方提供帮助，与欺诈之过错的责任无关，即使一方无过错，在婚姻无效或撤销时，另一方亦得以类推《民法典》第1090条离婚扶养制度寻求经济帮助，而将该项经济帮助解释为欺诈过错的损害赔偿，似太过于勉强。[62] 由此，因婚姻撤销而丧失的基于人身关系享有的财产权益，不属于《民法典》第1054条第2款损害赔偿的范畴。

第五，婚前为缔结婚姻举办的婚宴，为结婚而预约支出的住宿、交通费用，及

---

〔56〕 见廊坊市中级人民法院(2015)廊民一终字第1521号民事判决书。

〔57〕 参见余延满：《亲属法原论》，法律出版社2007年版，第513页。

〔58〕 《德国民法典》第1640a条对扶养范围作出界定，见[德]迪特尔·施瓦布：《德国家庭法》，王保莳译，法律出版社2010年第1版，第85页。

〔59〕 参见史尚宽：《亲属法论》，中国政法大学出版社2000年版，第278—279页。

〔60〕 参见余延满：《亲属法原论》，法律出版社2007年版，第369页。

〔61〕 参见史尚宽：《亲属法论》，中国政法大学出版社2000年版，第281页。

〔62〕 关于婚姻无效或撤销后，是否存在经济帮助或补助的适用空间，在下文予以讨论。

彩礼的支出等如何认定。为缔结婚姻而支出的相关费用，若婚姻撤销，似为缔约过失损害赔偿的范畴。然而，何者能被视为因“紧密磋商”而造成的损失，在身份法上似难以确定一个标准。尤其是，婚姻的缔结是一个长期的过程，双方不断地“再交涉”，诸如为谈恋爱的日常花费支出，法律不应干涉，而与结婚直接相关的内容，亦应以习俗为之。仅彩礼是否返还，因数额较大被认定为附条件赠与，一般多在婚约解除中予以讨论，最高人民法院亦规定了数种情形，学者认同应参照司法解释的规定，处理婚姻无效或撤销后的财产返还问题。〔63〕 日本法上，认为彩礼及其他受赠物品，以及以配偶身份继承的财产等，在婚姻撤销后，应返还全部既得利益。〔64〕 就性质而言，此种财产返还，为“给付目的嗣后不存在之不当得利”请求权。〔65〕 司法实践中，亦多将欺诈结婚之过错，作为离婚时彩礼返还的考量因素。〔66〕

综上，从赔偿的内容来看，多为非财产上损害赔偿；对“自由权”等人格权的侵害，一般也应纳入侵权法的保护范围，《民法典》第1054条第2款无过错方主张的应为侵犯“意志决定自由权”的非财产上侵权损害赔偿。同时，因家庭法对可撤销欺诈结婚的类型限制，虽然财产法上多有认同受欺诈方撤销权与侵权损害赔偿请求权可并行的主张，但家庭法上应尊重立法者对类型法定的安排，不可撤销欺诈结婚的受欺诈方、可撤销欺诈结婚的当事人在法定期限内未撤销的，皆不得再主张自由意志受到侵害的侵权损害赔偿。

四、不可撤销欺诈结婚的离婚损害赔偿

有学者认为，一方婚前隐瞒患有法律禁止结婚的疾病而结婚，其婚姻按照《婚姻法》应属无效，自无通过离婚解除或离婚损害赔偿之适用余地，行为人应承担侵权损害赔偿。〔67〕 此观点的适用存在两个实定法前提：其一，某些欺诈结婚可作为婚姻无效或可撤销之事由，自当交由婚姻无效或可撤销后的损害赔偿救济，而无离婚救济制度的适用，更何况《婚姻法》下的离婚损害赔偿之情形系封闭式列举；其二，婚姻无效或可撤销后的损害赔偿，一定程度上得以依侵权损害赔偿规制。然而，如前所述，欺诈结婚并非都能通过婚姻无效或撤销后的侵权损害赔偿加以救济，对不可撤销欺诈结婚及可撤销欺诈结婚未撤销的，仍有必要探寻其

〔63〕 参见余延满：《亲属法原论》，法律出版社2007年版，第216页。近年来，多有学者主张，将彩礼的支付与返还置于法律行为框架下讨论，似忽视了彩礼在中华传统文化中的地位与意义，例如习俗多认同如男方悔婚，则不得请求返还，女方悔婚，应全额返还。参见李梦娇、李拥军：《善良风俗在我国司法裁判中的应用现状研究》，《河北法学》2018年第1期；金眉：《论彩礼返还的请求权基础重建》，《政法论坛》2019年第5期。

〔64〕 [日]我妻荣、有泉亨：《日本民法·亲属法》，夏玉芝译，工商出版社1996年版，第56—57页。

〔65〕 参见张学军：《彩礼返还制度研究——兼论禁止买卖婚姻和禁止借婚姻索取财物》，《中外法学》2006年第5期。

〔66〕 如结婚时隐瞒疾病，离婚后的彩礼返还，见(2015)饶中民一终字第152号民事判决书；隐瞒身份情况、婚史，见(2016)冀09民终2637号民事判决书，(2015)一中民终字第7091号民事判决书；隐瞒性功能障碍，见(2017)苏0312民初1254号民事判决书，(2016)豫08民终2467号民事判决书。

〔67〕 参见陈苇：《离婚损害赔偿法律适用若干问题探讨》，《法商研究》2002年第2期，第83页。

他可为救济的途径。《民法典》第1091条亦改变《婚姻法》第46条关于离婚损害赔偿封闭式规制的做法，增加"有其他重大过错"之兜底条款。离婚损害赔偿能否为欺诈结婚损害赔偿提供请求权基础，取决于离婚损害赔偿制度本身的定位及对"有其他重大过错"的解释。易言之，应探讨欺诈结婚所侵犯之法益，是否为离婚损害赔偿保护。

（一）离因损害与离婚损害分野下的离婚侵权损害赔偿

多数学者认为，离婚损害赔偿系离因损害，离婚仅为对侵权损害赔偿请求权的限制，[68]进而认为，将婚姻关系同侵权损害赔偿关联，不利于保护受害人合法权益，且一方过错非另一方侵权免责事由，故应以一般侵权替代离婚损害赔偿。[69] 或承认一般侵权与离因损害并行不悖，进而限制实定法上的离婚损害赔偿集中在一方对另一方不忠行为而产生的精神损害赔偿上。[70] 反对者认为，"虐待、遗弃配偶之外的家庭成员的行为显然不属于对无过错配偶一方的侵权行为"，离婚本身非侵权行为，《婚姻法》规定的是过错行为导致的离婚本身对另一方造成的损害，婚姻法也没有必要针对离因损害作出特别规定。[71] 将离婚损害赔偿寄居于侵权行为法或"财产分与之规定"，都是"时代的落伍者"，而既然无法证成离婚侵权损害赔偿之构成，倒不如将其解释为保护离婚所生不利益之保护政策。[72]

笔者以为，离婚损害赔偿应属离婚侵权损害赔偿，且兼具离因损害与离婚损害的特征，规则适用时，《民法典》有特别规定的，依离婚侵权损害赔偿之特定构成要件处理，未规定的，得依一般侵权救济。具体而言：其一，离婚损害赔偿保护对象可分为两类，一类未超出一般侵权保护范畴，如生命权、健康权、身体权，一类以家庭和睦的维持和夫妻之间忠实扶养义务的履行为核心，如一方对除配偶外其他家庭成员实施家庭暴力、虐待遗弃的行为，卖淫、嫖娼等，此类行为难以为一般侵权所规制，是婚姻家庭法保护特别法益所创设的义务，违反此义务导致感情破裂，离婚本身即可引发损害赔偿。由此，现行离婚损害赔偿的规定，既包括离因损害，亦包括离婚损害。其二，仅执行问题，不是离婚损害赔偿制度存立的根本原因。有学者认为，因婚姻存续期间不得分割共同财产，《婚姻法》增设第46

---

〔68〕 相应讨论及观点，见梁小平：《离婚损害赔偿制度研究》，中国政法大学出版社2015年版，第16—21页。

〔69〕 参见夏江皓：《论离婚损害赔偿制度的废除——法社会学的视角》，《思想战线》2019年第2期。

〔70〕 参见孙若军：《离婚救济制度立法研究》，《法学家》2018年第6期。

〔71〕 参见余延满：《亲属法原论》，法律出版社2007年版，第362页。因离婚本身非侵权行为，故有观点认为，从身份契约解除之违约责任的角度讨论离婚损害赔偿更为适合——"身份契约关系解除后有过错的一方应当赔偿无过错方因此而受到的损害"。见余延满：《亲属法原论》，第365页。然而，此种类似"填补"式的损害赔偿，与违约损害的赔偿范围相差甚远，此种解释路径也并未说明是否承认身份契约"违约"后履行利益的赔偿，而在我国法语境下，离婚损害赔偿的范围多采狭义说，不包括因丧失配偶继承权等期待权的损害赔偿；此外，违约责任的范畴远大于违约损害赔偿，将身份契约解除后的损害赔偿，纳入违约责任项下考量，难免受到归责原则、责任类型、损害赔偿的范围等诸多影响，仍有待深入研究。

〔72〕 参见林秀雄：《婚姻家庭法之研究》，中国政法大学出版社2001年版，第116—118页。

条,“夫妻间侵权损害赔偿请求权”在离婚时得以实现,〔73〕或谓离婚损害赔偿同婚内侵权、一般侵权损害赔偿在主体、构成要件、时效上不同而有独立价值。〔74〕事实上,婚姻关系的存续可以成为一般侵权损害赔偿请求权行使的时效中断事由,债务履行或执行问题,亦可通过个人财产或非常财产制〔75〕实现,侵权责任也并非仅有损害赔偿,其他责任方式同样存在适用余地。离婚损害赔偿的特别之处在于,对违反婚姻家庭法特有义务的行为的制裁和受害人的救济,旨在维护家庭和睦及夫妻忠实扶养义务的履行。其三,无论是将离婚损害赔偿解释为一种“保护政策”,还是特殊民事责任,都无法较好地实现其功能。为学者“诟病”认为不符合侵权构成要件的,主要是指离婚损害赔偿构成要件包含对家庭成员施暴的情形,但也仅此一例,在对其他法定情形进行法律解释时,“侵权”无疑是最为趁手的工具,既实现保护特定法益的目的,也避免被滥用,《民法典》新增“其他重大过错”兜底条款后,更体现出将其置于侵权法框架下的优越性。认定为保护政策或特殊民事责任,除非法律十分明确、具体,否则在适用时必然模糊不清。从司法实践来看,法院亦多在侵权损害赔偿的框架内适用。〔76〕

由此,下文讨论在离婚损害赔偿系侵权损害赔偿的基础上展开。

(二)“其他重大过错”的解释基准:以配偶权为核心

毫无疑问,《民法典》第1091条新增“其他重大过错”的兜底条款后,不免引起一般侵权法与婚姻家庭法适用解释难题:若扩大解释“重大过错”之范畴,可能使得离婚损害赔偿保护的权利完全等同于一般民事权益;如果对“重大过错”进行限缩解释,如何把握其与一般侵权保护客体之界限,殊值疑问。赞同设置兜底条款的学者,或宽泛地指出何种行为构成重大过错由法官裁量,〔77〕或将拓宽之情形限定在通奸、姘居、卖淫嫖娼等有违夫妻忠实义务的行为。〔78〕即使进行拓宽,“重大过错”亦有其特定内涵。

从文义上讲,“重大过错”至少应排除轻过失,但是否所有故意或重大过失造成权利侵害的,都属于离婚损害赔偿“重大过错”,仍不无疑问。笔者以为,对“重大过错”的解释,至少应从两个方面加以限制:其一,“重大过错”仅指故意,亦应

〔73〕 参见王洪:《婚姻家庭法》,法律出版社2003年版,第197页。

〔74〕 参见陈苇:《我国内地离婚损害赔偿制度存废论——以我国内地司法实践实证调查及台湾地区制度比较为视角》,《河北法学》2015年第6期。

〔75〕 非常财产制我国并未明确规定,似属法律漏洞,更应从立法论上解决该问题。参见张华贵主编:《夫妻财产关系法研究》,群众出版社2017年版,第158—165页。有学者认为,非常财产制在我国有迹可循,《婚姻法司法解释(三)》第4条即可初见端倪,参见刘仲平:《我国离婚损害赔偿制度之检讨与重构》,《湘潭大学学报》(哲学社会科学版),2016年第1期。

〔76〕 如蓬安县人民法院(2014)蓬民初字第1019号民事判决书,青岛市市北区人民法(2015)北少民初字第705号民事判决书,夏津县人民法院(2018)鲁1427民初902号民事判决书,江西省广丰县人民法院(2014)广民一初字第848号民事判决书。

〔77〕 参见夏吟兰:《离婚救济制度之实证研究》,《政法论坛(中国政法大学学报)》2003年第6期。

〔78〕 参见王歌雅:《离婚救济的实践隐忧与功能构建》,《法学杂志》2014年10期;孙若军:《离婚救济制度立法研究》,《法学家》2018年第6期。

排除重大过失。一般认为,离婚损害赔偿中的过错,指客观过错,即只要出现《婚姻法》第46条所规定的四种情形,即应肯定离婚损害赔偿请求权的存在,而此四种情形,从行为人主观状态来看,也只能为故意。《民法典》增加其他重大过错兜底条款后,依体系解释,也应当限制行为人主观过错为故意。从可能的类型来看,无论是长期通奸、意图杀害、吸毒或赌博、欺诈型扶养等婚后过错,还是婚前故意隐瞒禁止结婚疾病、生理缺陷、犯罪记录及婚姻子女情况等,绝大多数行为本身要求行为人存在故意的主观状态。有学者认为,增设的兜底条款应表述为"其他导致夫妻关系破裂的故意行为",[79]亦可见一斑。

其二,并非婚内对所有权利的侵害,都可以解释进离婚损害赔偿的范畴。在对离婚损害赔偿范围的讨论中,学者有意无意地集中在"忠诚""扶养"等几个核心夫妻义务中;更有学者明确指出,离婚损害赔偿之兜底条款,针对的仍是违背夫妻之间互相忠实、尊重与扶养的义务。[80]《婚姻法》第46条所规制的几种情形,家庭暴力与虐待、遗弃,构成对家庭成员生命权、身体权、健康权的侵害,重婚及与他人同居,主要是违反夫妻之间忠实、扶养义务。有学者认为,重婚与有配偶与他人同居者,我国无对配偶权权利内容等的明确规定,为避免法律适用与解释的不确定性,或可解释为对一方名誉、人格尊严等的侵害。[81]应指出的是,夫妻之间的忠实、扶养义务,是基于特定关系产生的身份义务,无论是逻辑还是法效果,都难以直接与名誉权等直接相关,而基于开放式的侵权客体保护体系,依《民法典》第1164条,及《民法典》婚姻家庭编对夫妻义务、损害赔偿的规定,忠实扶养义务应为家庭法上特有的法定义务,这也应该是婚姻法上离婚损害赔偿的独特之处。另需注意的是,对生命权等一般侵权客体,没有必要特别地在婚姻法中予以规定,离婚损害赔偿包含家庭暴力与虐待、遗弃等情形,系存在特殊身份关系前提下对一般侵权客体所作出的特别规定,且此种特别规定本身即值得质疑:离婚损害赔偿较一般侵权在构成要件、时效等方面更为严苛,对家庭暴力、虐待与遗弃等特别侵害生命身体健康权的行为,何以限制权利人之救济请求权的构成?人身契约或者为维护婚姻稳定,是否有必要对配偶一方人格权进行如此严厉的限制?德国法上,婚姻共同生活,并不能剥夺对配偶的一般法律保护,即使为维持共同生活,配偶双方应互相"体谅",但任何一方仍得以保有独立的人格权,诸如私密笔记和通信隐私等禁止被另一方配偶调查和跟踪。[82]

---

[79] 参见梁小平:《离婚损害赔偿制度研究》,中国政法大学出版社2015年版,第175页。类似观点认为,法院裁判时应考虑婚姻关系的封闭性、稳定性,为配偶权的保护设定门槛;侵犯配偶权的主观要件往往为故意,参见杜启顺:《配偶权立法必要性的理论检讨与实践基础》,《东北师大学报》(哲学社会科学版),2017年第5期。

[80] 参见景鑫、杜凤君:《离婚损害赔偿制度的司法运用与完善》,《法律适用》2019年第16期。

[81] 参见马忆男:《离婚救济制度的评价与选择》,《中外法学》2005年第2期。然而,一方面,正如该文作者所言,通奸等并不必然致另一方名誉或人格尊严损害;另一方面,台湾学者之所以将配偶与他人通奸解释为对名誉权的侵害,更重要的原因是扩张立法对人格权侵害适用非财产上损害赔偿的严格限制,弥补台湾相关民事规定过于狭窄的缺陷,参见曾世雄:《损害赔偿法原理》,中国政法大学出版社2001年版,第355—356页。

[82] [德]迪特尔·施瓦布:《德国家庭法》,王保莳译,法律出版社,2010年第1版,第64—66、第79页。

然而,《婚姻法司法解释(一)》第29条明确指出,当事人依据《婚姻法》第46条在未离婚下请求损害赔偿的,人民法院不予支持。此种情况下,若对《民法典》关于离婚损害赔偿“其他重大过错”兜底条款不加以限制,将导致婚内侵权彻底地在婚姻家庭编销声匿迹。[83] 由此,在对“其他重大过错”进行解释时,应排除与夫妻家庭生活无关的一般侵权客体,将其限定在夫妻扶养义务、忠实义务相关的义务群范围内,此种义务群对应的权利即为配偶权。但是否侵犯配偶权的所有情形,受害人都得以主张离婚损害赔偿,仍有待进一步探讨。[84]

(三)受欺诈方主张离婚损害赔偿的解释路径

显而易见,并非所有欺诈结婚并导致离婚的情形,都得以适用离婚损害赔偿。何者构成欺诈结婚,取决于故意隐瞒或虚假告知的事实,是否影响到“婚姻的维持”,即必须与婚姻共同生活密切相关。一般来说,其过错程度得靠近对善良风俗的违反,以避免受欺诈方主观状态的过度影响。离婚损害赔偿的其他重大过错,如前所述,得考量是否侵犯配偶权,或是否违反扶养、忠实义务。然而,欺诈结婚描述的是婚姻缔结时身份行为意思表示瑕疵的问题,在婚姻成立并生效前,很难说行为人违反了“忠实”等义务,换句话说,欺诈行为发生在婚姻缔结前和缔结时,尚谈不上对配偶权的侵犯或忠实扶养义务的违反,似不致引发离婚损害赔偿。在极个别情况下,因欺诈行为的效果延续,涉及忠实义务的违反或导致配偶权不能实现的,似可能产生离婚损害赔偿请求权,诸如女方婚前为他人怀孕,隐瞒并与男方结婚,婚后分娩,[85]则女方婚前负有告知义务,婚姻缔结时未告知的,构成欺诈结婚且不符合可撤销欺诈结婚的类型,婚后为他人生下孩子的行为构成对忠诚义务的违反。若双方因此离婚,受欺诈方得以依据《民法典》第1091条第(五)项主张离婚损害赔偿。[86] 男方隐瞒性功能障碍及不能人道的事实而与女方缔结婚姻,婚后拒绝同房,则同居义务虽不得产生请求权,但亦属对

---

[83] 如前所述,一般侵权规则的适用,应尊重《民法典》婚姻家庭编关于婚内侵权损害赔偿的特殊安排,由此,《婚姻法》46条对特定事项作出规定的,侵权法不应再介入。类似见解参见夏吟兰、薛宁兰主编:《婚姻家庭编立法研究》,北京大学出版社2016年版,第76页。这也进一步说明,在《民法典》对离婚损害赔偿的适用加以扩张后,法解释上应严格限制。

[84] 配偶权包括人身性配偶权与经济性配偶权,对人身性配偶权的侵犯,似乎并不存在解释的难题;而经济性配偶权的内容,主要包括“与共同生活相关的经济协作行为”,如经济性扶养请求权、家具和婚姻住宅的使用权等,对该权利的侵犯,是否满足离婚损害赔偿请求权所要求的“严重程度”,不无疑问。关于配偶权权利内容的讨论,见刘征峰:《配偶权法律性质新论》,《河北科技师范学院学报》(社会科学版)2014年第4期。

[85] 比较法上,有认为丈夫之诉与公共政策相悖,不认为“由于生父身份的错误表述而在人际关系上‘施加’亲密而充满爱意的关系,是法律应试图补救的‘损害’类型”,所谓“the type of ‘harm’ that the law should attempt to remedy”。See Nagy v. Nagy, 210 Cal. App. 3d 1262, 258 Cal. Rptr. 787(1989). 但是,英美法上存有对隐私权的特殊考量。

[86] 司法实践中,有法院认为,此种情形,即使法律未予规定,因其严重违反社会公德,应肯定受欺诈方精神损害赔偿请求权,参见昆明市西山区人民法院(2015)西法民初字第5820号民事判决。然而,该案二审予以驳回,参见昆明市中级人民法院(2015)昆民二终字第1721号民事判决书。另有支持精神损害赔偿者,见(2014)益法民一终字第433号民事判决书。

配偶权的侵害，双方因此离婚的，女方得以主张离婚损害赔偿。值得一提的是，欺诈型扶养，亦属对忠诚义务的严重违反，受欺诈方得以依据《民法典》第1091条第（五）项主张离婚损害赔偿，但若女方为婚内出轨，则不涉及本文所谈“欺诈结婚”问题，因为此时损害赔偿的证成与身份行为意思表示瑕疵无关。

对离婚损害赔偿适用类型的严格限制，导致诸多欺诈结婚类型的受欺诈方不能通过离婚损害赔偿得到救济，但此种结论并不存在不合理之处：家庭法对严重侵害当事人结婚自由的情形，赋予受欺诈方撤销权及侵权损害赔偿请求权，则其他欺诈结婚类型下的婚姻有效。此种区分也符合立法本意：若存在离婚损害赔偿的适用空间，受欺诈方自可得到救济；皆不符合的，因行为人在婚姻缔结时存在过错，则因该过错导致感情破裂而离婚的，尚存在离婚救济制度与财产分割“照顾无过错方”的适用。

五、损害赔偿外的救济：离婚扶养与财产分割的相融独立

依《民法典》第1054条第1款，婚姻无效或撤销后，当事人对同居期间财产不能协议处理的，由人民法院依照顾无过错方原则予以判决，此规则延续了《婚姻法》第12条的规定；欺诈结婚未撤销或不能撤销的，在离婚后，依《民法典》第1087条，协议不成的，人民法院得照顾子女、女方和无过错方判决。相比于《婚姻法》第39条，新增对“无过错方”的“照顾”。由此，无论欺诈结婚是否可为撤销，皆存在财产分割对无过错方的倾斜保护，构成对欺诈结婚受欺诈方的兜底救济手段。疑问是，婚姻撤销场合，受欺诈方为家庭劳务付出较多的，是否得以请求经济帮助或救助。我国大陆学者少有提及，有台湾学者认为，赡养费请求权在婚姻无效或撤销后仍得以存在，且因行为人对婚姻无效或撤销存有过错，相对方自可主张侵权损害赔偿请求权。[87] 若认为责任性质是侵权责任，则在责任构成上颇使人疑惑：何以认定因扶养费请求权的丧失，与婚姻撤销具有相当的因果关系？以及此种财产上的损失，系侵犯何种权益所致，还是认定为纯粹经济损失？换句话说，即使在婚姻无效或撤销后承认扶养费请求权，也并不是基于侵害受欺诈方意志自由决定权，而是基于一方当事人具有经济危困或为家庭付出较多劳务的事实。此种救济，仍应回归到离婚扶养[88]等救济制度的适用上来。德国法上，依《德国民法典》第1318条的规定，欺诈结婚而废止婚姻的，平行且原则上适

〔87〕 参见史尚宽：《亲属法论》，中国政法大学出版社2000年版，第281页。

〔88〕 此处所谓“离婚扶养”，系在广义上使用，即包括救济性扶养与补偿性扶养，参见张学军：《论离婚后的扶养立法》，法律出版社2004年版，第3—6页。类似见解认为，我国现行的离婚扶养给付制度，包括家务劳动补偿与经济帮助两种，见马忆南：《离婚救济制度的评价与选择》，《中外法学》2005年第2期。此种将离婚扶养二分的方法亦为其他学者使用，见龙翼飞、侯方：《离婚救济制度的辨析与重构》，《法律适用》2016年第2期。反对者认为，家务劳动补偿与经济补助的认定标准不同，无法由“离婚扶养”涵盖，且离婚扶养义务也不是夫妻扶养义务的延伸，更多是道义上的责任及法益考量的结果，见孙若军：《离婚救济制度立法研究》，《法学家》2018年第6期。然而，上述争论，仅是“称谓”问题，在实际对经济补助和家务劳动补偿的一般判断标准上，学者们差异极小。为行文方便，以离婚扶养制度代指家务劳动补偿与经济补助制度。

用离婚关于扶养请求权、增益补偿等条款。[89] 然而，德国以废止取代“撤销”，仅面向未来发生效力，废止前的婚姻有效，废止后，因存在有效婚姻，自可依离婚处理。我国法上，婚姻撤销后自始无效，认为不曾成立“扶养义务”；通说以为，离婚扶养费请求权，是婚姻扶养义务的延续，所谓“离婚后既然无法维持生活，就表明另一方未履行或未适当履行扶养义务”，[90]由此，我国法上，婚姻无效或撤销，自无直接适用离婚扶养制度适用余地。

然而，随着《民法典》第 1088 条增加法定财产制下家务补偿，笔者以为，基于特殊情形的考量，善意的受欺诈方为婚姻撤销前的生活作出较大贡献且婚姻撤销后生活困难的，应允许其类推适用离婚扶养制度寻求经济帮助或救济。其一，法定财产制下补偿性的离婚扶养已为第 1088 条所接受。第 1088 条取消了家务劳动补偿必须以“分别财产制”为前提的限制，使得家务劳动补偿成为一般情形下的离婚扶养的内容。其二，财产分割的倾斜保护，无法实现离婚扶养制度的功能，婚姻撤销后，同居财产分割，亦无法替代无效婚姻扶养的需要。我国学者及司法实践在解释离婚扶养和财产分割“照顾无过错方”的关系时，态度时有转变。虽有学者认为，财产分割不与当事人过错挂钩，[91]但《婚姻法》第 39 条并未明确财产分割要照顾无过错方；于 1993 年印发的《最高人民法院关于人民法院审理离婚案件处理财产分割问题的若干具体意见》明确夫妻共同财产分割处理应照顾无过错方。但立法者认为，2001 年《婚姻法》颁布后，法院考虑的仅为子女和女方权益，照顾无过错方的功能，为《婚姻法》第 46 条离婚损害赔偿所取代。[92] 然而，笔者检索中发现，欺诈结婚而离婚的，法院认定欺诈方具有过错而在财产分割中偏向保护无过错方的情形时有发生。[93] 从制度目的来看，财产分割的倾斜保护，也不一定足够弥补为家务劳动付出较多一方因丧失工作、学习机会所带来的损失，为家庭付出较多的一方，在财产分割时不能得到适当补偿的，有权请求补偿，[94]补偿标准应在个案中衡量。婚姻无效或撤销后，虽然扶养义务自始不存在，但若一方尤其是受欺诈方善意地为家务劳动付出较大贡献，甚至因此丧失工作、学业上升与经济地位提高的确切机会，则与离婚扶养制度的功能与目的相当；从举重以明轻的角度，离婚扶养制度并不考察双方离婚的过错，而注重对弱者和家庭贡献者的保护，尤其在家务劳动的影响持续到离婚后，诸如离婚后抚养多病与残疾子女、为家庭导致谋生能力下降等，[95]有补偿之必要。而在欺诈结婚

---

〔89〕 [德]迪特尔·施瓦布：《德国家庭法》，王保莳译，法律出版社，2010 年第 1 版，第 48—49、第 58—59 页。类似的，台湾地区婚姻撤销相关制度，仅向将来发生效果，准用离婚之规定，见林秀雄：《民法亲属编：第五讲——婚姻的无效与撤销》，《月旦法学教室》2008 年第 73 期。

〔90〕 参见张学军：《论离婚后的扶养立法》，法律出版社 2004 年版，第 285 页。类似见解参见冉启玉：《离婚扶养制度研究》，群众出版社 2013 年版，第 16—19 页。

〔91〕 参见龙翼飞、侯方：《离婚救济制度的辨析与重构》，《法律适用》2016 年第 2 期。

〔92〕 参见胡康生主编：《中华人民共和国婚姻法释义》，法律出版社 2001 年版，第 162 页。

〔93〕 如北京市第一中级人民法院(2015)一中民终字第 7091 号。

〔94〕 参见夏吟兰：《民法分则婚姻家庭编立法研究》，《中国法学》2017 年第 3 期。

〔95〕 参见孙若军：《离婚救济制度立法研究》，《法学家》2018 年第 6 期。

导致婚姻被撤销场合，受欺诈方对婚姻撤销并无过错，甚至善意地勤恳地为家庭付出，为此而放弃学业、事业以及婚姻撤销后抚育残疾子女等，其影响延续到了婚姻撤销之后。

由此，将离婚扶养制度类推适用至婚姻无效或撤销后的特定情形如受欺诈方为家庭作出重大贡献且撤销婚姻后生活困难等，符合该制度所确定的价值秩序，具有结果的妥当性。

六、结论

将法律行为意思表示瑕疵的法律后果，不加限制地适用于身份行为，既忽视了婚姻伦理的地域性，使得市场交易对诚实信用的要求不当滥用，也扩张了立法者对身份行为意思表示瑕疵既有规定的选择；但即使严格解释与夫妻共同生活直接相关联的、与婚姻实质相关的事项，行为人也至少不应故意隐瞒身体健康状况如重大疾病及性功能障碍、形成或维持婚姻的重大因素如性取向，以及隐瞒严重违反善良风俗如婚前怀有他人子女等事项。虽受制于类型法定，但在解释论上，重大疾病对婚姻效力的影响经历了从无效到可撤销的变迁，规范意旨从限制行为人结婚行为能力，到维护受欺诈方的真实意思表示，重大疾病的外延得以拓宽，一方隐瞒性功能障碍的，另一方得以撤销婚姻。由此，在确定可撤销欺诈结婚类型的基础上，构建欺诈结婚受欺诈方救济体系。

其一，针对可撤销欺诈结婚类型，依《民法典》第 1054 条第 2 款，无过错方有权请求非财产上侵权损害赔偿，而不存在缔约过失适用余地，基于立法者对可撤销欺诈结婚类型及其效果的特殊安排，不可撤销欺诈结婚类型及未行使撤销权的受欺诈人，不得主张侵害意志决定自由权的侵权损害赔偿。其二，实定法下的离婚损害赔偿包括两类：一类未超出一般侵权保护范畴，如家暴、虐待、遗弃等造成健康权、身体权的损害；一类以夫妻忠实、扶养义务及配偶权的保护为中心。上述两者为家庭法特别规定，应依离婚损害赔偿之特别构成要件处理，家庭法未规定的，得依一般侵权救济。由此，为避免离婚损害赔偿挤压一般侵权之适用，《民法典》第 1091 条第(五)项“其他重大过错”应限缩解释为故意违反忠实、扶养义务或侵害配偶权之情形。欺诈行为的效果持续且违反忠实扶养义务或侵害配偶权的，受欺诈方得依离婚损害赔偿获得救济。其三，无论欺诈结婚是否得以撤销，依《民法典》第 1054 条第 1 款及第 1087 条，受欺诈方得以主张财产分割的倾斜保护；考虑到离婚扶养制度的功能与立法目的，婚姻因欺诈而被撤销的，得类推适用离婚扶养制度的规则，允许为家庭作出重大贡献且撤销婚姻后生活困难的受欺诈方主张经济救助与补偿。

On the Remedy System of Fraudulent Marriage—Centered on Damages

LIU Guo

Abstract: Subject to the type of statutory, the fraudulent party made the wrong marriage intention expression, only can claim divorce by emotional rupture, neither can cancel the marriage nor seek divorce damages, and there is little inclined protection of property division. The civil code of marriage and family creates the application of fraudulent revocation in the case of identity behavior intention defects, but does not specify the validity and remedy of other types of fraudulent marriage. According to the classification of the degree related to the essence of marriage and the common life, the cheated Party of fraudulent marriage can be relieved according to the following three-tier structure: Firstly, deliberately conceal major diseases, sexual dysfunction, etc. , the fraudulent party can claim tort damages. Based on the consideration of the specific content of compensation, the application of contracting fault should be excluded. The scope of damage shall be limited to compensation for non-property damage; Secondly, for the type of irrevocable fraudulent marriage, based on the protection of special objects of marriage and family composition, under the premise of limiting the interpretation of "other major faults", the effect of fraudulent behavior continues and the breach of loyalty, maintenance obligation or infringement of spouse's rights, the swindled party may claim divorce damages in article 1091 (5). Thirdly, if the remedy is still insufficient, fraud may be taken as a factor to properly protect the legitimate rights and interests of the swindled party, based on the amendment of the civil code on the property division and divorce maintenance system.

Key Words: Fraudulent Marriage; Revocability; Damages; Remedy System

《民法典》第 1254 条评注

杨志航*

摘　要　《民法典》第 1254 条所规定的高空抛物、坠物侵权责任存在若干独特之处。侵权人当然应当根据责任自负原则承担责任,可能加害的建筑物使用人所承担的补偿责任在性质上应当确定为先付责任,各个补偿责任人之间则为按份责任。物业服务企业等建筑物管理人应当承担安全保障责任。可能加害的建筑物使用人之间的追偿权不同于安全保障责任人的追偿权。公安机关应当履行调查义务,保障人民群众安全,为准确定罪量刑提供依据。

关键词　民法典;高空抛物侵权;安全保障责任;先付责任;追偿权

目　次

* 杨志航(1985—),中国应用法学研究所博士后,主要研究方向:民商法。

“天下之事，不难于立法，而难于法之必行。”《中华人民共和国民法典》已于2021年1月1日实施，法学研究者的任务就是从纷繁复杂的法律条文中寻找其中所蕴含的规则，进而完成对规则的解释。《民法典》第1254条规定：

> 禁止从建筑物中抛掷物品。从建筑物中抛掷物品或者从建筑物上坠落的物品造成他人损害的，由侵权人依法承担侵权责任；经调查难以确定具体侵权人的，除能够证明自己不是侵权人的外，由可能加害的建筑物使用人给予补偿。可能加害的建筑物使用人补偿后，有权向侵权人追偿。
>
> 物业服务企业等建筑物管理人应当采取必要的安全保障措施防止前款规定情形的发生；未采取必要的安全保障措施的，应当依法承担未履行安全保障义务的侵权责任。
>
> 发生本条第一款规定的情形的，公安等机关应当依法及时调查，查清责任人。

本条是关于高空抛物、坠物侵权责任的规定，其中规定了侵权人、建筑物管理人、可能加害的建筑物使用人的责任，属于特殊侵权类型。本文拟以该条为研究对象，分析我国民事立法对高空抛物、坠物侵权责任的独特之处，以期助益司法实践。

一、高空抛物、坠物侵权责任的制度沿革与比较法考察

高空抛物、坠物侵权最早出现于罗马法中。在罗马法时期有关准私犯的情形中，落下物或投掷物致害(effusum et deiectum)可以依据落下物或投掷物致害之诉(action de effuseset deiectis)追究责任。[1] 查士丁尼在《法学阶梯》中写道：“有人从楼房投掷或者倾倒某物，任何人在公共通道上放置或者悬挂某物，导致对他人造成损害的，负损害赔偿之责。”[2]此条之规定，为后世之立法所采纳。《法国民法典》第1386条规定：“建筑物的所有人对因保管或建筑不善而毁损时所导致的损害，应负赔偿责任。”尽管这个条文并没有明确规定高空抛物或者坠落物的责任，但是在相关的判例中则发展出了在查明确定侵权行为人的条件下，根据过错推定与严格责任来确定行为人的责任。[3]《德国民法典》第836条规定：“关于与土地相连的工作物倒塌或者属于建筑物的部分脱落损害无辜人的健康或者致人死亡，土地的占有人或者所有人对受害者的损害或损失，负有赔偿的义务。如果因建筑物倒塌或者物件脱落，且所有人或者已然尽到了必要注意为防止损害的发生的，不发生赔偿义务。”该条是关于建筑物侵权的规定，尽管同《法国民法典》一样没有明确地指向高空抛物行为，但是其中所体现出的根据与土地的关系来承担责任的精神则具有借鉴价值。南美大陆的《智利民法典》第

〔1〕 参见[意]彼得罗·彭梵得：《罗马法教科书》，中国政法大学出版社1992年版，第405页。

〔2〕 [古罗马]查士丁尼：《法学阶梯》，北京大学出版社1997年版，第27页。

〔3〕 [德]克里斯蒂安·冯·巴尔：《欧洲比较侵权行为法》(上)，张新宝译，法律出版社2004年版，第298页。

2328 条规定:“因建筑物内的物体从高处坠下所致的损害,被害人有权向居住在该建筑物内物体下坠处的所有的人提起诉讼。在无法证明是他们中的谁的过失或故意行为导致损害时,由所有的人共同承担赔偿责任。”《巴西新民法典》第 938 条规定:“居住在同一栋楼或该楼的一部分里的人,对于从此楼掉落的或在不该掷出物品的地方被掷下来的物造成的损害承担责任。”〔4〕而有关于我国对于高空抛物、坠物侵权责任之立法沿革,应以 1986 年《民法通则》作为研究的初始文本。尽管我国《民法通则》之中并没有明确关于高空抛物、坠物侵权责任的规定,但是在其中第 126 条所规定的建筑物责任中却包含了“坠落”物体致人损害的内容,于此种情形发生之际,由它的所有人或者管理人承担民事责任。

中国的侵权责任立法,是实践的立法。随着中国城镇化进程的逐渐深入,大量乡镇人口涌入城市,高层建筑物鳞次栉比,高空抛物、高空坠物行为大量发生,由此导致被侵权人的诉讼也逐渐增多。为了适应此类案件的审判需求,《最高人民法院关于审理人身损害赔偿案件适用法律若干问题的解释》(法释〔2003〕20 号)第 16 条进一步明确了可以纳入“坠落”的情形可以包括:树木倾倒、折断或者果实坠落致人损害。但其中并未能够将高空抛物的情形予以规范,也没能够区分建筑物倒塌与从建筑物中抛掷、坠落物品的差别。2009 年实施的《侵权责任法》于物件损害责任一章第 87 条单独将抛掷物品或者从建筑物坠落的物品造成侵权的情形进行规定,并规定责任由“可能加害的建筑物使用人给予补偿”。《民法典》则基本上继承了《侵权责任法》的做法,并在此基础上有所创新与发展。

关于高空掷物、坠物侵权责任是否应当由建筑物使用人来承担的讨论,一直没有停止。其中,肯定说以王利明教授为代表。其理由在于有利于损失分担、预防损害、保护公共安全、查明事实真相等。〔5〕杨立新教授也认为,“民法典基本立场是同情弱者,救济弱者的权利是侵权责任法的基本规则……并且,可能致害的建筑物使用人承担的是财产责任,这样既不伤害责任人利益又能有效弥补受害人的损失”。〔6〕当然,持不同意见的呼声也很多,如韩强教授认为:“赞成第 87 条的理由带有理想主义色彩,第 87 条可能导致利益失衡。立法者期待通过第 87 条激励建筑物使用人进行互相监督,但是通常情况下建筑物使用人对其他使用人并没有监督的权利与义务,而且让一群没有实施侵害行为的建筑物使用人承担责任容易进一步引起纠纷。”〔7〕孟祥沛研究员同样认为,“由不能证明自己不是侵权人的可能加害的建筑物使用人承担法律责任的做法,既违背了自己责任原则,又无法以替代责任理论进行合理解释,结果导致无辜之人担责,它与我国传

〔4〕 我国《民法典》第 1254 条的规定,借鉴了上述两个法典的规定,从而形成了本条第 1 款的条文。

〔5〕 王利明:《抛掷物致人损害的责任》,《政法论坛》2006 年第 6 期。

〔6〕 杨立新:《侵权责任法》,法律出版社 2018 年版,第 332 页。

〔7〕 韩强:《论抛掷物、坠落物致损责任的限制使用——〈侵权责任法〉第 87 条的困境及其破解》,《法律科学》2014 年第 2 期。

统的连坐制度并无二致”。[8]

从《民法典》的规定来看，立法者显然选择了由建筑物使用人来承担责任的方案，其理由主要包括“有利于发现真正的侵权人、该种情况与共同危险行为类似以及公平”。[9] 总的来看，在我国学者支持高空抛物、坠物侵权责任由建筑物使用人来承担责任的论述中，主要存在以下两个论据：一为分担责任理论。集体担责的能力一般比特定主体强得多，将一个数额大的责任由若干人分担，更符合公平原则。[10] 二为社会救济理论。认为这种侵权需要在社会保障层面思考问题的解决方法，将责任提升到社会层面，而非局限于个人层面，让全社会为之担责。[11] 将此种侵权责任向受害人保护倾斜，是民法典的制定者们在探讨、研究民法典之际进行的利益衡量，是法律具有政策性的体现，凸显了民法典保护人民根本利益的目标。

二、关于《民法典》第1254条的规范分析

（一）第1254条第1款前半句的规范分析

1. 从建筑物中抛掷物品或者从建筑物上坠落的物品

坠落，是指搁置物、悬挂物从建筑物、构筑物或者其他设施上落下。其与脱落的概念不同，所谓脱落是指建筑物、构筑物或者其他设施的组成部分从主体分离。[12] 脱落所对应的是建筑物、构筑物或者其他设施的组成部分，通俗意义上是指建筑物本身的组成部分与其主体的分离；坠落则不同，一般来讲坠落的对象应当本身并非建筑物、构筑物的组成部分，而是单独的物，诸如阳台上放置的花盆等能够与建筑物、构筑物或其他设施分离开来的物品。《最高人民法院关于审理人身损害赔偿案件适用法律若干问题的解释》第16条第（三）项列举了“树木倾倒、折断或者果实坠落”，扩大了坠落的适用范围。

抛掷与坠落不同，抛掷更强调存在人力介入，坠落则强调物体自发动作。例如在“重庆烟灰缸案”[13]中，根据一般人的常识，由于烟灰缸非建筑物本身，其非脱落的对象，而只能是坠落或者投掷的对象，究竟其为坠落物抑或是投掷物，尚且需要通过进一步的调查来认定是否有人力的作用。如果不存在人为因素，则应当属于坠落的情形；倘若有人力作用如行为人故意将某物品从高空扔下，造成他人损失，则应当认定为抛掷。但究竟是否存在人力介入，因为在实践中很难举证，所以《民法典》也特别提出需要由公安机关参与调查，弄清事实，为保护当事

---

[8] 孟祥沛：《连坐恶法岂能死灰复燃——论〈侵权责任法〉第87条及民法典编纂中的高空抛责任》，《上海政法学院学报》2020年第3期。

[9] 参见王胜明主编：《中华人民共和国侵权责任法释义》，法律出版社2010年版，第427页。

[10] 参加张新宝：《侵权责任法原理》，中国人民大学出版社2005年版，第18页。

[11] 参见袁哲：《建筑物抛掷物致人损害补偿责任的法理与适用研究》，南京大学2011年硕士学位论文。

[12] 王利明：《侵权责任法研究》（下卷），中国人民大学出版社2011年版，第680页。

[13] 参见重庆市渝中区人民法院（2001）中区民初字第1242号民事判决书；重庆市第一中级人民法院（2002）渝一中民终字第1076号民事判决书。

人的合法权益提供依据。

2. 造成他人损害

罗马法谚云："无损害即无赔偿。"然究竟何为损害，则需要从侵权法的意义上审视。《民法教程》认为："侵权损害是指侵权行为造成他人(包括公民和法人)财产损害和人身损害"，"这里所讲的对人身伤害的赔偿，仅是指人身伤、残或死亡而引起的经济损失"。[14]《民法通则》以及《民法典》都未能够对损害作出定义。从理论上看，关于侵权法上的损害概念，我国台湾学者的观点主要有：第一，"人类社会生活中，因人之行为，使他人财产或精神蒙受不利益"[15]；第二，"乃于财产上或其他法益上，受有不利益之谓"[16]；第三，"谓就法益所受之不利益"[17]。我国大陆学者也有关于侵权法上损害概念的讨论：损害是指一定的行为(作为或不作为)致使民事主体的人身权利、财产权利及利益的减少或灭失的客观事实。[18]损害是指侵犯主体合法权益的后果，此种后果将产生损害赔偿的责任。换言之，损害是指因为一定的行为或时间使某人受法律保护的权利和利益遭受的不利益的影响。[19] 损害就其本质而言，是指受害人因他人的加害行为(举动)或物的内在危险之实现而遭受的人身或财产方面的不利益。[20]

上述观点的共识在于损害是一种不利益。这种不利益既包括财产上也包括人身上的不利益，此外，该种不利益必须具有可赔偿性。因为不利益是抽象的，这种抽象如果无法得到赔偿将是雾中花、水中月。侵权法存在的目的在于赔偿当事人的不利益，因为"各国的侵权行为法基本条款中都包含了一个共同的要件，即除个别例外之外，原告在权利或人身遭到侵害时还必须遭受了实际的损害才能成功地提起损害赔偿之诉。更确切地说，除了侵害权利的事实之外还必须有要么财产价值的减少，要么人身非财产利益的损害"。[21] 在这种不利益之上，侵权法上的损害还需要包含具有可赔偿的特性，侵权责任法的基本思想在于填补受害人的损失，故此损害需要具有可赔偿性。"欧洲各国的侵权责任法几乎一致认为，作为侵权法构成要件上的'损害'指的是'可赔偿性损害'"。[22] 基于这样的观点，王利明教授关于损害的定义比较适合。这种损害不以财产损害为限，人身损害也包含其中。

3. 因果关系及归责原则

损害发生与行为人抛掷或者物品的坠落具有因果关系。在实践中，高空抛

---

〔14〕 王作堂：《民法教程》，北京大学出版社 1982 年版，第 408 页。

〔15〕 曾隆兴：《详解损害赔偿法》，中国政法大学出版社 2004 年版，第 1 页。

〔16〕 郑玉波：《民法债编总则》，中国政法大学出版社 2002 年版，第 133 页。

〔17〕 史尚宽：《债法总论》，中国政法大学出版社 2000 年版，第 167 页。

〔18〕 杨立新：《侵权损害赔偿》(第 4 版)，法律出版社 2008 年版，第 106 页。

〔19〕 王利明：《侵权行为法研究》(上卷)，中国人民大学出版社 2004 年版，第 350 页。

〔20〕 张新宝：《侵权责任法原理》，中国人民大学出版社 2005 年版，第 53 页。

〔21〕 [德]克里斯蒂安・冯・巴尔：《欧洲比较侵权行为法》(上)，张新宝译，法律出版社 2004 年版，第 6 页。

〔22〕 杨立新、张新宝、姚辉：《侵权法三人谈》，法律出版社 2007 年版，第 105 页。

物、坠物侵权行为只要出现并且造成了损害,即可认定为具有因果联系,并不要求去考察高空抛物行为人的主观心态如何。从举证责任的角度看,应当就具体的情形进行分析。因为举证责任的选择,就像利益衡量的天平,一端是受害人或者说权利人,另一端则是侵害之人。越是需要保护受害人,则越需要通过举证责任的设置来加重侵害之人之责任;反之则减轻。我国实证法规定了过错责任、过错推定责任、无过错责任,三种归责原则依次呈现出加重保护受害人之趋势。

就高空抛掷物品侵权的情形看,本文认为应当适用无过错责任为宜。这是由于此类行为通常表现出行为人的主观恶性较大甚至可能属于犯罪意义上的故意或者过失,社会危害性大。从被害人保护的角度看,其往往难以取得必要的信息来证明侵权人存在过错,因此通过设定无过错责任,可以更好地实现对权利人权利的救济。但是关于物品从建筑物坠落致人损害的情形则又与之不同,其往往与责任人的行为以及心理要素无关,主要是客观上的不注意而致使类似花瓶、玻璃等坠落之情形,相较于行为人投掷这种具有主观恶意的情形来说,行为的恶意程度较低,因此采取过错推定原则即可满足受害人弥补损害的困境。无论是采取无过错责任还是过错推定责任,都体现出立法者对保护对象、侵权行为手段之区分。

(二)第 1254 条第 1 款后半句的规范分析

1. 何为建筑物使用人

建筑物的使用人,是指直接对建筑物、构筑物或者其他设施进行占有和使用的人,主要包括承租人、借用人等。[23] 当然,也有学者指出,建筑物使用人的范围不仅限于承租人、借用人,还应当包括建筑物的所有人以及其他使用建筑物的人。[24] 各种见解并无本质差异,区别仅在于所涵盖的范围大小不同而已。就建筑物使用人的范围来看,本文认为应当采用后者的观点,即将建筑物的所有权人、承租人、借用人以及其他使用建筑物的人都涵盖其中作为可能承担责任的主体。从比较法来看,《巴西新民法典》第 938 条的规定是以居住作为条件,只要满足“居住”这一要件的,无论是所有权人还是承租人都将对损害承担责任;《智利民法典》第 2328 条也有同样的规定。“重庆烟灰缸案”中,原告就将牵涉的 22 户居民作为被告起诉,而法院予以基本采纳。本文认为,以居住作为阐释建筑物使用人范围的做法是恰当的。这种解释可以将临时访客、串门亲戚等情形分开,而只是将长期稳定居住的人作为主张权利的对象。

2. 关于“可能加害人”的认定

建筑物使用人是否是“可能加害人”是一个事实判断的问题,第 1254 条第 3 款规定了公安机关应当依法及时调查,查清责任人,实际上为确定加害人提供了一条路径,同时为确定“可能加害人”提供了一种思考方法。在“重庆烟灰缸案”

---

〔23〕 张新宝:《侵权责任构成要件研究》,法律出版社 2007 年版,第 460 页。

〔24〕 参见王胜明主编:《中华人民共和国侵权责任法释义》,法律出版社 2010 年版,第 428 页。

中，原告所起诉的22户当中有两户经多方查证，证明事发当晚家中无人居住，从而排除了加害的可能性。本文认为，“可能加害人”涉及与事发建筑物相关的诸多建筑物使用人的利益，不应当对这些主体的利益视而不见，因此需要对范围进行限定。随着科学技术的发展，不仅有安装的摄像头等监控手段来对现场环境进行监控，从法律鉴证科学的角度看，可以通过受害人所受损伤的轻重程度、位置等进行实验来判断损害可能发生的位置，对可能加害人的范围进行限定。当然，除了依据科技的手段外，一般的日常生活经验也可能对确定加害人提供帮助，如一楼等无法成为坠物、抛物的事发地点；封闭的顶层也因为无人能够进入被排除在外；受害人受伤地点为小区某一侧，则居住在另一侧的建筑物使用人应当被排除在外。这样一来，才能够在保护受害人与保障建筑物使用人合法权益之间达到平衡。

3. 赔偿抑或补偿？

“可能加害的建筑物使用人补偿后”，此处“补偿”的性质该如何理解？本文认为，这里的补偿是与“赔偿”不同的法律概念。

首先，从该条文的产生沿革来看，2008年底全国人大常委会法制工作委员会起草的《民法草案·侵权责任法编（二审稿）》第83条规定：“从建筑物中抛掷物品或者从建筑物上坠落的物品造成他人损害，难以确定具体加害人的，除能够证明自己不是加害人的外，由可能加害的建筑物使用人承担赔偿责任。”在三审稿中，第86条则将赔偿责任用“补偿”二字进行替代，具体规定为：“从建筑物中抛掷物品或者从建筑物上坠落的物品造成他人损害，难以确定具体加害人的，除能够证明自己不是加害人的外，由可能加害的建筑物使用人给予补偿。”最终，《侵权责任法》采用了“补偿”的表述。《民法典》也接受了这一观点。这表明立法者对于补偿还是赔偿的态度是明确的，此处的补偿不应当是损害赔偿的概念。

其次，从补偿在民法中的使用看，补偿也是与赔偿截然不同的概念。例如《民法典》第182条关于紧急避险的规定中，使用了“危险由自然原因引起的，紧急避险人不承担民事责任，可以给予适当补偿”的措辞。第183条规定“因保护他人民事权益使自己受到损害的，由侵权人承担民事责任，受益人可以给予适当补偿。没有侵权人、侵权人逃逸或者无力承担民事责任，受害人请求补偿的，受益人应当给予适当补偿”。从类似“补偿”条文，我们可以推断出其使用的条件，一般来讲存在损害的发生，但是同时该损害无法直接映射到具体的责任人，这包括损害是由于非人为因素造成、侵权人逃逸或者没有赔偿能力等诸多情况。在此条件下，通常是出于道义而需要通过给予补偿的方式来给加害人以安慰。补偿不是赔偿。赔偿一般是填平原则，即受损多少赔偿多少，而补偿仅是其中的一部分。因此有学者将这种补偿称为道义补偿责任。[25] 本文认为，该补偿解释为先付责任为宜。关于先付责任，早期法规见于1988年最高人民法院《关于贯彻

---

〔25〕 参见王竹、赵尧：《论建筑物抛掷物、坠落物致害道义补偿责任——兼论建筑物抛掷物、坠落物强制责任保险制度的建立》，《政法论丛》2010年第5期。

执行〈中华人民共和国民法通则〉若干问题的意见(试行)》第161条和1991年国务院颁布的《道路交通事故处理办法》第31条。由杨立新教授起草的《中华人民共和国侵权责任法草案建议稿》中也对这种先付责任作出了一般性的规定,其目的在于为立法提供一种基本法律上的可能。从受害人的角度看,其权利遭受损失,无论是由真正的侵权人进行赔偿还是由可能的建筑物使用人对其进行补偿,目的都仅在于弥补一定的损失,至于究竟是谁作出的赔偿,对于权利人来讲并无差别,差别之处在于数额的多少。司法审判实践,也肯定了补偿与赔偿的不同。在"肖斌诉河南大有能源有限公司千秋煤矿、石东升等55名个人不明抛掷物、坠落物损害责任纠纷案"〔26〕中,法院认为,"本案系补偿性质","每户应当承担的补偿金额为3561.18元,考虑到本案的特殊案情和当事人之间的邻里关系,本院将应当承担责任的每名被告的补偿金额酌定为3400元"。比起由其中一个补偿人承担将近20万元的责任,显然每户承担3400元的补偿责任更容易被接受,这也是补偿的价值所在。

4. 各个建筑物使用人承担责任的形态

此种补偿责任形态具有特殊性,这种特殊源自两个方面,一方面是建筑物使用人作为补偿责任人与真正的侵权责任人之间的关系,另一方面在于各个建筑物使用人作为补偿责任人相互之间的关系如何认定。如前所述,建筑物使用人既然承担的是先付责任,则其与真正的侵权责任人之间的关系需要通过追偿权制度来加以恢复,此问题留待下一部分阐述。在此部分主要讨论的是各个建筑物使用人之间的责任形态。

我国既有的理论已经对责任形态有了较为丰富的研究,从责任形态的划分上基本形成共识,即按份责任、连带责任、不真正连带责任以及补充责任四种形态。〔27〕本文认为,各个建筑物使用人之间承担责任形态属于按份责任。

第一,该责任形态不属于连带责任。所谓连带责任,是指在法律规定或者当事人约定的范围内基于特定法律关系的多数民事主体中的任何一人须承担违反法律义务的全部强制性法律后果的民事责任。〔28〕我国侵权法原理要求承担连带责任的前提是各个行为人在主观上或者客观上满足"一体性"的要求。基于这一要求,共同侵权行为、无意思联络数人聚合因果关系侵权行为以及共同危险行为需要承担连带责任。而本条规定的建筑物使用人所承担的垫付责任本身就是基于保护弱者而设置的一种特殊的补偿责任形态,各个建筑物使用人的补偿行为并不以该建筑物使用人之间存在共同故意、共同过失为前提,甚至该行为也谈不上具有危险性,因此该责任不应当属于连带责任。

第二,该责任形态不属于不真正连带责任。所谓不真正连带责任也称为不真正连带债务,是指多数债务人基于不同发生原因而偶然产生的同一内容的给

〔26〕 参见河南省义马市人民法院(2013)义民初字第1032号民事判决书。
〔27〕 参见杨立新:《侵权法论》,人民法院出版社2005年版,第521页。
〔28〕 参见孔祥俊:《论连带责任》,《法学研究》1992年第4期。

付，各负全部履行之义务，并因债务人之一的履行而使全部债务归于消灭。[29] 不真正连带责任具有法定性，具体包括：责任构成的法定性、责任主体的法定性以及存在终局责任人。而显然，本条所规定的补偿责任人并不符合不真正连带责任的要求。尽管从存在终局责任人的角度看，高空抛物、坠物侵权责任必然存在终局责任人，但是该终局责任人与补偿责任中的各建筑物使用人之间并无必然关联，不符合不真正连带责任的要求；从主体上看，不真正连带责任的主体一般要求具有过错，而建筑物使用人对于他人的损害，仅仅是一种"可能性的推断"，并非确定具有过错。

第三，该责任形态也不属于补充责任。补充责任通常被理解为，在权利人就同一损害具有两个以上赔偿请求权的情况下，法律规定权利人必须按照先后顺序行使赔偿请求权；只有排在前位的赔偿义务人的赔偿不足以弥补损害时，才能请求排在后位的赔偿义务人赔偿。[30] 李中原教授将我国民法各部门中规定的补充责任总结为 12 种。[31] 补充责任是实践的产物，是为了适应司法实践的需要而通过司法裁判形成的一种制度。我国通过司法解释提出，进而由侵权责任法吸收，成为一种独立的责任承担方式，因此有学者称赞其为实践理性之产物、学术之贡献。[32] 传统民法中，不作为行为人是不需要承担责任的，只有直接加害人才需要对损害承担责任，但是源自德国的"交往安全义务"得到认可，消极不作为行为人也受到法律的否定评价，从而承担侵权责任。为了限制这种侵权责任的扩张而出现的补充责任旨在平衡直接责任人、补充责任人以及权利人的利益，通过补充责任特有制度的设计，既可以保证权利人的救济，也可以解决直接责任人与补充责任人之间的关系问题，即通过追偿权而实现。"需要由承担先顺序的责任人承担责任，补充责任人享有顺位利益"，是补充责任的特色所在。《民法典》第 1254 条所规定的可能加害的建筑物使用人的责任，因为各个使用人之间所承担的是基于或然性而产生的"补偿"责任，其中各个主体地位相同，没有需要先承担的责任人，因此并非补充责任形态。

第四，该补偿责任中，各个建筑物使用人之间的责任应当属于按份责任。所谓按份责任，是指由两个或者两个以上的民事主体按照确定的份额对受害人承担损害赔偿责任的共同责任。[33] 我国《民法典》第 177 条规定："二人以上依法承担按份责任，能够确定责任大小的，各自承担相应的责任；难以确定责任大小的，

---

〔29〕 参见孔祥俊：《论不真正连带债务》，《中外法学》1994 年第 3 期。

〔30〕 参见张新宝：《我国侵权责任法中的补充责任》，《法学杂志》2010 年第 6 期。

〔31〕 分别为：担保关系中的补充责任、公共场所管理人和群众性活动的组织者的安全保障责任、教育机构的管理责任、监护人责任、抚养人的垫付责任、受益人的补充责任、虚假验资及类似行为的责任、企业投资人的责任、债权人代位权制度中次债务人的补充债务、承继性债务、交通事故中机动车方的赔偿责任、票据法上背书人相对于承兑人的担保付款责任。参见李中原：《论民法上的补充债务》，《法学》2010 年第 3 期。

〔32〕 参见袁秀挺：《论共同责任中补充责任的确认与适用——兼与非真正连带责任的比较》，《法治论丛》2005 年第 6 期。

〔33〕 参见王轶：《论侵权责任法中的损失分配制度》，《社会科学战线》2010 年第 9 期。

平均承担责任。”自19世纪末以来，侵权法的基本理念以保护受害人利益为主流。当出现损害之际，法律需要站在受害人的立场，优先保护。这也是在高空抛物、坠物侵权责任中，立法者选择将有可能加害的建筑物使用人通过“补偿”来使受害人的损害得到一部分填补的理由。各个使用人之间适用按份责任，具有合理性：其一，采取按份责任，符合同等概率理论。各个建筑物使用人之所以承担补偿责任，其所设想的前提并非是他们的共同行为造成了损害，而是他们作为单独的主体有相同的概率可能造成他人的损害，相同的概率即表明这些使用人的责任是按份责任。其二，采取按份责任，符合公平正义的精神。从公平角度出发，法律也应该限制仅仅具有加害可能性的建筑物使用人承担过重的责任。

将建筑物使用人之间的责任确认为按份责任，一方面可以使得受害人的损害得到补偿，及时救助受害人；另一方面，各个补偿责任人则可以避免单独承担全部的补偿责任，也避免了连带责任中其他责任认清偿不能的风险，最终实现实质意义上的公平。此外，采取按份责任，符合自由的精神。建筑物使用人享有对自己的房屋居住、使用的自由。“飞来横祸”等事件的发生，法律在倾向于保护受害人权益的同时，也需要平衡建筑物使用人的权益。侵权法本身承载着行为自由和保护安全的两方面价值理念。法律不应当规定使用人承担过于严苛的连带责任，否则每一个居住其中的人都将惶惶不可终日。正如施皮尔所称：“主张某人应对可能并非由他造成的全部损害承担责任的观点不合理，另一方面，让受害人两手空空也是非常残酷的。”〔34〕

(三)第1254条第2款的规范分析——建筑物管理人的安全保障义务

最先涉及安全保障义务的是德国的“亚麻毯案件”。〔35〕后来，随着人们对此类责任研究的深入，通过法官的努力遂在德国法一般安全注意义务的基础上，形成了法定义务性质的安全保障义务，安全保障义务成为“各国都有进一步的为侵权行为法所特有的规范发生器”。〔36〕安全保障义务的目的在于多层次地避免他人遭受损害，“一般来说，避免损害的义务通常以加害人和受害人或危险源之间的近因关系为前提。两者都会引起责任，责任进而导致介入的义务。类似的安全(保障)义务也产生于那些自愿对他人负责的个人或组织，包括无合同基础而成的责任的情况”。〔37〕所谓违反安全保障义务的责任，实际上应称为违反一般的

---

〔34〕 欧洲侵权法小组：《欧洲侵权法原则——文本与评注》，于敏、谢鸿飞译，法律出版社2009年版，第83页。

〔35〕 此案基本案情为：一位妇女到一家百货公司买亚麻地毯，当售货员准备把这位妇女选中的亚麻地毯取下来时，另外两卷先前放在一旁的地毯掉下来砸伤该名妇女及其孩子。德国最高法院认定此案中存在一个“对第三人的利益具有保护性效果的合同”，从而判定该商店应当对妇女和孩子的伤害承担责任。

〔36〕 [德]克里斯蒂安·冯·巴尔：《欧洲比较侵权行为法》(上)，张新宝译，法律出版社2001年版，第297页。

〔37〕 [德]克里斯蒂安·冯·巴尔：《欧洲比较侵权行为法》(上)，张新宝译，法律出版社2001年版，第297页。

安全保障义务的责任，它是指负有一般的安全保障义务的人，因违反其义务而应承担的侵权责任。[38] 一般意义上，这种安全保障义务可以分为两类：第一类包括警告义务、禁止义务和指示义务。警示潜在的受害人靠近危险源将自担风险，通过对其施加影响从而使其避免可能遭受的损害。例如：施工单位应当通过一定的手段将施工区域与一般区域隔离，以免他人进入工地中。第二类安全保障义务包括危险控制义务、组织义务、调查和告知的义务、看守和照料义务等，是直接作用于危险源的安全保障义务。[39] 就安全保障义务产生的原因来讲，我国立法者保持了一种开放的态度，包括但不限于"从事住宿、餐饮、娱乐等活动"。在安全保障义务中，法律通过为其配置补充责任即当安全保障责任人有过错时需要承担相应的补充责任。需要注意的是，安全保障人的过错是对法定义务的不作为，而非对他人侵权行为具有过错。

在高空抛物、坠物致人损害的侵权责任中，物业服务企业等建筑物管理人应当承担未履行安全保障义务的责任。这是由于当今社会，高楼大厦、楼宇林立，物业服务企业在维护建筑物区分所有权中的作用越来越重要，其通过业主支付物业费而承担为业主提供建筑物及其附属设施的维修养护、环境卫生和相关生活秩序的管理维护等服务。基于此，当建筑物管理人不履行或者不完全履行物业服务合同的约定或者法律所规定的义务而造成有物品从建筑物上坠落或者抛掷物品造成他人损害的，物业服务公司应当依照《民法典》第 1198 条的规定承担责任。

需要注意的是，该条文第 1 款是关于违反安全保障义务的直接侵权责任，第 2 款是当存在第三人直接侵权时，安全保障义务人承担补充责任的规定。具体而言，物业服务企业等建筑物管理人承担安全保障义务的责任分为两种情形：第一种是不存在第三人行为时，受害人的损害完全是因为建筑物管理人没有能够采取恰当而必要的措施，从而违反了安全保障义务，需要由建筑物管理人直接承担责任。如此则应当适用《民法典》第 1253 条关于物件脱落、坠落损害责任的规定。[40] 第二种情况是，当存在第三人高空抛物或者坠物等行为，同时建筑物管理人存在疏于管理等违反安全保障义务行为时，建筑物管理人应当承担相应的补充责任。[41]

三、高空抛物、坠物责任中的追偿权

我国民法对于追偿权的规定，采取了一种泛化的方式，将所有具有类似效果的都用"追偿权"来称谓。这就产生了一种概念之下存在多种不同形式的情况，

---

〔38〕 参见周友军：《侵权责任法专题讲座》，人民法院出版社 2011 年版，第 306 页。

〔39〕 参见周友军：《侵权责任法专题讲座》，人民法院出版社 2011 年版，第 309 页。

〔40〕 参见湖北省十堰市茅箭区人民法院(2018)鄂 0302 民初 3030 号民事判决书；湖北省十堰市中级人民法院(2019)鄂 03 民终 3400 号民事判决书。

〔41〕 参见山东省济宁市任城区人民法院(2017)鲁 0811 民初 5088 号民事判决书；山东省济宁市中级人民法院(2018)鲁 08 民终 4008 号民事判决书。

已经引起了学界的重视。我国的民法理论在总结实践经验的基础上，规定了在连带责任人内部超过其应当承担份额的责任人的追偿权；继而又规定了在特定的情形下于不真正连带责任人中也存在着追偿权；此外，通过总结司法实践经验，还在参考一般保证人与债务人之间的责任关系之追偿关系的情形下创造性地发展出了补充责任形态下的追偿权，承认具有顺位利益的新型的追偿权。对应的追偿权，一般可以分为部分份额追偿权、全部份额追偿权以及特定份额追偿权三种。对于高空抛物、坠物责任中的追偿权，本文认为存在全部份额追偿权和特定份额追偿权两种。

第一种，可能加害的建筑物使用人补偿后向侵权人的全部份额追偿权。在此时，可能加害的建筑物使用人所承担的先付责任是属于责任承担的一种特殊方式，即非典型的不真正连带责任，其具有如下特征。首先，先付责任是特殊的财产责任。我国的侵权责任法规定的 8 种方式中先付责任应当归属于赔偿损失。其次，先付责任的适用范围具有特定性。因为先付责任往往是因为侵权一方当事人之中存在特定的侵权主体，该主体具有一定的社会责任性，并且相较于另一方侵权主体具有更大的经济基础，为了权利人的权利而创设的一种责任，如此一来，其仅能适用于有限的范围之内，对于违约无适用的空间。再次，先付责任适用的前提往往是一种政策的考量，例如在机动车交通事故责任中，保险公司尽管不是侵权案件的当事人，但是其具有保险的职能，以保险公司社会责任的扩张作为基础，其核心义务就是保险金的给付义务，而先付义务就可以看作保险公司保险金给付义务的扩张。为了使权利人在最短的时间内获得救助，用以支付必要的医疗费用，保险公司应当履行此种先付义务。最后，先付责任的承担人是与真正的侵权责任人具有特定关系的主体。先付责任，顾名思义是一种代为承担责任的责任形式，因此这就需要责任人与先付责任人之间具有一定的关联，如保险公司与交通事故责任人之间，因为具有保险合同的关系而产生这种关联。而这种关联，就使得这种责任成为非典型的不真正连带责任。

本文主张，先付责任作为一种不真正连带责任而出现，应当值得肯定。因为其“实际上是一种公平原则的适用，是利益衡量的结果”。〔42〕从权利人的角度看，其权利遭受损失，无论是最终责任人还是先付责任人对其进行赔偿，都仅在于弥补损失，至于究竟是谁作出的赔偿，对于权利人来讲并无差别。但是真正的公平也需要兼顾各方利益，如此一来在先付责任人与最终责任人之间是否也需要公平呢？答案是肯定的。就建筑物使用人的先付责任来讲，各个建筑物使用人是先付责任人，侵权行为人为最终责任人，二者之间因为生活在同一幢建筑物内而发生关联，此种关联就决定了建筑物使用人全体成为“深口袋”具有必要性。〔43〕可以说，尽管立法并未将这种先付责任单独地作为一种责任方式进行规定，但是

〔42〕 杨立新：《中华人民共和国侵权责任法草案建议稿及说明》，法律出版社 2007 年版，第 81 页。

〔43〕 这类先付责任人往往比实际造成损害的责任人具有更多、更为独立的财产，足以负担赔偿责任，这就是所谓的“深口袋理论”，先付责任人可以其营利活动获取利益，也可以通过提高商品和服务的价格转移风险，与实际责任人相比，具有“深口袋”优势。

其本身被立法者所承认就表明它是不容忽视的。鉴于其与典型的不真正连带责任有所不同,本文将其定位为非典型的不真正连带责任。由可能的建筑物使用人补偿后取得的追偿权属于全部份额追偿权,其行使的基本规则是:两个以上的责任对于损害的发生具有一定的关联性,但是一方承担的是先付责任,另一方承担的是最终责任,基于公共政策的考虑,为了保障权利人权利的即时行使,法律规定了先付责任一方首先并且必须首先承担责任。这是因为对于权利人来讲,该方或者容易求偿或者具有更大的承担责任的实力;先付责任人只有向权利人承担责任后才可以向最终责任人进行追偿。但需要注意的是,这种全部份额追偿权是从"补偿"的整体角度看待的,而各个先付责任人需要作为一个整体来进行追偿,于其内部则属于按份责任,各个先付责任人之间不享有追偿权。从诉讼的角度看,应当以必要共同诉讼为形式。

第二种,在安全保障义务中,法律规定了补充责任,即安全保障责任人有过错之际需要承担相应的补充责任。侵权法领域中的补充责任,其本身所发挥的作用是独具特色的。传统民法中,不作为行为人是不需要承担责任的,只有直接加害人才需要对损害承担责任。但是自德国的"交往安全义务"得到认可后,消极不作为行为人需要承担侵权责任,为了限制这种侵权责任的扩张而出现的补充责任,旨在平衡直接责任人、补充责任人以及权利人的利益,通过补充责任特有制度的设计,既可以保证权利人得到救济,也可以解决直接责任人与补充责任人之间的关系问题,即通过追偿权而实现。当存在第三人侵权时,物业服务企业等建筑物管理人于承担安全保障义务责任后享有特定份额追偿权。

关于安全保障责任中能否追偿的问题,2004 年《最高人民法院关于审理人身损害赔偿案件适用法律若干问题的解释》第 6 条第 2 款规定:"因第三人侵权导致损害结果发生的,由实施侵权行为的第三人承担赔偿责任。安全保障义务人有过错的,应当在其能够防止或制止损害的范围内承担相应的补充责任。安全保障义务人承担责任后,可以向第三人追偿。"这一条规定了补充责任人可以向直接责任人进行追偿。但是在《侵权责任法》中,则并未有可以追偿的规定,这就造成司法实践中能否允许补充责任人享有追偿权的争论。一种观点主张补充责任人可以享有追偿权,[44]而另一种观点则认为,补充责任人不享有追偿权。有学者指出,补充责任人之所以承担责任,在于其具有一定的过错,倘若补充责任人享有追偿权的话,则与过错责任相违背;不仅如此,作为我国补充责任底线的安全保障义务人在比较法上通常是由法院责令其就过错造成的后果承担全部赔偿责任,也不享有追偿权。此外,该学者还认为,追偿权的赋予极大地影响了法律设置安全保障义务所要达到的目的。[45] 本文认为,应当允许作为安全保障责任人的物业服务企业享有追偿权。倘若不允许追偿的话,则补充责任人将承担最终责任,这将使得补充责任人的责任比连带责任以及不真正连带责任都要大,因

---

〔44〕 参见张新宝:《侵权责任法立法研究》,中国人民大学出版社 2009 年版,第 242 页;张平华:《论连带责任的追偿权——以侵权连带责任为中心的考察》,《法学论坛》2015 年第 5 期。

〔45〕 参见李良雄、杨垠红:《再论安全保障义务人的补充责任》,《云南大学学报》(法学版)2008 年第 7 期。

为在连带责任与不真正连带责任中，都允许追偿，《民法典》也明确规定了安全保障责任人的追偿权。

四、余论

为了确保人民群众的安全，《民法典》第1254条第3款规定："公安等机关应当依法及时调查、查清责任人。"该条规定是《民法典》的一个创新之处。因为在高空抛物、坠物致人损害的案件中，最突出的问题就是直接责任人难以查找，无法确定侵权责任人。尤其是当高空抛物、坠物给公民的合法权利以及公共安全造成严重损害时，就需要通过公权力的介入来对这种行为进行制裁。基于此，最高人民法院在2019年11月出台了《关于依法妥善审理高空抛物、坠物案件的意见》，其中明确提出，"要加大依职权调查取证力度，积极主动向物业服务企业、周边群众、技术专家等询问查证，加强与公安部门、基础组织等沟通协调，充分运用日常生活经验法则，最大限度查找确定之直接侵权人并依法判决其承担侵权责任"。在《民法典》中规定公安等行政部门的职责充分体现了立法者为保护人民头顶上的安全所作出的努力。[46] 通过公安机关的介入，不仅可以从民事的角度准确地确定侵权责任人，而且当高空抛物的行为触碰刑法红线，则可以结合抛物、坠物行为的时间、地点、频次、造成的损害后果严重程度以及行为人的主观心理为该行为准确地定性提供依据。

---

〔46〕 参见河南省许昌市魏都区人民法院(2015)魏刑初250号刑事判决书。该案被告在没有采取任何安全防护措施的情况下，明知楼下有人打扫卫生，仍然从距离地面约13米高的除尘器上向楼下抛掷建筑垃圾，致使他人死亡。另参见重庆市巴南区人民法院(2017)渝0113刑初392号刑事判决书。本案被告邓某从楼顶向楼下砸砖块和手机零部件等物品，持续多时，造成楼下私家车的损害，影响恶劣，被控以其他方法危害公共安全罪。

Commentary on Article 1254 of the Civil Code

YANG Zhihang

Abstract: Article 1254 of the Civil Code of The People's Republic of China stipulates that the tort liability for throwing objects from high places and falling objects has some unique features. Of course, the infringer should bear the responsibility according to the principle of self-responsibility. The compensation responsibility of the building users who may cause damage should be determined as the responsibility of paying in advance, and the responsibility of each compensation responsibility person should be shared. Property service enterprises and other building managers shall undertake the obligation of safety guarantee. The right of recourse between users of buildings that may cause damage is different from the right of recourse of security obligors. The public security organs shall perform the duty of investigation and ensure the safety of the people.

Key Words: Civil Code; Upper Parabolic Tort; Security Responsibility; Prepayment Responsibility; Right of Recourse

相对不生效力制度的新生与实际运用[1]

钟嘉儿*

摘　要　相对不生效力是弥补不完全生效法律行为三分体系疲敝的产物，其活跃于预告登记、查封等领域。通说对相对不生效力的理解迄今仍停留在双重所有权结构上，其以适用范围为标准将所有权在不同主体间分割，这种结构除打破物权绝对性原则外还招致一系列不利后果，因此这种观点需要修正。以所有权转让预告登记为例，修正后的拟制所有权说不拘泥于文义将相对不生效力理解为有害处分在预告登记权利人实现请求权的必要限度内被拟制为不生效力，所有权先回归到出让人，再于法学上瞬间移转给预告登记权利人。这种新理解有助于澄清我国类似的相对无效概念的多重含义，并以此为基础促进相对不生效力制度在我国条文常见的"不得对抗"用语下生存空间的研究。

关键词　相对不生效力；预告登记；拟制；相对无效；不得对抗

目　次

---

* 钟嘉儿（1993—），北京大学法学院2017级博士生，主要研究方向：物权法。

〔1〕 本文系国家建设高水平大学公派研究生项目（2019110）成果。

一、相对不生效力概念的使用及争议

相对不生效力(realtiv unwirksam)是私法最“黑暗”的领域。[1] 它出现在各个阶段、各个制度,但似乎从未被真正了解。民法学者从概念法学走向价值法学,前赴后继发展出主观说、客观说,适用时却仍然遇到许多问题。在介绍该制度时,用语总是非常抽象晦涩,对其理解颇为困难。尽管就相对不生效力概念的定义已趋近一致,即法律行为的效力相对一般人而言不受影响,却为了保护特定个人或多人的利益而相对于其不生效力;[2]但从概念法学派的失败经验看,这种几乎一致的定义并不能帮助理解相对不生效力的作用方式。这种有违常识的相对于不同人产生不同效力的结构,其内容、作用方式亟待详细研究。

这一概念也闪现在我国学者笔下,但其往往统摄在“相对无效”用语下,杂糅了其他需与相对不生效力相区分的类型。除此之外,对此概念的使用通常仅仅停留在介绍阶段未附过多解释,阅读时往往令人陷入困境。例如在提及违反预告登记或查封的处分之效力时,有学者引入相对不生效力概念试图缓和传统无效学说[3],或者在提及此概念后仍然坚持无效说[4]。如果不能准确认识相对不生效力制度,则无法针对上述问题作出判断。因此,无论采取何种观点,均以认识相对不生效力的内涵、作用方式为前提,从而得以在就法律行为效力发生争端时作出更符合自己心意的选择。

如上所述,提及违反预告登记或查封的处分之效力时,总是不可避免要提及相对不生效力概念。除此之外,相应的法律规定有趣的用语习惯似乎也成了滋养相对不生效力制度的温床;许多条文中出现了“不得对抗”这一用语,例如《最高人民法院关于人民法院民事执行中查封、扣押、冻结财产的规定》第 26 条,《关于建设工程价款优先受偿权的批复》第 2 条等。这种用语揭露了主体间的利益对抗关系,一方利益实现会导致另一方利益完全不能实现,或者实现遭受妨害。当提及 A 不得对抗 B 时,利益对抗导致一方完全不能实现其利益的典型情形是二者争夺所有权;妨害的典型情形则是,一方在标的物上取得担保物权,致使另一方只能取得有负担的所有权;“不得对抗”如何理解,利益冲突如何协调,还需结合具体情形判断。相对不生效力学说占据主导地位的价值法学恰恰以利益对抗为核心,中和了利益调节下法律行为效力的极端性,折中二者提出了最符合当事人利益状态的相对不生效力结构。除预告登记、查封等几乎无法回避相对不

---

〔1〕 Vgl. Hubert Berr, die relative Unwirksamkeit, Dunckel&Humblot, Berlin, S. 1.

〔2〕 Vgl. Heinz Huebner, BGB AT, , 2. , neubearbeitete Auflage, Walter de Gruyter, Berlin/New York, 1996, S. 408.

〔3〕 参见张谷:《从民商关系角度谈〈民法总则〉的理解与适用》,《中国应用法学》2017 年第 4 期;杨惟钦:《〈物权法〉框架下预告登记制度之分析》,《云南大学学报》法学版 2013 年第 6 期;吴光荣:《论违反让与禁止的法律后果——兼论〈房地产管理法〉第 38 条与〈担保法〉第 37 条的规范性质》,《法律科学(西北政法大学学报)》2014 年第 5 期。

〔4〕 参见王利明:《论民法典物权编中预告登记的法律效力》,《清华大学》2019 年第 3 期;章晓英:《论房屋所有权转让预告登记在金钱债权执行中的法律地位》,《政治与法律》2016 年 11 期。

生效力概念的制度外，相对不生效力学说对解释我国诸多“不得对抗”用语也大有裨益，因此对其研究实有必要。

二、相对不生效力的起源与价值

（一）相对不生效力的溯源

对相对不生效力的探寻需要回溯到不生效力（unwirksam）这个上位概念，不生效力学说的发展主要分为四个阶段。

第一阶段是1900年以前，在思想史时期（geistesgeschichtliche Epoche）萨维尼引入了不生效力学说，但当时并未使用不生效力概念，类似的概念是失效（ungültig）。[5] 法律行为的效力相应地分为有效（gültig）和失效，后者几乎是一切不完美法律行为的避难所，除无效（Nichtigkeit）、可撤销（Anfechtbarkeit）外未做其他分类，但补充性地列举了包括附条件、单方终止在内的其他情形。此后温德夏伊德引入了不生效力概念，随着米泰斯（Mitteis）和雅可比（Jacobi）的加入，失效学说（Ungültigkeitslehre）渐渐发展成不生效力学说并成其体系，与此同时这种不生效力概念被《德国民法典》接纳。[6] 在此背景下，不生效力的法律行为是有瑕疵或者有缺陷的法律行为，其分为无效和限制无效（eingeschränkte Nichtigkeit）两种。

第二阶段是1900年至1930年，不生效力描述了法律行为不能实现其所图谋的法律效果的状态。在《德国民法典》将“法律行为失效”这一标题替换为“无效以及撤销的后果”并尽力避免使用失效这一用语后，失效概念渐渐被弃用。[7] 以概念法学为代表，这个时期涌现了诸多关于不生效力的著作，虽然存在个别争议，但仍就下列内容达成一致：不生效力作为上位概念包含无效、可撤销、相对不生效力以及效力待定；不生效力的法律行为有狭义和广义之分，前者仅指无效法律行为，后者包含了无效在内所有不生效力类型。概念法学为不生效力学说奠定了基础，但仍然致力于各种不生效力类型的“冠名”业务，未深入研究各种类型分别对应的内容及其价值。

第三阶段是1930年至1950年，利益法学派在相对不生效力学说占据上风。[8] 利益法学派更加关注细节，其试图克服僵化的抽象概念，注重个别情况下对不同不生效力类型的分析。在这个时期，利益法学派明确指出不生效力的其他类型是对无效的限制；这意味着，对某些瑕疵法律行为做无效评价因过于严苛并不符合双方当事人利益或交易保护等价值评价，为缓和无效结果需对个案做价值分析，避免一概适用无效结果。利益法学派的观点有助于理解不同程度的瑕疵行为和各个不生效力类型的对应关系；常见的需限制无效结果的情形还包

---

〔5〕 Vgl. Hubert Berr, die relative Unwirksamkeit, Dunckel& Humblot, Berlin, S. 16-17.

〔6〕 Vgl. Hubert Berr, die relative Unwirksamkeit, Dunckel& Humblot, Berlin, S. 16-17.

〔7〕 Vgl. Hubert Berr, die relative Unwirksamkeit, Dunckel& Humblot, Berlin, S. 19-20.

〔8〕 Vgl. Hubert Berr, die relative Unwirksamkeit, Dunckel& Humblot, Berlin, S. 24-25.

括长期法律关系、劳动关系等。

第四阶段是1950年迄今，利益法学渐渐发展成评价法学并继续占据主导地位，它认为任何法学概念均以价值评价为基础，因此效力类型的判断也无时无刻不以利益评价为核心。[9] 如今通说将不生效力学说与法律行为学说相结合；法律行为由意思表示构成，法律将法律行为和意思表示所描述的法律后果紧密联系，对法律行为而言至关重要的是当事人意思的实现。在这个时期，法律行为的效力一分为二，一是有效（wirksam），二是不生效力（unwirksam）。法律行为的有效意味着当事人意思的实现，即当事人图谋的法律效果如预想般出现。法律行为的不生效力则意味着法律后果并没有如当事人所料那样完全出现，不生效力作为上位概念包含一切当事人意思不能完全实现的情形，其再次一分为二，一是无效，二是对无效的限制或突破，后者包括可撤销、相对不生效力以及效力待定。

尽管相对不生效力已经进入德国现行不生效力分类，但学者似乎多少有点厚此薄彼，对无效、可撤销以及效力待定的研究已日臻成熟，相对不生效力却仍然游离在边缘。各个类型的不生效力均有特定的与利益状态最相符的适用范围，这意味着，例如将现行可撤销法律行为的效力替换为无效将会导致利益评价失衡；相对不生效力也是如此，在人们认识到此种效力模式前，将其相应适用范围纳入其他类型总是导致不恰当的结果。

（二）相对不生效力的不可替代性

相对不生效力乍一看异于常态，且相关文献资料较少，由此产生了相对不生效力是否真正存在的疑问。有学者试图将相对不生效力纳入既存诸知的其他效力类型，但这些尝试都收效甚微，相对不生效力具有不可替代性。为避免抽象用语带来的疑惑，下文以德国法典型的违反所有权预告登记的相对不生效力的处分行为为例，逐一对比其他不生效力类型与相对不生效力的区别，以说明后者才是最符合当事人利益状态的不可取代的选择。

1. 区别于无效

无效是不生效力（Unwirksamkeit）的最高程度。无效是自始绝对的不生效力，法律行为不能产生任何当事人意图实现的效果。[10] 绝对意味着对于任何人不生效力，自始则意味着从未发生任何效力。此时法律作出的否定性评价最为强烈，以至于其他支持法律行为有效的利益例如交易安全等都退居后位；无效因此是对私法自治最大程度的限制。保护预告登记权利人实现其请求权这种目的不足以与无效相称。

就不动产变动而言，从合同缔结到最终取得所有权尚有一段距离；不动产转让分为许多阶段，且其变动的登记要件取决于登记机关不确定的效率。在此期间存在许多风险，例如出卖人继续处分标的物。根据物权行为的独立性原则，债

---

〔9〕 Vgl. Hubert Berr, die relative Unwirksamkeit, Dunckel & Humblot, Berlin, S. 28-29.

〔10〕 Vgl. Heinrich Lange, BGB AT, C. H. Beck, München, 1968, S. 316.

权人在缔结合同后至登记申请前原则上不受保障。[11] 出让人仍然享有处分权，可以继续处分标的物，以致受让人嗣后不能取得或者不能完全取得所有权。为了防止这类危险出现，预告登记在此期间提供了保护，其保障以物权变动为内容的债权请求权的实现。根据《德国民法典》第 883 条第 2 款第 1 句，预告登记义务人的处分在妨害或损害请求权的范围内相对于预告登记权利人不生效力。[12]

德国法典型案例如下：

> A 把自己的土地出让给 B，B 暂时没有能力履行价款支付义务，因此二者没有达成所有权转让合意，也没有为 B 提出所有权变更登记申请；在此期间，为了保障 B 的所有权取得请求权，为其在不动产登记簿上进行了预告登记。此后 A 又将土地转让给 C，二者达成了所有权转让合意，由于预告登记不冻结不动产登记簿，C 可以在不动产登记簿上登记为所有权人。A 对 C 转让所有权的处分妨害了预告登记保障的以 B 取得所有权为内容的债权请求权的实现。妨害意味着，假设没有预告登记，C 取得所有权后 A 因丧失所有权嗣后无法再向 B 转让土地；因可归责于 A 所产生的违约损害赔偿请求权取代了 B 针对 A 的给付请求权（第 440 条第 1 款，第 325 条第 1 款）。

上例已为 B 作预告登记的情形中，当 A 的处分威胁 B 的利益时，所有权转让根据《德国民法典》第 883 条第 2 款第 1 句相对于 B 不生效力。尽管出卖人已经将土地转让给 C 并进行了登记使其成为所有权人，但为了保护预告登记权利人 B 的利益出卖人 A 仍然视为继续享有所有权。B 可以要求 A 继续履行债法上的请求权，作出让与的意思表示；为了实现预告登记保障的请求权，根据《德国民法典》第 888 条，C 甚至负有同意 B 登入不动产登记簿的义务。相对让与禁止曲折地在出让人处出现，此时违反预告登记所导致的让与禁止的处分相对于预告登记权利人不生效力。[13] 相对不生效力意味着法律行为的效力相对于一般人不受影响，却为了保护特定人的利益相对于其不生效力。为了维护该特定人的利益，出让人仍然视作所有权人，其可以毫无障碍地再向被保护人即预告登记权利人处分——尽管早前所有权已经出让给第三人；受让人因此从权利人（Berechtigte）处取得所有权；被保护人以外的人不能主张处分违反预告登记。[14]

相对不生效力与无效的法律效果截然不同；为说明二者区别，下文假定违反预告登记的处分无效。如此一来，上例中 A 和 C 转让土地所有权的处分行为相对于任何人均自始无效，不取决于 B 是否主张；即使已为 C 办理变更登记，A 从未丧失、C 亦从未取得所有权，当 B 要求 A 履行所有权转让债务时，A 仍然属于有权处分，所有权从而顺利转让给 B。相对不生效力和无效的区别由此显现

---

〔11〕 Dorothea Assmann, Die Vormerkung:（§ 883 BGB）, Mohr Siebeck, 1998, S. 6.

〔12〕 Dorothea Assmann, Die Vormerkung:（§ 883 BGB）, Mohr Siebeck, 1998, S. 131.

〔13〕 Heinz Huebner, BGB AT, 2., neubearbeitete Auflage, Walter de Gruyte, Berlin/New York, 1996, S. 409.

〔14〕 Helmut Köhler, BGB AT, 32., völlig neu bearbeitete Auflage, C. H. BECK, S. 214.

出来。

就B取得所有权的利益而言，认定A、C间处分行为相对不生效力或无效不甚重要，似乎不必拘泥于二者的区别，总归B都可以取得所有权。但就C的利益、法律交易（Rechtsverkehr）、信赖保护而言，过度重视B的利益而轻视后者会导致利益失衡。换句话说，以无效保障B的利益太"大材小用"了。

预告登记是暂时的（vorläufig）担保媒介（Sicherungsmittel），〔15〕其在合同缔结后所有权转让前这段时间担保以物权变动为内容的债权请求权的实现，这种暂时性和无效的终局性相悖。预告登记仅为保障特定人利益而设定，权利人当然可以放弃预告登记提供的保护，违反预告登记的处分行为因此确定地有效；但在无效情形，使该处分行为重新恢复效力并不可能，出让人和第三人只能重新实施处分行为。从所担保的债权请求权的特性看，请求权需预告登记权利人请求才可能实现，权利人却未必要求实现其请求权。这也是预告登记从属性的要求，原因关系消灭时预告登记也失去效力，赋予不确定的预告登记如此严苛的法律后果有违制度自身目的，毕竟预告登记仅提供"最低限度"的尽量不影响其他利益的保护〔16〕。除此之外，预告登记在程序法上的法律效果不能强于本登记，预告登记在实体法上对债权的保护不能超出对该债权所欲实现的物权的保护。假定预告登记权利人已经登记为所有权人并因此取得所有权，出让人继续向第三人处分仅作无权处分处理从而发生效力待定后果；因此施以违反仅保护债权的预告登记的处分行为无效后果，有违法律的价值判断。从体系解释角度，《德国民法典》第883条第2款第1句也不宜理解为无效；若处分行为无效，为第三人在不动产登记簿上进行的登记属于错误登记，应依异议登记规定将该错误登记涂销，第888条因此丧失了独立存在的价值。

综上所述，相对不生效力和无效的法律效果显然不同，展现了截然不同的价值判断；无效并不能取代相对不生效力。

2. 区别于效力待定

（1）效力待定的辐射范围

有观点认为，效力未定是效力待定的上位概念，后者应分为效力待定（schwebend unwirksam）以及未定的生效（schwebend wirksam）。但学界并未就这种观点达成一致，大部分讨论法律行为不生效力类型的文献并没有提及未定的生效。效力待定生效对照效力待定不生效力应解释为，开始有效但嗣后不生效力。提及效力待定生效的学者，要么将效力待定生效的法律状态和可撤销、可解除等对比，〔17〕要么一带而过未做具体论述，也未提出恰当例子。〔18〕因此未定

---

〔15〕 Dorothea Assmann，Die Vormerkung：（§ 883 BGB），Mohr Siebeck，1998，S. 88.

〔16〕 Dorothea Assmann，Die Vormerkung：（§ 883 BGB），Mohr Siebeck，1998，S. 139-140.

〔17〕 Peter Mankowski，Beseitigungsrechte：Anfechtung，Widerruf und verwandte Institute，J. C. B. Mohr，Tübingen，2003，S. 47；Domenik Henning Wendt，Zum Widerruf im Versicherungsvertragsrecht，VVW GmbH，2013，S. 40；Götz Schulze，Die Naturalobligation，Mohr Siebeck，2008，S. 491.

〔18〕 Vgl. Hubert Berr，die relative Unwirksamkeit，Dunckel&Humblot，Berlin，S. 42.

的生效是否真正存在存疑。即便其真正存在，由于欠缺较为统一的详细描述亦无从分析，因此此处不做进一步研究。下文仅讨论效力待定。

效力待定是指法律行为在最终命运确定之前处于不确定状态。[19] 未征得事先允许的效力待定的法律行为，开始是不生效力的，但可以通过事后的追认变得有效；反之，效力待定也可能通过拒绝追认产生相反的结果，即行为最终不生效力。

(2)效力待定和处分限制的关系

效力待定最主要的情形是无权处分，其中包括权利主体(Rechtsinhaber)[20]的无权处分，它属于相对处分限制(Verfügungsbeschränkung)；也就是说：效力待定＞无权处分＞权利主体的无权处分(＝相对处分限制)。下文将详细分析效力待定和处分限制的关系。

权利主体原则上可以顺利地将自己的物权或债权转让给第三人，因权利主体通常享有有效处分必需的处分权限(Verfügungsmacht)以及处分权能(Verfügungsbefugnis)。处分权限以权利主体的物权法律地位为基础，意味着对权利客体的支配力；处分权限是判断无权处分的标准。处分权能则是利用处分权限的法律上能力，处分权能以处分权限为前提。[21] 通常也只有权利主体才有这样的权利(Berechtigung)，其他人的处分原则上不会发生物权变动的法律效力，因为任何人不得处分大于自己的权利。但是上述情形存在两个例外，一是非权利主体的有权处分；二是权利主体的无权处分。

第一种情形是被授予处分权限的非权利主体的处分，这种授权可能基于法律规定(例如破产管理人)，也可能出自权利主体的事先同意；[22]权利主体和被授权的非权利主体合称为权利人(Berechtigte)，其有权进行处分。第二种情形意味着，原本权利主体通常情况下可以(kann)自由处分其权利，但也存在例外：处分权限(Verfügungsmacht)因各种途径被限制(einschränken)，这种限制可能针对特定标的物，也可能针对整体财产。[23] 与非权利主体一道，此时属于实体法上权利主体(Rechtsinhaber)却不具有相应处分权限的人也被称为无权利人(nicht Berechtigte)，其处分属于无权处分，遗嘱执行的继承人或遗产管理人以及破产债务人甚至遗嘱破产的继承人均属于此处的无权利人。[24] 这种限制处分权限的情形被称为处分限制，包括完全剥夺(Entziehung)以及限缩两种形式。这种限制根据其目的又分为绝对处分限制以及相对处分限制；绝对处分限制是为了公共

[19] Heinrich Lange, BGB AT, C. H. Beck, München, 1968, S. 315.

[20] 通常 Rechtsinhaber 翻译为权利人，但为了与 Berechtigte 相区分，此处翻译为权利主体。

[21] Alexander B. Simokat, Die Verfügungsmacht, Duncker & Humblot, 2014, S. 206; Johannes Wagner, Der gutgläubige Erwerb von Geschäftsanteilen im Recht der GmbH, Peter Lang, 2010, S. 133.

[22] Reinhard Bork, BGB AT, 2., neubearbeitete Auflage, Mohr Siebeck, 2006, S. 427.

[23] Reinhard Bork, BGB AT, 2., neubearbeitete Auflage, Mohr Siebeck, 2006, S. 428.

[24] Heinrich Lange, BGB AT, C. H. Beck, München, 1968, S. 315.

利益所实施的限制，处分行为违反该限制时无效；[25]相对处分限制则是为了特定人利益，违反时效力待定。[26] 对权利主体的处分限制原则上属于相对处分限制。

受到相对处分限制的权利主体的无权处分如上所述原则上效力待定，但亦存在例外：一是权利人对处分表示追认；二是约定的处分限制被废弃；三是处分例如基于《德国民法典》第 878 条以及第 892 条仍然在不动产登记簿上完成。

(3)处分限制和处分禁止的关系

认为预告登记效力待定者，实际上混淆了处分限制和处分禁止(Verfügungsverbot)。尽管二者均属于处分障碍(Verfügungsbeeinträchtigung)，[27]处分禁止却不是对处分权限的限制，而是针对处分权能的禁令，即仅仅禁止以特定的方式或途径行使处分权限。这种禁止并未涉及事实(dinglich)层面的能力(Können)，而是内容(inhaltlich)层面的允许(Dürfen)。[28] 虽然此时权利人仍然可以处分，但由于遭受了处分禁止，因此不被允许自己处分或者在第三人协同下处分；此时处分权限并没有在权利主体处遭受限缩或者剥夺给第三人。虽然违反处分限制和处分禁止的法律效果存在下列共同性，即法律行为不生效力；然而处分权限的限制以处分权限从权利主体处剥夺或限缩为基础(欠缺法律上的可能，Können)，处分禁止却由禁止性法律规定调整(欠缺法律上的允许，Dürfen)。[29] 处分禁止进一步与处分限制区分，遭受处分限制的权利主体本就始终(von vornherein)不能有效处分，因此不需要考虑禁止性规定。[30]

处分禁止也分为绝对处分禁止和相对处分禁止。绝对处分禁止是为了保护公共利益或不特定人的利益，根据《德国民法典》第 134 条如果处分违反了这种禁止性规定，除法律另有规定外处分无效，处分不发生任何法律后果。

相对处分禁止的目的则是保护特定人，该禁止应阻止权利人(例如物的所有权人)通过处分侵害受禁止所保护人的法律地位。因此，它禁止权利人进行不利于被保护者的处分；违反相对处分禁止的处分相对不生效力。相对处分禁止最典型的情形是《德国民法典》第 135 条、第 136 条所规定的相对让与禁止。相对让与禁止仅仅在第 136 条规定的官署让与禁令中才具有实际意义，因为第 135

---

[25] 还有一种观点认为违反绝对处分限制时法律行为效力待定，但排除对受让人的信赖保护。就违反绝对处分限制的法律后果，本文采取何种观点无关紧要，因此不赘述。效力待定的观点参见 Vgl. Klaus Müller，Sachenrecht，Urs Peter Gruber Vahlen，2017，S. 544；Harry Westermann，Karl-Heinz Gursky，Dieter Eickmann，Sachenrecht，C. F. Müller GmbH，1998，S. 651.

[26] Das Bürgerliche Gesetzbuch mit besonderer Berücksichtigung der Rechtsprechung des Reichsgerichts und des Bundesgerichtshofes，Band III，1 Teil.，2.，neubearbeitete Auflage，Walter de Gruyter，1976，S. 73；Georg Augustin，Das Bürgerliche Gesetzbuch mit besonderer Berücksichtigung der Rechtsprechung des Reichsgerichts und des Bundesgerichtshofes：Kommentar zum § 878，Walter de Gruyter，1959，S. 75；台湾大学法律学研究所外国法编译委员会编著：《德国民法典》，北京大学出版社 2017 年版，第 117 页。

[27] Alexander B. Simokat，Die Verfügungsmacht，Duncker & Humblot，2014，S. 191.

[28] Alexander B. Simokat，Die Verfügungsmacht，Duncker & Humblot，2014，S. 206.

[29] Reinhard Bork，BGB AT，2.，neubearbeitete Auflage，Mohr Siebeck，2006，S. 428.

[30] Manfred Wolf，Jörg Neuner，BGB AT，10.，vollständig neu bearbeitete Auflage，C. H. Beck，S. 671.

条规定的法定让与禁止除了第473条,其在《德国民法典》中几乎没有讨论余地。[31] 官署禁令的主要类型是强制执行中的查封(《德国民事诉讼法》第829条、第846条、第857条第1款)以及假处分(第935条)。[32] 除相对让与禁止外,相对处分禁止还包括预告登记。[33] 预告登记相对于《德国民法典》第135条的相对让与禁止是独立的法律规定,第883条第2款第1句除相对处分禁止外也包含了法律后果规定,因此第135条第1款第1句没有适用或准用余地。[34] 相对处分禁止的内容也完全符合通说对预告登记的理解,预告登记义务人有权继续对标的物实施处分,其并没有因预告登记被剥夺处分权限。[35] 这一点是从第883条第2款中推导出来的,第883条第2款以预告登记债务人具有处分权限为前提。[36] 如果预告登记义务人由于预告登记产生时起不能再对权利进行处分,那么第883条第2款的规定是多余的;[37]第883条第2款恰恰是防止处分权限的丧失。[38] 违反相对处分禁止的处分行为相对不生效力;违反预告登记的处分行为当然也相对不生效力(表1)。

表1 处分禁止和处分限制的区别

处分障碍	分类	法律后果	示例
处分禁止(Nicht Dürfen)	相对处分禁止	相对不生效力	预告登记
	绝对处分禁止	无效	枪支禁运规定
处分限制(Nicht Können)	相对处分限制	效力待定	对破产人的限制
	绝对处分限制	无效	—

认为违反预告登记的处分效力待定,是混淆了相对处分禁止和相对处分限制。除此之外,效力待定也不适合作为违反预告登记处分的法律后果。价值法学派概括性地总结认为,预告登记权利人的利益尚不足以与效力待定匹配。[39] 与无效类似,就预告登记权利人的利益而言,无效或效力待定均提供了足够保护;但此时其他利益并没有得到足够重视。若采效力待定的观点,当所有权预告登记义务人多次出让时,将由预告登记权利人决定哪个处分行为发生法律效力;预告登记仅仅保障预告登记权利人实现其以物权变动为内容的请求权,除此之外并没有其他得益。预告登记也只能让权利人恢复到假定预告登记义务人未做

〔31〕 Helmut Köhler,BGB AT,32. ,völlig neu bearbeitete Auflage,C. H. Beck,S. 214;Manfred Wolf,Jörg Neuner,BGB AT,10. ,vollständig neu bearbeitete Auflage,C. H. BECK,S. 671.

〔32〕 Helmut Köhler,BGB AT,32. ,völlig neu bearbeitete Auflage,C. H. Beck,S. 214.

〔33〕 Mugdan,Band III,Protokolle,S. 570;Helmut Köhler,BGB AT,32. ,völlig neu bearbeitete Auflage,C. H. Beck,S. 214;Hans J. Wieling,Sachenrecht,Springer,2013,S. 14.

〔34〕 Vgl. Manfred Wolf,Jörg Neuner,BGB AT,10. ,vollständig neu bearbeitete Auflage,C. H. Beck,S. 671.

〔35〕 Dorothea Assmann,Die Vormerkung:(§ 883 BGB),Mohr Siebeck,1998,S. 116.

〔36〕 Dorothea Assmann,Die Vormerkung:(§ 883 BGB),Mohr Siebeck,1998,S. 116.

〔37〕 Dorothea Assmann,Die Vormerkung:(§ 883 BGB),Mohr Siebeck,1998,S. 116-117.

〔38〕 Dorothea Assmann,Die Vormerkung:(§ 883 BGB),Mohr Siebeck,1998,S. 102.

〔39〕 Vgl. Hubert Berr,die relative Unwirksamkeit,Dunckel& Humblot,Berlin,S. 10.

妨害性或损害性处分时的法律状态，在这种状态下权利人也没有追认的权利。同样地，效力待定法律后果也会让《德国民法典》第888条变得多余。

因此，效力待定并不能取代相对不生效力，相对不生效力具有独特的适用领域。

3. 区别于可撤销

可撤销法律行为是指通过行使撤销权可以消灭其法律效果的法律行为。可撤销法律行为在撤销权行使前完全有效，仅仅效力有所减损；将来才知道法律行为是有效或者不生效力。可撤销法律行为的效力是意思表示决定的；未行使撤销权时可撤销法律行为完全有效，一旦被撤销则溯及地无效。[40]

可撤销制度通过赋予撤销权保护意思表示有瑕疵的当事人。就预告登记义务人和第三人的处分行为，预告登记权利人并非当事人不享有撤销权。为使预告登记权利人得行使撤销权，可考虑撤销权转让，其前提有二：预告登记义务人享有撤销权；撤销权可转让或可赋予他人行使。预告登记义务人也就是出让人却不享有撤销权，其和第三人的处分行为并没有任何意思表示瑕疵，也没有任何需要保护的利益。况且让不诚实的、违反原合同义务自愿丧失所有权的出让人因撤销重新获得所有权以及处分可能性有违诚实信用；出让人可能继续作出违反预告登记的处分使预告登记权利人疲于奔命，对其保护反而走入了相反的境地。假使出让人享有撤销权，通说也认为这类型的撤销权至少不能单独转让。何况预告登记权利人也不享有要求转让撤销权的请求权，主动性掌握在出让人手中。与上述两种情形类似，撤销后的法律后果也会让第888条变得多余。

因此，可撤销并不适合作为违反预告登记处分的效力，其不能取代相对不生效力。

4. 小结

法律行为不生效力意味着当事人所希望的法律后果不出现，德国法原先常见类型是无效、可撤销以及效力待定。这三种类型实际上不能囊括所有法律后果不出现的情形。相对不生效力就是在此背景下发展起来的；民法学者注意到存在部分情形，例如违反预告登记、相对让与禁止的处分，上述三种情形均不能对其适用。这些情形下的法律后果，指向了另一个不生效力类型即相对不生效力。因此上述三种不生效力类型无法取代相对不生效力，后者具有独特的适用空间，下文将就相对不生效力具体内容展开论述。

（三）相对不生效力的理解

处分的相对不生效应当在教义学上如何描述，存在许多不同答案。其作为民法上最扑朔迷离的领域之一，吸引无数民法学者前赴后继地探索。柯诺克(Knoke)提出了同意债务说，第三人负有同意出让人向预告登记权利人转让标的物的债务；[41]比尔(Beer)认为相对不生效力实际上给受保护人创设了某种独特

---

〔40〕 Heinrich Lange, BGB AT, C. H. Beck, München, 1968, S. 315.

〔41〕 Karl Güterbock, Festgabe für Dr. Karl Güterbock, Franz Vahlen, Berlin, 1910, S. 401.

的担保权(Absicherungsrecht),并且作为所有权的负担随同转让;[42]拉佩(Raape)认为被保护人可以对出让人和第三人的处分行为提出抗辩;[43]沃尔夫(Wolf)称相对不生效力是纯粹的伪概念,出让人和第三人缔结的处分行为可看作附延缓条件,条件的内容是"处分行为不影响相对被保护人所负担债务的实现";[44]斯托罗尔(Strohal)同样认为处分行为附条件,但系解除条件,内容是"相对不生效力保障的权利人主张实现其请求权";[45]鲁威德尔(Ruhwedel)则指出这种法律行为虽然并非可撤销,但和可撤销的法律行为并没有什么不同,唯一的区别在于相对不生效力的法律行为没有溯及力;[46]等等。这些学说或多或少有漏洞,给相对不生效力迷宫制造了更多分岔口,让理解变得更加困难。因此本文不欲对所有学说展开详细研究,将本就不清澈的湖水搅动得更加浑浊。这也是没有必要的,因为大部分学说并没有引起共鸣,部分甚至饱受批评。此处仅筛选两个传播范围、接受程度最广的学说做较为详细的说明。下文仍以所有权转让预告登记为例来理解不同学说下的相对不生效力。

1. 基于相对性的双重所有权

根据通说,相对不生效力意味着法律行为仅仅相对于特定人不生效力,对于其他人则有效。在预告登记的情形则具体为,违反预告登记的处分仅仅相对于预告登记权利人不生效力,对于大众是有效的。[47] 预告登记义务人相对于预告登记权利人仍然是所有权人,但是相对于一般大众违反预告登记受让的第三人才是所有权人。[48] 这种结构导致了所有权分割以及权利主体的双重性。[49]

在前述例子中,A 出卖土地给 B,还没有表示所有权转让合意,但为 B 在土地登记簿中办理了所有权预告登记。之后 A 将土地出卖给 C 并且表示了所有权转让合意。C 作为所有权人登记在不动产登记簿中。代入双重所有权说,应解释为:

> C 的权利受让相对一般大众有效,但是相对 B 并非如此。尽管 A 不再出现在不动产登记簿,对 B 而言 A 仍然被看作是所有权人。C 在不动产登记簿中公示为所有权人,故而其相对大众享有处分权,可以向 D 继续有效转让土地。这种继续的权利受让同样相对于 B 不生效力,对于 B 而言 A 依然是所有权人。D 可能会继续向 E 出让,转让链条因此有无限延伸的可能性。

---

〔42〕 Hubert Berr, die relative Unwirksamkeit, Dunckel & Humblot, Berlin, S. 164.

〔43〕 Leo Raape, Das gesetzliche Veräußerungsverbot des Bürgerlichen Gesetzbuchs, J. Guttentag, Berlin, 1908, S. 51.

〔44〕 Ernst Wolf, AT, 2/1976, § 10 B II, unter Hinweis auf Wolfgang Richter, Tatsächliche Einwirkungen auf das Kaufgrundstück und Vormerkungsschutz, Duncker & Humblot, 1999, S. 308.

〔45〕 Emil Strohal, Festschrift zur Jahrhundertfeier des ABGB, 1911, S. 747.

〔46〕 Ruhwedel, „Grundlagen und Rechtswirkungen sogenannter relativer Verfügungsverbote", JuS 1980, 161-168(166).

〔47〕 Dorothea Assmann, Die Vormerkung: (§ 883 BGB), Mohr Siebeck, 1998, S. 118.

〔48〕 Dorothea Assmann, Die Vormerkung: (§ 883 BGB), Mohr Siebeck, 1998, S. 118.

〔49〕 Dorothea Assmann, Die Vormerkung: (§ 883 BGB), Mohr Siebeck, 1998, S. 118.

> 但对 B 而言，无论谁在不动产登记簿中被登记为所有权人并因此相对于大众作为所有权人看待都无关紧要，对他而言 A 始终是所有权人。[50] 然而 A 继续向其他人 X 处分时，其作为无权利人看待。[51]

这种结构尽可能限缩了不生效力的范围，仅仅将其限制在特定的需要保护的预告登记权利人处。[52] 从这种结构可以继续推导出以下结论：在预告登记权利人作为所有权人登记之前，C 相对于大众是所有权人；即使 B 已经实现了预告登记所保障的请求权，借助与 A 的所有权转让合意以及 C 的同意在不动产登记簿上登记为所有权人，使 C 取得所有权的处分行为相对于大众并非不生效力；也就是说，A 与 C 缔结的处分行为始终有效。

这种观点遭到了声势浩大的批判，甚至支持者也认为双重所有权下对所有权的分割是“某种程度的矛盾的观察方式”“对权利人匪夷所思的分割”，并且打破了物权绝对性原则。[53] 所有权主体双重性还会带来其他问题。根据《德国民法典》第 953 条原则上使用利益归所有权人，那么相对于预告登记权利人而言，出让人始终享有使用利益；然而这种归属是不必要的，因为使用利益的转移并不会妨害预告登记权利人取得权利；税收、损害赔偿请求权等情形也是如此。涉及所有权转让之外的其他处分时，双重所有权说也会导致令人惊诧的结果。出让人可以为预告登记权利人设定担保性抵押权，第三人因此遭受不利。也就是说，给出让人留下的利益范围过大了。更有甚者，这种学说在某些情形下不能导致所期望实现的后果。在前例，如果 B 以诉讼的方式要求强制执行以实现对 A 的请求权，乍一看似乎可行，因为 A 相对于 B 是所有权人；但是相对 B 而言 C 才是所有权人，也就是说 C 属于《德国民事诉讼法》第 771 条所指的“在强制执行标的物上享有阻止让与的权利”的权利人，其可以提出第三人异议之诉。最后，这种模式难以解释出让人仅仅为第三人设定担保物权的情形，在这种情况下，出让人当然仍享有所有权，预告登记权利人却只能继受取得有负担的所有权。双重所有权说故而在部分细节上并不能让人满意。

2. 基于权利管辖的双重处分权

为规避双重所有权这种稍显怪异的学说，以弗卢梅（Flume）为代表的学者提出了另一个有力的观点。第三人相对于预告登记权利人也是所有权人，出让人并不享有任何所有权的地位。为使出让人有能力清偿被担保的请求权，出让人毋宁说享有这种限度的处分权限。为了实现预告登记担保的请求权，出让人相对于预告登记权利人维持某种权利管辖（Rechtszuständigkeit）。这种观点强调的是，即使为了实现履行目的，所有权也不回归到出让人；违反预告登记进行处分后，标的物不再属于出让人的财产。但这种观点没有说明，应当怎么定义这种

---

〔50〕 Dorothea Assmann, Die Vormerkung:(§ 883 BGB), Mohr Siebeck, 1998, S. 118.

〔51〕 Dorothea Assmann, Die Vormerkung:(§ 883 BGB), Mohr Siebeck, 1998, S. 118.

〔52〕 Dorothea Assmann, Die Vormerkung:(§ 883 BGB), Mohr Siebeck, 1998, S. 118-119.

〔53〕 Dorothea Assmann, Die Vormerkung:(§ 883 BGB), Mohr Siebeck, 1998, S. 119.

权利管辖。[54] 弗卢梅(Flume)仅仅指出,出让人在处分后享有的权利管辖是一种法技术措施以实现所希望实现的目的。[55] 他认为纠结于这种权利管辖在实体法上的基础没有意义。[56]

当处分权为了履行预告登记所保障的请求权是必要时,预告登记义务人根据这种观点在违反预告登记处分后仍然享有这种受限制的处分权。[57] 因此这种学说也可称为双重处分权说。人们可以将这种处分权称为相对处分权,因为其仅可以实现被保障的请求权。[58]

所有权和处分权可以分离,这种结构并不陌生。如上所述,通常情况下所有权人享有处分权,但所有权人也有不能(nicht kann)处分的情形,也存在所有权人以外的人享有处分权的情形,例如在破产的情况下由破产管理人、在遗嘱执行的情况下由遗嘱执行人行使。但在管辖权说下,处分权并不是单纯地被分配,而是被加倍(verdoppeln)。[59] 出让人仅仅相对于预告登记权利人可以进行处分,同时第三人相对于一般大众以及预告登记权利人都可以进行处分。[60]

前述例子代入双重处分权说,应修正为:

> C 的权利受让相对于 B 也发生效力,C 对 B 而言也是所有权人。C 可以继续向其他人出让其所有权,转让链条可以无限延伸。但对 B 而言,谁是所有权人无关紧要,因为对他来说 A 始终享有权利管辖(Rechtszuständigkeit)带来的处分权,可以履行转让土地所有权的债务。[61] A 和 B 达成了所有权转让合意,并且借助第 888 条 C 同意 B 作为所有权人在不动产登记簿登记,B 最终取得标的物所有权。

在这种结构下,出让人向预告登记权利人处分的是已经属于第三人的财产,意味着预告登记权利人是第三人的权利继受人。[62] 这种处分他人财产的结构并不陌生。预告登记权利人取得所有权的过程似乎很清晰,但这种结构同样经不起推敲。在这种结构下,第三人取得所有权,其有权对标的物作其他处分,例如为他人设定担保物权。在这种情况下,由于直接从第三人处取得所有权,预告登记权利人只能取得有负担的所有权。这种担保物权负担无法通过第 883 条第 2 款第 1 句解决,出让人享有的这种处分权无法单方面除去负担,担保物权继续存续,预告登记权利人无法取得无负担的所有权。除此之外,与双重所有权模式类似,双重处分权同样难以解释出让人仅仅为第三人设定担保物权的情形。最后,

---

〔54〕 Dorothea Assmann, Die Vormerkung: (§ 883 BGB), Mohr Siebeck, 1998, S. 120.
〔55〕 参见[德]维尔纳·弗卢梅:《法律行为论》,迟颖译,法律出版社 2013 年版,第 424 页。
〔56〕 参见[德]维尔纳·弗卢梅:《法律行为论》,迟颖译,法律出版社 2013 年版,第 424 页。
〔57〕 Dorothea Assmann, Die Vormerkung: (§ 883 BGB), Mohr Siebeck, 1998, S. 120.
〔58〕 Dorothea Assmann, Die Vormerkung: (§ 883 BGB), Mohr Siebeck, 1998, S. 120.
〔59〕 Dorothea Assmann, Die Vormerkung: (§ 883 BGB), Mohr Siebeck, 1998, S. 120.
〔60〕 Dorothea Assmann, Die Vormerkung: (§ 883 BGB), Mohr Siebeck, 1998, S. 120.
〔61〕 Dorothea Assmann, Die Vormerkung: (§ 883 BGB), Mohr Siebeck, 1998, S. 118.
〔62〕 Dorothea Assmann, Die Vormerkung: (§ 883 BGB), Mohr Siebeck, 1998, S. 121.

当第三人是未成年时，出让人的处分权需特别考虑未成年人的利益保护，不能任意处分其财产，这种结构因此被桎梏。故而这种双重处分权说和第 883 条第 2 款第 1 句欲实现的法律后果存在不可调和的矛盾。

3. 小结

双重所有权说以及双重处分权说是德国法有关相对不生效力最为重要的两种学说，前者作为通说活跃在无数文献中。尽管二者遭受了不同程度的批评，但均未动摇二者尤其是通说的地位。无论采取何种观点，从相对不生效力受保护人角度看，其都能顺利实现请求权。但对这两种学说的分析也往往止步于此，欠缺对不生效力法技术手段的进一步研究，以预告登记为例，物权变动怎么发生，预告登记权利人从何处取得权利，违反预告登记的受让人是怎么丧失权利的，物权变动在哪个时间点发生……由于欠缺详细分析，大部分对相对不生效力感兴趣者总是处于“似懂非懂”的状态，为尽力澄清疑义有必要进一步研究。本文试图在通说基础上修正小部分观点，继而对各个细节展开论证。

三、相对不生效力的法技术描述

除非特别说明，否则下文继续以所有权预告登记为出发点。双重所有权说和双重处分权说最大的分歧在于，预告登记权利人从何处取得所有权：前者从预告登记义务人也就是出让人处，后者从第三人处。

德国《民法典第二草案议事录》(Protokoll)赞同预告登记权利人从出让人处取得权利。[63] 立法者论及《德国民法典》第 844 条和第 845 条(现第 883 条和第 888 条)的关系时认为，预告登记所担保的请求权只能向原来的债务人主张，该债务人负担以物权变动为内容的债务。[64] 债务人根据第 883 条第 2 款第 1 句在实体法上可以作为所有权人为了预告登记权利人的利益履行合同，却不能在不动产登记簿上推动权利的变更登记；因此第 888 条的目的是补充第 883 条，让新所有权人就请求权的实现必要的登记表示同意。盖因预告登记权利人就请求权的实现除实体法上预告登记义务人的表示外，还需要不动产登记簿上先登记的权利人的同意。第 888 条规定的是程序法上的同意请求权，其属于单纯的不动产登记法下的程序要件。立法者对这种同意请求权隐含的前提是，出让人完全有能力在实体法上履行原债，仅仅不能在不动产登记法上推动权利转让。如果立法者希望从第三人处取得权利，其会规定实体法上的同意义务。因此出让人从第三人处取得权利不符合立法者的预期。[65]

如果预告登记权利人作为第三人的权利继受人，将导致不利后果，某些与权利继受有关的法律规定将适用。例如在第三人取得权利到预告登记权利人取得权利期间，根据《德国民事诉讼法》第 325 条关于既判力与继受人的规定，预告登

〔63〕 Vgl. Mugdan, Band III, Protokolle, S. 561ff.

〔64〕 Mugdan, Band III, Protokolle, S. 570.

〔65〕 Vgl. Dorothea Assmann, Die Vormerkung: (§ 883 BGB), Mohr Siebeck, 1998, S. 132; Florian Eichel, Künftige Forderungen, Mohr Siebeck, 2014, S. 157.

记权利人需承受第三人和(可能的)第四人间因诉讼产生的判决结果;如果第三人和第四人达成了转让所有权的约定,第四人可对作为第三人权利继受人的预告登记权利人主张。

预告登记义务人作为所谓的管辖权人或者处分权人处分他人所有物时,当标的物上存在负担时,预告登记权利人也只能取得有负担的标的物。这一点并不符合第883条的文义,“致使请求权受损害者在该限度内,其处分不生效力”;这种作为妨害的负担根据第883条第2款本应被排除。除此之外,预告登记的目的恰恰在于防止二次处分,使预告登记权利人从第三人处取得权利完全肯定了第三人的法律地位,无异于对该目的的挑衅。

因此相对不生效力的基本价值取向是从预告登记义务人处也就是出让人处取得权利,并以此作为相对不生效力在法技术上描述的出发点。

(一)相对不生效力的相对性

相对性的理解颇有难度,一般表述为:预告登记义务人向第三人的处分相对于预告登记权利人不生效力,但仅限于“致使请求权受妨害或损害范围内”(第883条第2款第1句)。通常认为相对不生效力应分为两个方面理解,一是内容上的相对不生效力,二是对人的相对不生效力。[66]

内容上的相对不生效力意味着,仅损害或妨害请求权实现的处分行为才相对不生效力。也就是说,在进行交易时人们必须注意预告登记时土地登记簿的状态,嗣后任何有损该状态的处分,对受预告登记之保护者均不生效力。[67] 因此并非所有在预告登记后实施的处分行为均相对不生效力,仅限于那些致使预告登记保障的请求权不能实现或不能完全实现的处分。此处可以引入担保物权预告登记的例子:F欲向G借款,在G向F提供资金前,F预先在自己的土地上为G设定了担保物权的预告登记。随后F将土地转让给H并办理了所有权变更登记。F和H转让所有权的处分行为并不会损害或妨害G设定担保性抵押权的请求权实现,因此处分行为完全有效。实际上内容的相对不生效力仅仅限定了相对不生效力的适用范围,就解释相对不生效力的“相对性”并未提供过多帮助。

对人的相对不生效力意味着,第三人相对于其他任何人已经取得权利,但不能针对预告登记权利人主张;对预告登记权利人而言,预告登记义务人仍为权利人,因此可以实现预告登记保障的请求权。通说认为,此时相对性意味着主体间的相对。实际上,将“相对”直接解释为“面对”“针对”颇为生硬,应结合预告登记目的进行解释。预告登记的功能是防止嗣后处分对预告登记权利人造成不利影响,维持登记时当事人的初始有利法律状态,使不利处分似乎不曾存在。预告登记为了预告登记权利人的利益存在,即为实现预告登记保障的请求权提供保护,除此之外并没有给预告登记权利人创设额外得利。这种保护应遵循最低限度原

---

〔66〕 参见[德]鲍尔·施蒂尔纳:《德国物权法》(上册),张双根译,法律出版社2004年版,第431页。

〔67〕 参见[德]鲍尔·施蒂尔纳:《德国物权法》(上册),张双根译,法律出版社2004年版,第433页。

则，不能过度侵入他人利益、公共利益；相对不生效力制度是预告登记制度实现这种目的最恰当的媒介。因此相对不生效力的“相对性”结合预告登记目的应解释为处分“为实现预告登记权利人的请求权”不生效力，而非拘泥于文义僵化解释为“对预告登记权利人而言/面对预告登记权利人”不生效力。

（二）拟制的不生效力

预告登记并没有剥夺出让人的处分权，其仍然可以有效处分；随着处分生效第三人取得权利，出让人亦丧失了相应的权利。要使预告登记权利人从出让人处取得权利，前提是出让人为权利主体，但这显然有违事实。为使该结果发生，不可避免运用拟制的方法。[68]

拟制是实现当事人所希望法律后果的媒介。费英格（Vaihinger）将拟制定义为，有意识地对事实的错误认识。[69] 从拟制的历史发展可知，拟制的目的并非通过欺骗使大众对不真实的情形信以为真，而是将不同事实作同一处理。因此拟制可看作法律效果援引的某种特殊形式。[70] 根据法律规定，当存在某种特定事实A时，将其如同另一事实B一般对待，前者称为“拟制基础”[71]，后者称为“假定事实”。拟制将“假定事实”导致的法律后果转用于“拟制基础”，也就是说，将特定事实A如同事实B般对待，并由事实A引发原先应由事实B推动的法律后果。运用拟制方法时，需正确认识到“假定事实”实际上并不存在。拟制是对一个个“假定事实”所引发法律后果的总括性援引，拟制的具体内容还需依个案判断，其范围也需依具体情形根据其目的确定。[72]

真实情况下，第三人因有权处分取得权利给预告登记权利人造成妨害或者损害；为避免这种障碍发生，立法者以拟制为手段。[73] 结合上文所述，此时拟制的目的是，使预告登记权利人依约定取得作为预告登记所保障的请求权内容的权利；也可以形象表述为，假设出让人没有实施有害处分，预告登记权利人请求履行时应处的法律状态。

“拟制基础”是违反预告登记的处分有效；“假定事实”则是该处分不生效力。假定事实具体表现为何种形态，由拟制目的决定。依文义，第883条第2款第1句将处分拟制为“不生效力”，以“相对性”限制，这种相对性不应僵化理解为“在出让人和预告登记权利人间不生效力”“面对预告登记权利人不生效力”；相对性意

---

〔68〕 NJW，37，2853.

〔69〕 Sarah Eickelmann，Die Rückwirkung im System des Bürgerlichen Gesetzbuchs，Mohr Siebeck，Tübingen，S. 9 unter Hinweis auf Esser，Wert und Bedeutung der Rechtsfiktionen，S. 18 unter Hinweis auf Vaihinger，Philosophie des Als Ob，S. 175 ff.

〔70〕 Sarah Eickelmann，Die Rückwirkung im System des Bürgerlichen Gesetzbuchs，Mohr Siebeck，Tübingen，S. 10 unter Hinweis auf Esser，Wert und Bedeutung der Rechtsfiktionen，S. 18 unter Hinweis auf Vaihinger，Philosophie des Als Ob，S. 175 ff.

〔71〕 Bekker，System des heutigen Pandektenrechts II，S. 100.

〔72〕 Larenz，Methodenlehre der Rechtswissenschaft，6. Aufl. ，Berlin，1991，S. 262ff.

〔73〕 Vgl. Staudinger/Gurksy，BGB，2012，§ 888 Rn. 17 m. w. N.

味着处分“为实现预告登记权利人的请求权”不生效力。以不生效力的适用范围定义相对性并不准确，预告登记权利人如果不是为了实现预告登记保障的请求权，而是要求出让人与自己实施其他处分例如设定担保物权时，出让人和第三人的处分面对预告登记权利人仍然有效，此时出让人只能作为无权利人进行其他处分。如果仅以适用范围判断相对性、绝对性，第 883 条第 2 款所指的相对不生效力也是绝对的，在请求权实现的必要限度内相对于任何人均不生效力。因此以适用范围为标准将《德国民法典》第 161 条定义为与第 883 条第 2 款的相对不生效力对立的绝对不生效力并不恰当：这种观点认为，前者相对于所有人不生效力，后者相对于特定人不生效力。其实二者最大的区别在于：前者事实上不生效力，后者仅仅是拟制的不生效力，事实上其仍然有效，只是这种有效一开始就存在某种弱点或者瑕疵。

处分根据“假定事实”不生效力，可推出预告登记权利人的所有权人身份。这是两种观察视角，处分不生效力即意味着预告登记权利人作为所有权人处分，这种观察视角更加契合拟制的目的：根据原合同约定，预告登记权利人从出让人处取得作为请求权内容的物权。为形象说明上述内容，回到一开始的例子：

> 2020 年 1 月 1 日，A 把自己的土地出让给 B，B 没有能力履行价款支付义务，因此二者没有达成所有权转让合意，也没有为 B 提出所有权变更登记申请；在此期间为了保障 B 的所有权取得请求权，为其在不动产登记簿中进行了预告登记，预告登记的时间点为 2 月 1 日。4 月 1 日，A 又将土地转让给 C，二者达成了所有权转让合意，C 于 5 月 1 日在不动产登记簿上登记为所有权人。6 月 1 日，B 要求 A 履行合同转让土地所有权。同日，A 和 B 达成所有权转让合意，C 在 7 月 1 日表示同意，B 于 8 月 1 日在不动产登记簿作为所有权人被登记。
>
> 此处拟制的目的是使预告登记权利人 B 从 A 处取得所有权，假设 A 在 2 月 1 日到 4 月 30 日期间并没有继续实施有害处分，A 在 6 月 1 日仍然是所有权人，可以履行转让土地所有权的合同债务，B 因此是 A 的权利继受人。当 B 要求 A 履行合同债务时，在为实现 B 的请求权必要范围内，根据第 883 条第 2 款第 1 句拟制。“拟制基础”是 A 和 C 转让土地的处分行为有效，为实现 B 的要求转让土地的请求权，经拟制后的“假定事实”为 A 和 C 转让土地的处分行为不生效力。A 因此被拟制为所有权人，可以继续向 B 转让土地，B 从 A 处取得土地所有权。

从另一个视角观察，假定事实也是对所有权的假定，因此可以将拟制的不生效力看作拟制的出让人所有权，进而将这种观点称为拟制的所有权说。这样一来，这种观点和“双重所有权说”具有高度相似性，前者仅仅是对后者的轻微修正。不存在所谓的双重所有权，在拟制视角下出让人享有唯一的所有权，而在事实视角下第三人享有唯一的所有权。双重所有权是以适用范围定义不生效力相对性的必然产物，如上所述这种定义并不恰当，“对 B 而言 A 是所有权人，对 C 而言 B 是所有权人”令思考陷入囹圄。

"相对性"其实是拟制目的的化身,它描述了拟制目的,即"在 B 要求实现其请求权的必要限度内",A 相对于一切人是所有权人。当然人们也可以认为拟制的所有权和真正所有权构成了双重所有权;但它们并不同时出现,在发生作用时也并未重合,因此本文不宜继续采用双重所有权这种易引发误解的概念,而径直将修正后的也以所有权为核心的观点称为"拟制的所有权说"。在新的理解下,双重所有权说引发的问题不会出现。此时可以解决上文提及的双重所有权说的弊端:在第三人丧失所有权以前,根据《德国民法典》第 953 条始终由第三人享有使用利益;出让人不能超出请求权实现的必要限度为预告登记权利人设定担保物权;第三人也不能根据《德国民事诉讼法》第 771 条针对实现预告登记权利人请求权的强制执行提出第三人异议之诉。

拟制为预告登记权利人实现请求权也就是物权变动提供了必要保障,其正当性在于拟制是实现预告登记制度目的的正当手段。出让人在违反预告登记的处分完成之后仍然有权作为所有权人向预告登记权利人进行处分的依据正是预告登记制度本身,而不需要另行寻找其他实体法上的法律状况。〔74〕 如今尚存疑的是物权变动的过程和时间点。

(三)物权变动时间点

拟制仅仅是物权变动的媒介,并没有改变物权变动的原则。在所有权转让预告登记的情形下,所有权转让仍以物权合意与不动产登记簿上登记为要件。借助拟制的所有权,当事人可以顺利地达成有效的物权合意;预告登记权利人根据《德国土地登记法》第 13 条第 2 款可以为自己提出所有权变更登记申请〔75〕,但变更登记根据《土地登记法》的在先登记原则还以已登记者的同意为前提,〔76〕《德国民法典》第 888 条恰恰使已登记者负同意义务,其必须表示同意。基于预告登记权利人和出让人达成的物权合意以及第三人的登记同意,预告登记权利人被登记为所有权人,所有权此时始变动。预告登记制度仅仅具有保障功能,并没有给预告登记权利人提供额外的得益,所有权转让并没有提前到预告登记的时间点,物权变动仍以不动产登记簿上变更登记的时间点为准。〔77〕

在物权变动的时间点,预告登记义务人在法学上的瞬间取得所有权,随即转让给预告登记权利人。〔78〕 也就是说,所有权先回到出让人手中,再经由出让人转

〔74〕 尽管弗卢梅是在谈及违反相对让与禁止的处分相对不生效力时以上述内容论述管辖权的正当性,但本文认为这个理由本身是正当的,只是其选取的手段并非最合适的,拟制的所有权要比管辖权更加符合制度目的。参见[德]维尔纳·弗卢梅:《法律行为论》,迟颖译,法律出版社 2013 年版,第 424 页。

〔75〕 Baki Kuru, Übertragung und Pfändung der Anwartschaftsrecht auf Eigentumserwerb an beweglichen Sachen und an Grundstücken, Köln, Univ., Diss., 1968, S. 16.

〔76〕 参见[德]鲍尔·施蒂尔纳:《德国物权法》(上册),张双根译,法律出版社 2004 年版,第 432 页。

〔77〕 Dorothea Assmann, Die Vormerkung:(§ 883 BGB), Mohr Siebeck, 1998, S. 146-147.

〔78〕 Fabian Wall, Das Valutaverhältnis des Vertrags zugunsten Dritter auf den Todesfall-ein Forderungsvermächtnis, Mohr Siebeck, 2010, S. 226; Staudinger/Gurksy, BGB, 2008, § 883 Rn. 241; Dorothea Assmann, Die Vormerkung:(§ 883 BGB), Mohr Siebeck, 1998, S. 134.

让给预告登记权利人。[79] 所有权的回归也是拟制不生效力逻辑上必然的结果，处分行为不生效力，权利只得回到实施处分的权利主体手中，这一点在第三人继续转让的情形中甚为明显。若在前例，C继续转让给D，在B实现请求权之前C与D的处分有效，D取得所有权。在实现请求权时，C与D、C与A的处分不生效力，D取得的所有权不能径直回归到A处，在法学上的瞬间D取得的所有权回归到C，C的所有权回归到A（图1）。为进一步说明这种瞬间的法律变动，试再举一例：A在向C转让所有权前，已为E设定了担保性的抵押权。当B实现请求权时，这种设定抵押权的处分同样不生效力，在E的同意下抵押登记被涂销，A重新取得无负担的所有权，并在逻辑上的一秒将这种无负担的所有权出让给B。这个例子也恰恰说明了，拟制的所有权说可以毫无障碍地解决出让人仅设定担保物权的情形。

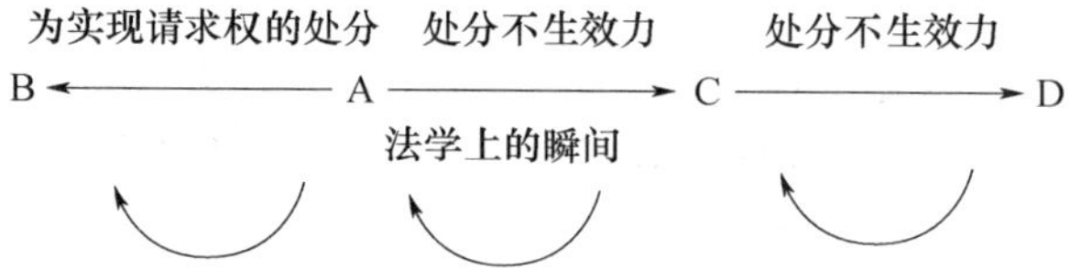

图1 法学上的瞬间所有权取得

登记形式作为物权变动要件并不能否定欠缺中间登记的出让人在法学上瞬间取得所有权，并在法学上同一秒作为所有权人继续转让。此时出让人的中间登记可以被省略，不动产登记机关径直将所有权登记在预告登记权利人名下。[80] 这种中间登记不仅不必要，甚至不被允许，因为违反预告登记的处分的不生效力、预告登记义务人的所有权仅仅是拟制的而非实际存在的。实际上第三人已经取得所有权，第三人在不动产登记簿上的所有权登记并非需要更正的错误登记，为预告登记义务人中间登记才会导致应当马上被涂销的错误登记。应当尽量避免公众从不动产登记簿获取不正确的信息。下文对比预告登记义务人登记与否的两种情形。

表2展示的是在前述案例中若预告登记义务人先为登记必然导致的不动产登记簿所呈现的状态。一般大众此时从不动产登记簿解读出下列内容：出让人A于2020年2月1日为C设定转让所有权的预告登记，于4月1日A将土地出让给C，C于2020年5月1日登记为所有权人。但是A与C的处分行为不生效力，C并没有取得所有权，C的所有权登记为错误登记，其在7月1日表示同意，因此于8月1日该错误登记已更正。A作为所有权人将所有权转让给B，B于同日登记为所有权人。为B的转让请求权设定的预告登记因权利实现马上也被涂销。预告登记因A与C的处分行为不生效力没有发挥作用，第883条第2款以及第888条并没有适用余地。显然这种解读有违真实情形。不动产登记簿应当

〔79〕 Staudinger/Gurksy，BGB，2012，§ 873 Rn. 75；MK-BGB/Kohler，6. Aufl.，§ 873 Rdn. 72；Vgl. allg. BGHZ 27，360.

〔80〕 Joachim Kuntze，Grundbuchrecht，Walter de Gruyter，2019，S. 502.

如实反映实际情形，不动产登记机关不能对明知错误的内容进行登记。这种登记方式也不符合拟制制度的运行机制，拟制有意识地区分了两种不同情形并将二者同一处理。除此之外，这种故意的同等对待通过不动产登记簿上的预告登记已昭告大众，拟制并不是对大众的“欺骗”。

表 2 预告登记义务人预先登记〔81〕

	第一分簿（Abteilung I）		第二分簿（Abteilung II）	
登记顺序（Laufende Nummer der Eintragung）	所有权人（Eigentümer）	登记基础（Grundlage der Eintragung）	负担和限制（Lasten und Beschränkung）	涂销（Löschung）
1	出让人 A	1999.1.1 达成所有权转让合意 2000.1.1 登记	为保障 B 要求转让土地的请求权， 2020.2.1 预告登记 2020.1.15 同意预告登记	2020.8.1 涂销
2	第一个受让人 C	2020.4.1 达成所有权转让合意 2020.5.1 登记	—	—
3	出让人 A	2020.8.1 因处分不生效力更正— 2020.7.1 C 同意更正	—	—
4	第二个人受让人 B	2020.6.1 达成所有权转让合意 2020.8.1 登记	—	—

表 3 展示的是在前述案例中若预告登记义务人不需要先为登记必然导致的不动产登记簿所呈现的状态。一般大众此时从不动产登记簿解读出下列内容：出让人 A 于 2020 年 2 月 1 日为 C 设定转让所有权的预告登记，于 4 月 1 日 A 将土地出让给 C，C 于 5 月 1 日登记为所有权人。A 与 C 的处分行为实际有效，但由于已为 B 预告登记，根据第 883 条第 2 款第 1 句在实现 B 的请求权的必要限度内该处分被拟制为不生效力，A 仍然作为所有权人将土地转让给 B。A 与 B 于 6 月 1 日达成有效的转让所有权的合意，并借助第 888 条先登记人 C 于 7 月 1 日表示同意，B 得以于 8 月 1 日在不动产登记簿被登记为所有权人。预告登记因请求权实现于同日被涂销。这种借助拟制在观念中发生的物权变动，只有在不需要中间登记时才能在不动产登记簿上体现出来。只有在这种情形下，一般大

〔81〕 表 1、表 2 并没有严格还原不动产登记簿，仅出于展示目的筛选了部分信息。第一分簿和第二分簿均有许多未纳入上述表格的行列，且二者本不应该在同一页出现。本文为直观对比省略了其他不动产登记簿的信息，将第一第二分簿并列，与真实不动产登记簿有出入。除此之外，不同城市间登记风格以及详略程度并不完全一致，但主要信息已如上表中所示。

众才能正确地从不动产登记簿推出预告登记制度下物权变动的过程。

表3 预告登记义务人未预先登记

	第一分簿(Abteilung I)		第二分簿(Abteilung II)	
登记顺序(Laufende Nummer der Eintragung)	所有权人(Eigentümer)	登记基础(Grundlage der Eintragung)	负担和限制(Lasten und Beschränkung)	涂销(Löschung)
1	出让人A	1999.1. 达成所有权转让合意 2000.1.1登记	为保障C要求转让土地的请求权, 2020.2.1预告登记— 2020.1.15同意预告登记	2020.8.1涂销
2	第一个受让人C	2020.4.1达成所有权转让合意 2020.5.1登记	—	—
3	第二个受让人B	2020.6.1达成所有权转让合意 2020.8.1登记— 2020.7.1 C同意登记	—	—

物权变动以预告登记权利人在不动产登记簿登记为终点。权利人虽然从出让人处取得所有权,且物权变动要件没有变化,但不必要也不应当以出让人中间登记为前提。预告登记权利人取得所有权时,第三人丧失其所有权。也就是说,物权变动的时间点是预告登记权利人变更登记的那一刻,与此相应第三人也在同一时刻始丧失所有权。不必纠结于预告登记义务人与第三人处分行为的不生效力是否具有溯及力,因为在"假定事实"下处分的溯及力对预告登记权利人而言不影响其请求权的实现,而真实情况下处分则完全有效自无追问溯及力之余地。若非要追问前者的溯及力,那么应遵循最低限度原则认为并无溯及力。

如果人们能够理解,以拟制为基础的善意取得制度下,原权利人尽管与其出让人实施的处分有效仍因善意第三人取得权利而丧失自己的权利;那么人们应当也能够理解,同样以拟制为基础的预告登记制度下第三人因预告登记权利人取得权利而丧失自己的权利。第三人丧失权利的正当性正是第883条规定的相对不生效力制度本身。

(四)小结

综上所述,相对不生效力的"相对性"并非指其适用范围,因此不能仅仅僵化地将违反预告登记的处分解释为"面对预告登记权利人"不生效力。所谓的"相对性"是指,在为履行预告登记所保障请求权的必要限度内,妨害性以及损害性处分不生效力。这种不生效力反于真实情形,仅仅是拟制的。借助拟制,处分不生效力、预告登记义务人重新取得所有权，这是同一“假定事实”的两种观察角度。故而预告登记义务人作为所有权人可以继续向预告登记权利人处分，并在第三人同意的情况下在不动产登记簿为预告登记权利人完成变更登记；至此物权变动的双重要件已然满足，预告登记权利人实现了其经预告登记保障的请求权，取得了相应的物权。预告登记权利人是出让人的权利继受人。预告登记权利人实现其请求权时，出让人重新取得所有权，并在法学上的瞬间转让给预告登记权利人。预告登记并没有改变物权变动的要件和时间点，登记完成时预告登记权利人才取得所有权，第三人因此始真正丧失所有权。第三人权利丧失的正当性正是预告登记制度本身。

四、相对不生效力制度在我国的实践考察

诚如本文开篇所言，相对不生效力在我国并非一个陌生的概念，其常常出现在某些特定领域(如预告登记、查封等)。相对不生效力这种保护特定人利益的制度，彰显了其与公共利益等其他利益的博弈，在上述特定领域之外还存在萌芽的沃土。我国条文常常出现“不得对抗某某人”此种用语，对其解释伴随着极大的困难。这种用语恰恰揭示了两种不同利益间的撕扯，其中一方似乎也是“特定人利益”，可以考虑代入相对不生效力制度。除此之外，我国学者常常提及的和相对不生效力用语相仿的相对无效概念，其内涵以及适用范围亦值得研究。我国物权立法仅承认物权行为的客观存在，而不承认物权行为的独立性，物权的支配性特征要求物权变动以公示方法为内在生效要件，[82]这种立场遭到学术界的诸多批判[83]。相对不生效力制度在我国愈发受到重视，鉴于该制度与物权行为不可分割的关系，下文论述以我国采取物权行为独立性、无因性为出发点。预告登记与相对不生效力的联系已不言自明，下文摘选其他例子进行讨论。

(一)我国的“相对无效”制度

和相对不生效力相比，相对无效这个概念在我国出现的频次更高一些。梁慧星认为，相对无效的无效效果受到限制，仅当事人一方可主张无效。[84] 王利明称，相对无效的民事行为虽具有违法性，但只是涉及第三人的利益，只能由特定的第三人主张此种民事行为无效，如当事人恶意串通损害第三人利益的合同，只有受害的第三人才可以主张合同无效；再如违反《德国民法典》第135条第1款相对让与禁止规定时，其处分仅仅对该特定人无效。[85] 崔建远表示，如果合同仅仅相对于某个特定的人才不生效力，相对于其他人则是发生效力，或合同的无效

〔82〕 彭诚信:《我国物权变动理论的立法选择》,《法律科学(西北政法学院学报)》2000年1期。

〔83〕 参见葛云松:《物权行为:传说中的不死鸟——〈物权法〉上的物权变动模式研究》,《华东政法大学学报》2007年6期;李永军:《物权与债权的二元划分对民法内在与外在体系的影响》,《法学研究》2008年5期;朱庆育:《物权行为的规范结构与我国之所有权变动》,《法学家》2013年1期。

〔84〕 梁慧星:《民法总论》,法律出版社2001年版,第219页。

〔85〕 王利明:《〈民法总则〉研究》,中国人民大学出版社2003年版,第582页。

不能对特定人主张,如不得对善意第三人主张,该合同的无效就是相对无效。[86]这样看来,对"相对无效"有三种理解:一是主张的无效,二是不得对抗善意第三人的无效,三是相对不生效力。

就主张的无效而言,最主要的类型是恶意串通。严格限定构成要件和适用范围后,可知恶意串通和公共利益的保护无关而旨在保护特定第三人利益,因此其法律后果为相对无效已足够。[87] 我国理论界乃至实务界对这种相对无效概念并不陌生,从提起无效主张的主体以及法院能够依职权主动适用的角度,对绝对无效和相对无效进行区分,我国法其实已有相当基础。[88] 这种相对无效和可撤销的保护方法和利益状态非常类似,甚至有学者直接把这种可主张的无效当作可撤销处理。[89] 我国现行法尚未明确这种主张的无效的体系位置,目前尚有较大的解释空间,至少就其内容、适用、法律效果大部分可径直参照可撤销制度,例如除斥期间以及主张后的效果。因此其和本文描述的相对不生效力类型并不相同。这种可主张的无效,在德国法中也能找到对照的概念即可无效(vernichtbar)的法律行为,其并非独立的不生效力类型,而仅仅是对无效的缓和。[90]

所谓不得对抗善意第三人的无效,最主要的类型是通谋虚伪表示。通谋虚伪表示是表意人和相对人通谋而为的不表示彼此内心真意的意思表示。通说认为,通谋虚伪表示无效,但其无效不能对抗善意第三人。[91] 最高人民法院在中国工商银行股份有限公司乌鲁木齐钢城支行与中铁物资集团新疆有限公司、广州诚通金属公司合同纠纷案(〔2014〕民二终字第 271 号)中明确承认上述内容,其表示:"双方当事人通谋所为的虚伪意思表示,在当事人之间发生绝对无效的法律后果。对于第三人,应视该第三人是否知道或应当知道该虚伪意思表示而发生不同的法律后果:当第三人知道该当事人之间的虚伪意思表示时,虚伪表示的无效可以对抗该第三人;当第三人不知道当事人之间的虚伪意思时,该虚伪意思表示的无效不得对抗善意第三人。"《民法总则(审议稿)》一开始也明确承认这种观点,"以虚假意思表示实施的民事法律行为无效,但是不得对抗善意第三人";但该表述在最终颁布的《民法总则》中被删去。然而这并不意味对通说的偏离,全国人大法律委员会对《民法总则(草案)》的审核报告中指出,民事法律行为无效或者被撤销后对第三人产生的法律后果,情况比较复杂,不宜一概规定,不得对抗善意第三人,宜区分情形由民法典的物权编、合同编等分编规定。[92] 也就是说,立法面对较为复杂的现状做了留白,此时应沿袭通说观点。在删去该表述

〔86〕 崔建远:《合同法》,法律出版社 2010 年版,第 101 页。

〔87〕 参见茅少伟:《论恶意串通》,《中外法学》2017 年第 1 期。

〔88〕 参见茅少伟:《论恶意串通》,《中外法学》2017 年第 1 期。

〔89〕 参见曲飙:《论相对无效民事行为》,《甘肃政法学院学报》1996 年第 3 期。

〔90〕 Vgl. Hubert Berr, die relative Unwirksamkeit, Dunckel&Humblot, Berlin, S. 42ff.

〔91〕 参见王泽鉴:《民法总则》,北京大学出版社 2009 年版,第 287 页。

〔92〕 第十二届全国人民代表大会法律委员会关于《中华人民共和国〈民法总则〉(草案)》审议结果的报告,http://www.npc.gov.cn/zgrdw/npc/xinwen/2017-03/15/content_2018917.htm ;更新时间:2017 年 3 月 15 日;访问时间:2020 年 4 月 1 日。

后，最高人民法院仍然在珠海华润银行股份有限公司与江西省电力燃料有限公司、广州大优煤炭销售有限公司保理合同纠纷案(〔2017〕最高法民再164号)，汇丰银行(中国)有限公司武汉分行、中铝华中铜业有限公司债权转让合同纠纷案(〔2017〕最高法民终332号)中坚持当事人之间虚假意思表示的无效不得对抗善意第三人。

这种不得对抗善意第三人的无效和本文所指的相对不生效力并不相同。前者在使用相对无效用语时，意指当事人间相对无效；后者意味着法律行为相对于当事人以外的特定人不生效力。前者调整的是法律行为事实上无效、外观有效，相对于善意第三人亦有效；后者则适用于法律行为事实上有效、外观有效，相对于特定人不生效力。这两种制度的目的截然不同：前者是对第三人善意的保护，属于信赖保护，[93]其原理与善意取得类似；后者与善意保护无关，其拟制内容甚至往往反于外观。

由此可知我国对相对无效概念的使用较为零散，其主要分为主张的无效、不得对抗善意第三人的无效、相对不生效力这三种类型。由于相对无效在我国指代的多义性，加剧了对其理解的困难性。除此之外，部分著作未做区分仅仅囫囵地使用相对无效概念，试图将这三种内容以及效力截然不同的类型做统一理解。如上所述，相对不生效力需与其他两种类型明确区分，后两种类型又需继续相互区分，这样一来对我国相对无效用语的理解豁然开朗。因此，遇到相对无效这一概念时，需特别留意其在何种意义下被使用。至此，借助与相对不生效力的对比，对我国相对无效用语现状已完成基本梳理。而我国理论以及实践中当然也已经认识到真正的相对不生效力类型的存在，除耳熟能详的预告登记、相对让与禁止领域外，下文将继续探索不得对抗相对不生效力制度在我国的萌芽。

(二)对查封财产的处分“不得对抗”申请执行人

《最高人民法院关于人民法院民事执行中查封、扣押、冻结财产的规定》(法释〔2004〕15号)第26条第1款规定：“被执行人就已经查封、扣押、冻结的财产所作的移转、设定权利负担或者其他有碍执行的行为，不得对抗申请执行人。”有学者认为，根据上述司法解释，权利人在人民法院对财产采取查封、扣押、冻结之后(为简化论述，下文仅以查封为例)，如果违反处分禁令就财产作出转让、设定权利负担或者其他有碍执行的行为，则该行为并非绝对无效，而仅仅是“不得对抗申请执行人”。[94] 言下之意是，这种处分可以对抗除申请执行人之外的其他所有人，如被执行人或者财产的受让人等。[95] 如果从行为效力的角度看，财产权利

---

〔93〕 杨代雄：《法律行为制度中的积极信赖评价 兼谈我国民法典总则制定中的几个问题》，《中外法学》2015年5期；冉克平：《民法典总则意思表示瑕疵的体系构造——兼评〈民法总则〉相关规定》，《当代法学》2017年5期；武腾：《无效、可撤销民事法律行为与善意第三人保护》，《清华法学》2018年1期。

〔94〕 吴光荣：《论违反让与禁止的法律后果——兼论〈房地产管理法〉第38条与〈担保法〉第37条的规范性质》，《法律科学(西北政法大学学报)》2014年第5期。

〔95〕 吴光荣：《论违反让与禁止的法律后果——兼论〈房地产管理法〉第38条与〈担保法〉第37条的规范性质》，《法律科学(西北政法大学学报)》2014年第5期。

人违反人民法院的让与禁令所作出的处分行为仅相对于申请执行人无效，因此属相对无效行为。[96] 由此可见，我国在当事人违反人民法院作出的查封仍然就标的物作出处分时采取的是与德国民法相同的立场。[97]

这样看来，在查封领域我国已有学者有意识地运用相对不生效力制度。只是对相对性的解释还僵硬地停留在适用范围这一层次。如果套用本文结论，那么相对性是实现查封所保障请求权的必要范围。相对不生效力意味着，违反查封的处分在实现请求权的必要范围内被拟制为不生效力，这样一来解释可能会更加清晰。除此之外，最高人民法院就针对查封财产的出租似乎言语暧昧地支持了相对不生效力说。

最高人民法院在《关于被执行人擅自出租已查封的财产执行程序中人民法院排除执行妨害能否认定该合同无效或解除租赁合同的复函》(〔2009〕执他字第7号)中表示："在执行程序中被执行人擅自处分法院的查封物，包括本案中以出租的形式妨害查封效果的行为，执行法院有权以裁定形式直接予以处理。根据《查封规定》第26条，被执行人擅自处分查封物，与第三人签订的租赁合同，并不当然无效，只是不得对抗申请执行人，第三人依据租赁合同占有查封物的，人民法院可以解除其占有，但不应当在裁定中直接宣布租赁合同无效或解除租赁合同，而仅应指出租赁合同不能对抗申请执行人。"随后最高人民法院在宜章华冠建材有限责任公司、吴志星案外人执行异议之诉纠纷案(〔2019〕最高法民申1796号)中重申，"涉案土地及房产早在2007年10月30日被法院查封并登记公示，华冠建材公司签订租赁合同，占有、使用涉案土地及房产系在法院查封期间。华冠建材公司未经人民法院准许，占有、使用涉案标的物，人民法院依职权解除其占有和使用状态，要求其在合理时间内搬离，符合法律规定"。

当租赁合同作为"广义处分"处理时，最高人民法院的立场也应当适用于物权变动这类典型处分。在执行程序中被执行人如擅自转让查封动产，人民法院可以解除其占有，但合同效力本身不受影响。这种占有返还不宜过早，也不宜返还给被执行人，否则被执行人仍可能二次处分，使申请执行人疲于奔命，法院也因此不堪其扰。如果申请执行人是要求转让标的物的非金钱债权人，那么较为合适的是，在申请执行人请求实现其请求权时解除占有并将占有直接交付给申请执行人。相对不生效力制度可以完美解释这个物权变动的过程。在实现查封所保障请求权的必要范围内，被执行人与第三人的处分行为被拟制为不生效力，此时被执行人享有拟制的所有权。因此，被执行人可以继续处分，将所有权转让给申请执行人。人民法院可以解除第三人的占有，并将占有直接交付给申请执行人，此时作为物权变动要件的物权合意以及交付均已满足，申请执行人取得所有权。在标的物交付给申请执行人时，被执行人在法律上的瞬间重新取得所有

---

〔96〕 吴光荣：《论违反让与禁止的法律后果——兼论〈房地产管理法〉第38条与〈担保法〉第37条的规范性质》，《法律科学(西北政法大学学报)》2014年第5期。

〔97〕 吴光荣：《论违反让与禁止的法律后果——兼论〈房地产管理法〉第38条与〈担保法〉第37条的规范性质》，《法律科学(西北政法大学学报)》2014年第5期。

权，并在逻辑上的这一秒又移转给申请执行人。申请执行人仍然是被执行人的权利继受人，当申请执行人取得所有权时，第三人因此丧失其所有权。查封制度就是其丧失所有权的正当原因。

上述内容也当然适用于被执行人处分不动产的情形，复函恰恰是针对出租查封的房产作出的。我国《城市房地产管理法》第 38 条并非合同效力强制性规定，其不影响合同的效力；除此之外，在人民法院的查封、扣押、冻结没有公示的情况下，仍然可能为第三人办理不动产转让的登记，因此妨害了申请执行人实现其请求权。在申请执行人请求实现其请求权时，在实现该请求权的必要限度内被执行人和第三人的处分被拟制为不生效力，被执行人因此重新取得所有权可对申请执行人处分。此时人民法院可以裁定除去第三人的登记，为申请执行人变更登记，申请执行人因此从被执行人处取得所有权。

故而相对不生效力制度在查封领域有很大的适用空间。

（三）“不得对抗”已支付大部分价款的商品房消费者

《最高人民法院关于建设工程价款优先受偿权问题的批复》第 2 条也规定了某种“不得对抗”，内容如下：消费者交付购买商品房的全部或者大部分款项后，承包人就该商品房享有的工程价款优先受偿权不得对抗买受人。此处发生利益冲突的明显是“不得对抗”用语前后的承包人实现优先受偿权的利益以及买受人取得房屋所有权的利益。这种规定需要结合我国立法背景看待，其蕴含着许多政策考量，在“无恒产则无恒心”的社会，房产属于基本生活资料，是人民安身立命的基础。

当上述两种利益冲突时，承包人利益应让位于消费者。理由如下：一是在此情形下，如果允许承包人行使建设工程优先权，无异于用消费者的资金清偿开发商的债务，等于开发商将自己的债务转嫁给广大消费者，严重违背特殊保护消费者的法律政策，因此应不允许承包人行使建设工程优先权。〔98〕二是两种权利的竞合实际上是消费者利益与承包人利益的比较，消费者利益属于生存利益应当优先，承包人利益属于经营利益应退居其次，如果不对承包人的优先权加以限制，势必侵害大量善意购买者的利益，影响社会的安定。〔99〕因此，“只要发包人预售或实际出售房屋符合法律规定，手续齐全，承包人对已卖出的房屋不能再行使优先受偿权”。〔100〕

---

〔98〕 参见江必新、刘贵祥主编：《最高人民法院执行最新司法解释统一理解与适用》，中国法制出版社 2016 年版，第 215 页以下；汪春鸣、戴宜、王贤成、范凌杰：《房地产企业破产中优先权问题研究》，载《破产法论坛》（第 11 辑），法律出版社 2016 年版。

〔99〕 参见江必新、刘贵祥主编：《最高人民法院执行最新司法解释统一理解与适用》，中国法制出版社 2016 年版，第 215 页以下；汪春鸣、戴宜、王贤成、范凌杰：《房地产企业破产中优先权问题研究》，载《破产法论坛》（第 11 辑），法律出版社 2016 年版。

〔100〕 参见江必新、刘贵祥主编：《最高人民法院执行最新司法解释统一理解与适用》，中国法制出版社 2016 年版，第 215 页以下；汪春鸣、戴宜、王贤成、范凌杰：《房地产企业破产中优先权问题研究》，载《破产法论坛》（第 11 辑），法律出版社 2016 年版。

当承包人行使优先权时，除按照建设工程的性质不宜折价、拍卖的以外，承包人可以与发包人协议将该工程折价，也可以申请人民法院将该工程依法拍卖，后一种情形承包人就拍卖的价款优先受偿。在这种情况下，承包人与第三人的利益都让步于消费者的生存权利，后者位于最高的价值阶梯。对消费者生存权利的妨害使物权变动效力蒙上了阴影，令其完全有效并不符合立法者的价值判断。只要坚持物权变动并非完全有效的基本价值取向，在各个不生效力类型中，相对不生效力因其最低限度地干涉第三人利益以及法律交往是对处分最恰当的评价，故而成为不二选择。除此之外，相对不生效力也最符合法律文义。

相对不生效力在强制执行领域的适用不存在障碍，根据《德国民法典》第 883 条第 2 款第 2 句其同样适用于强制拍卖等情形，我国可借鉴这一点。以承包人折价为例，其与发包人实施的处分相对不生效力。在实现消费者请求权的必要限度内，该处分拟制为不生效力，因此出让人可以作为所有权人继续向消费者处分。其物权变动过程与预告登记的情形相比并无特殊之处，此处不再赘述。我国虽无类似《德国民法典》第 888 条的规定使第三人负有同意债务，但可采取上述复函做法，人民法院可以裁定除去第三人登记，在请求权实现时为消费者登记。

（四）小结

随着学者的引用和讨论，人们对相对不生效力制度不再感到陌生，其尤其活跃在预告登记、查封领域，逐渐有向外扩张趋势。结合相对不生效力制度在德国法中的产生背景，当现有的法律行为不生效力体系慢慢地不能满足利益需求时，相对不生效力渐渐发展并成为某些情况下利益平衡的唯一选择。而相对不生效力具体应适用于何处，在法律未明确规定的情况下需经反复的利益衡量，当然伴随着一定的不确定性以及由此产生的观点冲突。本文两个例子仅作抛砖引玉之用，期盼各位师友指正。

五、结语

相对不生效力概念从产生起就带着一定神秘性。随着不生效力三分法的日渐疲敝，相对不生效力渐渐映入人们眼帘。在一些特定领域（例如预告登记、查封），唯有相对不生效力才能维持最佳利益平衡，因此其具有不可替代性。相对不生效力作为某种法律效果，孤立的抽象描述具有不确定性，故而往往需要结合具体情形分析；本文遵循惯例以所有权转让预告登记为例。就相对不生效力的结构而言，通说持双重所有权理论，另一有力的观点是双重处分权说。第一种观点认为预告登记义务人相对于预告登记权利人是所有权人，而第三人则相对于其他人是所有权人，并据此得以实现预告登记权利人以物权变动为内容的请求权。第二种观点和前者并无太大差异，实际上只是将所有权替换为处分权。这两种学说都不能维持当事人利益平衡，也多少与当前法律体系有不契合之处。不过相较而言，至少双重所有权说符合立法者体系构建的出发点，即预告登记权利人从出让人处取得所有权。因此在通说修正的基础上产生了拟制的所有权说，这种学说清除了通说沉疴，可以恰当地描述相对不生效力的法技术手段。

相对不生效力的"相对性"并非单纯依文义以适用主体为基准的个体间的不生效力，说它是对某种目的的描述更为恰当。相对不生效力是拟制的不生效力，目的是实现预告登记权利人的请求权，因此相对不生效力意味着有害处分在实现其请求权的必要限度内被拟制为不生效力。根据《德国民法典》第 883 条第 2 款第 1 句，预告登记义务人和第三人转让所有权的处分在实现预告登记权利人请求权的必要限度内被拟制为不生效力，预告登记义务人重新取得所有权并作为权利主体向预告登记权利人有权处分，除此之外还借助《德国民法典》第 888 条使第三人同意预告登记权利人在不动产登记簿登记，预告登记权利人因此是出让人的权利继受人。相对不生效力并没有改变物权变动的要件和时间点，所有权变动仍以登记为终点。在预告登记权利人实现其请求权时，所有权回到出让人处，并在法学上瞬间又移转给预告登记权利人。当预告登记权利人取得所有权时，第三人始失去所有权，权利丧失的正当性恰是预告登记制度本身。

与相对不生效力相比，相对无效概念在我国更为常见。以相对不生效力为基础，有助于厘清相对无效概念，实际上后者包含三种类型：一是主张的无效，二是不得对抗善意第三人的无效，三是相对不生效力。因此观察我国相对无效用语，需特别注意其指向何种类型。不过至少可以肯定的是我国学者已经认识到相对不生效力制度。除预告登记外，我国条文常见的"不得对抗"用语揭示了特定人间的利益对抗，是相对不生效力萌芽的温床。查封财产的处分"不得对抗"申请执行人，"不得对抗"已支付大部分价款的商品房消费者，在这两例中，都有相对不生效力的生存空间。在这两例外，相对不生效力尚有更为广泛的张力。

Emergence and Practical Application of Relative Ineffectiveness System

ZHONG Jia'er

Abstract: Relative ineffectiveness, created to make up for the weakness of the trisection system of incompletely effective legal acts, is active in the fields of advance-notice registration and seizure. The general understanding of relative ineffectiveness has remained in the scope of dual ownership structure, which divides ownership among the subjects based on the scope of application. In addition to breaking the absoluteness of real right, such a structure also causes a number of adverse consequences, so this view needs to be revised. Taking the advance-notice registration of ownership transfer as an example, regarding relative ineffectiveness, the revised fictitious ownership theory assumes harmful disposition as ineffectiveness within the necessary limit where the advance-notice registration oblige assumes the right of claim without sticking to the literary meaning. To be specific, the ownership is returned to the transferee first, and then be transferred to advance-notice registration oblige instantly in law. This new understanding is conductive to clarifying the multiple meanings of similar concepts of relative ineffectiveness in China, as well as the study on living space of the term "non-confrontation", which is common in provisions of China, of the relative ineffectiveness system on this basis.

Key Words: Relative Ineffectiveness; Advance-Notice Registration; Fictitious; Relative Nullity; Non-Confrontation

综合立法和差异化规制：个人生物识别信息保护研究

邓建鹏*
庞　博**

摘　要　随着大数据和人工智能技术快速发展，大量个人生物识别信息不需要信息主体有意识配合，即可被他人直接获取和技术处理，滥用他人生物识别信息已成为严峻的社会问题。信息主体难以通过事后更改信息预防后续损害，风险隐患很大，因此需要得到法律严格保护。但现行法律及监管机制尚不完善，有效的保护路径，当是及时构建综合立法保护机制，兼顾保护与合理使用原则，设立数据安全标准，并以“区分保护，目的考量”策略为基础，差异化规制不同个人生物识别信息主体对生物识别信息的处理权限。

关键词　个人生物识别信息；人脸识别；信息权；数据安全；差异化规制

目　次

---

* 邓建鹏（1976—），法学博士，中央财经大学法学院教授，金融科技法治研究中心联席主任，主要研究方向：金融科技与法律政策。

** 庞博（1997—），中央财经大学法学院硕士研究生，主要研究方向：金融科技与法律政策。

一、问题的提出

依托大数据与人工智能技术的飞速发展，生物识别信息技术愈发成熟，以往借助人工核对实现个人生物识别信息的工作，现可通过智能机器高速识别，并运用技术消除外界环境对生物信息影响产生的误差，大幅提高识别准确率。利用该技术对人的身份识别提升效率，便利我们的生产与生活。个人生物识别信息从简单的商业应用逐渐深入到国家安全等重大公共领域。

但是，“科技是一把双刃剑”，其也带来诸多困扰。人脸识别等生物信息识别技术过度应用带来巨大风险隐患。一些地铁公司、动物园、学校、小区和图书馆以智能管理等名义，应用人脸识别技术监视过往行人。深网视界大规模人脸数据泄露事件〔1〕；法学博士起诉杭州动物世界的“人脸识别第一案”〔2〕；ZAO 换脸软件侵权〔3〕；黑客攻击人脸信息数据库，将获得的人脸数据在网络黑市中进行倒买倒卖〔4〕；2020 年新冠肺炎疫情期间武汉一小区在无任何授权的情况下，对接受免费核酸检测的居民拍摄手持身份证的照片。〔5〕 这些事件表明，我国在个人生物识别信息处理方面存在诸多乱象。〔6〕 个人生物识别信息被滥用、非法获取与信息泄露等令大众深为忧虑。

目前有关于个人生物识别信息保护的问题主要集中在两方面：一是还未形成完善的法律监管体系，二是对个人生物识别信息整体的关注与研究不够。

对于第一个问题，在对生物识别信息的处理权限、信息保管标准和应用途径、相应监管机构等方面，中国目前尚无完善的法律规定，无法对个人生物识别信息进行完善的法律保护。如，我国对个人生物识别信息仅纳入个人信息中进行整体保护，而该部分内容也仅存在于部门法或规章、标准之中。因此，我国亟待形成完善的法律与监管体系，一方面重点规制相关组织或个人对个人生物识别信息的滥用（包括非法的信息获取、技术处理、相关应用与信息共享），另一方

---

〔1〕 参见王林、孙吉：《AI 安防企业被曝数据泄露 敲响人脸识别安全警钟》，《中国青年报》2019 年 2 月 26 日，第 10 版。

〔2〕 参见毛亚楠：《人脸识别第一案：告的是什么》，《方圆》2019 年第 24 期。

〔3〕 参见叶泉：《企业玩得再嗨也要守住法律底线》，《法制日报》2019 年 9 月 5 日，第 1 版。

〔4〕 黑市中倒卖的人脸信息，还包含相关的个人身份信息。有的卖家甚至出售修改软件，使人脸信息可完成一系列动态识别验证机制。参见颜之宏、闫红心、陈宇轩：《0.5 元一份！谁在出卖我们的人脸信息?》，http://www.xinhuanet.com/2020-07/13/c_1126232239.htm；更新时间：2020 年 7 月 13 日，访问时间：2020 年 7 月 14 日。

〔5〕 这种照片包含面部特征、姓名、性别、年龄、家庭住址、身份证号等多种信息，相关部门已叫停这一行为。参见张爽：《武汉一小区免费核酸检测需持身份证拍照引质疑 官方回应了！》，http://www.jksb.com.cn/html/2020/jjxxgzbd_0518/162654.html；更新时间：2020 年 5 月 18 日访问时间：2020 年 5 月 20 日。

〔6〕 本文“处理”一词参考了欧盟《通用数据保护条例》及《中华人民共和国民法典》第 1035 条关于个人信息处理行为的定义，包括收集、使用、加工、传输、提供、公开等。此外，《数据安全法》第 3 条规定，本法所称数据，是指任何以电子或者其他方式对信息的记录。数据处理，包括数据的收集、存储、使用、加工、传输、提供、公开等。据此，现代技术背景下的个人生物识别信息多经电子形式记录下来，这些信息亦可称为数据，本文“信息处理”等同于《数据安全法》中的“数据处理”。

面确立相关的权利保护,防范风险。

对于第二个问题,主流研究并不侧重个人生物识别信息的整体研究,而是从个人信息出发涉及部分个人生物识别信息相关内容,或仅关注某一个人生物识别信息并提出针对性保护策略。

如丁晓东提出"风险控制与动态化保护"理论,指出应当适当放宽个人信息保护,减轻信息收集者的压力,同时防止信息泄露等风险。[7] 张新宝提出个人信息保护需要"两头强化,三方平衡"。[8] 但与一般个人信息相比,个人生物识别信息存在自身特殊性。前述理论有益于实现个人信息的保护与合理利用,但较宽泛,对个人生物识别信息的保护缺乏针对性。

而针对单项个人生物识别信息的保护问题,法学界对本领域关注焦点多为人工智能视野下面部信息的法律问题。学者认为人脸识别技术门槛逐步降低、面部信息的运用价值较高,是人脸识别技术脱法倾向愈发明显的主要原因[9],同时面部信息的利用会带来个人安全、隐私和数据保护的风险问题[10],使隐私权、自由权、平等权和安全利益等均处于"危险"之中,对此传统的法律监管框架不再适宜,目前的法律无法解决信息所有者所面临的独特风险[11]。学者们认为对人脸识别信息进行保护应根据不同应用场景的侵权风险制定控制策略[12],并针对不同收集、使用主体的规制等进行了初步探索[13]。

不过,面部信息只是个人生物可识别信息的一小部分,这不足以对个人生物识别信息全面保护作出更多学术贡献。只针对某种个人生物识别信息构建法律保护体系,立法成本过高,不能适用于全部个人生物识别信息。

---

[7] 参见丁晓东:《大数据与人工智能时代的个人信息立法——论新科技对信息隐私的挑战》,《北京航空航天大学学报》(社会科学版)2020 年第 3 期;参见丁晓东:《个人信息私法保护的困境与出路》,《法学研究》2018 年第 6 期。

[8] 参见张新宝:《从隐私到个人信息:利益再衡量的理论与制度安排》,《中国法学》2015 年第 3 期。

[9] 参见周坤琳、李悦:《回应型理论下人脸数据运用法律规制研究》,《西南金融》2019 年第 12 期。

[10] See Seema Mohapatra,"Use of Facial Recognition Technology for Medical Purposes:Balancing Privacy with Innovation",in *Pepperdine Law Review*,43(2016),pp. 1017-1059;See Magdalena Sepúlveda Carmona,"Biometric Technology and Beneficiary Rights in Social Protection Programmes",*in International Social Security Review*,72(2019),pp. 3-28;See Nila Bala,"The Danger of Facial Recognition in Our Children's Classrooms",*in Duke Law & Technology Review*,18(2020),pp. 249-267.

[11] See Elias Wright,"The Future of Facial Recognition Is Not Fully Known:Developing Privacy and Security Regulatory Mechanisms for Facial Recognition in the Retail Sector",in *Fordham Intellectual Property,Media and Entertainment Law Journal*,29(2019),pp. 611-685.

[12] 参见蒋洁:《人脸识别技术应用的侵权风险与控制策略》,《图书与情报》2019 年第 5 期。

[13] 如劳东燕针对公权力机构运用人脸识别技术提出对其有必要做基本的合法性审查,并应考虑启动相应立法程序对随意运用人脸识别技术的做法进行法律上的规制;Joe Purshouse 等人对警方使用人脸识别技术进行分析,认为此类公权力机构在公共场所监视的行为应当通过更窄、更明确的法律框架进行规范,以实现对信息主体权利的保护。参见劳东燕:《地铁使用人脸识别技术的法律隐忧》,http://opinion. caixin. com/2019-10-31/101477392. html;更新时间:2019 年 11 月 8 日;访问时间:2020 年 3 月 17 日;See Joe Purshouse & Liz Campbell,"Privacy,Crime Control and Police Use of Automated Facial Recognition Technology",in *Criminal Law Review*,19(2019),pp. 188-204.

对此我们认为应当从个人生物识别信息整体出发，借鉴类型化[14]研究方法，将个人生物识别信息划分不同种类，根据不同种类的特性，提供不同的保护路径，这有益于为个人生物识别信息保护找到差异化解决方法。在法学领域，运用类型化研究方法对侵权行为进行研究较为常见，[15]在个人信息保护研究中已有个别先例[16]。类型化方法可以避免研究过于笼统，可为个人生物识别信息提供更有效且具有针对性的保护路径。各类个人生物识别信息在技术处理等过程中具有不同特性，信息敏感程度大相径庭。类型化区分有利于有针对性地实现不同个人生物识别信息差异化保护。因此，本文试图分析不同类型的个人生物识别信息的内涵，阐述我国目前的立法现状及其不足，提出未来综合立法保护对策，针对不同信息处理主体权限差异化规制的路径。[17]

二、个人生物识别信息类型与特征

（一）个人生物识别信息的内涵

个人生物识别技术是计算机科学与生物科学相结合，通过传感器、静态或动态图像获取等高科技手段，对人体固有的生理特征与行为特征进行识别，解析出个人身份信息的技术。[18] 此技术应用过程中涉及的个人生理特征信息、行为特征信息等均为个人生物识别信息。2008 年美国伊利诺伊州颁布的《生物特征信息隐私法》(Biometric Information Privacy Act)第十节规定生物识别信息是指视网膜、虹膜、指纹、声纹或手部面部的特征，不包括书写样本、签名、照片、用于筛查的生物样本、人口学数据、文身、物理性描述（如身高、体重、头发颜色、眼睛颜色）。[19] 2018 年欧盟《通用数据保护条例》(General Data Protection Regulation，GDPR)第 4 条第 14 款对个人生物识别信息定义为对自然人身体、生理或行为进行一定的数据处理技术所得的能识别的特定自然人的信息。[20]

---

[14] 参见张斌风、陈西茜：《试论类型化思维及其法律适用价值》，《政法论丛》2017 年第 3 期。

[15] 参见曾祥生、方昀：《环境侵权行为的特征及其类型化研究》，《武汉大学学报》（哲学社会科学版）2013 年第 1 期。

[16] 参见项定宜、申建平：《个人商业利用同意要件研究——以个人信息类型化为视角》，《北方法学》2017 年第 5 期。

[17] 有的研究提出个人生物识别信息的多重保护，参见付微明：《个人生物识别信息的法律保护模式与中国选择》，《华东政法大学学报》2019 年第 6 期。但未论及信息收集者、处理者的权限规制。

[18] See Mohsen Jenadeleh，Marius Pedersen & Dietmar Saupe，"Blind Quality Assessment of Iris Images Acquired in Visible Light for Biometric Recognition"，in *Sensors*（Basel，Switzerland），20（2020），p. 1308. 目前对于该项技术的研究主要集中于人脸识别的新方法与提升识别精准度。See Paramjit Kaur et al，"Facial-recognition Algorithms：A Literature Review"，in *Medicine，Science and the Law*，60（2020），pp. 131-139. See Xiaofei He et al，"Face Recognition Using Laplacianfaces"，in *IEEE Transactions on Pattern Analysis and Machine Intelligence*，27（2005），pp. 328-340.

[19] 参见伊利诺伊州州政府官网，http://www.ilga.gov/legislation/ilcs/ilcs3.asp? ActID=3004&ChapterID=57，访问时间：2020 年 4 月 5 日。

[20] See General Data Protection Regulation，Regulation（EU）2016/679 of the European parliament and of the council of 27 April 2016.

我国《民法典》提及个人生物识别信息,但未明确定义。一些标准和规范对所其包含的内容有相应界定。2017 年发布的《信息安全技术 个人信息安全规范》附录 A,首次以列举的方式明确个人生物识别信息包括个人基因、指纹、声纹、掌纹、耳廓、虹膜、面部特征等。[21] 此处"等"应作"等外"理解,因为结合现今的生物识别技术,不仅列举项中的生理特征项可以作为信息对个人身份进行识别,列举项外的行为特征,如步态、手势、笔迹等这些在刑事侦查领域作为识别信息匹配身份的行为信息,随着生物识别技术、生物科学、人工智能、大数据等科学技术的发展,将来完全可能作为有效的生物识别信息鉴定个人身份。

综上,个人生物识别信息是对人的生理及行为特征运用生物识别技术进行处理而得到,可以匹配锁定个人身份信息的个人信息,具体包括基因、指纹、声纹、掌纹、耳廓、虹膜、面部特征、步态及笔迹信息等。

(二)个人生物识别信息与权利客体差异

基因、指纹、声纹、掌纹、耳廓、虹膜、面部特征、步态和笔迹信息等均为个人生物识别信息。首先,毋庸置疑的是个人生物识别信息是个人信息的一部分,因此其为个人信息权的客体。理论法学学者认为,新兴(新型)权利是在道德上值得追求、在法律上具有规范基础且在现实中可能被实现的权利。[22] 在当下,信息权既有存在的正当性,亦有保护的必要性,同时有通过立法保护的现实基础。[23] 其次,当可被识别的面部特征通过一定载体反映时,其即成为肖像,属于肖像权这一具体人格权所保护的对象。最后,隐私是个体有意避开公众查看,不使公众获得其不愿公开的信息,具体包括私密空间、私密活动、私密信息等。因此,一些个人生物识别信息(如基因信息)乃隐私权客体。某些个人生物识别信息在特定条件下会转化为私密信息,应受隐私权保护。

其一,文化背景下的转化。在中国、美国、日本等一般的社会环境中,人脸通常可公开示人,大部分人不认为自己的面部属于隐私。但在某些信仰伊斯兰教的国家或地区,女性需要佩戴面纱,隐藏面部,此时其面部特征转化为私密信息,当受隐私权保护。

其二,技术背景下的转化。以面部特征为例,在技术还未出现时,人的面部信息仅会在信息主体的周围进行较小范围的低速流动。随着先进技术的产生与应用,人的面部信息流动范围更广,速度更快,原本公开的信息可用于流通牟

---

〔21〕 参见《信息安全技术 个人信息安全规范》(GB/T 35273—2017)。同一年实施的《网络安全法》第 76 条规定个人信息包括个人生物识别信息,但未明确其内涵及具体内容。

〔22〕 雷磊:《新兴(新型)权利的证成标准》,《法学论坛》2019 年第 3 期。

〔23〕 学界对个人信息成权并单独立法规范有一定共识,如王利明认为个人信息的概念较隐私信息更为广泛,应当将其单独成权规定,而非附属于隐私权之下。参见王利明:《论个人信息权在人格权法中的地位》,《苏州大学学报》(哲学社会科学版)2012 年第 6 期。类似观点,参见张里安、韩旭至:《大数据时代下个人信息权的私法属性》,《法学论坛》2016 年第 3 期;齐爱民、李仪:《论利益平衡视野下的个人信息权制度——在人格利益与信息自由之间》,《法学评论》2011 年第 3 期。

利,[24]进而侵犯个人的其他利益,人的面部信息可能构成隐私信息,成为公众不愿意向更广的范围公开的信息。另以基因信息为例,在大数据和人工智能技术的支持下,基因信息可以组成信息库进行商品化流通。基因信息隐藏了人们的诸多信息,包括种族、血型、性格、偏好等,这些信息可能产生社会"歧视",因此其也属于个体不愿公众获得的信息,属于隐私。

综上,个人生物识别信息可能会同时成为多类权利的客体。这些权利客体常常处于包含关系中[25]。辨析个人生物识别信息的法律属性差异,能给不同权利客体的信息提供针对性的保护。首先,个人信息权的涵盖面较广,应进行共性的法律规制,以适应不同种类的信息;其次,肖像权仅涵盖面部特征信息,可以通过肖像权的完善,对其进行更符合特性的保护;最后,作为隐私权客体的个人生物识别信息应从法律层面给予更为严格的保护。如学者谓,隐私是不可利用且受法律绝对保护,而其他个人生物识别信息可以经过主体同意后利用。[26] 诸如面部信息,未来立法上应对信息处理主体的人工智能分析过程严格限定,以免通过人脸识别关联个人诸多隐私,防范风险。当个人生物识别信息仅为个人信息权的客体时,可简单适用个人信息权的保护;当其是两个或三个权利客体时,应当同时适用相关权利保护的有关规定。

(三)生物识别信息类型与获取手段的差异

(1)基因信息,是存在于 DNA 或少数 RNA 分子片段中的基因编码信息,是碱基对不同的排列组合而形成的生物遗传信息。[27] 基因信息存在于人体血液、体液或细胞中,需特定采集设备在特定环境下进行采集。多数情况下,基因信息的获取需要信息主体积极配合。

(2)指纹与掌纹信息皆为人体手部表皮各种纹线特征构成的信息。对指纹、掌纹信息的提取,需要对手部近距离的电容式识别、超声波识别或光学式拍摄,因此通常需要信息主体的配合。除以上常规方式外,德国凯奥斯计算机俱乐部虽然证实可以通过日常拍摄的近距离、高分辨率的照片运用人工智能技术提取指纹、掌纹信息,[28]但日常生活中,运用高分辨率设备近距离摄影的实现难度较大,该项技术尚不成熟。

(3)声纹信息,即对声音片段运用电声学仪器提取的声波频谱信息。声音片段的获取方式主要为两类,一类是从录音中获取,另一类是将录像中的声音片段

---

[24] 王俊秀:《数字社会中的隐私重塑——以"人脸识别"为例》,《探索与争鸣》2020 年第 2 期。

[25] 一般来说,个人生物识别信息一定是个人信息权的客体,但个人生物识别信息不一定是肖像权、隐私权客体。肖像权客体的个人生物识别信息有可能是隐私权客体,但是隐私权客体的个人生物识别信息不一定是肖像权客体。

[26] 参见彭诚信:《数据利用的根本矛盾何以消除——基于隐私、信息与数据的法理厘清》,《探索与争鸣》2020 年第 2 期。

[27] See Tingjian Chen et al. ,"The Expanding World of DNA and RNA",in *Current Opinion in Chemical Biology*,34(2016),pp. 80-87.

[28] 参见王阳:《个人生物信息识别技术,打开的是宝藏还是潘多拉盒子》,《保密工作》2019 年第 8 期。

进行提取。随着科技发展,声音片段获取方式愈发便捷,对设备与环境要求逐渐降低,多数情况下无须信息主体配合,甚至可以在信息主体不知情的情况下获得。

(4)虹膜信息,即人体虹膜的纹理信息。虹膜信息需要在红外光环境下才能清晰展现,现今技术难以实现远距离采集。此外,采集需要信息主体积极配合,包括保持一定的姿势并双目注视采集设备。因此虹膜信息的采集难以在信息主体不知晓、不配合的情况下完成。

(5)耳廓信息与面部特征信息,即人体耳部、面部的结构特征信息。中国多数信息主体的耳部、面部信息正常状态下全裸展示,这为获取耳廓与面部特征信息提供了必要条件。通过现有摄像技术,只要距离不过于遥远,镜头分辨率较高,都可以以照片、录像等方式清晰、迅速抓取耳部、面部图像,无须信息主体特意停留或注视予以配合。相关的人脸识别技术当前发展和应用最为成熟。

(6)步态信息,即人的走路形态特征信息。获取此类信息,进行视频拍摄后运用技术处理即可完成。此外,视频拍摄要求较低,无论距离远近或分辨率高低,只要信息主体正常走过镜头能够拍摄到的范围即可。

(7)笔迹信息,即运用书写工具在承痕的书写物面上或可留电子信息痕的手写板上所遗留的痕迹信息。笔迹信息的获得需要信息主体配合与知晓,主动使用书写工具进行书写。

根据个人生物识别信息是否需要信息主体配合,可分为主动获取类生物识别信息与被动获取类生物识别信息。前者是指基本不需信息权利主体主动配合或在主体不知晓的情况下即可获取的生物识别信息,这类信息被非法获取及滥用的风险更大。[29] 综上可知,在个人生物识别信息获取过程中,(1)、(2)、(4)、(7)项属于被动获取类型的生物识别信息;(3)、(5)、(6)项属于可主动获取类型的个人生物识别信息。当前,越来越多个人生物识别信息可被他人主动获取,后续通过人工智能算法处理、大数据技术,进一步关联个人身份乃至其他隐私信息。对这些可主动获取的个人生物识别信息,未来立法上应给予更高的保护标准,对信息处理主体给予更严格的规制。

三、个人生物识别信息面临的风险

(一)个人生物识别信息的特殊性导致的风险隐患

通过上述的介绍与说明可以发现,上述(3)、(5)、(6)项主动获取类型的个人生物识别信息具有一定的特殊性,即不需要他人同意与配合即可以采集或获取,而以下几种特性使得该类信息较被动获取类型的生物识别信息更加具有暴露风

---

〔29〕 如劳东燕所言:“人脸识别具有无意识性与非接触性,可以远距离发挥作用,并能长时间大规模地积累数据而不被用户察觉。”诸如人脸等生物识别信息无须信息主体配合,公民难以察觉权利受到侵害,风险隐患极大。参见劳东燕:《人脸识别技术运用中的认知误区》,https://mp.weixin.qq.com/s/Mk8vQUI0vQeN3yNsVBXB0w;更新时间:2019 年 11 月 4 日;访问时间:2020 年 1 月 16 日。

险，需要进行更为妥善的保护。

一是个人生物识别信息的共性——唯一性与恒久性[30]。个人生物识别信息是“与生俱来”的遗传因子与后天环境培育共同决定的，个人生物识别信息是永久、独特的且唯一的，一旦泄露，难以通过像更改密码一般避免遭受后续的可能侵害。比如若要改变声纹信息，需要通过声带手术进行，但声带手术具有一定的风险，可能会使声带永久丧失发声功能；改变面部特征，仅能通过整容手术进行，然而即便整容仍然可能被愈发先进的技术识别；若要改变步态信息则需要经过长时间的专业训练，并且在日后的行进过程中时刻注意。然而对大部分信息所有者来说，改变个人生物识别信息的方式成本巨大，因此即便被泄露也不会考虑改变个人生物识别信息来防范后续的风险，所以个人生物识别信息一旦暴露其面临风险的局面将无法逆转。

二是获取设备的普遍性。对于上述(3)、(5)、(6)项主动获取类型的个人生物识别信息，在他人主动获取信息的过程中，仅需要设备能够进行摄像、摄影、录音即可，不需要达到很高标准，甚至获取此类信息的设备可以在公开市场便捷购买。而对于被动获取类型的个人生物识别信息，其所需设备多涉及传感器、生物分析等技术，无法在公开市场便捷购买，需要通过专门途径购买，甚至需要通过定制获得。主动获取类型信息的获取设备更加具有易得性，导致此类信息暴露风险更高，与其关联的个人隐私被侵犯的可能性也大大提升。

三是获取过程的未知性。上述(3)、(5)、(6)项主动获取类型的个人生物识别信息，无须信息主体许可与配合即可完成收集。自然人的生物识别信息暴露于外在环境，甚至只要自然人走出封闭空间，随时随地都可能被收集个人生物识别信息，信息主体却可能处于未知情、未授权状态。被动获取类型的个人生物识别信息，则必须信息所有者主动配合，信息主体处于知情、授权的状态，若信息主体不愿意，可以通过遮掩、不配合等方式来避免此类信息的泄露。而主动获取类型的个人生物识别信息无法通过遮掩、不配合等方式避免信息暴露。因此主动获取类型信息的暴露风险较被动获取类型信息更高。

四是识别、匹配技术的高效性。人工智能技术使快速识别工作成为现实。在2020年新冠肺炎疫情期间，一些科技公司利用先进技术实现即使戴着口罩也可精准识别人脸。[31] 此外，大数据的应用使信息关联性极强，某一信息被识别输入数据库后，可迅速完成与其相关联的信息收集，甚至在信息主体不知情的前提下，将相应信息应用于商业或其他场景(比如移动端的精准营销)。这一特点与前述特点结合将更易导致与个人生物识别相关的个人信息乃至个人隐私的泄露。

结合以上分析可知，前述(3)、(5)、(6)项个人生物识别信息暴露风险远比其他个人生物识别信息更高，因此必须对此类个人生物识别信息的处理权限严格

---

〔30〕 See Paramjit Kaur et al,“Facial-recognition Algorithms: A Literature Review”, in *Medicine, Science and the Law*, 60(2020), pp. 131-139.

〔31〕 参见杜鑫:《口罩竟然也阻挡不了人脸数据泄露》,《工人日报》2020年3月30日,第4版。

法律规制。另外，一旦个人生物识别信息被非法处理，将可能产生严重危害后果，对此类信息的使用与保存等也应施以严格法律保护。对于合法处理的信息，应要求信息获取者、保管人、使用者在各个环节采取更高的注意义务加以保管，以防泄露或被非法使用。

此外，人工智能技术使信息识别效率大幅提升，通过技术快速处理信息，有可能将某人各类信息（如姓名、身份证号、家庭住址、行动路线、消费记录或消费偏好等）迅速解析，形成数字化的整体“人物画像”。技术应用的边界不明使个人信息与隐私被侵犯的可能性增加，因此对运用技术处理个人生物识别信息的不同阶段，法律应严格规制。

（二）个人生物识别信息的立法局限导致的风险

借助科技，对主动获取类型个人生物识别信息的获取及处理，能对自然人的身份高效识别，便于商业营销、管理、监控甚至从事某些违法行为。对公民而言，这可能侵犯公民隐私权、人格权或财产权。[32] 但是，我国尚未出台有关个人生物识别信息的专门立法，学者热议的个人信息保护立法或数据安全法亦尚未对个人生物识别信息给予充分关注。

目前我国仅在《中华人民共和国网络安全法》《信息安全技术　个人信息安全规范》等法律、部门规章或国家标准中有限地规定个人生物识别信息属于个人信息的范畴，并对个人信息处理做了有限规范。《刑法》没有基于个人生物识别信息的特殊性而加大对相关违法行为的打击力度，仅在第 253 条之一中对窃取、非法获取、非法向他人出售、提供个人信息的违法行为制定了相应的法定刑。《民法典》注重从肖像权客体、个人信息权客体、隐私权客体来对个人信息作较详尽的规定，但没有基于个人生物识别信息特殊性单独设立法律规定，因此无法进行有针对性且有力的保护。

2020 年 3 月 6 日，国家市场监督管理总局、国家标准化管理委员会正式发布新修订的《信息安全技术 个人信息安全规范》（以下简称《规范》），关注个人生物识别信息问题。2020 年版《规范》在 2017 年版《规范》的基础上，细化与完善了个人生物识别信息安全要求。《规范》明确个人生物识别信息收集信息过程与方式必须是合法的，收集的内容是最少且必要的；信息控制者收集前应单独履行告知义务，包括收集、使用目的，方式范围，存储时间等规则并征得明示同意。关于后续保管《规范》亦作出规定，明确个人生物识别信息与个人身份信息需分开储存，且原则上不应储存原始个人生物识别信息，可以通过储存摘要信息、直接在采集终端使用个人生物识别信息，或使用个人生物识别信息实现识别后立即删除原始信息及图像等方式，避免储存原始个人生物识别信息。原则上禁止个人生物识别信息的共享与转让，但因业务需要可单独通过向个人信息主体履行较为详

---

〔32〕 有学者认为，将与人格特征相关以及与身体相关的生物识别信息作为特殊的财产予以保护是可能的。参见刘越：《论生物识别信息的财产权保护》，《法商研究》2016 年第 6 期。

细的告知义务，征得明示同意后共享与转让。

但《规范》仅为推荐性国家标准，并非正式法源〔33〕。国家标准具有规范效力但效力层级低于法律，〔34〕这是因为法律需要在调整社会关系过程中借助标准，据此法律规定了标准，并赋予标准法的效力。〔35〕因此《规范》权威性有限，本身不具备惩罚条款和救济机制，推荐性标准不具备强制执行力；行政机关也不能据此直接作出行政决定或行政处罚；司法机关亦不可据此直接进行判决。《规范》当前只是供商业机构或个人参考，难以全面约束个人生物识别信息处理主体。

综上，目前偏好将个人生物识别信息划分为个人信息中的一类进行保护。现有立法基于个人信息的共性，未对不同种类的个人生物识别信息进行差异化保护，这将直接导致保护没有针对性，无法根据个人生物识别信息的特性进行妥善的规制，同时《规范》仅为国家标准，在实际执法过程中具有局限性。这些立法局限将直接导致个人生物识别信息因没有法律明文保护被暴露、被侵犯等风险。

四、个人生物识别信息综合立法的思考

(一)发达国家的立法经验与启示

目前发达国家的相关立法多分为两种保护模式：一是在统一的个人信息立法（或数据保护立法）中进行相关规定；二是专门立法。前者以欧盟 GDPR 为代表，将个人生物识别信息进行列举，并归为敏感信息加强保护。这种对个人生物识别信息保护的方式是一种“提取公因式”的做法，适用于普遍的个人生物识别信息。在个人生物识别信息保护的基础阶段适用此类做法。其中，可主动获取的生物识别信息风险隐患更大，理应对相关信息处理过程进行更严格的限制、更高标准的保护。

后者以美国为代表。2008 年伊利诺伊州颁布的《生物特征信息隐私法》对个人生物识别信息的收集与使用进行了详细的规定，并赋予个人起诉的权利〔36〕。2019 年，马萨诸塞州萨默维尔市颁布《暂停面部识别或其他远程生物识别监控系统的法案》〔37〕，加利福尼亚州旧金山市于同年 5 月通过《停止秘密监视条例》(Stop Secret Surveillance Ordinance)，使人脸识别技术在两市公共场合被禁用。原因是人脸识别技术侵害公民权利与自由，给公民带来的危害超过获益。

---

〔33〕 国家标准分为强制性国家标准、推荐性国家标准。

〔34〕 参见柳经纬：《标准的规范性与规范效力——基于标准著作权保护问题的视角》，《法学》2014 年第 8 期。

〔35〕 柳经纬：《评标准法律属性论——兼谈区分标准与法律的意义》，《现代法学》2018 年第 5 期。

〔36〕 参见伊利诺伊州州政府官网：http://www.ilga.gov/legislation/ilcs/ilcs3.asp? ActID=3004&ChapterID=57，访问时间：2020 年 4 月 5 日。

〔37〕 An Act establishing a moratorium on face recognition and other remote biometric surveillance systems. SENATE DOCKET, NO. 671, FILED ON: 1/15/2019, The Commonwealth of Massachusetts, In the One Hundred and Ninety-First General Court (2019-2020), see https://epic.org/testimony/congress/EPIC-FacialRecognitionMoratorium-MA-Oct2019.pdf.

2020年,加利福尼亚州正式通过的《加州人脸识别技术法案》对私营部门和政府机构运用人脸识别技术分别规制,在保障公民权利基础上发挥人脸识别技术的公共服务功能。[38] 此类立法或“一刀切”,过于绝对,或仅及于人脸识别,保护不全面。

上述立法经验的启示是:首先,我国可以通过专门立法构建个人生物识别信息的类型化保护;其次,兼顾严格保护与合理使用,避免“一刀切”,通过有限权利让渡,实现最大社会效益;最后,针对不同类型的组织或个人给予差异化的权限。

(二)综合立法体系构建

先进科技和人的生理特征及各类行为交汇融合,相应数据爆发增长,对社会治理及个人生活均产生了深刻影响。对此,个人信息领域立法宗旨不外乎提升社会福利(效率提升和成本降低)与公共安全,保障公民个人权利。我国更倾向于统一的个人信息立法来应对风险,这体现在《个人信息保护法》被列入十三届全国人大常委会立法规划。[39] 目前采取此类立法模式的国家普遍将个人生物识别信息纳入个人信息保护或数据保护立法之中,有专家建议对个人信息的不同种类进行分类分级保护[40]。不过,个人生物识别信息的特殊性使之与其他一般个人信息存在较大差异。后者可能被随意更改以制止后续风险,不具有唯一性,未必与信息主体各类隐私直接解析关联,因此风险通常更小。这意味着个人生物识别信息的立法保护与一般个人信息应有所不同。

首先,针对当前的严峻问题,立法一方面应确立个人生物识别信息的各项权利,另一方面应重点确立信息处理主体的相应义务,规制其行为,确保前项权利落实。个人生物识别信息的风险来自不同组织或个人的滥用。有学者认为,美国政府采取一系列个人信息保护措施,以及美国国会一系列个人信息立法集中于某些风险较大的领域,规制的对象是政府、学校、医院等大型机构及企业的大规模个人信息收集行为,[41]这值得我国未来立法参考。我国《民法典》《刑法》等为《个人信息保护法》提供原则性的依据。诸如《网络安全法》第41条规定网络运营者收集、使用个人信息的原则,使用信息的目的、方式和范围,并需经被收集者同意,等等。此类条款为《个人信息保护法》提供了直接参考。此外,《个人信

---

〔38〕 参见加利福尼亚州州政府官网:https://leginfo.legislature.ca.gov/faces/billTextClient.xhtml?bill_id=201920200AB2261,访问时间:2020年4月7日。

〔39〕 2020年全国“两会”期间,诸多代表建议加快推进《个人信息保护法》立法进程。参见张琼斯:《全国政协委员殷兴山:保障个人信息安全迫在眉睫》,《上海证券报》2020年5月21日,第2版;刘巍、王超:《迟日大委员——加快推进“个人信息保护法”立法进程》,《吉林日报》2020年5月23日,第5版。

〔40〕 参见倪伟、王姝:《个人信息曝光增加,如何保护我们的“脸”》,《新京报》2020年5月24日,第A10版。

〔41〕 丁晓东:《个人信息私法保护的困境与出路》,《法学研究》2018年第6期,第197页。

息保护法》对个人生物识别信息专章立法保护。[42] 通过设立专章，系统规定个人生物识别信息的获取权限、获取方式、收集行为、信息存储、信息利用、信息识别和人工智能算法等技术处理。个人生物识别信息的特殊性已如前所述，单纯的个人信息统一立法难以具有针对性，对个人生物识别信息专章立法有助于改变这种局面。专章立法建立完善的保护机制，防范风险。同时结合具体情况，出台配套的司法解释，细化不同主体、不同场景下的立法保护，以建立较系统的保护体系。

其次，除了《个人信息保护法》，公法和私法应共同构建个人生物识别信息综合保护体系。在行政法律保护方面，应明确各类公权力机构对个人生物识别信息处理行为的许可、审查、调查、检查和司法介入的权限。对个人生物识别信息的处理应限定范围，贯彻法无授权不可为的法治原则。在刑事法律保护方面，目前对个人生物识别信息的保护仍主要是依照其转化成的个人数据所涉及的权益性质，重心集中于打击非法提供、获取个人生物识别信息的行为，注重经济秩序、社会管理秩序的保护。[43] 为此，一方面应当在刑法中考虑对个人生物识别信息分类，对不同个人生物识别信息分类规制，另一方面将保护的范围扩大。采取源头治理的行为规制模式固然有利于打击犯罪链条，消除末端行为，但其无法适配现今技术背景下个人生物信息的保护需求，[44]刑法应不仅及于非法提供、获取信息，更要规制肆意应用各种技术处理相应信息的行为，这应是未来刑法相关条款修订时的重点考虑方向。在民事法律保护方面，主要是确立信息主体的各项权利，以及在消费者权益保护场景中，添设商业机构处理信息的各项义务。第一，前文明确个人生物识别信息的权利属性可能为肖像权客体、隐私权或财产权客体。在侵害行为发生时，可能同时侵害多种权利，受害者可以选择最有利的方式主张权利救济。第二，针对不同信息种类，完善民事诉讼赔偿的举证、责任制度等，纠纷一旦发生，当事人能通过有效民事诉讼救助机制来解决。第三，由于对此类信息的侵害常常构成大规模侵权，但对单个公民来说损害又极为轻微，诉讼成本过高导致诉讼动力不足。[45] 对此应构建类似环境公益诉讼的机制，在无机

---

〔42〕 2020年有全国人大代表建议制定专门的个人生物识别信息的保护法案。参见《全国人大代表邵志清建议：加快个人生物信息保护立法》，http://www.spcsc.sh.cn/n1939/n4514/n8249/n8250/u1ai212811.html；更新时间：2020年5月20日；访问时间：2020年5月25日。有学者认为，对个人信息保护中诸多理论问题，如数据权属、权利模式、侵权救济等尚未完全厘清，目前出台《生物特征信息隐私保护法》还为时过早。参见商希雪：《生物特征识别信息商业应用的中国立场与制度进路——鉴于欧美法律模式的比较评价》，《江西社会科学》2020年第2期。因此，《个人信息保护法》设专章规范个人生物识别信息是当前立法的优选。

〔43〕 参见博和刑事：《"刑法学名家巡礼"第三期精彩内容回顾｜个人信息的刑法保护》，https://mp.weixin.qq.com/s/GdPy8DUkFqJH06IPjp4qgw；更新时间：2020年5月14日；访问时间：2020年5月14日。

〔44〕 参见黄陈辰：《大数据时代侵犯公民个人信息罪行为规制模式的应然转向——以"AI换脸"类淫秽视频为切入》，《华中科技大学学报》（社会科学版）2020年第2期。

〔45〕 参见王利明：《论个人信息权的法律保护——以个人信息权与隐私权的界分为中心》，《现代法学》2013年第4期。

关或组织提起诉讼的情况下,国家公权力机关应承担公益诉讼的责任,提起诉讼追究侵权人责任,保护公共利益。第四,完善个人生物识别信息的各项国家技术标准,供执法机构与司法机构参考适用。

再次,个人生物识别信息的肆意收集和滥用往往带来严重后果,因此,要在保护与合理使用中寻找平衡点。如印度"Aadhaar 项目"从自愿收集转变到强制收集全体国民的生物识别信息纳入政府监管,但由于运行失误、法律保护不完善导致众多信息、隐私被泄露,侵犯了公民的权利,[46]甚至形成就业、医疗、教育等的歧视。当然,个人生物识别信息与技术的结合应用,确在公共安全和商业等领域有巨大价值,为公民生活带来安全保障与便利。如其在公共安全领域的应用,使公安机关捕获流窜数十年,身负数条人命的劳荣枝;[47]在国外,伦敦警察局开始运用人脸识别技术解决暴力犯罪等问题;[48]其在商业领域的应用,能够辅助验证身份,提升安全性与商业效率,降低成本。因此,相关法律与政策应在保护与合理使用间选择平衡点。第一,对于收集行为,应由法律明确授权基于何种目的可进行信息收集(如公权力机构为反恐需要、商业机构为实现更大商业价值等),公安部门或网信部门对信息处理主体进行登记及合法性审查。审查标准以合法正当、当事人知情同意、最小必要等为原则。同时,不定期审查信息处理主体是否依原登记范围处理信息,对违法者采取行政处罚或责令限期改正等措施,拒不改正可取消信息收集者的收集权限,封存、扣押收集设备及已收集的信息。第二,在信息的技术处理方面,相关机构必须在信息主体明示知情同意,在其所授权的范围内进行,不得超出授权范围。同时对于人工智能、大数据结合的应用,应根据不同主体、不同场景予以适当限制,防止滥用带来严重后果。信息处理主体应定期披露自己的行为,受公众和公权力机构监督。第三,在个人生物识别信息保管方面,应要求信息处理主体负有充分的注意义务,通过法律释明保管标准,并由监管机构积极引导信息处理主体的保管设施构建。未来修正《数据安全法》时,我们认为,对个人生物识别信息的安全保管应有详细规定。我国《数据安全法》已经于 2021 年 6 月通过,这对确立不同个人生物识别信息分级分类管理及风险评估、监测预警和应急处置等安全管理基本制度有重大参考意义。第四,在信息共享方面,原则上不得共享信息,共享范围必须为实现目的所需的最少的信息。同时,向信息主体事先明示共享目的、范围,并再次征得明示同意后才可进行,以避免旧金山"一刀切"的政策,或防止印度"Aadhaar 项目"导致肆意收集和滥用信息的情形。

最后,信息退出机制应当合理构建。2020 年新冠肺炎疫情期间,各省设立"健康码"大量收集并使用公民个人信息,进行疫情管控。"健康码是特别的,它

---

〔46〕 See Tathagata Satpathy, "The Aadhaar: "Evil" Embodied as Law (Article)", in *Health and Technology*, 7(2017), pp. 469-487.

〔47〕 参见张田勘:《劳荣枝身背 7 命潜逃 20 年,最终"败"给了大数据》,《新京报》2019 年 12 月 5 日,4 版。

〔48〕 See "London's Police Start Using Live Facial ID", in *Biometric Technology Today*, 3(2020), pp. 3, 12.

是第一个'基于手机'且'3D人脸识别'且'多场合人口管理'的措施。"[49]在疫情结束后"健康码"以及其中的信息该何去何从?广州、杭州等地已将"健康码"与生活息息相关的信息乃至电子病历等隐私、个人生物识别信息挂钩,期望实现常态化使用。[50] 在疫情这类特殊时期,公民让渡个人生物识别信息及相关私权利,配合国家管控是有必要的,但在社会常态下,公民个人生物识别信息被公权力机构运用在各方面于法无据。因此,个人生物识别信息处理应构建完善的退出机制。目前退出机制主要集中在信息主体的删除请求权上,但只有信息处理主体违反法律、法规或双方约定,才具有请求权基础。在实际生活中,信息主体通过明示同意授权其收集自己的信息后,除双方另有约定外,很难在约定期限内根据自己的需求选择退出主动获取生物识别信息。而在约定期限届满时,信息处理主体应当删除个人生物识别信息。为此,完善的退出机制应包含以下几方面:一是期限退出制,一旦期限届满,信息处理主体必须删除相关信息,禁止其以同意否则不提供服务的"二选一"方式强行要求信息主体同意延长期限;二是目的实现退出制,双方约定的目的一旦实现必须退出,授权行为目的实现,信息的继续持有保管没有必要;三是选择退出机制,该机制的实现需要法律赋予信息主体退出权,即在任何时间有足够的证据证明目的不能实现,信息处理主体有违反法律、法规或双方约定倾向时可选择退出;四是救济机制与删除请求权的基础相同,应赋予信息主体请求删除以及请求损害赔偿的权利。

五、个人生物识别信息处理主体的差异化规制路径

有了可行的综合立法体系后,需要区分不同的个人生物识别信息,以及不同信息处理主体,避免"一刀切"政策带来的不利影响。通过对个人生物识别信息的区分,能够基于信息的差异性给予更妥当的保护,而通过对信息处理主体的区分,则能够使信息保护与适用的矛盾得到化解,使得技术效用最大化,创造更大的价值。

(一)技术视野下"区分保护,目的考量"

科技发展可能促使全新制度的产生。利用个人生物识别信息的科学技术已经对现有规制体系产生重大影响,理应对此进行回应。如前所述,回应方式应综合考虑公民权利的保护与技术应用与创新的平衡。学者谓,在以公法规制为主的信息与数据保护立法中,法律制度所要防范和化解的主要是计算机与网络技术带来的风险。[51] 我们认为,对个人生物识别信息应"区分保护,目的考量"。

"区分保护"即根据个人生物识别信息的差异,给予不同程度的保护,对作为隐私权客体、非隐私权客体的个人生物识别信息进行区分保护——前者加强保

---

〔49〕 李厚辰:《健康码|被忽略的数字管控压力,以及它的来源》,https://mp.weixin.qq.com/s/xDKKicV22IBRGnNnNStOVg;更新时间:2020年4月7日;访问时间:2020年4月7日。

〔50〕 参见东原:《健康码要"漫游"也要"长游"》,《北京青年报》2020年3月26日,第A2版。

〔51〕 丁晓东:《个人信息私法保护的困境与出路》,《法学研究》2018年第6期。

护,后者鼓励利用。隐私权客体个人生物识别信息主要是指具有个人隐私属性的生物识别信息或与隐私极度相关的生物识别信息;非隐私权客体的个人生物识别信息则是敏感程度不高,不涉及个人隐私,一般社会主体认可利用的生物识别信息。对隐私权客体的个人生物识别信息应严格限制对其的技术处理行为。对于非隐私权客体的个人生物识别信息,其包含的利益对于信息主体而言属于非核心利益,信息主体如若利用此类信息获取相应的财产利益,不会造成相应人格利益的损害(如肖像权的部分让渡实现财产利益)。因此应当对二者采取不同等的区分保护。随着技术进展,个人隐私保护范围在扩大。以往不属于隐私的一些生物识别信息逐渐关联人格尊严和隐私等维度,因此个人生物识别信息是否为隐私权客体需要以动态的视角,结合社会发展、科技利用综合判断。

此外,"目的考量"即需要考量不同信息处理主体的目的与手段,确定信息利用是否合理。通过考察不同主体的目的,解决保护与使用的矛盾,在适度保护个人生物识别信息基础上,提升更大的公共目标与商业价值。"目的考量"应充分运用比例原则。个人生物识别信息处理多围绕三类目的:行政管理、商业营利及公共服务,这主要涉及公权力机构、商业机构、公共服务机构。一方面,对于公权力机构,应当通过比例原则限制公权力乃至国家权力对公民权利的侵害;〔52〕另一方面,对于后两者,其对个人生物识别信息处理等环节与信息主体进行约定,多属民法调整对象——平等的私人关系,但这多为形式上的平等,实际上常常因资源、能力等客观差异造成强势一方对弱势一方的单方强制,〔53〕此亦应通过比例原则的应用,对过于失衡的法益冲突进行矫正。〔54〕总体而言,比例原则有助于组织处理个人生物识别信息的目的是实现更大的经济效益或公共治理;手段具有适当性能促进目的的实现;运用个人生物识别信息,且无其他的损害更小的替代措施;增进的公共利益与造成的损害成比例。

个人生物识别信息的运用应贯彻"区分保护,目的衡量",差异化规制不同组织的权限。首先,对不同个人生物识别信息实行差异化保护〔55〕;其次,针对利用个人生物识别信息的不同主体目的进行考量,实现权限的差异化设置。通过差异化权限设置,满足不同主体对个人生物识别信息的不同需求,并防止过度信息处理,侵犯公民权利。学者认为,数据控制者违法处理数据,最突出的负面效应就是个人数据被泄露后造成的隐私权被侵犯的事实和随之而来的针对个人的精准诈骗。因此,对数据控制者的行为进行规制迫在眉睫。参考欧盟 GDPR 及《信

---

〔52〕 参见李海平:《比例原则在民法中适用的条件和路径——以民事审判实践为中心》,《法制与社会发展》2018 年第 5 期。

〔53〕 参见李海平:《比例原则在民法中使用的条件和路径——以民事审判实践为中心》,《法制与社会发展》2018 年第 5 期。

〔54〕 参见郑晓健:《比例原则在现代民法体系中的地位》,《法律科学(西北政法大学学报)》2017 年第 6 期。近年来,比例原则不再拘泥于公法领域,能够在一定程度上适用于私法,参见刘权、应亮亮:《比例原则适用的跨学科审视与反思》,《财经法学》2017 年第 5 期。

〔55〕 如前文所述,对可主动获取的个人生物识别信息,应给予更严格的保护标准。

息安全技术 个人信息安全规范》等，数据控制者是占有、管理大量数据或对大量数据的使用具有影响力的主体。[56] 这与本文“信息处理主体”近似。下文讨论信息处理主体差异化规制路径。

(二)公权力机构权限的差异化规制路径

公权力机构的行政行为复杂多样，依法行政理念要求其处理个人生物识别信息的权限需经监管机构审查其合法性与必要性。在合法性方面，公权力机构必须要有法规范的明确依据；在必要性方面，只有依靠个人生物识别技术与识别信息才能显著提高行政治理效率、降低社会成本，且未危及公民基本权利。诸如户籍登记、身份证查验等日常行政行为，常规方式已行之有效，公权力机构不应强制处理个人生物识别信息。通过“区分保护”，判定所要处理的个人生物识别信息应为非隐私权客体信息，或具有例外规定情形的隐私权客体信息；通过“目的考察”，对个人生物识别信息技术处理等环节的目的必须是为了公共安全(诸如突发紧急状态)等重要目标。同时，并非所有公共场所都可以公共安全等为名义处理个人生物识别信息，监管机构应当对其目的进行实质审查，防止以此为名号，肆意侵犯公民权利，[57]导致公民时刻处在被公权力机构监控的状态下[58]。因此，对信息的处理范围应由遵循最小必要原则，无关信息由法律规定不允许收集及进入后续技术处理和保管等环节。此外，公权力机构征得单个主体的授权同意较难实现，可通过张贴明显告示等方式公布收集目的、范围，进入该场所的信息主体则被视为作出默认授权。

在信息处理方面，公权力机构应依照法规范授权处理范围与处理方式。需要结合技术处理个人生物识别信息时，应限制技术大规模应用，防止技术滥用带来严重的后果。

在信息保管方面，依照法律释明的保管标准，履行注意义务，一旦造成信息泄露，对相关责任人员、责任单位进行惩罚。如相关组织或个人不具备保管条件，应委托给专门保管机构，确保信息安全。同时可参考适用 2020 年版《信息安全技术 个人信息安全规范》及《数据安全法》的相关规定，不储存原始个人生物识别信息。

---

〔56〕 参见黄震、蒋松成:《数据控制者的权利与限制》,《陕西师范大学学报》(哲学社会科学版)2019 年第 6 期。

〔57〕 2020 年美国弗洛伊德事件中，亚马逊研发的 Rekognition 面部识别软件本应用于为犯罪受害者辩护，但这项技术却被警方滥用，造成弗洛伊德事件中的种族偏见致使其被“跪杀”。公权力机构应当反思此类案件，慎用生物识别信息。See Ari Levy & Lauren Hirsch,“Amazon Bans Police Use of Facial Recognition Technology for One Year”,at https://www.cnbc.com/2020/06/10/amzon-bans-police-use-of-facial-recognition-technology-for-one-year.html,Last visited on June 10,2020.

〔58〕 欧美国家对人脸识别信息的公共使用，使民众产生被国家“监控”的忧虑。参见商希雪:《生物特征识别信息商业应用的中国立场与制度进路——鉴于欧美法律模式的比较评价》,《江西社会科学》2020 年第 2 期。这是当地人脸识别信息被高度限制的重要原因。

在信息共享方面,应禁止公权力机构同商业机构或公共服务机构信息共享。[59] 首先,如允许信息共享,公权力机构可能难免沦为商业机构、公共服务机构获取信息的渠道;其次,公权力机构处理个人生物识别信息均有特定目的,与商业机构、公共服务机构的目的多不相符;最后,公权力机构信息处理范围更加广泛,若允许信息共享,易侵犯信息主体权利。公权力机构之间的信息共享,除非确有必要,且共享提升公共利益,才可依最小限度原则,经告知并获信息主体同意后实施。这是由于各公权力机构为公共安全等利益的实现,可能需要调用同一信息,反复收集信息增加社会成本,给信息主体带来不必要的麻烦。

退出机制方面,应做到期限届满必须退出,目的实现必须退出,信息处理主体违反法律、法规或双方的约定时应退出,侵权发生时退出与赔偿损害。

以上五个方面,若信息处理主体违规,监管机构应向公权力机构提出整改意见,或视情节依据法律采取相应惩罚措施。当需要对信息主体提供司法救济时,对公权力机构的侵权行为应适用无过错责任原则,因为公权力机构,在财力、技术、举证能力和诉讼能力方面都远远强于被侵权的个体,[60]通过无过错责任原则能更好平衡公权力与个体之间的差异,有利于个体权利得到救济。

(三)商业机构权限的差异化规制路径

这里所谓的商业机构分为两类,一是研发生物识别信息技术的商业机构,二是运用此类技术的商业机构。技术通常被认为是中性的,但生物识别信息技术具有很强的倾向性——识别个人身份,甚至解析个人隐私信息,此类技术天然具有侵犯他人权利的风险。我们认为,这类技术研发机构均应由公安机关备案、核查,技术运用途径应受到严厉管控。对技术运用类商业机构,其处理的信息以非隐私权客体信息为一般原则;应当确定商业机构处理行为符合比例原则,确保为了维护更广泛群体的利益或实现更大的商业价值而必须使用个人生物识别信息,处理此类信息造成的损害是最小的且与增进的利益成比例。

对技术运用类商业机构,在具体操作方面,一是信息收集应有法律明确授权,经专门机构登记或备案。对外公开收集与处理规则,明示收集、处理目的,方式与范围,征得信息主体同意。如信息主体不同意个人生物识别信息被处理,商业机构必须同时提供替代措施,不得以“二选一”的方式拒绝提供服务,侵犯消费者权益。二是信息技术处理应按登记或备案的内容、法规范授权范围及对外公开的规则进行。定期披露处理行为是否合规,并接受公众、监管机构和行业协会等的监督。对于技术的结合使用,应在处理规则中明确注明征得同意后,适当利用人工智能和大数据对已经初步处理过的个人生物识别信息进行使用,不得使用原始生物识别信息。三是信息保管方面,除参照适用公权力机构的权限限定

---

[59] 《公安机构指纹信息工作规定》第4条要求“未经县级以上公安机关负责人批准,不得向公安机关以外的单位或者个人提供指纹信息和其他相关信息”。这种禁止信息共享应作为一般原则,在未来立法中建议扩展到各类个人生物识别信息,落实公权力机构对公民隐私的保护义务。

[60] 参见叶名怡:《个人信息的侵权法保护》,《法学研究》2018年第4期。

部分保管机制外，还应由各行业根据行业状况制定相应的信息保管规则。四是信息原则上禁止共享，因技术需要，经单独明示共享内容、范围或信息主体明示同意后方可共享。五是退出机制同公权力机构权限限定。

商业机构同公权力机构在信息处理方面存有差异，原因是二者根本目的（公共利益与商业利益）及法规范授权不同。在信息收集方面，商业机构的信息主体授权行为标准高于公权力机构，需信息主体明确同意与授权，通过此类限制，防止商业机构肆意侵犯信息主体的权利；[61]在信息技术处理方面，商业机构需要受到更多监督，技术结合使用方面被合理放宽，因为其在商业活动中使用技术进行相关数据挖掘，实现利益和商业价值；在信息保管方面，商业机构应遵循行业协会制定的保管条例，行业不同，信息处理、技术的结合大相径庭，公权力机构的保管机制值得商业机构借鉴，若参照行业协会制定的自律章程，或许能更加契合商业机构的特征与行业普遍情形。

对商业机构的侵权行为应当适用过错推定原则。一方面，商业机构难以借助公权力获得更多便利，其处理的个人生物识别信息经由个体同意，是获得个体授权的行为，因此无过错责任原则不适用于商业机构；另一方面，商业机构财力、技术、举证能力与诉讼能力通常同公权力机构一样——远远高于个体，如若适用过错责任原则，将举证责任归于个体，这种责任于个体而言未免过重。因此，针对商业机构的侵权行为应当适用过错推定原则，当个体主张商业机构具有侵权行为时，后者应当提供合理的抗辩理由，证明其在以上几方面并无过错。

（四）公共服务机构权限的差异化规制路径

提供一定范围公共服务的机构，如学校、图书馆或小区物业，均可以通过其他身份信息进行正常管理，如要求进出人员出示身份证、借阅证或小区门卡等各类 ID 卡。因此，原则上不应允许此类机构处理个人生物识别信息。原因在于：其一，此类公共服务机构只是实施有限范围的管理，其管理或服务对象多属于特定范围，不涉及公共安全或重要的商业利益。公共服务机构以实现公共利益为由而收集、处理个人生物识别信息，其必要性不充分，所增进的公共利益与其所造成的信息主体的权利让渡难成比例，不符合前述比例原则。其二，与商业机构不同，公共服务机构对个人生物识别信息的处理程度低，多用于识别此人是否匹配库内已有的人员信息。在实际操作中，身份信息匹配可通过统一发放 ID 卡（此类卡中已记载了人员身份信息，足以用于身份信息核对）完成，相较于个人生物信息识别技术，各类 ID 卡在过去多年行之有效。公共服务机构可以通过已有措施完成识别身份等工作，因此不应允许其处理个人生物识别信息。否则，这些信息主体被迫让渡个人信息权、肖像权或隐私权，未带来更大效益，却引发种种

---

〔61〕 有学者提出，企业使用生物识别信息应支付费用，使得信息收集企业不得不考虑获取生物识别信息的“必要性”，无形之中促进了对生物识别信息安全的保护。参见刘越：《论生物识别信息的财产权保护》，《法商研究》2016 年第 6 期。我们认为，该建议对限制当前一些商业机构过度处理个人生物识别信息有参考价值。

风险,得不偿失。其三,使用生物识别技术将增加公共服务机构的设备成本与维护成本,造成资源浪费。其四,未来立法对个人生物识别信息保管有很高的标准,公共服务机构信息收集与保管机制安全程度有限,在防范信息外泄等风险方面,缺乏公权力机构与大型商业机构的设备基础与内控机制,信息泄露的潜在风险更大。其四,若允许公共服务机构收集和处理个人生物识别信息,需要由监管机构对其全面监管,在收集前需要由公安部门和网信部门等进行登记、审查和批准,信息收集及后续处理过程需要相关监管部门监管。一个小型城市可能就有成百上千个公共服务机构,对其监管及合法性的审查将使公安部门和网信部门的监管义务大大增加,这种社会成本的增加将削弱技术使用带来的管理便利。

如公共服务机构处理个人生物识别信息,侵害了信息主体权利,在对信息主体司法救济时,应对公共服务机构同样适用过错推定责任,原因与商业机构相同,由于其难以获得公权力的便利,不能适用无过错责任原则,但由于其是机构或组织,能力通常高于个体,应适用过错推定原则。

六、结语

对于个人生物识别信息的利用问题,法律与政策不能一味保护或限制。但当前滥用生物识别信息已成为严峻的社会问题,应及时通过立法,对收集、处理、保管和共享个人生物识别信息构建完善的法律,确保相关数据安全。构建完整的综合立法保护体系,应修改《个人信息保护法》,在其中设立个人生物识别信息的专门章节,来妥善保护个人生物识别信息;还需要通过行政法律、民事法律、刑事法律、国家技术标准等的完善,全方位构建权利义务体系,共同对个人生物识别信息处理行为进行有效规制;在此基础上,兼顾保护与合理使用,在保护与使用之间寻求平衡,防止"一刀切"政策,及疏于保护致使危害情形的产生。

对信息处理主体则要进行差异化规制,个人生物识别信息应以"区分保护,目的考量"为策略,以动态的视角结合社会发展、科技利用判断个人生物识别信息间的差异,区分所要收集、处理的信息的法律属性,据此进行不同程度的保护与利用。此外,还应对不同信息收集主体的目的进行相应考量,结合比例原则,审查不同主体信息处理的目的正当性、手段适当及其必要性,通过差异化方式,规制不同个人生物识别信息处理主体对个人生物识别信息的处理权限。对于公权力机构来说,其所要处理的个人生物识别信息应为非隐私权客体信息,或具有例外规定情形的隐私权客体信息,处理等环节的目的必须是为了公共安全等重要目标;就商业机构而言,应当区分其不同性质,对诸如人脸识别等技术研发类商业机构应当通过备案、核查进行严格管控,对技术运用类商业机构应当以处理非隐私权客体信息为一般原则;对于公共服务机构,原则上不应允许其处理个人生物识别信息,因为其可以通过损害更小的替代方式进行相应的管理行为。

Comprehensive Legislation and Differentiation Regulation: A Research on the Protection of Personal Biometric Information

DENG Jianpeng PANG Bo

Abstract: With the rapid development of big data and artificial intelligence technology, a large number of biometric information can be directly gained and processed by others without the conscious cooperation of information subjects, and the behavior of abusing biometric information is also increasingly serious. It is difficult for the information subject to change the information afterwards to prevent the subsequent damage, and there are great risks, so it needs to be strictly protected by law. However, the current law and regulatory mechanism is not perfect, it is necessary to adopt a uniform legislation and special legislation in a timely manner, build a comprehensive legal protection mechanism, juggle protection and rational use. And based on the theory of "distinguish protection, examine purpose", should establish differentiated regulations about the processing permissions of biometric information for different organizations.

Key Words: Biometric Information; Facial Recognition; Information Right; the Safety of Data; Differentiated Regulation

我国著作权立法中转换性使用理论的引入

虞婷婷*

摘　要　转换性使用契合合理使用促进文化层累、维系表达自由以及克服市场失灵的规范意旨，因此转换性使用的引入有其合理性。为缓解适用层面的模糊性，需要厘清转换性使用的范畴和地位。就范畴而言，转换性使用包括目的转换与内容转换，我国《著作权法》中既有的“适当引用”条款属于目的转换，但不能涵摄转换性使用的全部范畴。就地位而言，在合理使用分析中转换性因素通常优于商业性因素和质量因素，但仍需与市场影响因素综合考量。在此基础上，我国《著作权法》可供选择的路径有二：其一，新设合理使用兜底条款，在兜底条款项下解释转换性使用；其二，以转换性使用的实质内容修改“适当引用”条款，使该项合理使用类型更具弹性。

关键词　合理使用；转换性使用；兜底条款；适当引用

目　次

* 虞婷婷（1994—），清华大学法学院博士研究生，主要研究方向：知识产权法。

一、问题的提出

转换性使用最早由美国法官 Leval 提出，其认为在判断合理使用第一个因素（使用的目的和性质）时应当注重二次使用是否以及在多大程度上具有转换性。[1] 美国联邦最高法院在 1994 年的 Campbell 案中应用了这一理论，并指出转换性的认定需要考察二次使用仅仅是对原作的替代还是增加了一些新的东西，具有进一步的目的（purpose）或不同的性质（character），用新的表达（expression）、意义（meaning）或信息（message）改变了原作。[2] 经过大量司法判例的经验累积，转换性使用逐渐成了美国合理使用判定中的一个重要因素。

我国完全封闭的合理使用立法在面对一些新型的作品二次利用行为时往往显得捉襟见肘，而转换性使用的引入对于缓解合理使用的僵化有重要作用。目前，我国法院在“数字图书馆”[3]“比例缩小图”[4]“缩略图”[5]等案件中直接进行了转换性使用分析。但在立法没有明确规定转换性使用之前，法院直接引入转换性使用这一概念来认定合理使用，显然有脱离本土法源进行法官造法的嫌疑。[6] 通过解释“适当引用”条款间接引入转换性使用虽然能摆脱这一嫌疑，[7] 但是否能涵括所有的转换性使用类型仍未可知。因此，在立法层面引入转换性使用仍然值得探索。而我国学界反对引入的声音却不绝于耳，在这些反对理由中，转换性使用的模糊性是最受诟病的。[8] 一方面，转换性使用本身如何界定十分困难；另一方面，转换性因素与其他因素的关系也不够明晰，这又加剧了其适用的难度。基于此，笔者希望在立法层面引入转换性使用理论，同时尽可能克服其适用上的不确定性。本文第一部分将分析转换性使用的合理性，主要考察其与合理使用规范意旨的契合度，从而在理论层面初步证成转换性使用引入的正当性；接下来将界定转换性使用的内在范畴（转换性使用本身如何界定）与外在地位（与其他因素的关系），从而使其在实践层面具有可操作性。在范畴和地位明晰的基础上，本文最后一部分将构建符合本土实际的转换性使用规则，并修缮我国合理使用的相关条款。

二、转换性使用的合理性

著作权合理使用制度之所以被立法者肯认，就在于其具有促进文化层累、维

---

[1] See Pierre N. Leval, “Toward a Fair Use Standard,” in *Harvard Law Review*, 103(1990), p. 1111.

[2] See Campbell v. Acuff-Rose Music, Inc. , 510 U. S. 569, 579(1994).

[3] 参见北京市第一中级人民法院（2011）一中民初字第 1321 号民事判决书。

[4] 参见广州市南沙区人民法院（2016）粤 0115 民初 4345 号民事判决书。

[5] 参见上海知识产权法院（2020）沪 73 民终 30 号民事判决书。

[6] 参见熊琦：《“用户创造内容”与作品转换性使用认定》，《法学评论》2017 第 3 期。

[7] 参见上海知识产权法院（2015）沪知民终字第 730 号民事判决书和广东省佛山市中级人民法院（2015）佛中法知民终字第 159 号二审民事判决书。

[8] 参见谢琳：《论著作权合理使用的扩展适用——回归以市场为中心的判定路径》，《中山大学学报》（社会科学版）2017 年第 4 期。周贺微：《美国转换性使用转型及对我国的借鉴》，《新闻界》2019 年第 4 期。刘水美：《扩张合理使用目的法律适用新规则》，《知识产权》2019 年第 8 期。

系表达自由以及克服市场失灵的制度功能，而我国著作权立法欲引入转换性使用，也需要从以上三个维度分析其是否契合合理使用的规范意旨。

(一)促进文化层累

著作权法的立法宗旨在于促进文学、艺术和科学的繁荣，为实现这一宗旨，不仅需要保护权利人的著作权和相关权，还需要确保公众对原作品的合理使用得以实现。正如美国学者 Patterson 和 Lindberg 所言，著作权的本质除创作者享有的“作者权”和投资者享有的“出版权”以外，还包括“使用者权”以服务于著作权法实现公共福利的社会目的。〔9〕 著作权法一方面通过保障权利人的著作权实现初次创作激励，另一方面又通过合理使用制度实现二次创作激励，从而保障文化产品源源不断地涌现。今人的创作动机受惠于前人作品的启示，现实的创作素材来源于前人作品的奉献，而这些使用得益于合理使用制度。〔10〕 合理使用作为平衡专属垄断利益与公众文化参与利益的重要工具，能够帮助艺术界和创作者自由使用已有材料，促进微创新和后来创作的发展。〔11〕 事实上，在文学艺术作品的创作中，几乎没有什么东西是完全新颖和原创的，每一份在后作品都或多或少地借用了在先作品的某些元素，即便这些元素可能是受著作权法保护的表达。在转换性使用的情形下，新作品虽然借用原作品的相关元素，但产生了不同于原作的新表达、新意义与新信息，从而改变了原作，这种富有创造性的作品二次利用行为恰恰与合理使用促进文化层累与繁荣的终极目标高度契合。

(二)维系表达自由

对于使用者而言，合理使用不仅是一项民事利益，其本质是公民获取信息、表达自由、受教育权等宪法基本权在著作权法中的具体体现。正如有学者指出的，“合理使用虽然在平等主体之间具有普通民事权利的水平效力，但其根本的效力源头应该是基本法而不是版权成文法，其本身应属于宪法自由权在版权法领域的体现”。〔12〕 我国《宪法》第 35 条规定，“中华人民共和国公民有言论、出版、集会、结社、游行、示威的自由”，其中“言论自由”就是表达自由这项宪法权利的立法确认。合理使用的制度功能就在于其能以某种方式防止著作权法阻碍具有社会价值的思想和信息的使用，而言论自由正是一种具有社会价值的使用。对合理使用予以肯定也就旨在保障每个公民宪法上的表达自由。而产生新表达、新信息与新意义的作品二次使用行为亦与表达自由息息相关。二次使用作品的主体应当被定性为使用者而非消费者，根据美国学者科恩的观点，“使用者”不同

---

〔9〕 L. Ray Patterson, Stanley W. Lindberg, The *Nature of Copyright: A Law of User's Right*, Athens: University of Georgia Press, 1991, pp. 191-200.

〔10〕 吴汉东:《著作权合理使用制度研究》，中国人民大学出版社 2013 年版，第 45 页。

〔11〕 詹艳:《版权法之困境与出路——以文化多样性为视角》，西安交通大学出版社 2016 年版，第 218—222 页。

〔12〕 宋慧献:《版权保护与表达自由》，知识产权出版社 2011 年版，第 331 页。

于“消费者”,“消费者”仅关注大众对文化产品的被动接受和消极作用力,而“使用者”一词更为强调大众在文化互动过程中的积极参与和主导性推动作用。[13] 二次使用行为所展现的新的表达或者新的意义是参与式文化所不可或缺的支柱,其本质就是自我表达的实现,是表达自由的彰显。

(三)克服市场失灵

在著作权交易市场上,如果使用者与权利人能够通过共识性交易(consensual bargain)实现作品的利用,合理使用制度也就没有存在的必要了。当这种共识性的交易因为某些情形的出现被打破时,作品将无法通过自愿交易得到最有效的利用,最终导致市场失灵(market failure),此时合理使用就有介入的必要,即使用者无须事先与权利人进行自愿磋商,在未给权利人造成实质性损害的前提下也无须向其支付报酬。根据 Gordon 教授的分析,引发市场失灵的情境一般表现为市场障碍如高交易成本、正外部性无法内部化以及权利人的反传播动机(anti-dissemination motives)。[14] 转换性使用通常体现了高交易成本或权利人的反传播动机。高交易成本的典型代表就是数字图书馆,由于图书的作者成千上万,不少还是孤儿作品,谷歌一一识别收录图书的权利人并与之进行谈判的交易成本将高得令人望而却步。但需要注意的是,基于交易成本的市场失灵可能会因为技术的发展(授权市场的完善)得到治愈。权利人的反传播动机主要表现为戏仿或以其他形式对原作的批评,当权利人拒绝授权是出于限制信息流动的动机时,合理使用若不介入将会减损公共利益。此时社会将缺乏公正和批判性的评论,信息不对称问题就会产生,同时还会抑制评论者的言论自由。[15] 但即便理论上存在反传播动机的可能性,也不排除权利人有可能愿意在事前达成许可,所以法院仍有必要考察被告事先是否向原告寻求过授权。正如在 Campbell 案中,被告用粗俗、下流的语言改变了原告的歌词,在侵权诉讼之前,被告曾有意向原告获得许可,但由于价值取向的改变不符合原告的意愿,因此正常的授权许可实际上是不可能的。而美国联邦最高法院在该案中亦作出如下陈述:“原作者不太可能授权对自己作品进行批判性评论或讽刺,将使得这些用途(批评原作)从潜在的许可市场中被移除。”[16]在这种背景下,承认其合理使用属性对于缓解市场失灵有着重要的作用。

三、转换性使用范畴的界定

根据已有的代表性判决,转换性使用有目的的转换(purposive transformation)

[13] Julie E. Cohen,“The Place of the User in Copyright Law”, in *Fordham Law Review*, 74(2005), p. 347.

[14] See Wendy J. Gordon, Fair Use as Market Failure: A Structural and Economic Analysis of the Betamax Case and Its predecessors, *Columbia Law Review*, 82(1982), p. 1615.

[15] Jiarui Liu,“An Empirical Study of Transformative Use in Copyright Law”, in *Stanford Technology Law Review*, 22(2019), pp. 229-230

[16] See Campbell v. Acuff-Rose Music, Inc., 510 U. S. 592(1994).

与内容转换(*physical transformation*)之分。[17] 前者是指二次使用具有与原作不同的新目的或功能,后者则是指二次使用增加了新的表达或以其他方式改变了原作的内容。值得注意的是,虽然存在目的转换与内容转换的区分,但在实践中二者并非完全割裂,不排除某些使用行为兼具内容转换与目的转换的属性。如 Campbell 案中的戏仿(parody),[18]一方面,原作的内容在新作品中并不再展现其原有的艺术美感,而是作为评论原作或支撑二次创作者观点的工具,这是目的转换,另一方面,新作品在借用原作元素时往往也会增添新的表达,并使之呈现与原作不同的意义,这是内容转换。有学者指出,转换性使用可以在既有的"适当引用"条款下进行解释。[19] 本文接下来将对目的转换与内容转换进行详述,意在说明,如果转换性使用的全部范畴都可以为"适当引用"所涵括,那么立法层面的变革就没有必要了,我们只需要扩张解释既有的"适当引用"条款即可,否则仍需要在立法中引入转换性使用。

(一)目的转换

目的转换主要考察的是新作品对原作品的使用是否具备新的目的或功能,具体而言,可以分为两类。一是未产生新作品的目的转换。在根本没有新作品产生的背景下,使用他人作品构成合理使用也只能在目的或功能上发生转换,搜索引擎的数字图书馆或缩略图等服务是此类目的转换的典型代表。早在 2011 年的王莘诉谷歌案中,北京市第一中级人民法院在判决中就指出,被告所采取的片段式提供作品的方式,并未实质性地再现原告作品的表意功能,且又在较大程度上实现了相应图书信息检索功能的情况下,这一行为已构成对原告作品的转换性使用。[20] 而在陈红英诉奇虎公司信息网络传播权纠纷案中,上海知识产权法院虽然否定了本案特定的 360 图片搜索的合理使用抗辩主张,但该院亦认为,一般意义上,搜索引擎服务提供商提供缩略图的目的并非提供缩略图本身,而在于向用户提供搜索结果,缩略图本身即系指向原图的链接,系对于原图链接的更为直观的展现形式,故缩略图在此具有转换性使用的功能,提供缩略图行为旨在更好地服务于搜索引擎功能的发挥,该种缩略图提供行为一般可以认定构成合理使用。[21] 二是产生了新作品的目的转换。这种情形下,二次创作者虽然使用他人作品创作出了新的作品,但新作品却并未展现原作品本身的文学艺术价值,

---

〔17〕 See Jiarui Liu,"An Empirical Study of Transformative Use in Copyright Law",in *Stanford Technology Law Review*,22(2019),p. 204

〔18〕 Matthew Bunker 和 Clay Calvert 将转换性使用分为三类:新的目的(new purpose),创造性蜕变(creative metamorphosis)以及新洞见(new insight),其中前面两种刚好对应目的转换与内容转换,而最后一种则兼具目的与内容转换,尤其指向戏仿这一类评论原作的艺术作品。See Matthew Bunker and Clay Calvert,"The Jurisprudence of Transformation: Intellectual Incoherence and Doctrinal Murkiness Twenty Years After Campbell v. Acuff-Rose Music",in *Duke Law & Technology Review*,12(2014),pp. 103-117.

〔19〕 熊琦:《著作权转换性使用的本土法释义》,《法学家》2019 年第 2 期。

〔20〕 参见北京市第一中级人民法院(2011)一中民初字第 1321 号民事判决书。

〔21〕 参见上海知识产权法院(2020)沪 73 民终 30 号民事判决书。

而往往是为了评论、介绍原作或者说明某一问题，即我国既有的“适当引用”情形。在介绍、评论或说明问题类的“适当引用”情形下，原作品在新作品中并非重复其原来的使用目的，而是作为一种论据或者依据，在文义上符合目的转换的构成。在我国《80后的独立宣言》著作权纠纷案中，被告在其电影海报中使用了“黑猫警长”和“葫芦娃”这两个卡通角色的完整外在形象以及角色名称，并用于商业化宣传，原告诉称其构成著作权侵权。对此，上海知识产权法院指出，在电影海报中使用上述卡通角色不是单纯地再现其原有的艺术美感和功能，而是反映一代人共同经历80年代少年儿童期，因此，这两个角色在新作品中具有了新的价值、意义和功能，具有转换性，属于“说明某一问题”性质的合理使用。〔22〕在中山医院照片案中，法院也认为，引用他人已发表作品要构成对作品的合理使用，引用人对作品的使用应当是间接性、辅助性的，被引用作品的功能或价值在新的作品中应当发生改变或转换。〔23〕随着数字技术与信息技术的发展，日益增多的引用型剪辑也属于目的转换，如《虫哥说电影》等以评论电影、电视为主题的剪辑作品，此类作品在使用目的上是为了向观众简要讲述影视作品的概要，并通过抒发个人观点提供观影指南，而不是再现原作品的艺术美感。

（二）内容转换

内容转换强调在原作元素的基础上增添新的表达，改变原作内容，使新作品产生不同于原作的含义或理解，但新作品未必与原作品具有不同的目的。内容转换又被美国学者称为“创造性蜕变”(creative metamorphosis)，意味着将原作的元素作为新的艺术创作的一部分，不要求以任何方式评论原作。〔24〕内容转换主要有以下三个类别：挪用艺术(appropriation art)、同人创作(fan fiction)以及借用型的重混创作(remix)。挪用艺术作品和原美术、摄影作品都属于艺术表达，以内容表达传递创作者的思想，使公众取得视觉感官上的愉悦且创作目的一致，挪用艺术作品所改变的不是创作的目的，而是原作品的内容、艺术风格以及旨在表达的含义。〔25〕而借用原作人物角色等要素创作的同人作品也是如此，同人作品与原作品均服务于文学艺术的呈现目的，或者说都具有娱乐和表达(entertainment and expression)的相同目的，〔26〕因此同人创作很难构成目的转换，但在功能和目的不变的情形下同人创作仍有可能纳入内容转换性使用范畴，其具有与原作品完全不同的基本表达，通常能够体现出与原作不同的信息与理解，

---

〔22〕参见上海知识产权法院(2015)沪知民终字第730号民事判决书。

〔23〕参见广东省佛山市中级人民法院(2015)佛中法知民终字第159号二审民事判决书。

〔24〕Matthew D. Bunker, Clay Calvert, “The Jurisprudence of Transformation: Intellectual Incoherence and Doctrinal Murkiness Twenty Years after Campbell v. Acuff-Rose Music”, in *Duke Law & Technology Review*, 12(2014), p. 106.

〔25〕华劼：《版权转换性使用规则研究——以挪用艺术的合理使用判定为视角》，《科技与法律》2019年第4期。

〔26〕Brian Sites, “Fair Use and the New Transformative”, in *Columbia Journal of Law & the Arts*, 39(2016), p. 539.

这即是内容转换的意旨所在。借用型的重混创作不同于引用型的剪辑，在用户创造内容(UGC)日益繁荣的网络环境下，二次创作者通过截取多部影视作品的动态画面，去掉原作品的字幕和声音，加上创作者自己的配音和新的字幕，同时添加符合场景的背景音乐，通过新的配音、字幕以及创造性的剪辑，重混作品展现出与原作截然不同的新故事，但不介绍、评论原作，也没有说明某一问题，仅是为了创作新作品，展现新的表达。

与目的转换的明确性相较，内容转换要在多大程度上改变原作才会产生新的表达、意义或信息却是模糊的，也更难被认定为合理使用。有学者对美国涉及转换性使用的判例进行实证研究发现，构成目的转换但非内容转换的，一半以上被认定为合理使用；但构成内容转换而非目的转换的，只有三分之一被认定为合理使用。[27] 这表明，目的转换比内容转换更容易被认定为合理使用。而不少学者也指出，承认内容转换将会剥夺版权人的演绎权，因此转换性使用应当仅指向目的转换。[28] 但笔者认为，在界定转换性使用的范畴时，内容转换与目的转换同样重要，不能因为模糊性就贸然将之排除在转换性使用范畴之外，为了减少不确定性而放弃一整类艺术表达是得不偿失的。首先，一些只包含内容转换的使用行为对科学的进步和艺术的繁荣都有促进作用，完全契合著作权法的宗旨，显然应当纳入合理使用范畴。以视觉挪用艺术为例，其艺术价值逐渐被越来越多的人所重视，如果一律否定其合理使用属性，将会严重损害艺术的进步。尽管目的转换在大规模数字化浪潮中日益受到重视，但我们不能因此就否定司法者确立转换性使用的初衷——改变原作内容，增添新的美感、信息和意义，促进文学艺术的繁荣。其次，内容转换与演绎行为并非完全不可分。内容转换主要考察的是新作品是否在借用原作品元素的基础上增添了新的理解或信息，而这种“增添”或者“转换”不同于保留原作基本表达的演绎。[29] 虽然演绎也是在原作品基础上进行的新的创作行为，新的创作自然意味着会增加新的内容，如小说改编成电视剧、游戏或者动漫。但无论形式如何变化，演绎作品都应与被演绎作品的基本内容与基本精神相一致，其本质还是在于再现原作者表达出来的思想情感，并不属于转换性合理使用。而在内容转换的情境下，新作品与原作品虽然都服务于文学艺术的呈现，但新作品却改变了原作的基本表达，蕴含了一种新的理解或者信息传递。正如有学者所言，转换性使用要求的内容转换不仅改变了原作品，而且增加了新的表达方式、含义和信息。[30] 最后，即便内容转换与作品演绎行为确实存在一定程度的交叉，一些转换性程度较低的二次作品确有可能落入原作

---

〔27〕 Jiarui Liu, “An Empirical Study of Transformative Use in Copyright Law”, in *Stanford Technology Law Review*, 22(2019), p. 205..

〔28〕 R. Anthony Reese, “Transformativeness and the Derivative Work Right”, in *Columbia Journal of Law & the Arts*, 31(2008), p. 467.

〔29〕 在我国法律制度语境下，演绎作品(我国著作权法中的改编作品)必须保留原作品的基本表达。参见王迁：《著作权法》，中国人民大学出版社 2015 年版，第 123 页。

〔30〕 华劼：《版权转换性使用规则研究——以挪用艺术的合理使用判定为视角》，《科技与法律》2019 年第 4 期。

者演绎权的范畴，但承认内容转换有构成合理使用的可能并不会剥夺原作者的演绎权。正如私人复制，不可否认其具有较强的合理使用属性，但就其行为本身来看，私人复制也是复制，也落入权利人的复制权范畴，只是由于“私域”属性使其可能享受合理使用豁免。若私人复制超过了一定限度，对著作权人利益造成了不合理损害，其合理使用地位也会被动摇。内容转换虽然可能落入演绎权的控制范围，但只要我们不把转换性因素作为合理使用的决定因素，将之与商业性、市场影响等进行权衡（这需要进一步厘清转换性使用的地位），将符合条件的内容转换纳入合理使用范畴并不会损害原作者的演绎权。

三、转换性使用地位的厘清

Campbell 案后，转换性使用逐渐成为美国司法实践中合理使用分析的主要考虑因素，一旦被告的使用被认定为具有转换性，则最终构成合理使用的概率将大大增加，这一点也得到了刘家瑞（Jiarui Liu）最新实证研究的证实。但即便如此，从转换性使用的起源来看，其仅是第一因素“使用的性质和目的”下所应考量的要素之一。Leval 法官虽然非常重视“转换性”因素，但并未将之绝对化，其认为“转换性使用是合理使用的灵魂，找到支持这一因素的理由对合理使用抗辩是必不可少的，但也必须对其余因素进行权衡”。[31] 因此，我们需要厘清转换性使用在合理使用判定中的地位，具体而言，在第一个因素内部考察其与商业性的关系，在第一个因素外部则主要分析其与使用的质量以及市场影响的关系。虽然我国并没有采用因素主义立法，但我国的合理使用制度仍然避不开对转换性与商业性、使用质量以及市场影响关系的讨论。

（一）转换性因素优于商业性因素

虽然美国法院一直强调合理使用的四个因素应当综合考量而不能偏重某一因素，但事实上，美国最高法院通过 Sony 案[32]与 Harper 案[33]对合理使用作出了影响深远的判决：使用是否具有商业目的是判断合理使用的关键因素，任何未经授权的商业性使用将被直接推定为对著作权人专有权利之不合理剥削。为纠正对于商业性因素的过分倚重，自 Campbell 案开始，法院逐渐确立了以转换性为主的判定进路。如在 Suntrust Bank v. Houghton Mifflin Co. 案中，被告借用著名小说《飘》的主要角色并在此基础上新增了部分角色而创作了同人作品《风已飘逝》，虽然后者进行了商业出版，但美国联邦第十一巡回上诉法院却认为，新作品的视角和立场与原作不同，具有较强的转换性，满足合理使用。[34] 与大部分判例对商业性的漠视相比，美国学界仍有不少学者强调商业性的权重，理由大致如下：其一，商业性（营利与否）是美国《版权法》第 107 条明文规定的，而转换性

---

〔31〕 Pierre N. Leval，“Toward a Fair Use Standard”，in *Harvard Law Review*，103(1990)，p. 116.

〔32〕 See Sony Corp. of America v. Universal City Studios，Inc. ，464 U. S. 417(1984).

〔33〕 See Harper & Row Publishers，Inc. v. Nation Enterprises，471 U. S. 539(1985).

〔34〕 See Suntrust Bank v. Houghton Mifflin Co. ，268 F. 3d 1257(11th Cir. 2001).

使用则是法官造法，基于对《版权法》的文义解释，商业性应当优先于转换性；[35]其二，合理使用的最终旨趣在于平衡权利人利益与公共利益，而商业性使用与公共利益是相悖的；[36]其三，商业性使用不容易引发市场失灵，[37]且商业性使用通常会给原作者带来市场损害。在2018年的Fox News Network v. Tveyes案中，美国联邦第二巡回上诉法院就指出，被告TVEyes商业模式的成功证明了消费者愿意为搜索和浏览电视片段支付费用，说明存在一个合理的可开发的市场，而原告原本可以自己开拓这一市场，被告未经授权为用户提供的服务（允许用户搜索和观看选定电视片段），将影响原告的收入。[38]

然而上述三个理由并不完全经得起推敲，就美国版权法的解释而言，作为判例法国家，法官造法是美国判例传统，法官对转换性的倚重并非完全没有依据。更为重要的是，我国著作权法并未明确强调商业性的重要，因此这一障碍在我国并不存在。就商业性与公共利益的关系而言，二者并非水火不容。事实上，纯粹的商业行为与纯粹的公益行为是极为罕见的，身处当今商业社会中，对文艺作品的使用很难逃脱商业性，商业性使用也可能带来巨大的社会效益。谷歌就兼具商业与非营利性的教育用途，而这种非营利性的用途就是基于其对原作品功能的转换实现的。再看商业性与市场失灵或市场影响的关系，一般而言，非商业性情形下，被告的付费意愿和能力都比较低，但使用却可能带来较强的公益（正外部性难以内部化）或者授权引发的交易成本很高，因此非商业性使用引发市场失灵的可能性更大，但这不意味着商业性使用就不存在市场失灵了。的确，与非商业性使用相比，商业使用者的付费意愿相对较高，其对于高交易成本的容忍程度也会更高。但不能就此认为商业使用者的支付意愿一定会高于交易成本，从而克服市场失灵。商业性使用只是完善了二次使用者到终端消费者之间的授权机制，而传统市场失灵所关心的著作权人到二次使用者之间的授权机制并不因此建立。即便高交易成本的市场失灵最终得到克服，基于反传播动机引发的市场失灵仍然存在。以同人作品为例，即便被告商业化使用了，但同人作品的特殊需求，原作者基于反传播动机很难主动提供，也很难主动授权，共识性交易无法形成，市场失灵仍然存在。而商业性使用是否会给权利人带来市场损害也是不确定的，这一判断最好是交由市场影响因素来决定，不能认为被告只要商业化利用了，相关市场就一定是原告可以开发或授权的市场。

综上，我们可以得出的结论是不能赋予商业性过高的权重，不能"一竿子打死"所有的商业性使用。正如有学者所言，商业化也可以构成合理使用。合理使

〔35〕 Igor Slabykh, "Ambiguous Commercial Nature of Use in Fair Use Analysis", in *AIPLA Quarterly Journal*, 46(2018), pp. 301-302.

〔36〕 Abraham Belld, "Gideon Parchomovsky, The Dual-Grant Theory of Fair Use", in *University of Chicago Law Reviaw*, 83(2016), pp. 1056-1057.

〔37〕 Wendy J. Gordon, "Fair Use as Market Failure: A Structural and Economic Analysis of the Betamax Case and Its Predecessors", in *Columbia Law Review*, 82(1982), p. 1631.

〔38〕 See Fox News Network, LLC v. Tveyes, Inc., 883 F. 3d 180(2018).

用与否的关键在于:其一,二次使用是原作的补充还是替代。其二,是否存在市场失灵。[39] 基于此,更容易引发市场失灵、体现公共利益(文化层累+表达自由)的转换性通常应当优于商业性的考量,对于商业价值愈发明显的二次使用而言,确立“转换性优于非商业性”的考察视角,可以在权利保护范围内保证二次创作自由呼吸的空间。

(二)转换性因素不拘泥于使用的质量

美国版权法中合理使用判定的第三个因素就是使用部分的数量和质量,而数量与质量则直接反映了新作对原作的使用程度,如果某一行为对原作的使用程度越高,其最终被认定为合理使用的可能性也就越小。以借用原作虚构角色进行的同人创作为例,相对于整个作品而言,被借用的角色很大程度上是少量且非实质性的,但如果认为虚构角色可以单独受著作权法保护,那么同人创作者对相关角色的借用往往就是大量且具有实质性的,这样一来,“质量”因素对于被告所主张的合理使用就非常不利。由于同人创作中合理使用“质量”因素分析面临的挑战,Tushnet 教授建议,第三个因素“在创造性使用(productive use)环境中过于不确定,以至于不能赋予其过高的比重”。[40] 因此,在被告行为已经构成转换性使用的情况下,判定合理使用时不可过分拘泥于使用的数量与质量。被告是否借用原作中最具有价值的部分已非考量重心,法院考量的重点应当为被告所借用原作之部分是否超过为达转换利用所必需的质与量。而司法实践中还允许以目的转换为前提直接甚至完整地使用原作品,比如谷歌的数字图书馆就对原作品进行了全文复制,但与原作呈现的美学欣赏价值不同,谷歌却将其用以创建网络搜索数据库来提高检索效率。再如滑稽模仿,要实现讽刺、批判原作品的理想效果,就需要充分地借用原作品的重要部分。同人创作等内容转换虽不以评论原作为目的,但为了使原作在读者的脑海中产生并引起共鸣,二次使用必须充分利用原著的人物、情节或主题等相关元素,尽管这种利用是大量且实质性的,但如果其具有充分的转换性,不应妨碍其合理使用认定。

(三)转换性因素需与市场因素综合考量

合理使用判断中最具争议性的话题就是转换性因素与市场影响因素之间的关系,即合理使用究竟应当采用转换性使用范式还是以市场为中心的范式。转换性使用范式的支持者认为考察二次使用是否具有转换性,而不是简单地调查原作的市场是否受到损害,能够更好地实现版权法促科学和实用艺术进步的宗

---

〔39〕 Christina Chung, Holy Fandom, “Batman! Commercial Fan Works, Fair Use, and the Economics of Complements and Market Failure”, in *Boston University Journal of Science & Technology Law*, 19 (2013), p. 377.

〔40〕 Rebecca Tushnet, “Legal Fictions: Copyright, Fan Fiction, and a New Common Law”. in *Loyola of los Angeles Entertainment Law Journal*, 17(1997), p. 678.

旨。[41] 与此相对，主张以市场为中心的学者则认为市场驱动版权，虽然有必要了解二次使用对原作的转换性程度，但更重要的是分析其对原作市场的影响。[42] 也有学者认为二者并不存在本质区别，主张法院应着重于转换性使用的经济效果，看其对原作的市场影响，二次使用的转换性越强，就越有可能将市场损害降到最低。[43] 而在笔者看来，市场影响因素与转换性因素存在本质区别，且在合理使用判定中这两种因素必须结合起来，不能偏废其一。

首先，这两个因素的利益侧重点是不同的。市场影响因素关注的是二次使用对权利人的影响，而转换性使用则侧重于二次使用本身是否增添了新价值，这是文化层累、表达自由或检索便利等社会效益的集中体现。换言之，市场影响因素指向的是二次使用是否损害了权利人，转换性使用主要考察的则是二次使用是否繁荣了整个社会，而衡量二次使用是否构成合理使用需要综合这两个因素，比较二次使用给社会带来的收益是否超过了给权利人带来的损害。[44] 如果只关心二次使用的市场影响，会造成"一些既没有利于公益目的却也无法造成不合理的市场伤害的使用成为合理使用"[45]，而这并不能完全反映合理使用谋求社会福利最大化的目标。正如有学者所言，以市场价值来判断合理使用的确很重要，但它始终无法替代关于著作权"公共效用"之本体意义阐释的社会价值考量。[46] 相反，如果只关心转换性因素，则可能会不合理地减损权利人的创作激励。这是因为对作品的授权使用和未授权的使用都可能产生相同的社会效益，在此前提之下，授权使用则可以额外地激励创作者。[47] 如果二次使用损害了原作的市场利益，属于原作者本应授权的使用，即便其具有转换性（社会效益），也不应纳入合理使用范畴。

其次，即便这两个因素都会或多或少涉及权利人的市场利益，但二者指向的市场范围也并不完全重合。市场影响因素所考量的市场不仅包括原作的既有市场，还有潜在市场，后者指向一个"传统的、合理的或可能被开发的市场"（traditional，reasonable，or likely to be developed markets）[48]；转换性因素虽然也会考

[41] Aaron B. Wicker，"Much Ado about Transformativeness：The Seventh Circuit and Market-Centered Fair Use"，in *Washington Journal of Law，Technology & Arts*，11（2016），p. 378.

[42] Ashten Kimbrough，"Transformative Use vs. Market Impact：Why the Fourth Fair Use Factor Should Not Be Supplanted by Transformative Use as the Most Important Element in a Fair Use Analysis"，in *Alabama Law Review*，63（2012），pp. 635-637.

[43] Kelvin Hiu Fai Kwok，"Google Book Search，Transformative Use，And Commercial Intermediation：An Economic Perspective"，in *Yale Journal of Law & Technology*，17（2015），p. 283.

[44] 在网易诉华多案中，法院就指出，构成合理使用的转换性使用行为增进社会知识财富的贡献应超过对著作权人利益的损害。参见广东省高级人民法院（2018）粤民终 137 号民事判决书。

[45] 刘水美：《扩张合理使用目的法律适用新规则》，《知识产权》2019 年第 8 期。

[46] 李杨：《著作权合理使用制度的体系构造与司法互动》，《法学评论》2020 年第 4 期。

[47] Jiarui Liu，"An Empirical Study of Transformative Use in Copyright Law"，in *Stanford Technology Law Review*，22（2019），p. 227.

[48] See Am. Geophysical Union v. Texaco Inc. ，60 F. 3d 913，930（2d Cir. 1994）.

虑新作是否替代了原作市场，[49]但其更多地指向原作的既有市场而无法完全涉及潜在市场。即便二次使用具有转换性，不会替代原作的既有市场，但若对原作的潜在市场带来了实质性的损害，也不构成合理使用。在上海烛龙公司诉中电出版公司等著作权侵权纠纷案中，法院就认为："在游戏攻略中使用游戏画面具有一定的必要性和合理性。但涉案游戏攻略在市场上销售，势必会影响原告官方攻略的销售，对作品潜在市场和价值来说，无疑是不合理的损害，故未经计算机软件著作权人许可，商业性利用游戏画面出版游戏攻略不属于合理使用，构成侵权。"[50]本案被告并非单纯再现游戏画面本身的艺术价值或实现其功能、目的，而是通过增加新的内容，使这些影像具有了新的价值和功能，具有转换性，但由于不符合市场影响因素，最终也不会被认定为合理使用。

四、转换性使用理论的本土化

通过前述分析，我们对转换性使用的范畴及其在合理使用认定中的地位有了基本的认知，这种认知反过来也会影响我国著作权合理使用制度的构建。从我国目前的司法实践来看，不少法院已经在判决中展现了转换性使用的合理使用判定思维。在应对一些新型的作品利用行为时，法院并不简单以其不属于法定的合理使用类型而否定其合理使用属性，而是通过直接或间接地引用转换性使用理论将其认定为合理使用，从而缓解我国封闭式合理使用立法的僵化。但事实上，转换性使用并非我国著作权法明文规定的合理使用类型，我国目前的合理使用立法也是完全封闭的，法院的此种突破难以获得现行《著作权法》的支持，因此，我们仍然需要在法律制度层面予以变革使其"有法可依"。可供选择的路径有两条：一是新设合理使用兜底条款，实现合理使用开放式立法；二是改造既有的"适当引用"条款，从而在实质上确认转换性使用的合理使用地位。

(一)路径之一：新设合理使用兜底条款

比较法上，合理使用立法有开放式（又称"因素主义"立法）与封闭式（又称"规则主义"立法）之分。开放式立法以美国版权法为典型，立法上仅仅设定合理使用判断的综合考量因素，赋予法官在个案中较大的裁量权；封闭式立法以德国为代表，规定了详尽且穷竭的限制与例外类型，法官自由裁量的空间较小，法律的确定性程度较高，但难免出现僵化与滞后。事实上，随着数字技术与信息社会的不断发展，不少规则主义立法的国家都逐渐强调要对"著作权的限制与例外情形进行合目的之弹性解释而非严格的限制性解释"。[51] 反观我国《著作权法》第

---

〔49〕 Campbell 案中对转换性使用的定义为，"二次使用仅是对原作的替代还是增加了一些新的东西，具有进一步的目的或不同的性质，用新的表达、意义或信息改变了原作"。See Campbell v. Acuff-Rose Music, Inc. ,510 U. S. 569,579(1994).

〔50〕 参见北京市西城区人民法院(2010)西民初字第 18251 号民事判决书。类似的案例还可参见美国的《哈利波特词典》案。See Warner Bros. Entm't Inc. v. RDR Books, 575 F. Supp. 2d 550(S. D. N. Y. 2008).

〔51〕 参见李杨：《著作权合理使用制度的体系构造与司法互动》，《法学评论》2020 年第 4 期。

22条列举的12种法定情形，每一类情形的立法措辞都明确且往往限于特定的领域，在此基础上的解释空间已经非常小了，在这样的背景下，如果不设定一个兜底条款，一些新型的作品二次使用行为将很难免责。尽管开放式立法意味着法官自由裁量权的增大，但与彻底忽视部分公共利益相比，我们应该适度容忍。且从既有的司法实践来看，法官在认定新类型的合理使用行为时还是足够谨慎的，并不存在滥用自由裁量权不当损害权利人利益的倾向。

除对法官自由裁量的担忧之外，坚持封闭式立法的学者还以国际公约为例证，主张我国应当遵守TRIPS协定等公约设定的三步检验法（three-step test）的要求。所谓三步检验法，即二次使用应当限于特定的特殊情形（certain special cases）（第一步），不能与作品的正常利用相抵触（第二步），也没有不合理地损害作者的合法利益（第三步）。在反对兜底条款的学者看来，无论从国际公约还是从我国著作权法的合理使用制度来看，三步检验法都不是权利限制的一般性规定，而是对权利限制的再限制。〔52〕 著作权法规定的法定例外对应"特定的特殊情形"，意味着法院不得在列举的12项情形之外创设合理使用法源。〔53〕 质言之，三步检验法本身不能单独用以判断某一行为是否属于合理使用，而必须在该行为已经符合《著作权法》第22条列举的合理使用类型之后，再予以限定。〔54〕 在笔者看来，这一限制性的解释属于对三步检验法的误解。所谓的"特定且特殊情形"应当是要求国内立法不能将限制和例外普遍化，需限定为一些特定的公共政策领域，例如保护基本自由，保护特殊的公共利益，有关教育、获取信息的公共政策，消除市场失灵的需要，保护消费者的合法利益，禁止反竞争的行为，以及其他有关的公共政策。〔55〕 质言之，公约层面的限制与例外并未要求限于法律明文规定的情形，只要是有限的，符合公共政策即可。这样一来，设定合理使用的兜底条款就具备可能。具体而言，立法者可以在既有的12种类型之外，设定第13项："其他不影响作品的正常使用，也没有不合理地损害著作权人的合法权益的特殊情形。"这一规定既符合公约的要求，又促使我国合理使用类型走向开放化。当然，如果法院认为仅凭这一简单规定很难在个案中认定新的类型，可以制定相关司法解释，明确"其他特殊情形"的判定需要综合考量：（1）使用行为的目的和性质；（2）被使用作品的性质和特点；（3）使用作品内容的数量和质量；（4）使用行为对作品潜在市场或价值的影响。这种将四要素与三步检验法结合在一起的判

〔52〕 参见谢晴川、何天翔：《论著作权合理使用制度的开放化路径——以"中间层次"一般条款的引入为中心》，《知识产权》2019年第5期。

〔53〕 熊琦：《著作权转换性使用的本土法释义》，《法学家》2019年第2期。

〔54〕 《著作权法实施条例》第21条规定，"依照著作权法有关规定，使用可以不经著作权人许可的已经发表的作品的"，通常理解来看，这一表述针对的是《著作权法》第22条已经认可的合理使用类型，因此我国现行著作权法律规则确实是将三步检验法作为权利限制的再限制。

〔55〕 参见[匈]米哈依·菲乔尔：《版权法与因特网》（下），郭寿康、万勇、相靖译，中国大百科全书出版社2009年版，第752页。

定方法在我国司法实践中并不罕见,具备转换为制度的实践基础。[56]

如果上述立法变革得以实现,转换性使用便可在兜底条款项下得到合理的解释。如前所述,兜底条款实际上是以三步检验法为蓝本,那么在认定特定的作品利用行为是否构成转换性合理使用时也需要逐一分析。首先,就第一步"特定的特殊情形"而言,其考察的是二次使用是否具备增益社会的公共政策属性。就此而言,大部分转换性使用行为都可以满足要求。正如笔者第一部分对转换性使用合理性的分析,在转换性使用的情形下,新作品虽然借用原作品的相关元素,但产生了不同于原作的新表达、新意义与新信息,从而改变了原作,这种富有创造性的作品二次利用行为恰恰与合理使用促进文化层累与繁荣的终极目标高度契合。与此同时,二次使用行为所展现的新的表达或者新的意义是参与式文化所不可或缺的支柱,其本质就是自我表达的实现,是表达自由的彰显。即使完全不产生新作品的二次使用行为仍然可能具有公益属性,例如谷歌的数字图书馆就具有便利检索的意义。需要明确的是,即使认定某一具体行为构成合理使用,也不意味着所有该类行为均构成合理使用。本文也并不认同所有的转换性使用都构成合理使用,而是表明特定条件下(如转换性需要达到一定的程度以及还需符合市场影响因素)的转换性使用满足合理使用的规范意旨,这样一来,兜底条款项下的转换性合理使用仍然仅限于特殊情形,符合第一步的要求。其次,在符合第一步(具备转换性)的基础上,由于转换性因素通常优于非商业性因素和质量因素,因此第二步和第三步指向的主要是市场影响因素。按照 WTO 争端解决专家组 2000 年在"欧共体诉美国版权法第 110(5)条"一案中所作出的认定,三步检验法的每一步具有累积性,如果某一行为不符合前一个步骤的要求,就无须进行下一步的认定。但在具体解释上,专家组又认为,"正常利用冲突"是指与权利人通常从这项权利所获取报酬的方式产生了经济冲突,并因此剥夺了权利持有人重要的或切实的商业收入;而"不合理的损害"则是指使用行为造成或有潜在可能造成权利人收入的不合理丧失。[57] 究其本质而言,第二步和第三步具有内涵上的一致性,"权利人通常获取报酬的方式"就是著作权的正常行使,而"权利人收入的不合理丧失"正是由于不能正常行使著作权带来的损失。因此,权利人通常从著作权中获取的报酬就是权利人的收入,而权利人行使权利获

〔56〕 例如在网易诉华多案中,法院就指出,关于被诉游戏直播行为是否属于特殊情形下的合理使用,可以综合权衡以下因素,进而判断该作品使用行为是否与作品的正常使用相冲突以及是否不合理地损害著作权人的合法利益:(1)考察被诉游戏直播行为的性质和目的。(2)考察被直播的游戏整体画面的性质。(3)考察被直播部分的数量和质量(重要程度)。(4)考察被诉游戏直播行为对涉案游戏潜在市场或价值的影响。参见广东省高级人民法院(2018)粤民终 137 号民事判决书。最高人民法院《关于充分发挥知识产权审判职能作用推动社会主义文化大发展大繁荣和促进经济自主协调发展若干问题的意见》(法发〔2011〕18 号)也指出,在促进技术创新和商业发展确有必要的特殊情形下,考虑作品使用行为的性质和目的、被使用作品的性质、被使用部分的数量和质量、使用对作品潜在市场或价值的影响等因素,如果该使用行为既不与作品的正常使用相冲突,也不至于不合理地损害作者的正当利益,可以认定为合理使用。

〔57〕 林楠:《三步检验法的司法适用新思路——经济分析主导下合理使用的引入》,《西南政法大学学报》2016 年第 6 期。

得收入则依赖于作品在市场上的交易，因此，这两步指向的均是使用行为对原作者的市场影响，即是否给原作的潜在市场造成了不合理的经济损害。由此可知，三步检验法（第二步和第三步）对转换性使用的限制，其核心就在于引入市场影响因素，这恰好呼应了前文关于转换性与市场影响关系的分析。质言之，法官在适用兜底条款认定转换性合理使用时应当重点关注被告行为的转换性（增益社会）及其对原作潜在市场的影响（不损害原告）。

（二）路径之二：改造“适当引用”条款

以确立合理使用兜底条款的方式引入转换性使用理论不仅能够实现该理论的本土化，对整个合理使用立法的开放化也有助益。但若立法者对于兜底条款可能引发的问题仍有担忧，不愿给予法官过多的自由裁量空间，我们也可以退而求其次，改造既有的合理使用条款并使其更具弹性，从而在实质上引入转换性使用理论。

通过前述对转换性使用基本范畴的归纳可知，我国著作权法中既有的“适当引用例外”就是转换性使用中的目的转换，其使用原作的目的并非单纯地再现原作品本来的文学艺术价值，而是出于对原作的评论、介绍或者说明其他问题，这本就在转换性使用的涵摄范围之内。但“适当引用例外”的范围有其局限性，其仅仅指向目的和功能上的转换，即目的性转换，难以涵括与其并列的另一种转换性使用类型——内容转换。“介绍、评论或者说明”之目的反映了“适当引用”行为的本质，即引用须具有“引据”之功能，所引用他人创作之部分与自己创作之部分，必须加以区别，前者仅仅处于从属之地位。大部分内容转换却并不是这种工具性的引用，而是一种目的性的借用，借用的部分是成为二次创作者艺术表达的内容，或者是形成艺术表达的方式，换言之，二次创作者是将他人享有著作权的内容当作自己作品的组成部分使用，原作内容与新创作的内容往往是有机结合在一起的。内容转换不仅不具备“适当引用”的目的，在方式上也大相径庭。引用需要标明出处，且不得改变原作，虽不一定要逐字相同，但至少要原貌呈现。而挪用艺术、同人创作、重混创作等内容转换却改变了原作品本来的含义，难以划入“适当引用”的范畴。即便对“适当引用”条款进行扩大解释（放松对引用质量以及创作新作品的要求），也只能延展到目的或功能上的转换性，即延展到数字图书馆、缩略图等新技术领域，无法类推到以同人创作为代表的内容转换，这种扩大是有限的。事实上，在目的转换内部，“适当引用”的立法表述也要求创作新作品以及引用质量适当，因此我们在扩大解释数字图书馆等未产生新作品的全文复制情形时仍然存在困难。

正是由于适当引用属于转换性使用的一种类型，但又无法通过扩大解释将转换性使用纳入其中，因而需要在立法层面新设转换性使用的合理使用类型。可以考虑以转换性使用取代既有的“适当引用”条款，将之扩大到包含同人创作、挪用艺术等内容转换性使用，同时也可以覆盖不产生新作品的目的转换性使用，对既有条款的改造也可以减少制度变革的成本。当然，由于转换性使用一语本身过于抽象,为了避免引入新的法律术语给我国著作权立法带来不必要的冲击,在《著作权法》中不宜直接规定转换性使用这一外来术语,但可以将第 22 条第 1 款第 2 项的"适当引用"修改为实际上的转换性使用,不拘泥于"转换性使用"的字面表达而借鉴其实质因素,即"二次使用的目的或功能不同于原作品,或者改变原作品的内容使新作品产生了不同于原作品的意义"。

(三)两种路径之比较

事实上,以上两种路径在转换性合理使用的认定上殊途同归,即判断一项转换性使用行为是否构成合理使用时需要分析:第一,该使用是否属于"特定的特殊情形",是否具备转换性。如果立法者采用兜底条款的模式,则需要考察其在目的或内容层面的转换是否符合特定的公共政策考量。例如,同人作品在内容层面的转换是否具备新的价值和意义,是否有利于增进文化层累与表达自由?数字图书馆技术在目的层面的转换是否服务于新的功能,能够方便社会公众进行信息检索?如果立法者采用改造后的"适当引用"条款模式,则需要看二次使用行为是否符合该特定合理使用类型的界定;第二,该使用是否会损害原作的潜在市场。有学者认为,即便二次使用不大可能取代原创作品的销售或者影响日后有关演绎许可的承诺,但二次创作者毕竟使用了原作独创性的表达——如具有较高艺术价值的虚构角色,那么,原始权利人就应被合理地赋予就其对某作品价值有贡献的部分追求应得价值的权利。〔58〕笔者并不认可这一观点,潜在市场损害指向的是与原作潜在市场产生竞争的使用行为(市场替代),其核心是潜在市场范围的界定。法官需要判断,该市场交由原作者控制是否具有期待可能性,综合考量原作者创作作品的意图、原作者一贯的创作和表达风格、同时期同类型作品能够进入的市场以及原作者有无发展计划等多种因素。〔59〕从背后的政策理由来看,转换性因素关注的是二次使用新增的内容或目的所带来的社会效益,市场影响因素则考察二次使用给权利人带来的损害以及这种损害对创作激励的影响,只有在社会效益大于创作激励减损的时候,合理使用才成立。虽然这样的衡量也具有不确定性,但合理使用从来不是一个明线规则,通过引入转换性使用与市场影响这样的认知中介,我们也能够在不耗费过多认知成本的前提下达到尽可能准确的结果。

新设合理使用兜底条款与改造"适当引用"条款两种模式的主要差异在于能够容忍的合理使用开放的程度。我国现行《著作权法》采用了完全封闭的合理使用立法,导致在对合理使用的判定过程中,出现了符合著作权立法宗旨的使用行

〔58〕[美]迈克尔·A. 艾因霍恩:《媒体、技术和版权:经济与法律的融合》,赵启彬译,北京大学出版社 2012 年版,第 42 页。

〔59〕事实上,精确定义潜在市场的范围是不可能的,但基本原则是确保期待可能性。Lemley 就指出,如果知识产权人可以自由地宣称,整个世界都是他们的市场,因为他们可以对使用者收取许可费,以换取不起诉以特定方式使用他们作品的人,那么市场替代测试就会变成一个循环,最终将是徒劳的。精确定义市场有待未来进一步研究,但一般情况下,我们认为知识产权人应该证明,他们或与被告在同一市场销售相关产品,或者他们可能在不久的将来进入该市场。See Mark A. Lemley,"The Audience in Intellectual Property Infringement",in *Michigan Law Review*,112(2014),pp. 1293-1294.

为由于封闭的立法仍然被认定为侵权行为的情形。这并不符合《著作权法》平衡著作专有权与“使用者权”的政策考量，因此，合理使用的开放化是一个必然趋势，但开放的程度以及具体的方式仍然需要进一步斟酌。兜底条款模式意味着立法者赋予法官在个案中认定“法定类型”之外的合理使用的权力，虽然要遵循三步检验法“特定的特殊情形”之要求，但与不设兜底条款相比，开放的程度会大大增加。兜底条款模式预设实践中存在大量无法类型化的合理使用行为，其优势在于弥补法律的僵硬性与滞后性，合理使用判定能够适应时代的发展，但也对法官的总体素质提出了较高的要求，如果适用不谨慎很可能造成自由裁量权的滥用。“适当引用”条款的改造模式则意味着我们在整体上仍然坚持合理使用类型的“法定性”，同时对既有条款作出更为弹性化的规定，如将适当引用修改为转换性使用。“适当引用”条款的改造模式预设实践中并不存在大量无法类型化的合理使用行为（兜底条款没有必要），对既有条款的弹性化解释足矣，且可以更好地实现法律的稳定性，避免出现“法官造法”。基于此，要在这两种模式之间进行抉择就需要考虑：其一，未被类型化的合理使用行为是否足够多，以至于我们为此设立一个兜底条款的收益足够高？综观我国现行《著作权法》第 22 条列举的 12 种“法定类型”，我们会发现几乎所有的款项都限于特定的领域〔60〕或者解释起来限制颇多〔61〕，弹性化解释的空间其实很小。即便我们将“适当引用”条款改造为转换性使用，也可能无法涵盖所有新增的合理使用类型。随着社会生活的日益变迁以及信息技术的飞速发展，越来越多的新型二次使用行为出现，但完全依赖修法增设可能并不及时。因此，兜底条款还是具有较大的适用空间，能够带来足够多的制度收益。其二，法官是否会滥用自由裁量，以至于设定兜底条款的成本过高？事实上，我国既有的司法实践表明，法官在类型化条款之外认定合理使用还是比较谨慎的，一方面，法院并不以该二次使用行为不在“法定类型”之中就完全否定其合理使用属性，另一方面，法院会依据合理使用制度的原理分析二次使用的转换性、市场影响等因素，不会随意将一个二次使用行为认定为合理使用。〔62〕 因此，我们无须过分担忧法官会滥用其自由裁量权，只要确保“法定类型”适用的优先级，并引导法官加强对判决的说理，合理使用裁判的可预期性还是能够得到保证。通过以上两个因素的分析，笔者更为赞同第一种路径，即新设合理使用兜底条款，但倘若立法者着实感到担忧，〔63〕起码也应当采取第二种路径，即

〔60〕 如“时事报道”条款、“时政转引”条款、“公共讲话”条款、“教学使用”条款、“盲人使用”条款、“公务使用”条款，等等。

〔61〕 如“个人使用”条款、“适当引用”以及“免费表演”条款。

〔62〕 参见广东省高级人民法院（2018）粤民终 137 号民事判决书、上海知识产权法院（2020）沪 73 民终 30 号民事判决书以及佛山市中级人民法院（2015）佛中法知民终字第 159 号民事判决书。

〔63〕 在最新一轮著作权法的修订过程中，关于合理使用是否需要设定兜底条款也引发了较大的争议。2020 年 8 月公布的《著作权法修正案（草案）（二次审议稿）》第 24 条看似设定了一个兜底条款“法律、行政法规规定的其他情形”，但这种开放的实际意义不大，我们很难会在其他法律和行政法规中看到其他合理使用情形，只有等下一次的修法才能新增，这在某种程度上也折射出立法者对司法能动性的顾虑。

改造既有条款使得合理使用更具弹性，避免完全封闭式的立法。

六、结语

转换性使用在理论层面契合合理使用的立法精神，在实践层面也起到了扩张合理使用的作用，因此我国著作权法引入转换性使用有其正当性。对转换性使用范畴和地位的厘清能够在一定程度上提高其适用的确定性。具体而言，转换性使用包括目的转换与内容转换，我国著作权法中的适当引用就属于目的转换。在合理使用分析中，转换性通常优先于非商业性和质量因素，但其并非决定性因素，需要与市场影响综合考量。在此基础上，我国著作权立法可供选择的路径有两条：其一，新设合理使用的兜底条款，即“其他不影响作品的正常使用，也没有不合理地损害著作权人的合法权益的特殊情形”，并在个案中考察某项特定的转换性使用行为是否属于该“特殊情形”；其二，改造“适当引用”条款，以转换性使用取代适当引用，并将其作为一项独立的合理使用类型，即“二次使用的目的或功能不同于原作品，或者改变原作品的内容使新作品产生了不同于原作品的意义”。这符合我们对于转换性使用范畴的理解，对既有适当引用条款的改造也可以减少制度变革的成本。如果我们对法官自由裁量的谨慎度保持足够的信心，且确信实践中会源源不断地新增法定类型外的合理使用情形，那么应当选择合理使用兜底条款的路径；如果我们认为兜底条款可能会被滥用，且不太确信会出现大量无法被解释进现有类型的合理使用情形，那么改造既有条款使其更具弹性则是必要的举措。

The Introduction of the Theory of Transformative Use in China's Copyright Legislation

YU Tingting

Abstract: Transformative use conforms to the legislative spirit of fair use, which promotes the accumulation of culture, maintains the freedom of expression, and overcomes market failure. Therefore, the introduction of transformative use has its reasonableness. To deal with the ambiguity in the application, it is necessary to clarify the scope and status of transformative use. As for its scope, transformative use includes purpose transformation and content transformation, and the appropriate quotation clause of China's copyright law belongs to purpose transformation. In terms of status, the transformativeness is usually superior to the commerciality and the quality and quantity of use in the fair use analysis, but it still needs to be considered comprehensively with the market impact factor. On this basis, there are two alternative paths in China's copyright law: first, establish a miscellaneous clause of fair use and interpret transformational use under this clause; Second, modify the "appropriate quotation" clause with the substance of transformative use to make this type of fair use more flexible.

Key Words: Fair Use; Transformative Use; Miscellaneous Clause; Appropriate Quotation

地理标志场域权利冲突下的专门制度构造

张迎春*

摘　要　地理标志保护制度在国际"新旧世界"博弈演进中，形成了以原产地名称和地理标志为切面各具特色的保护制度，并对我国地理标志保护制度产生深远影响。我国分散的地理标志管理体系及复合保护模式，客观上形成地理名称资源的多元化权利保护形态，加剧了地理标志权与注册商标权冲突，商品商标与证明商标、集体商标的冲突，地理标志所有权与使用权分离冲突，弱化了地理标志功能，将地理标志权定位于新型知识产权，致力于地理标志注册制度、共存制度、权利体系、救济制度等专门制度构造，有效消解地理标志场域的权利冲突，促进地理标志制度的逻辑回归。

关键词　地理标志；地理名称；知识产权；专门制度

目　次

---

*　张迎春（1978—），华中农业大学讲师，主要研究方向：知识产权法、诉讼法。

一、引言

“橘生淮南则为橘，生于淮北则为枳。”得益于地理环境和气候环境的多样性、生物的多样性、文化的多样性，自然恩惠和人文浸润相映成趣，各地在绵远久长的农耕历史中孕育出各具特色的地方产品。特色地方产品具有地域特征明显、品质优良等特性，作为勾连产品特征与地理来源的地理标志应势而生，并以“产品的特殊品质主要是由来源地的自然因素或人文因素所决定为其最重要特征”[1]。然而，基于历史原因，多元认证体系、复合保护模式下地理标志权利冲突日渐突出，消释着地理标志在推动乡村振兴、促进区域农村经济发展、推动乡村振兴中的功用。当前，学理上对地理标志场域下的权利冲突进行了一定研究，但多集中于地理标志与商标权冲突[2]、地理标志与地名商标权利冲突[3]、保护模式冲突[4]等方面，重点论及地理标志或地理标志权与普通商标权冲突的情形，缺少地理标志与在先商标权、地理标志证明商标(集体商标)与商品商标的冲突、地理标志所有权与使用权冲突的系统分析以及冲突根源的解决。地理标志场域下的权利冲突根源在于多元的复合保护模式，由此所带来的地理标志制度运行由内卷走向内耗，需通过地理标志专门制度构建，实现地理标志制度理性回归，回应现实关切。

二、地理标志权利冲突诱发机理

“新旧世界”关于地理标志制度的博弈，对各国国内地理标志保护模式产生深远影响；复合保护模式以及由此产生的多元管理体制，使我国地理标志保护呈现出不同的保护形态，权利冲突在所难免。

(一)国际成因:“新世界”与“旧世界”博弈

国际语境下“地理标志”并非一个确指性概念，而是在地理标志、原产地名称、货源标记等术语之中不断游离、变形、整合形成。《巴黎公约》并未使用“地理标志”术语，仅在第1条工业产权保护范围提及“货源标记、原产地名称”，但对其定义语焉不详，作为对《巴黎公约》予以补充的《马德里协定》亦未对此有所突破，只是将保护对象范围由“虚假标记”扩大至“虚假或欺骗性标记”和包括酒单在内的“可能使公众误认商品来源的任何标记”。《里斯本协定》则对“原产地名称”这一术语加以明确，“系指一个国家、地区或地方的地理名称，用于指示一项产品来源于该地，其质量或特征完全或主要取决于地理环境，包括自然和人为因素”。TRIPS协定则另起炉灶，并未引用“原产地名称”这一概念，而以地理标志统称。

---

[1] 曾德国:《地理标志理论与实务》，知识产权出版社2014年版，第17—25页。
[2] 刘国栋:《地理标志与普通商标冲突的解决适用禁止混淆原则》，《中华商标》2014年第9期。
[3] 闫海、代丁利:《地理标志与地名商标权利冲突的司法处理》，《中华商标》2011年第11期。
[4] 吴彬:《我国地理标志法律保护模式的冲突与完善措施》，《华中农业大学学报》(社会科学版)2011版第4期。

其第22条第1款将地理标志定义为,“用于识别某一特定产品来源于某一特定成员国地区或特定地点的标记,该特定产品的质量、声誉或其他特征主要归因于其地理来源的自然和/或人为因素”,此时该标志包括但不局限于某地地名。2015年通过的《原产地名称和地理标志里斯本协定日内瓦文本》(以下简称《日内瓦文本》)将地理标志与原产地标志分别加以定义,但并不要求缔约方对二者加以区分,试图兼容各方概念以保持条约本身的开放性。“原产地名称”指“由一个地理区域的地名构成或包含该地名的任何名称,或者众所周知指称该地理区域的另一名称,该名称用于指示一项产品来源于该地理区域,并且赋予该产品以声誉,而该产品的质量或特征完全或主要取决于地理环境,包括自然因素和人的因素”;“地理标志”指“由一个地理区域的地名构成或包含该地名的任何标志,或者众所周知指称该地理区域的另一标志,该标志标示一项产品来源于该地理区域,而该产品的特定质量、声誉或其他特征主要由其地理来源所决定”。

地理标志与原产地名称之区分只是不同地理标志国际保护框架对大致相同的保护对象冠以不同的称号而已。1994年的TRIPS协定使用“地理标志”新术语,TRIPS协定生效之后我国普遍采用了“地理标志”概念,且多数国家并未对“原产地名称”与“地理标志”加以区分。〔5〕可见,地理标志与原产地名称属于不同历史制度下的产物,地理标志在一定程度上是产地标记、原产地名称等概念不断丰富发展而来的术语。随着全球经济一体化和制度融合进程的加快,地理标志与原产地名称在保持各自概念相对独立的同时,内涵日渐融合。

以原产地名称、地理标志为逻辑线索,可梳理出广义上地理标志保护的制度分野。除了世界知识产权组织(WIPO)体系之下的《巴黎公约》《马德里协定》对诸如货源标记倾向于反不正当竞争法保护路径之外,地理标志的国际保护领域,一直存在以欧洲为代表的“旧世界”与以北美、澳大利亚等为代表的“新世界”之间的严重利益冲突〔6〕,前者遵循世界知识产权组织体系之下的《里斯本协定》等制度逻辑,侧重于以地理标志专门法保护的高标准模式;后者主要以WTO体系下TRIPS协定为框架,侧重地理标志商标法保护的低标准模式〔7〕。通过专门法保护模式,在使用方式、技术标准、跨类保护等方面可获得更高水平的保护,如为保证产品的特质,原材料应取自产地且产品的加工亦应在当地进行。而通过商标法保护,侧重于商品的名誉,受制于同类保护、注册程序等限制,产品的开发或加工并不严格限制在原产地进行,保护水平相对较低。

(二)管理成因:多元管理体制下地理标志的不同存在形态

我国分散的地理标志认证和管理体系,形成了各有侧重的地理标志权利保护形态,为地理标志外部权利冲突和内部权利冲突埋下了伏笔。国家机构改革

〔5〕 胡常峰:《地理标志国际保护的嬗变——以里斯本协定日内瓦文本为考察对象》,《甘肃政法学院学报》2019年第6期。

〔6〕 赵小平:《地理标志的法律保护研究》,法律出版社2007年版,第58页。

〔7〕 孙智:《地理标志国际保护新发展的路径分歧及我国选择》,《知识产权》2019年第1期。

之前，我国地理标志的认证主要由国家工商行政管理总局、国家质量监督检验检疫总局、农业部三大部门负责，与之对应，我国地理标志相应划分为“地理标志证明商标和集体商标”“原产地地理标志”“农产品地理标志”等不同类型，[8]地理标志的权利主体亦相应称为“注册人”“管理人”“持有人”。当前，新设立的农业农村部承继了原农业部的地理标志管理职责，重新组建的市场监督管理总局下属国家知识产权局，将国家质量监督检验检疫总局的原产地地理标志管理职责整合，然而集“商标保护、地理标志产品保护、农产品地理标志保护”于一体的地理标志保护制度体系并未发生改变。

一般而言，地理标志产品包括初级产品和加工产品，类别涵盖农业类(如“普洱茶”农产品地理标志)和工业类(如“直贡刺绣”手工业地理标志)等商品种类而不包括服务种类。有学者认为，基于目前全国范围内多数知名农产品地理标志并非全部注册在原农业部这一事实，广义的农产品地理标志还应包括注册在原国家质检总局、原国家工商总局商标局内的地理标志初级农产品。虽然不同的认证体系所涵盖的地理标志产品种类具有一定差异但并不存在绝对的分类标准。譬如蔬菜、粮食类之所以更多选择农业部门系统注册，除了其本属农业部门主管外，蔬菜、粮食属于本地日常刚需，对品牌、质量等因素考虑相对较少亦是影响因素；而中草药材、淡水产品等由于注重品质、产地因素则较多选择技术检测力量较强的质检系统；茶叶、观赏园艺花卉、水果等，品牌的监管与维护较为重要，故选择商标注册系统便不足为奇。

(三)制度成因：复合保护模式下地理标志的不同法律表征

我国地理标志主要包括农业、质检、商标三大认证和管理体系，由此形成了商标法、专门法为主，竞争法为辅的复合保护方式，也即分别以“证明商标和集体商标、地理标志产品、农产品地理标志实施保护”[9]。商标法模式下，地理标志主要是以商标专有权体现出来，专门立法保护模式下，地理标志权主要以原产地名称专有权、原产地专有权、地理标志专有权等术语出现。[10] 其一，商标法保护体系下，主要是向国家知识产权局就地理标志申请证明商标或集体商标。我国《商标法》第 10 条规定了“县级以上行政区划的地名或者公众知晓的外国地名，不得作为商标”，但作为集体商标、证明商标组成部分的地名可作为例外情形。《商标法实施条例》第 4 条对地理标志可以作为证明商标或者集体商标使用的情形进行了规定。《商标法》第 16 条对不予注册与禁止使用地理标志的情形进行了规定。根据《商标法》规定，并未将地理标志侵权行为和一般商标侵权行为等同对待。地理标志侵权关注商品产地来源混淆导致商品品质误认的行为，故地理标

---

[8] 尚旭东等：《我国农产品地理标志发展运行特征、趋势与问题——基于农业部、质检总局、工商总局的分析》，《生态经济》2013 年第 4 期。

[9] 李顺德：《中国地理标志法律制度的回顾与思考》，《中华商标》2018 年第 8 期。

[10] 钟莲：《我国地理标志保护规则困境及体系协调路径研究》，《华中科技大学学报》(社会科学版)2020 年第 1 期。

志侵权案件中并不要求当事人证明诉争标识是否为商标性使用，而须证明地理标志含义上的使用；一般商标侵权关注基于商标本身相同或近似使用是否会造成社会公众对商品提供者本身产生混淆、误认，故商标侵权案件中侧重于证明是否有商标性使用行为。换言之，地理标志的商标法保护方式侧重于保护地理标志商标背后的特定商誉，商标注册成功的地理标志可在全国范围内获得保护。但地理标志商标申请一般仅由商标评审员进行形式审查，相关领域专家并不参加评审，商标的特定品质指代功能不强。此外，未加认定为驰名商标的地理标志难以获得跨类保护。在商标法保护模式下，地理标志证明商标或集体商标主要以团体、协会或者其他组织名义注册，供该组织成员在商事活动中使用。其二，对于一些地理标志，相关主体并不进行商标注册，而是通过农业或质检系统加以认证或注册。质检系统的认证与管理主要法律依据有《标准化法》《产品质量法》《地理标志产品保护规定》等，农业系统的认证与管理主要法律依据有《农业法》《农产品地理标志管理办法》等。专门法保护方式下，质检系统由于专业技术力量较强，对经其认证的地理标志可有效加强质量技术监控，保证原产地品质；农业系统所属地理标志系统，由于成立较晚，加之技术力量相对薄弱，农产品地理标志参差不齐。在专门法保护模式下，原产地地名作为地理名称，属于地域共有，并不能由特定经营主体或个人拥有。其三，竞争法保护体系下，其所保护的对象为“货源标记”，主要依据《反不正当竞争法》对伪造原产地而引起消费者混淆的不正当竞争行为予以规制。货源标记在范围上小于地理标志，地理标志形式以“地理名称＋产品通用名称”表现，而货源标记仅指示某一商品来源于某产地，一定程度上代表该地整体信誉，但与具体商品的特定品质、信誉与产地并不存在直接关联，如“中国制造”“青岛制造”等。竞争法保护方式，主要对未注册的原产地标志予以兜底性保护。修订后的《反不正当竞争法》虽然删除了“在商品上伪造或者冒用认证标志、名优标志等质量标志，伪造产地，对商品质量作引人误解的虚假表示”的规定，但对伪造或者冒用认证标志的行为仍可适用其商业误导条款，如未经授权使用地理标志产品专用标志“洪湖藕带”，执法机关仍可适用《反不正当竞争法》第 8 条有关虚假或者引人误解的商业宣传等规定进行查处。

三、地理标志权利冲突表征

在同一地理名称上，产生了两种抗衡的权利：一种是商标权人对地名商标的专有权，一种是该地区所有生产者、经营者对地理标志的集体权和共有权。[11] 地理标志权利冲突主要表征为“一地多标”体制下地理标志权与注册商标权冲突，商品商标与证明商标、集体商标的冲突，地理标志所有权与使用权分离冲突。

---

〔11〕 王连峰：《地理标志与地名商标的冲突及法律适用》，《河南省政法管理干部学院学报》2004 年第 1 期。

(一)"一地多标":在先注册商标权与地理标志权冲突

我国采取主要商标法和专门法保护相结合的保护模式,使不同保护体系下地理标志存在交叉保护的可能。"我国建立起的三套地理保护制度各自独立,通过登记(注册)产生独立的权利,互不隶属。"〔12〕经农业部门或质检系统认证的地理标志,亦可向国家知识产权局申请注册商标,各自组合并无定式。如"秭归脐橙"采取了集体商标、农产品地理标志、国家地理标志产品三重保护方式,"贵州茅台"采取了商品商标、国家地理标志产品双重保护方式等。

由于我国商标制度早于地理标志制度,商标法中在先权制度对在先权利抗衡商标申请给予了较为充分的规定。所以,在地理标志在先获得、注册商标在后申请情形下,地理标志可作为在先权利对抗商标的注册申请,商标权与地理标志权并不会引起激烈冲突。在某一地理标志尚不存在任何在先权利的情形下,同一申请主体就某地理标志跨系统申请保护时,可基于具体情形选择相应的保护方式,如有的地区为了得到全面的保护可能在各个系统逐个申请,权利冲突矛盾亦较少。譬如山东省寿光市作为"中国蔬菜之乡",其在农业系统注册了以该市及所属镇、村为产地的"寿光大葱""桂河芹菜""浮桥萝卜""独根红韭菜"等农产品地理标志,为打造区域性品牌,又申请了"寿光蔬菜"地理标志集体商标并获得注册。

然而,基于历史原因某一地名商品商标获得注册后,相同地名还可构成地理标志组成部分,作为私权的商标权并不能对抗作为集体权利地理标志的申请,从而当不同主体分别在不同时间、不同系统申请地理标志保护时,在先注册商标权与在后地理标志权之间的冲突随之显现。在我国首例商标权与地理标志权冲突"金华火腿"案中,浙江省食品有限公司(以下简称"浙食公司")因1993年之前并未禁止地名商标等历史原因,经过产权转移、企业转制等过程,成为"金华"商标的合法所有者,金华市生产金华火腿的其他企业在使用"金华火腿"字样时屡遭诉讼,若使用该商标需获得"浙食公司"商标使用许可。原告"浙食公司"于2003年以销售方上海市泰康食品有限公司(以下简称"泰康公司")、生产方浙江永康四路火腿一厂(以下简称"永康火腿厂")商标侵权为由向法院提起诉讼。本案焦点在于2002年金华火腿行业协会向国家质检总局申请原产地域产品保护即"金华火腿"并获得正式批准,其中"永康火腿厂"等55家企业被核准使用原产地域产品专用标志,"金华火腿"商标和"金华火腿"地理标志产品两种权利是否能合法并存。在权利人的注册商标专用权与原产地域产品均受到法律保护的情形下,法院最终基于"诚实信用、尊重历史以及权利与义务平等"等原则,认定被告使用"金华火腿"原产地域产品专用标志属于正当使用行为,判决被告不构成侵权。然而,即使如此,金华火腿商标之争亦历经数十载之久。

---

〔12〕 何焕锋:《我国地理标志法律的体系化及其路径选择》,《内蒙古农业大学学报》(社会科学版)2017年第6期。

地理标志权与注册商标权的冲突除了引起商标侵权案件纠纷之外，亦可引起借助商标权垄断、蚕食地理标志的现象。一是，通过限定地理标志的质量技术标准，达到地理标志与本企业商标合为一体。20世纪80年代“贵州茅台”文字商标便获得注册，并由现在的“中国贵州茅台酒厂（集团）有限责任公司茅台酒”（以下简称“茅台集团”）拥有。“茅台酒”于2001年3月29日获得地理标志产品保护，2012年，贵州省人民政府向原国家质检总局提出申请，调整了产品保护名称和保护范围，形成了现有的“茅台酒（贵州茅台酒）”地理标志。虽然“茅台酒（贵州茅台酒）”产地范围内的生产者，可向贵州省质量技术监督局提出使用“地理标志产品专用标志”的申请，但由于茅台酒质量技术要求以茅台集团的“茅台标准”为依据，其他企业很难使用该地理标志，可能形成事实上对该地理标志的独家使用。二是，通过限缩地理标志适用范围达到垄断地理标志的目的。由于地理标志产品往往会限定相应的区域，一切企业便在地理标志范围限缩上大做文章。“水井坊”作为四川全兴股份有限公司的商标，在“水井坊”成为地理标志产品后，该公司便通过购买原产地域产品保护范围内的土地达到对该地理标志的垄断。

（二）商品商标与证明商标、集体商标的冲突

我国现行商标法虽然规定县级以上行政区划的地名不得注册为商标，但含有地名的商标亦有例外情形。（1）含有地名的“商品商标”例外情形：“县级以下行政区划的地名、地名具有其他含义的、已经善意取得注册的商标”；（2）地名可作为集体商标、证明商标组成部分。然而，商标具有独占性和专有性，证明商标、集体商标的主体具有团体性和集体性特点，欠缺独占性和专有性，二者在商标法中共存，使得某一地名分别被不同主体以商品商标和证明商标、集体商标形式拥有时，尤其是商标使用在相同产品或其中一方为驰名商标时矛盾随之产生，进而造成商标法体系的混乱。亦以金华火腿为例，考虑到地理标志权利冲突对金华火腿产业的影响，金华火腿证明商标保护委员会持续进行“金华市金华火腿”证明商标注册事宜，并于2007年被国家商标局核准注册；2018年金华市国有企业金华市现代服务业投资发展有限公司通过股权转让协议方式成为“金华火腿”商标权利人。至此，“金华火腿”对于金华市而言，实现了地理标志产品、证明商标、商品商标“三合一”，但商品商标与证明商标、集体商标的共存增加了品牌维护成本，并可能使得三者在商标法框架下难以形成逻辑自洽。

（三）“公地悲剧”：“两权分离”冲突

“‘公地’主要指一种由多人共同享有的资源，任何共有人都有使用这个公地的权利，每个共有人皆是理性的经济人，都想使自己的利益最大化实现。”[13]不同保护模式下地理标志的所有权主体具有一定差异，商标法保护模式下申请注册地理标志的主体是来自该地理标志标示的地区范围内成员组成的团体、协会或

---

〔13〕 Garret Hardin, “The Targedy of the Commonds”, in *Science*, Vol. 12, 1968.

其他组织，专门法保护模式下申请注册地理标志的主体是当地县级以上人民政府指定的地理标志产品保护申请机构或人民政府认定的协会和企业。[14] 其中，地理标志集体商标的使用者为该集体成员；地理标志证明商标的使用者为达到管理规则规定的，生产特定品质商品的人员或组织；地理标志产品或农产品地理标志的使用者为该地理区域内的所有符合条件的生产者；对于商品商标而言，在不存在许可的情形下，商标的所有权和使用权往往统一于一体。地理标志无论是采取专门法保护抑或是采取商标法保护，在权属上皆具有共有性和集体性特征，故对于农产品地理标志、地理标志产品、地理标志集体商标或证明商标，其所有权和使用权是相互分离的(以下简称“两权分离”)。鉴于地理标志往往和当地的地理和人文因素密切相关，两权分离制度的设计虽有其合理性，但需关注运行中引发的“公地悲剧”现象。第一，易出现“搭便车”现象。现实中某一地理标志产品使用者依附于生产者集合体之中，通常由少数较大规模的企业和更多小企业乃至以个人、家庭为单位的小型生产者组成，规模企业对地理标志商标投入巨大维护成本后所产生的溢价效应由其他主体无偿享有，存在搭便车现象[15]，地理标志被过度使用。然而，地理标志本身亦需要相应的宣传、维护等成本，当集体内部对地理标志价值贡献程度不一时，缺乏科学利益分配机制则易产生负外部性。第二，原产地名称权体现为地域内的共有性和地域外的排他性。[16] 由于监管不力和产权归属不清，从而存在产地以内的核准生产主体未按规定标准生产，或者产地以内非核准主体或产地以外的生产主体在同类产品上冒用地理标志的现象，减损地理标志的价值。第三，在地理标志所有权和使用权分离的背景下，地理标志所有人可能存在维权积极性不高的现象。当地理标志遭受侵犯时，由于受侵害的权利主体是许多单个主体的集合，当地理标志受到侵害时，就很有可能无人问津，也没有权利人来阻止侵权的行为。[17]

四、权利冲突消解下地理标志专门制度构造

地理标志权利冲突有其内在的制度根源，注册制度改造层面，应建立统一的地理标志注册制度，纯化地理标志权利形态，切断地理标志权利冲突发生机理；权利体系构造层面，地理标志权不应依附于知识产权体系，而应作为一种独立的权利加以系统化构造；共存制度层面，完善商品商标与地理标志权的冲突处理规则，确保二者在特定情形下的适当共存；救济制度改造层面，健全以行业协会等为主体的地理标志公益诉讼制度，畅通地理标志的权利救济渠道。

(一)注册制度构造：建立统一的地理标志保护制度

地理标志由不同的权利主体所有，加之不同保护模式下申请使用地理标志

---

〔14〕 赵旭、李响、陈炳旭：《地理标志侵权案件法律救济的实证研究》，《中国市场》2016 年第 14 期。

〔15〕 易杨、李皓：《地理标志法律保护的局限及其经济解释》，《中南林业科技大学学报》(社会科学版)2014 年第 1 期。

〔16〕 许莹：《原产地名称的“公地悲剧”及防治》，《商业研究》2006 年第 24 期。

〔17〕 蔡宝刚：《WTO 的 TRIPS 协议与地理标志的法律保护》，《学海》2003 年第 2 期。

的条件又各不相同，难以保证同一区域内使用地理标志的产品具有同一品质，对产品声誉和相关主体利益造成损害[18]。当前，我国采取商标法与专门法相结合的立法模式，却衍生出国家地理标志、农产品地理标志、地理标志证明商标和集体商标三种认证体系。地理标志保护中存在的多头管理、职能重叠、行政资源浪费、重复申请、程序烦冗、责任软化等问题饱受诟病，弱化了地理标志标示特定品质、指示地理来源等功能。考虑到专门法保护和商标法保护复合模式在保护类别、注册程序和要求、保护力度等方面并不具有明显差别，可取消地理标志集体商标和证明商标，构建以地理标志权为核心的专门地理标志保护制度。

有学者认为，应改造地理标志授权确权制度，整合三套地理标志授权确权体系，健全完善地理标志确权技术审查制度，推动实现地理标志高质量确权，破除地理标志重叠保护及权利冲突等乱象。[19] 在立法进路上，首先实现地理标志产品保护制度与地理标志集体商标和证明商标保护制度的完全整合，在此基础上进一步实现与农产品地理标志保护制度的合理对接[20]。具言之，从未来观之，有学者提出整合现行多元管理和保护模式，构建地理标志专门法——《地理标志保护法》[21]。未来可整合《商标法》《地理标志产品保护规定》《农产品地理标志管理办法》等法律法规，制定统一的《地理标志保护法》，统一地理标志术语、注册登记程序、标准制订及专用标志使用、监管、法律责任等。值得一提的是，市场监督管理总局（国家知识产权局）可会同农业农村部，设立地理标志管理委员会，负责地理标志的确权、授权、检测、控制等事项，办公室设在市场监督管理总局。与此同时，可采取商标评审委员会类似做法，在国家知识产权局下设地理标志评审委员会，评审专家可由原农业部门、质检部门人员组成，负责地理标志的授权、确权事宜。

采取地理标志的专门保护，具有多方面的优势。第一，统一全国地理标志保护，防止因政出多门弱化地理标志权利保护，提高地理标志自身的含金量。当然，建立地理标志专门制度由于涉及制度的重构，必定面临诸多阻力，对之前的历史遗留问题也要妥善处理。譬如对原来存在于各个系统的地理标志及证明商标、集体商标，可设定相应的转换过渡期，若符合现有制度规定，可直接纳入现有地理标志制度保护范围之中。第二，促进地理标志由“行政保护”为主向“司法保护”为主转变，之前的地理标志保护侧重产品培育、申报、检测、审批、质量保证、行政执法等过程，带有强烈的行政管理色彩。而在设立地理标志管理委员会履行行政管理职能的同时，通过建立准司法机构地理标志评审委员会行使复审职能，并在此基础上建立司法审查制度，确保司法终局在地理标志保护领域的体

---

〔18〕 杨爱葵：《农产品地理标志部际联合认定与保护机制研究》，《行政与法》2017 年第 6 期。

〔19〕 林秀芹、孙智：《我国地理标志法律保护的困境及出路》，《云南师范大学学报》（哲学社会科学版）2020 年第 1 期。

〔20〕 孙智、林秀芹：《机构改革视野下的我国地理标志保护及制度重构》，《法治论坛》2019 年第 4 期。

〔21〕 储敏等：《乡村振兴战略背景下地理标志法律保护体系的重构——基于对现有多元立法模式的反思》，《南京财经大学学报》2020 第 1 期。

现，符合当前权利保护的发展趋势。第三，有效克服地理标志集体商标和证明商标人为增加商标法体系庞杂性，且不能对地理标志的保护自圆其说的困境。集体商标只起标明集体组织中成员资格的作用，它本身并无区分产品、标示产品的地理来源和产品质量及声誉的作用[22]。地理标志与集体商标在权利共有、成员界定、标示来源及特定品质等方面无法形成很好的逻辑自洽。而通过证明商标保护地理标志，违背了地理标志集体共有原理，超然于原产地成员但具有监控能力的组织作为地理标志所有人缺乏权利正当性。有学者认为地理标志的特殊性使它无法被纳入现行的集体商标和证明商标制度[23]。可见，在地理标志专门保护体系下，相关主体若按照商标法的规定就含有地名名称的产品标志申请商品商标，其体系性和逻辑性明显不足，缺乏法理基础。

（二）权利体系构造：构建地理标志权

从权利体系构造的角度，地理标志权应定位于新型知识产权，权利体系涵盖权利主体、权利客体、权利内容等方面。

1. 权利主体确定

“地理标志权不是单一性的权利，也不应当是所谓特定生产者的权利，而是一个以生产者的权利为中心的多主体权利的复合。”[24]当前，地理标志的权利主体和申请主体大多数情形下统一于一体，主要包括行业协会、政府部门及其企事业单位、政府认定的企业等。有学者经过统计，地理标志注册主体主要包括“社团法人，科研、技术研究、推广机构，政府批准设立的机构，质量检测机构，产销服务机构”[25]。譬如根据贵州省市场监督管理局发布的2019年贵州省地理标志奖励名单，地理标志主体除了行业协会外，还包括农业服务中心、农业区划中心、产业发展中心、技术推广站、监督检验检测站以及市场监管部门等。为防止一些企业或个人对地名公共资源的垄断，地理标志权的主体应排除企业或自然人。正如农村集体土地在坚持“主体平等”和“村民自治”原则的前提下，划分为乡（镇）、村和村民小组农民集体三类所有权主体一样，地理标志基于原产地的自然条件和原产地世代劳动者的集体智慧而形成，属于集体权利而非私权或公权。法国1919年《原产地名称保护法》就确认原产地名称为一种集体权利。与此同时，虽然有学者认为地理标志产品专用标志权归国家所有[26]，但主流观点更多认同地理标志产品由产地生产者和经营者集体共有[27]。所以，政府部门及公益事业单

---

〔22〕 郭富青、孙昊亮：《地名资源商业化开发的法律秩序研究》，《法律科学》2006年第2期。

〔23〕 何昆：《地理标志纳入集体商标和证明商标保护模式的质疑》，《哈尔滨学院学报》2007第8期。

〔24〕 张辉：《论地理标志权之经济法属性》，《法学论坛》2005第1期。

〔25〕 姚坤：《地理标志注册主体的特征》，《中华商标》2005年第9期。

〔26〕 王笑冰：《论地理标志的法律保护》，中国人民大学出版社2006年版，第231页。

〔27〕 董瑜芳：《地理标志保护制度存在的问题及其完善》，载郑成思主编：《知识产权文丛》（第11卷），中国方正出版社2004版，第196—197页；金多才：《地理标志权的特征、法律属性及其归属辨析》，《公民与法》（法学版）2009年第11期；熊英：《论地理标志权的特性和法律保护》，《北京工商大学学报》（社会科学版），2002年第5期。

位亦不宜以发展地方经济为由，越俎代庖，摇身变为地理标志权利主体。考虑到地理标志的集体性及各地情况的差异性等，地理标志权利主体不宜“一刀切”，可建立不以营利为目的，具有与所监督使用的地理标志有相应业务内容的专业合作社、行业协会、社会团体等为主要形式的权利主体结构。值得说明的是，我国地理标志多控制在地方行业协会的手中，例如“XX 果业协会”“XX 茶叶协会”等，而这些组织作为地方政府认可的非营利性组织，其资金来源多为地方政府支援、会员会费及地标许可使用费等〔28〕，所以政府部门应尊重地理标志的集体性权利，不应对地理标志主体进行过度干预。

2. 权利客体确定

地理标志权的客体主要指基于特定地理来源和人文因素而拥有特定品质或声誉的产品上使用的标志。地理标志权作为一种无形性权利，该标志以“地理名称+商品名称”的物化载体方式呈现于世，使得产品与原产地之间产生来源或品质、声誉上的关联。

3. 权利内容配置

有学者认为，地理标志是“分享”和“专有”共存的权利形式，地理标志权利结构配置上，区内生产者主要享有的是地理标志的使用权、禁止权，区内生产者集体一般享有所有权，而区外生产者主要享受的是禁止权。〔29〕亦有学者认为特定地域生产者协会或行业协会等中间组织享有地理标志注册申请权、地理标志使用人资格认定权、地理标志合法使用管理权、地理标志非法使用禁止权；特定地域生产者一般享有地理标志使用权、收益权、禁止权等。〔30〕“共同体”与“共有体”是集体所有的两种典型形式，“共同体”单个主体子权利的存在依赖于“共同体”的存在，单个主体对权利不分各自份额，在共同关系存续期间也不能要求分割。“共有体”是共有人按各自份额对同一权利享有所有权，各共有人有确定的份额，其按份分享权益，分担义务。〔31〕与知识产权这一专有性权利不同，地理标志权具有共同体特征，其特殊性在于两权分离性、使用公共性等，诸如行业协会等地理标志权的所有权人享有注册申请、成员资格认定、管理、禁止权等权利，该地域内使用地理标志的使用者也即生产者享有地理标志使用权、收益权、禁止权等。值得说明的是，地理标志权的集体性、地域性特征决定地理标志所有者和使用者皆不具有转让和实施许可的权利。

(三)共存制度构造：商品商标与地理标志权的冲突处理规则

在商标法领域，商标共存理论逐渐引起关注。商标共存主要指两个不同的市场主体使用相似或者相同的商标从事商品销售或服务而不必相互影响的商业

---

〔28〕 富磊：《地理标志商标的“公地悲剧”与应对》，《中华商标》2015 年第 1 期。

〔29〕 李晓波：《“利益分享”对地理标志知识产权权利构造的影响》，《华南理工大学学报》（社会科学版）2014 年第 4 期。

〔30〕 洪莹莹等：《地理标志及相关权利属性探析》，《商业时代》2012 第 2 期。

〔31〕 陈美球等：《农村集体经济组织：“共同体”还是“共有体”？》，《中国土地科学》2017 年第 6 期。

活动。(新加坡)国际鳄鱼公司和(法国)拉斯科特公司的"鳄鱼"商标在我国的合法共存便是例证。商标近似并不必然引起混淆,而是构成混淆的重要因素。"不能人为地以商业标识构成元素的近似性而无视市场格局,去撤销一个注册商标。"〔32〕与注册商标之间的共存同理,商品商标与地理标志权亦有共存之情形。

合作是团体利益最大化的最佳选择,商标权与地理标志权的并存也就成为唯一的选择。〔33〕前已言之,我国商品商标与地理标志权的冲突处理规则主要指在先注册的商品商标与在后注册登记的地理标志共存问题。在处理商标权与地理标志权二者关系的问题上,国际社会对二者共存的容忍程度具有较大区别。《里斯本协定》确立了原产地名称可对抗在先商标权,其规定原产地名称在国际注册前已有在先商标的,可给予在先商标权人一定的使用期限,期限届满后终止在先注册商标。TRIPS 协定则秉持相对中庸的态度,采取"时间优先、权利优先"的原则,若含有地理标志的商品商标所对应的产品与该地名并无直接关联,那么该商标将可能面临无法注册或宣告无效的风险;若地理标志在原属国保护之前,善意注册取得的商标不得以含有地理标志而受到质疑。国际知识产权保护协会原则上允许两者并存,除非在地理标志获得承认之前在先商标已经获得了信誉或声誉。〔34〕

我国在处理商品商标权与地理标志权二者关系上,现行商标法已规定"含有地理标志的商品商标并非来源于该标志所标示的地区,误导公众的,不予注册并禁止使用以及注册后宣告无效""县级以上行政区划的地名或者公众知晓的外国地名,不得作为商标""注册商标中含有地名,注册商标专用权人就该地名无权禁止他人正当使用"。《商标法实施条例》对地理标志申请证明商标或集体商标的情形进行了规定。可见,在地理标志为在先权利时,我国商标法已经规定了地理标志可作为在先权利对抗商标注册、使用的处理规则。

地理标志可作为在先权利对抗商标注册、使用,此时,较少涉及地理标志与注册商标之间的共存问题。然而,由于对"在先注册商标是否可作为在先权利对抗在后地理标志的专门保护"缺乏具体规定,尤其是商标法中"已经注册的使用地名的商标继续有效"以及"含有地理标志的商标产品虽非来源于该标志所标示的地区,但该商标已经善意取得注册的继续有效"等规定,使地理标志与注册商标之间的权利冲突成为可能,二者能否共存引起人们关注。有学者认为可依次适用以下原则:地域性原则,即相同或相似之商标和地理标志可以在不同的国家同时并存;专门性原则,即用于不同种类商品或服务上的相同或近似的商标和地理标志可以同时并存;在先原则,即"时间在先、权利在先",但在以诚实使用并能

〔32〕 孔祥俊:《商标法适用的基本问题》,中国法制出版社 2014 年版,第 124 页。

〔33〕 崔立红:《商标权与地理标志权的博弈——兼评"鲁锦"商标侵权、不正当竞争案》,《电子知识产权》2009 年第 9 期。

〔34〕 AIPPI Resolution,"Question Q118:Trade and Service Marks and Geographical Indications",Executive Committee of Copenhagen,June 12-18,1994,AIPPI Yearbook 1994/II:408-412.

够避免消费者的误认和混淆前提下允许二者共存[35]。

笔者认为，由于商标和地理标志具有不同的功能，对基于历史原因已存在的在先注册含有地名的商品商标，对抗相关主体在相同或不同商品种类上就含有地名的标志申请地理标志保护，应综合考量在先商标是否为驰名商标、在先商标产品和地理标志产品属于相同或不同商品种类以及含有地名商品商标所标示的地区与地理标志是否具有同一性等因素。具言之，第一，由于地理标志的集体性，为防止作为私权的商标权人对地理标志的垄断，即使该商标为驰名商标，亦不能对抗相关主体就该商标所含有的地理名称在相同或不同商品种类上申请地理标志保护。第二，对和在先商标在相同种类且与含有地名商品商标所标示的地区与地理标志具有同一性的地理标志申请，应建立严格的事先审查制度，防止在先商标权人利用制度漏洞，通过对地理标志申请主体施加影响来限缩地理标志保护地域范围，实现地理标志和商标权事实上的私人垄断。第三，对并非来源于该标志所标示地区的商品商标，应严格限制商标权人在商标性使用时突出原产地名称。

(四)救济制度构造：建立地理标志公益诉讼制度

公益诉讼是解决“公地悲剧”的一种诉讼手段，对地理标志领域的“公地悲剧”同样适用。[36] 若在地理标志领域建立公益诉讼制度，需要着力解决公益诉讼的提起主体和范围问题。我国 2012 年和 2017 年修订的《民事诉讼法》第 55 条对公益诉讼制度不断加以完善，明确“法律规定的机关和有关组织”作为公益诉讼提起的主体，人民检察院可以支持起诉，且在环境污染、食品安全领域侵害众多消费者合法权益等损害社会公共利益的行为，法律规定的机关和有关组织未提起诉讼的情形下，人民检察院可直接作为诉讼提起主体。有学者指出，“哪些组织适宜提起公益诉讼，可以在制定相关法律时进一步明确，还可以在司法实践中逐步探索”。[37] 当前，随着实践经验的不断积累，公益诉讼的主体逐渐拓展至行政机关、公益组织、检察机关等。

“公益诉讼信托理论”为当事人适格扩张提供了正当性基础。有学者指出，“诉讼信托指法律规定某公益团体对某些权益享有诉的利益，在此项公益受到侵害或可能受到侵害时以诉讼当事人身份参与到诉讼过程中，而公益团体的成员亦可直接援引诉讼判决对侵权人主张利益。”[38]地理标志的申请主体大多为具有互益性质的当地行业协会及政府认可的企业，一般而言，唯行业协会、社会团体等地理标志所有人而非作为个体的使用者和生产者可作为公益诉讼提起主体。

---

[35] 王笑冰：《时间在先，权利在先？——论地理标志与商标的冲突及其解决途径》，《电子知识产权》2006 年第 1 期。

[36] 诸葛语丹：《构建地理标志公益诉讼制度的必要性及对策——从千百个景区同样的“特产”被吐槽事件谈起》，《经济与社会发展》2016 年第 3 期。

[37] 全国人大常委会法制工作委员会民法室编：《中华人民共和国民事诉讼法条文说明、立法理由及相关规定》，北京大学出版社 2012 年版，第 82 页。

[38] 肖建华：《民事诉路立法研讨与理论探索》，法律出版社 2008 年版，第 71 页。

第一,地理标志公益诉讼的主体确定。有研究提出,“绝大部分国内学者把行业协会中的公共利益忽视了,同时忽视了行业协会以公益诉讼方式维护行业公共利益的方式、方法、案例和制度设计的系统研究,致使行业公共利益不能很好地形成”〔39〕。行业协会是促进企业社会公益责任履行的重要社会力量,其可作为非营利机构成为公益诉讼主体。此外,其他公益性组织亦可作为地理标志公益诉讼主体。在行政机关逐渐纳入公益诉讼主体的背景下,政府部门及事业单位作为地理标志公益诉讼主体并不存在障碍。当然,根据民事诉讼法相关规定,在上述主体提起公益诉讼时,检察机关可以出庭支持起诉。如“阳澄湖大闸蟹”作为地理标志产品,针对不法商家使用伪造“阳澄湖”大闸蟹专用标识蟹扣等不正当竞争行为,“阳澄湖大闸蟹”原产地昆山市检察院以出庭支持起诉方式,支持该市巴城镇阳澄湖蟹业协会提起知识产权诉讼,为权利人提供法律、证据等方面的帮助。第二,地理标志公益诉讼的范围。公益性质是确定公益诉讼和私益诉讼的分水岭。“污染环境、侵害众多消费者合法权益等损害社会公共利益的行为”为公益诉讼提起的范围。有学者认为,“公共利益并不排斥私人利益,私人利益也可上升为公共利益,私人利益因权利主体的多数性和不确定性可升格为公共利益”。〔40〕 地理标志具有集体共有性和社会公益性,地理标志遭受侵犯后,除了对原产地生产经营者造成重大影响外,还容易引起消费者混淆,侵害众多消费者的利益,所以将侵犯地理标志的行为纳入公益诉讼范围并不存在法理障碍。第三,地理标志公益诉讼主体资格限定问题。“诉讼信托可分为法定诉讼信托与意定诉讼信托。”〔41〕公益诉讼的主体在法定诉讼信托下由法律确定,在意定诉讼信托下则由双方协定。法定诉讼信托在公益诉讼领域较为常见,也即当系争的实体利益为公共利益时,法律赋予某些公益组织享有实体利益及相应的诉讼权利,消费者协会便是法定诉讼信托的例证。我国《消费者权益保护法》第 47 条仅赋予中国消费者协会及省级消费者协会公益诉讼主体资格,但当前对公益诉讼权扩张到市、县级消费者协会呼声较高。我国地理标志公益诉讼主体应采用法定诉讼信托的方式,由法律对地理标志的公益诉讼主体加以确定。考虑到地理标志的国家认可特征以及地理标志申请主体的集体性和地域性,参照消费者协会层级资格限制并不可取。一言以蔽之,地理标志的所有者均可代表该地域生产者提起公益诉讼。

五、结语

地理标志作为标记产品的质量、声誉或其他确定的特性来源于某原产地的标识,其与商标的功能有异曲同工之处,从而不乏将地理标志纳入商标法保护体系之中的呼声。然而,由于各国或地区自然和人文资源禀赋不同,对地理标志并未采取单一的商标法保护,而衍生出“新世界”与“旧世界”并立、专门法与商标法

---

〔39〕 朱国华、谢华卫:《行业协会、公共利益与行政公益诉讼》,《政法论坛》2008 年第 2 期。
〔40〕 陈新民:《德国公法学基础理论》,人民出版社 2001 年版,第 200 页。
〔41〕 赵磊:《信托受托人的角色定位及其制度实现》,《中国法学》2013 年第 4 期。

并存的保护体系，进而滋生不同利益主体的权利冲突。于我国而言，地理标志复合保护模式下，诸如"一地多标"下的在先注册商标权与地理标志权冲突，商品商标与证明商标、集体商标的冲突等权利冲突日益突出，为矫正地理标志制度功能，对地理标志管理体制及制度规则加以重构刻不容缓。然而，基于管理惯性和路径依赖，重构之路必将面临诸多障碍，全新的制度体系构建离不开坚定的改革决心和高超的立法技术。

The Construction of Special Systems Under the Conflict of Rights in Geographical Indication Field

ZHANG Yingchun

Abstract: In the evolution of the international "old and new world" game, geographical indications has formed different protection systems in terms of origin and geographical indications, which has a far-reaching impact on the protection systems of geographical indications in China. China's decentralized geographical indication management system and compound protection model have objectively formed the diversity of geographical name resource rights protection, which has intensified the geographical indication rights and registered trademark rights conflict, commodity trademarks and certification trademarks, collective trademarks conflict, and the separation of ownership and use right of geographical indication conflict. All of these have weakened the function of geographical indications. Positioning geographical indication rights as a new type of intellectual property rights and constructing special systems such as geographical indication registration system, coexistence system, right system and relief system will effectively eliminate the right conflicts in the geographical indication field and promote the logical return of geographical indication systems.

Key Words: Geographical Indication; Geographical Names; Intellectual Property Rights; Special System

地理标志与商标的关系探析

——兼论后《民法典》时代地理标志特殊保护的路径定位[1]

孙　智*

摘　要　作为知识产权保护对象的地理标志，与普通商标之间既有密切联系，也存在一些差异。从地理标志的内在特性来看，地理标志本质上并不同于普通商标以及普通的集体商标和证明商标，集体商标和证明商标制度只是传统商标法保护地理标志借助的一种手段。地理标志应属一种独立的特殊商标类型，它兼具集体商标、证明商标和驰名商标的共性特征，即集体性、证明性和知名性。因此，在法律尤其是商标法上，不宜将地理标志的保护等同于普通商标，而是需要为其提供特殊保护。后《民法典》时代在我国实现地理标志特殊保护，尤其是就保护模式的构建而言，从国情出发，本文提出的建议是，选择通过逐步协调、整合、修改和完善既有相关立法的方式，进而构建起"商标法强化保护、专门法积极配合、反不正当竞争法有效补充"的体系性和立体化的地理标志保护新模式。其中，从协调地理标志与商标的关系来看，所谓"商标法强化保护"至少需要体现在：其一，结合《民法典》第123条，应修改现行《商标法》以及相关法规、规章等，在商标立法上进一步突出地理标志这种特殊商标的独立属性。其二，在处理地理标志与普通商标的冲突问题上，适度赋予地理标志优先于普通商标的法律地位。其三，在地理标志保护范围和保护水平的设定方面，进一步明确地理标志可寻求类似于驰名商标的"跨类"保护。

关键词　地理标志；普通商标；集体商标；证明商标；驰名商标；商标法

目　次

---

* 孙智(1987—)，法学博士，贵州师范大学法学院、知识产权中心讲师，主要研究方向：知识产权法。

〔1〕 本文系2020年国家知识产权局软科学研究项目"地理标志强保护的理论基础及制度构建研究"(SS20-B-13)的阶段性成果。

引言

2020年5月28日第十三次全国人民代表大会第三次会议通过的《中华人民共和国民法典》(以下简称《民法典》)总则编第123条[1]明确把“地理标志”纳入知识产权客体范畴以后，地理标志在我国民事基本法上被升格为一项与作品、发明、实用新型、外观设计、商标、商业秘密等并列的知识产权客体。《民法典》中的这一规定，既是对《与贸易有关的知识产权协定》(TRIPS)等国际条约对知识产权保护对象之规定采取列举式做法的借鉴和移植，也充分体现出近年来我国国家层面对地理标志知识产权保护问题的关注和高度重视。

不过，我国《民法典》对包括地理标志在内的知识产权客体的集中规定，更多地体现为一种抽象的价值宣示功能，地理标志保护不能单靠《民法典》第123条的抽象规定，其必然还需其他相关立法予以配套和细化。然而，从现行配套立法来看，与作品、发明等知识产权客体的系统性和体系化保护样态不同，我国对地理标志的法律保护，在立法层面和实际操作层面还十分混乱和复杂。

近年来，为推动我国地理标志保护制度不断完善，国内学界做了诸多富有启发性的研究和思考，有着不同的观点论争和分歧。比如，针对我国地理标志保护模式选择问题，有学者认为，对地理标志的保护，商标法是一种完整民事权利保护，应居主导地位[2]；有学者则认为，商标法保护地理标志存在缺陷，有必要制定专门的地理标志保护法[3]；有学者认为，从我国实际出发，地理标志保护应采取以商标法为主的模式，同时辅以其他相关法律，特别是反不正当竞争法保护[4]；有学者则认为，我国应建立以专门法保护为主、商标法保护为辅，彼此协调共存的保护模式[5]；最近，还有学者提出了一种“纯化商标法、建立专门法”的制度设计思路和构想[6]；等等。这些理论思考和学术探讨，为我国地理标志保护法律制度的构建和完善提供了重要理论参考。但相关分歧的存在，也从侧面反映出目前国内学界对地理标志法律保护的理论准备还不够充分，对作为知识产权客体的地理标志的本质特性的剖析还不够精准，尤其是对地理标志与商标的关系等基本理论问题的认识还不够深刻和全面。进一步健全和完善我国地理标志保护法律制度，包括对保护模式做合理选择等，尤其需要对地理标志与商标的关系，包括地理标志与普通的商品商标和服务商标，以及与普通的集体商标和证明商

---

[1] 《中华人民共和国民法典》总则编第123条第2款规定：“知识产权是权利人依法就下列客体享有的专有的权利：(一)作品；(二)发明、实用新型、外观设计；(三)商标；(四)地理标志；(五)商业秘密；(六)集成电路布图设计；(七)植物新品种；(八)法律规定的其他客体。”

[2] 张今、东方：《地理标志的国际保护及我国保护中存在的问题》，《中国知识产权报》2002年5月22日，第3版。

[3] 王莲峰：《制定我国地理标志保护法的构想》，《法学》2005年第5期。

[4] 邢森、查丽娟、杜妍妍：《地理标志及其法律保护的基本问题——知识产权专家王先林访谈》，《中国工商管理研究》2005年第2期。

[5] 王笑冰：《关联性要素与地理标志法的构造》，《法学研究》2015年第3期。

[6] 张鹏：《地理标志保护的双重视角：国际法与国内法的交错》，http://iolaw.cssn.cn/xsjz/202008/t20200813_5169360.shtml；更新时间：2020-08-13；访问时间：2020-09-03。

标之间的具体联系和区别，做一番细致梳理和深入分析。

一、地理标志与普通商标的关系新论

什么是商标？广义上讲，所有商业标记都是商标，或者说商标包含所有具备商业标识价值的标记。[7] 在具体类型上，它包括商品商标、服务商标、地理标志和商号。[8] 作为一种无形财产，商标是由商标标记和商标标记所代表的有关商品（或服务）的信息组成的，是这两个方面的混合物或统一体。[9] 如刘春田教授所言："商标反映的是一种利益关系，这种利益关系是通过在市场上把标记与商品或服务不断地联系在一起而产生的。"[10]受知识产权保护的地理标志，其实也是同样的逻辑存在。《与贸易有关的知识产权协定》第 22 条第 1 款明文规定："就本协议而言，所谓'地理标志'是指识别某一商品来源于某一成员领土或该领土内某一地区或地方的标志，该商品的特定质量、声誉或其他特征主要归因于其地理来源。"我国《商标法》第 16 条第 2 款也规定："前款所称地理标志，是指标示某商品来源于某地区，该商品的特定质量、信誉或者其他特征，主要由该地区的自然因素或者人文因素所决定的标志。"由此我们可以看到，地理标志本质上仍然是一种特殊的商业标识，是商标家族中的重要一员。而且，从历史上看，标示商品地理来源的标记甚至是最早的商标类型。[11] 这一本质属性，正是地理标志在世界范围内能够广泛获得商业标识法律制度包括商标法、反不正当竞争法等提供的防御性保护，以及在很多国家和地区的商标法上能够通过注册集体商标或证明商标等方式获得积极的权利保护（商标权）的根本前提。只不过在国际上，一些国家和地区为追求地理标志保护的最大化（过度保护），存在刻意回避地理标志与商标联系的现象；另一些国家和地区为限制地理标志保护的扩大化（抑制保护），又存在有意忽略地理标志与普通商标的差异的情况。面对这种复杂的局面，我们特别需要从理论上正本清源，搞清楚地理标志与商标之间的关系，从而为我国的相关制度完善和实务改进提供合理认识。

（一）地理标志与普通商标的"共性"

所谓普通商标（individual trademark or ordinary trademark），通常是指在正常情况下使用未受特别法律保护的绝大多数商标。相比集体商标、证明商标以及驰名商标等特殊商标，普通商标通常具有如下典型特征：其一，它主要用来表明商品或服务来源于某一个体生产经营者；其二，其注册不需要另外提交特定的使用管理规则；其三，普通商标也不需要为相关公众广为知晓，不要求已享有声誉，等等。地理标志在本质上既然是一种特殊的商标，它与普通商标之间，虽然

---

〔7〕 唐广良：《知识产权——反观、妄议与臆测》，知识产权出版社 2013 年版，第 32 页。

〔8〕 李明德：《以〈民法总则〉推动知识产权法修订》，《经济参考报》2017 年 6 月 13 日，第 8 版。

〔9〕 王太平：《商标法：原理与案例》，北京大学出版社 2015 年版，第 15 页。

〔10〕 刘春田：《商标与商标权辨析》，《知识产权》1998 年第 1 期。

〔11〕 王笑冰：《论地理标志的法律保护》，中国人民大学出版社 2006 年版，第 167 页。

会存在一些差异和不同，但也必然有着诸多的“共性”特征，尤其在基本功能、权利特性、保护目的以及保护手段等方面，存在类同性或一致性。

1. 基本功能类同

从地理标志的功能角度进行分析，地理标志在现代社会生活中所扮演的，仍然主要是一种识别特定商品来源的商业符号。如世界知识产权组织所阐述的，“与商标近似，地理标志的主要功能是区分商品的来源”[12]。由来源识别功能所衍生，地理标志同样具备类似于普通商标的品质保证和商誉承载（或广告宣传）等基本功能。

首先，与普通商标类似，地理标志的首要功能也是识别商品来源。根据商标法的理论，所谓来源识别，又称为标示来源，指的是商标（或地理标志）能够将某一提供者（或原产于某一地域范围）的商品或服务与其他提供者（产自其他地域范围）的同类商品或服务相区分。商标的来源识别功能是商标法的核心。从理论上讲，对商标来源识别功能的维护，实质就是对商标显著性的保护。不具有来源识别功能的商标不是商标，不能获得商标注册受到商标法保护。同样地，不具有来源识别功能的地理标识，也不能获得相应注册、受到知识产权保护。

其次，地理标志和普通商标都向消费者传递了这样一种信号，即那些使用相同的地理标志或普通商标的商品，“无论在这件与那件之间，还是此时与彼时之际”，它们实际上都是“相同的”商品，具有基本一致的品质特征或质量特色。它们都是从商品的某种品质特性和稳定使用中，获得了消费者的青睐和认可。

最后，地理标志与普通商标都具有商誉承载的功能。地理标志作为一种识别特定商品来源和保证商品品质的商业标识，与普通商标一样，其使用者通过商品的提供及广告宣传等手段，同样能够产生顾客吸引力，进而在市场中形成一种竞争优势。无论是对普通商标还是地理标志的法律保护，本质上都是对相关市场主体通过诚实经营活动所积淀的竞争利益的维护，都是对其品牌价值的维护。

2. 权利特性类同

由基本功能决定，地理标志和普通商标均属民事权利的重要范畴。且与普通商标权的特征类似，地理标志权利同样具有专有性、地域性等基本特征。

首先，地理标志和普通商标都赋予其权利人一项专有权（排他权）。[13] 这种排他性权利的基本结构包括两个层面，即专用权和禁止权。无论是地理标志，还是普通商标，其专用权的范围均为核准注册的标志和核定使用的商品；禁止权范围都需经由“混淆”或“淡化”标准在个案中判定。未经所有人许可或法律特别规定，任何人都不得实施受普通商标或地理标志专有权控制的行为，否则构成侵权。

其次，地理标志与普通商标都具有地域性特征。知识产权是一种法定私权

---

〔12〕 See WIPO document SCT/5/3，p7.

〔13〕 Resinek Nina，“Geographical Indications and Trade Marks：Coexistence or‘First in Time，First in Right’Principle？”，*European Intellectual Property Review*，29(2007)，p. 446.

类型。商标法授予商标权的目的是促进本国的产业发展，确立商标权的边界需要严格遵循商标权的地域性原则。[14] 除非有相关国际条约、双边或者地区性协定的特别规定，无论是地理标志，还是普通商标，均只在特定辖区范围内、根据该司法管辖区域的法律受到保护，而不受其他司法管辖区域的保护。比如，“百威”(Budweiser)这个名称在欧盟范围内是一个受保护的地理标志，但在美国却被个体注册为普通商标；“俄罗斯伏特加”(Russian vodka)在俄罗斯和白俄罗斯是受保护的地理标志，但在其邻国拉脱维亚则被视为一个通用名称，拉脱维亚法院明确认定它指的是一个民族(俄罗斯人)，而不是地理来源(俄罗斯)。[15]

再者，与专利、著作权等创造性智力成果权存在实质性法定保护期限不同，地理标志与普通商标一样，只要它们在发挥相应的来源识别等功能，其权利实际上可能永续存在。非因法定事由，如连续在一定期限不使用、显著性或关联性丧失等，地理标志与普通商标均可一直获得相关法律保护。尽管说地理标志与普通商标的保护，原则上都不存在保护期限限制，但无论是普通商标，还是地理标志，又都有必要规定续展期限。续展并不只是走走形式，而是需要做续展审查。通过续展审查，不仅能够保证已注册地理标志或普通商标在市场经济活动中的连续性和稳定性，保护权利人利用地理标志或普通商标作为载体体现其商誉的积极性，还有助于防止普通商标或地理标志的恶意囤积、抢注等不正当行为。

另外，地理标志保护同样需要遵循优先权原则。也即，申请注册或使用的地理标志从使用或注册发生时能够获得专有权(优先权)。该原则适用于在后的地理标志、在后的普通商标以及其他与受保护地理标志类似的名称。比如，欧盟法院(CJEU)曾在“歌萄源股份有限公司诉欧洲理事会”(Codorníu SA v. Council of the European Union)一案中认为，“‘克雷芒’(cremant)这个词是没有发挥地理标志功能的传统术语，因此一个自 1924 年就开始使用这个名称的人，相对于 1975 年才将其用作地理标志的人而言，作为一个传统术语，前者享有优先权”。[16]

3. 保护目的一致

考察发现，与普通商标一样，地理标志的保护历史实质上也是一部抗击假冒仿冒以及其他不正当使用地理标志行为的制度形成和变迁史。地理标志保护与普通商标保护之祖，都是反不正当竞争。[17] 制止假冒仿冒商标和地理标志等不法行为的主要目的，最初都只是为了维护消费者利益和维持正常市场竞争秩序，后来才逐步发展到了对生产者权利的维护。如学者所言，“保护地理标志的重要性，一方面是出于保护消费者免受虚假和欺骗性商品标志的误导，另一方面是出于保护生产

---

〔14〕 李扬：《论商标权的边界》，《知识产权》，2016 年第 6 期，第 23-27 页 .

〔15〕 See Judgment of the Civil Case Panel for the Supreme Court of the Republic of Latvia of 21 September 2001 in case PAC-309 Moskovskaya(not appealed, not published).

〔16〕 See Case C-309/89 Codorníu SA v. Council of the European Union [1994] ECR I-01853 cremant, para. 31.

〔17〕 杜颖：《商标法》(第三版)，北京大学出版社 2016 年版，第 191 页。

者利益，免受不正当竞争”。[18] 法律赋予地理标志和普通商标以专有权的主要目的在于，“确保市场上有序的信号传递，使消费者及合法生产者从中获益”[19]。所以，地理标志与普通商标在保护目的上是基本一致的。它们都是通过权利保护，维护生产者和消费者利益，维持正常市场竞争秩序，以促进产业发展。[20]

从本质上讲，商标（包括普通商标和地理标志）作为一种区别于作品和专利的无形财产形式，如学者所指出的，“在某些方面商标法更接近于侵权法（反不正当竞争）的组成部分，而不是财产法”[21]。所以严格来说，与著作权和专利权有所不同，普通商标和地理标志所享有的权利，最多只能是一种“准财产权”，正如我国《商标法》所明文规定的，已注册商标获得的只是一种“商标专用权”。尽管自近代以来，商标法基本实现了向财产法的转型，但商标法所调整的仍然是先行存在的对象，而非新东西的创造。尤其不像著作权法和专利法那样主要涉及智力劳动成果的创造与保护，商标法更多关注的是伪造和欺诈。[22] 地理标志的知识产权保护同理。只不过相比普通商标，地理标志具有较明显的亲农性特征，因此是扶持乡村产业发展的重要抓手。为实现该政策目标，法律上有必要对地理标志保护做一些特殊安排。但我们不能矫枉过正，在制度设计上扭曲地理标志知识产权保护的原旨。同时，不能简单地认为保护好了地理标志，乡村经济就发展了，乡村产业就兴旺了。推动实现该政策目标，地理标志知识产权保护是重要的，也是基础性的。但是，其能力也是有限的。它只能做到这样一步，即给地理标志促进乡村产业发展提供合理产权配置、创造有利制度条件和营造良好市场环境。至于地理标志能否真正促进乡村产业转型和地方经济高质量发展，关键还在于如何科学合理地运用地理标志等，这需要其他一系列政策、法律、管理、金融、技术手段的综合施策，而不是单靠一套地理标志知识产权保护制度就能完成的。

4. 保护方式一致

首先，与普通商标的保护类似，地理标志权利保护同样与其使用或注册的特定商品密切相关，地理标志专用权的范围以其所使用或注册的特定商品为限。

其次，地理标志和普通商标的权利存在，都基于消费者如何看待它们的事实。因此，无论是地理标志还是普通商标的法律保护，均涉及基于主观测试的

---

〔18〕 Norrsjö Lena Göransson,“Indications of Geographical Origin as Part of the Intellectual Property law”, Extended Protection of Geographical Indications Beyond Wines and Spirits: the TRIPs Council Negotiations, IFIM, Stockholm, (2004), p. 8.

〔19〕 Gangjee Dev, *Relocating the Law of Geographical Indications*, Cambridge University Press, (2012), p. 2.

〔20〕 刘铁光：《商标法基本范畴的界定及其制度的体系化解释与改造》，法律出版社 2017 年版，第 8—12 页。

〔21〕 [美]威廉·M. 兰德斯，理查德·A. 波斯纳：《知识产权法的经济结构》，金海军译，北京大学出版社 2005 年版，第 166 页。

〔22〕 [澳]布拉德·谢尔曼、[英]莱昂内尔·本特利：《现代知识产权法的演进：英国的历程（1760—1911）》，金海军译，北京大学出版社 2012 年版，第 204—205 页。

"消费者认知"(perception by consumers)[23],即需要具体考察消费者是否认为特定标识标示了特定商品或服务的特定来源,以及该商品是否具有一致的、可预测的某种品质特色。如学者所言,地理标志"为了能够获得保护……产品的潜在购买者必须将地理标志与商品或服务的地理来源联系起来"。[24] 这一主观性评价,与其他知识产权(如著作权、专利权等)的保护主要是基于对诸如独创性、新颖性等客观标准的判断存在不同。在"消费者认知"这一前置条件下,与普通商标保护类同,地理标志侵权判定同样需要遵循"误导"、"不正当"或"淡化"标准的测试。

最后,由于消费者认知可能在一段时间内发生变化,所以地理标志同样存在通用化之可能。比如,一段时间以后,如果消费者不再觉察到某一特定地理名称传达了地理联系,从而不再履行地理标志的功能,此时,尽管地理标志所标示的特定商品可归因于地理来源的某种品质特色可能仍然存在,但该特定地理名称作为地理标志将不复存在,进而可能会沦为通用名称。另外,地理标志和普通商标的保护水平,均取决于其特征(显著性或关联性),包括它的声誉。那些驰名的(在某些司法管辖区域又称"著名的")商标能够获得更高程度的保护,这一情形同样顾及了具有驰名(well-known)特征因而更容易受到仿冒的地理标志。[25]

(二)地理标志区别于普通商标的"个性"

地理标志作为一种特殊商标,尽管其与普通商标存在上述诸多"共性",但也必然存在一些区别于普通商标的特殊性,具有一些自身所特有的"个性"。

1. 具体功能有所区别

地理标志与普通商标虽然都具有相同或类似的来源识别、品质保证以及商誉承载等基本功能,但是,地理标志在具体功能上又具有一些独特之处。

首先,在来源识别方面,相较于普通商标主要是使消费者将某一个体提供者的商品或服务与其他提供者的同类商品或服务相区分,地理标志的识别功能要复杂得多。一方面,地理标志不仅用来区分某一群体提供者的商品与其他提供者的同类商品(类似于集体商标的功能),并且限定了该群体提供者及其所提供商品的地理来源。另一方面,地理标志还用于区分同一原产地范围内的不同群体(甚至同一群体)提供者所提供的由产地环境所决定的不同质量层次的同类商品(类似于证明商标的功能)。如学者所言,"商标'主要起着沟通制造商和消费者的功能',而地理标志'联结得更多,不仅有人类的创造力,还包括了地形、气候

[23] Mantrov Vadim, *EU Law on Indications of Geographical Origin: Theory and Practice*, Springer, 2014, p. 57.

[24] Baeumer Ludwing, "Various Forms of Protection of Geographical Indications and Possible Consequences for an International Treaty", *Symposium on the International Protection of Geographical Indications*, Funchal, Madeira, Portugal, 1993.

[25] Mantrov Vadim, *EU Law on Indications of Geographical Origin: Theory and Practice*, Springer, 2014, pp. 57-58.

以及人类创造力之外的其他因素'"[26]。不过,值得一提的是,从现代市场所反馈的信息来看,大多数情况下,地理标志与普通商标在来源识别功能方面的实际区别其实是比较模糊的,很多情形下甚至可以说是基本或者完全一致的。

其次,在品质保证和商誉承载方面,普通商标并不意味着其所识别的商品总是优质的,而只意味着商品在该商标下质量水平保持一致或可预测。而地理标志除了能够表彰商品质量水平的稳定性或可预测之外,在消费者看来,其通常还象征着该商品具有某种"优于同类一般商品的"或者"特殊的"品质特色。正因如此,地理标志通常都已经在市场上形成一定甚至是很高的知名度。由此,与普通商标有所差异,地理标志实际承载着相关商品的生产经营者的集体信誉。

2. 保护条件有所区别

地理标志的特殊功能决定了地理标志获得法律保护的具体条件,与普通商标的保护条件相比,两者虽然拥有诸多共同点或一致性,但也存在一些差异性。更进一步说,地理标志的注册和保护,具有比普通商标更为严格的条件准入。具体体现在:第一,地理标志的标识要素只能由传统的可视性地理符号构成,不具有地理标示意义的其他可视性标识以及非传统的声音、气味等符号,均不能构成地理标志;[27]第二,地理标志指定保护的商品只能"一标一类",原则上不能像普通商标那样"一标多类",这是由地理标志作为一种业已形成而不可臆造的,由特定地理符号(包括地名或具有地理指示功能的其他可视性符号)构成的事实性商业标志的本质特性所决定;第三,地理标志商品应具有独特品质特色,即"特定质量"或"其他特征"以及"声誉";第四,地理标志注册保护需要明确划定商品产地范围;第五,地理标志所识别商品的品质特色与其产地之间还应具有实质关联性。

3. 权利主体存在区别

地理标志与普通商标的区别,除了体现在地理标志保护条件需要满足关联性要素等之外,还体现在它们的权利主体存在差异。这主要是因为,不同于普通商标,地理标志财产价值的形成通常不是来自某一企业的一己之力,而是由地理标志商品产地众多生产经营者历经许多年、许多代人共同缔造的。从地理标志的来源识别功能可看到,原则上只要是位于地理标志商品产地范围、所生产的特定商品符合地理标志产品质量标准和要求的任何生产经营者,均可使用该地理标志,享有地理标志权利。由此在权利主体方面,相比普通商标权利主体的单一性、确定性和闭合性,地理标志权利主体具有地域群体性、开放性和流动性等特征。

地理标志权利主体的地域群体性特征充分反映出,地理标志原则上不能够

---

[26] Norrsjö Lena Göransson, "Indications of Geographical Origin as Part of the Intellectual Property Law", Extended Protection of Geographical Indications beyond Wines and Spirits: the TRIPs Council Negotiations, IFIM, Stockholm, (2004), pp. 50-51.

[27] 孙智:《我国地理标志注册保护:现状、问题及对策——基于贵州省的实证观察》,《贵州师范大学学报》(社会科学版),2018年第5期,第147—157页。

由某一个体企业通过注册普通商标而独占，其权利应属于该商品产地范围内符合条件从事地理标志商品生产经营的众多人共同所有。地理标志所在地的任何一家企业都有权在来源于该地区的特定商品上使用该地理标志，前提条件是，该企业生产经营的特定商品符合地理标志使用管理规则规定的质量标准和要求。〔28〕

地理标志权利主体的开放性和流动性等特征进一步说明，尽管现阶段某一生产经营者享有地理标志权利，但如果其生产经营的商品不符合地理标志产品的独特品质特色，或者并非来源于地理标志商品产地，该生产经营者将丧失地理标志权利。反之，那些位于地理标志商品产地范围内的生产经营者，即便当前不具有地理标志权利主体资格，但将来如果其生产的特定产品达到了地理标志产品的质量标准和要求，法律上并不排斥其取得地理标志权利。

4. 权利的行使有所区别

由于地理标志在具体功能、保护条件以及权利主体等方面较为特殊，这进一步决定了相比于普通商标，地理标志权利行使的方式和原则也有一些特殊之处。

首先，在权利行使的方式上，与普通商标权能够比较自由地转让或授权他人使用相比，地理标志权利一般是不能够自由转让的，更不能授权地理标志商品真实产地以外的生产经营者和产地范围内不符合使用条件的生产经营者使用。

其次，相比普通商标，地理标志权利的行使需要遵循以下两个基本原则：一是“属地原则”。地理标志只能由产地范围内的符合地理标志使用条件的生产经营者使用。除法定情形外，地理标志商品产区外的生产经营者，以及产地内不符合使用条件的生产经营者在相关商品上对地理标志的商标性使用，均可能构成地理标志侵权。二是“集体管理原则”。这有点类似作品著作权的集体管理，但仍存在很大区别。作品著作权的集体管理具有高度自主性特征，作者是否将其作品的著作权委托特定集体管理组织管理，取决于意思自治。地理标志集体管理则具有强制性特征，即原则上由法律直接规定，地理标志权利由产地众多生产经营者共同组成的集体组织（一般为产业协会或者其他团体）以自己的名义集中行使部分权利（包括申请注册登记、提起侵权诉讼等）。但应当明确的是，如果这些集体管理组织不履行或不认真履行其职责，如针对地理标志侵权不积极维权，产地符合条件的地理标志使用者（真正的权利人）应享有对侵犯地理标志的行为提起诉讼、寻求法律救济的权利。例如，在法国，有关原产地名称保护的典型案件（“香槟烟草”案、“香槟香水”案、“香槟矿泉水”案、“西班牙香槟”案等）当中，〔29〕请求保护的主体不仅有法国国家原产地名称研究院（INAO）、香槟酒行业协会（CIVC）等集体管理组织，也有香槟酒生产商。

---

〔28〕 World Intellectual Property Organization，*WIPO Intellectual Property Handbook：Policy，Law and Use*，World Intellectual Property Organization，2004，p. 121.

〔29〕 See WIPO/GEO/DEL/03/11 REV，pp. 8-10. Protection of Geographical Indications-Food Products-the Example of Champagne Industry，France；Wurtenberger G. A Champagne Among Mineral Waters：Unfair Competition and geographical Desingnation，pp. （1988），EIPR，pp. 145，146；J. Bollinger and Others v. The Costa Brava Wine Company Limited（1960）.

二、地理标志与集体商标的关系改进论

从目前来看，集体商标和证明商标制度是很多国家和地区用来保护地理标志的重要法律手段，但在不同国家和地区，具体保护做法并不一致，十分混乱和复杂。比如，有的国家和地区主要运用集体商标制度保护地理标志，有的国家和地区主要运用证明商标制度保护地理标志，有的兼而有之。那么，国际上为何会存在这么大的保护差异？这种复杂性背后，除了各国各地区不同的法律传统、历史文化、生态环境、消费理念、资源存量、产业格局、对外贸易以及市场利益等因素影响，实质上与各国各地区对地理标志与集体商标和证明商标之间关系认识的不同存在很大关联。这里先探讨集体商标与地理标志保护。

（一）集体商标保护的一般原理

1. 集体商标的内涵界定

在国际上，集体商标保护并不是新鲜事物。早在 1883 年缔结的《保护工业产权巴黎公约》（以下简称《巴黎公约》）第 7 条之二中，就明确规定了集体商标的保护问题。但是，《巴黎公约》并没有对集体商标的内涵作出界定。

受《巴黎公约》的影响，目前世界上大多数国家和地区的商标法都规定了集体商标制度，并且直接或间接地对其内涵做了界定。例如，《德国商标法》第 97 条第 1 款规定："所有符合第 3 条意义的能够作为商标受保护的标志，当其足以将集体商标所有人的成员的商品或服务与其他企业的商品或服务根据其企业来源或地理来源、性质、质量或者其他性能区别开来时，可以注册为集体商标。"[30]《欧盟商标条例》第 74 条第 1 款规定："欧盟集体商标是指由协会申请并成为所有人以后，能够将协会成员的商品或服务与其他企业的商标或服务相区分的一种欧盟商标。"[31]《美国商标法》第 45 条规定："集体商标是指这样的商品商标或服务商标，即：(1)由合作社、协会或其他的集体性团体、组织使用；(2)该合作社、协会或其他的集体性团体、组织具有在商业中使用的真实意图，并根据本章规定在主注册簿上申请注册，同时包括表明联盟、协会或其他组织成员身份的商标。"[32]《日本商标法》第 7 条第 1 款规定："普通法人联合会或其他协会（不具有法人资格的协会和企业除外），或根据特别立法成立的任何其他协会，包括商业合作社（不具有法人资格的除外），或相当于此的外国法人，对于让其成员使用的商标，应有权申请集体商标注册。"[33]《韩国商标法》第 2 条第 1 款规定："集体商标是指由从事生产、制造、加工或货物销售、服务提供的人联合组成的法人团体

---

〔30〕 See Germany Act on the Protection of Trademarks and Other Signs, Section 97. 1.

〔31〕 See Regulation(EU)2017/1001 of the European Parliament and of the Council of 14 June 2017 on the European Union trade mark, Article74. 1.

〔32〕 See U. S. Trademark Law, § 45(15 U. S. C. § 1127).

〔33〕 See Japan Trademark Act, Article 7(1).

直接使用，或由其成员使用的商标。”[34]我国《商标法》第 3 条第 2 款也规定：“本法所称集体商标，是指以团体、协会或其他组织名义注册，供该组织成员在商事活动中使用，以表明使用者在该组织中的成员资格的标志。”[35]

2. 集体商标的特征及类型分析

(1)集体商标的主要特征

从各国各地区现行商标法的规定可看到，集体商标仍然是一种商标。作为一种商标，集体商标仍然拥有与普通的商品商标或服务商标基本一致的识别特定商品或服务来源的基本功能。在保护范围上，集体商标的注册范围既可以适用于商品，也可以适用于服务。与普通的个体商标一样，集体商标注册指定保护的商品或服务范围也可“一标多类”。比如，“沙县小吃”集体商标指定保护的“服务”范围就包括餐馆、咖啡馆、备办宴席、住所代理(旅馆、供膳寄宿处)等。集体商标注册一般不要求该商标事先已实际使用，更不要求其已具有一定影响或已被相关公众所熟知。商标法上对集体商标标记构成要素没有特别要求。判断集体商标可注册性的基本标准，与普通的商品商标或服务商标是基本相同的。已经注册的集体商标，同样可以转让，以及可以不受地域范围限制地许可他人使用。

但与普通商标有所不同，集体商标还具有另外一项特殊功能，即它旨在表明使用该商标的人系某一集体组织(协会或其他法人团体)的成员。如学者所言，“普通商标用于标示单一商业来源，而集体商标主要用来表明某一协会的成员资格”。[36] 相比于普通商标，集体商标的最大特点体现在它属于一种集体性权利。集体商标一般由集体成员组成的组织以自己的名义申请注册和所有，具体的商品或服务提供者则以集体成员的身份隐退在集体的背后，充分体现了集体商标权利的“共有”或“共用”的特点。根据多数国家商标法的规定，集体组织一般不使用集体商标，而是由集体组织的成员在相关商品或服务上使用。但事实上，关于集体组织本身是否能够使用集体商标的问题，各国商标法的规定并不一致。比如，《韩国商标法》便规定集体商标是可以由相关生产者的联合组织直接使用的，也可以由其成员使用。对于集体商标注册申请，各国各地区法律一般都要求注册申请人应当提交集体商标使用管理规则，该使用管理规则详细说明集体商标注册人和集体成员各自的权利、义务和责任，以及其他使用管理事项、管理费用，等等。由于集体商标的注册和保护需要提交使用管理规则，以致在通常情况下，集体商标也具有一定的类似于证明商标的质量认证的功能。

建立集体商标制度和使用集体商标是一项十分重要的战略措施。使用和保护集体商标，有利于中小企业抱团创立集体声誉，实现规模经济，提高竞争力。

(2)集体商标的不同类型划分

通过考察各国商标法律制度。可以发现，集体商标有多种类型。比如，美国

---

[34] See Republic of KoreaTrademark Act，Article 2(1). 1.

[35] 《中华人民共和国商标法》第 3 条第 2 款。

[36] A Kur ，M R F. Senftleben ，*European Trade Mark Law-A Commentary* ，Oxford University Press，2017.

商标法上有两种类型的集体商标：一种是集体商标或集体服务商标，另一种是集体成员商标。根据美国商标评审及上诉委员会（TTAB）[37]的解释，二者的区别在于：首先，集体商标或集体服务商标是由一个“集体”（如协会、联合会、合作社、共济组织或其他有组织的集体团体）所有，只能由其成员使用的商标，成员使用该商标来识别其商品或服务，并将其与非成员的商品或服务区分开来。“集体”本身并不通过集体商标或集体服务商标销售商品或提供服务。集体商标与普通商标一样，均用来表明商品或服务的商业来源。只不过，集体商标所表明的是集体成员的来源，而不是任何个体成员或一方的来源。其次，集体成员商标主要是为了表明集体组织（如联合会、协会或其他组织）成员资格而采用的商标，集体或其成员都不使用集体成员商标来识别和区分商品或服务。这种商标的唯一功能是表明持有此商标者是有组织的集体团体的一员。[38]

在采用集体商标制度保护地理标志的国家和地区，如日本、韩国等，集体商标又分为普通的集体商标和地理标志集体商标（或地域集体商标）两种类型。比如，《日本商标法》第 7 条和第 7－2 条明确规定了普通的集体商标和地域集体商标两种集体商标类型。《韩国商标法》第 2 条第 1 款第（3）项和第（6）项也明确规定了普通的集体商标和地理标志集体商标两种集体商标类型。我国现行《商标法》上虽然没有明确区分普通集体商标和地理标志集体商标，但在办理地理标志注册时也做了区别对待，比如国家知识产权局官方网站上曾专门发布区别于普通集体商标的《地理标志集体商标使用管理规则（参考样本）》。

3. 集体商标与普通商标的同等保护

从目前各国各地区商标法的规定来看，集体商标享有与普通商标同等水平的保护。已经注册的集体商标，本身不能阻止该商标具有沦为通用标志的可能性。一些国家的法律对集体商标的使用有严格要求，如果集体商标不使用，同样可能导致该商标注册的撤销。当集体商标受到侵害时，首要的侵权救济措施也是停止侵权和损害赔偿等。这里需要注意的是，集体商标作为一种集体性权利，当集体商标受到侵害请求损害赔偿时，应包括集体组织成员所受的相应损失。

（二）地理标志的集体商标保护：现状及改进

作为一项知识产权保护对象的地理标志，其并不等同于普通的集体商标。集体商标制度只是传统商标法保护地理标志借助的一种手段。地理标志之所以能够注册集体商标进行保护，主要是地理标志权利主体的集体性等特征决定的。需要注意的是，根据很多国家和地区（包括我国）商标法的规定，地名可以作为集体商标注册，但并非只要由地名构成的集体商标就是地理标志集体商标。真正的地理标志集体商标，必须经过地理标志特殊保护条件（包括关联性要素等）

---

〔37〕 TTAB的全称为 Trademark Trial and Appeal Board，是 USPTO 的一个行政法庭。

〔38〕 See Aloe Creme Laboratories，Inc. v. American Society for Aesthetic Plastic Surgery，Inc. 192 U. S. P. Q. 170（1976）.

检验。

从国际上看，地理标志能否注册集体商标进行保护，完全取决于一国国内法。一些国家商标法明文规定，地理标志可以注册集体商标进行保护，其中具有代表性的国家和地区包括欧盟、德国、日本、韩国、美国以及我国等。比如，《欧盟商标条例》第 74 条第 2 款规定："与第 7 条第 1 款第(c)项规定不同，在贸易中用于表示商品或服务地理来源的符号或标志，可以构成前款所称的欧盟集体商标。"〔39〕《韩国商标法》第 3 条第(2)款规定："任何生产、制造、加工、证明或销售商品作为业务的人或提供服务的人联合创办的法人(地理标志集体商标仅限于以生产、制造或者加工为业务的人组成的法人)，有权获得集体商标注册。"〔40〕在法国，还有一种与集体商标类似的保护地理标志的特殊形式，即"农产品标签"(法语为 label agricole)。按照世界知识产权组织的官方解释，法国的农产品标签本质上也是一种集体商标，主要用来表明食品或者非富营养和非转基因农产品(如谷物种子)具有特定特征，以及具有高于同类产品的质量水平。法国的农产品标签分为国家标签("红标签")和地区标签，后者标示一个地区特有的、传统的或者具有代表性的特征。农产品标签以控制其使用的主体之名义注册。〔41〕

从各国各地区现行商标法的规定来看，除了日本商标法明确规定地域集体商标可以寻求防御商标(驰名商标)保护之外，目前大多数国家和地区对于已注册为集体商标的地理标志所提供的保护方式和保护水平，与普通的集体商标以及普通的商品商标或服务商标所提供的保护，是基本相同的。但事实上，地理标志作为一种并不同于普通集体商标的特殊商标，尽管依照传统商标法其可以通过注册集体商标方式进行保护，但商标法为之所提供的具体保护，尤其是在保护方式和保护水平上，应当有所区别，或者说需要加以改进，而不宜将其与普通集体商标的保护同等对待。在这方面日本的制度实践具有一定借鉴价值。

三、地理标志与证明商标的关系反思论

(一)证明商标保护的一般原理

1. 证明商标的内涵界定

证明商标(Certification marks)，一些国家和地区又称"保证商标"(Guaranteed marks)，是指由商标注册人以外符合条件和标准的任何一方使用的任何词汇、名称、符号或图案，用以证明第三方提供的商品或服务的某些品质或特性。

从目前来看，国际上尚缺乏针对证明商标保护的统一规定。关于证明商标的保护及内涵界定，各国各地区商标法的做法差别很大。比如，《美国商标法》规

---

〔39〕 See Regulation(EU)2017/1001 of the European Parliament and of the Council of 14 June 2017 on the European Union trade mark, Article74. 2.

〔40〕 See Republic of Korea Trademark Act, Article 3(2).

〔41〕 World Intellectual Property Organization, *WIPO Intellectual Property Handbook: Policy, Law and Use*, World Intellectual Property Organization, 2004pp. 123-124.

定："证明商标是指任何文字、名称、符号或图案，或者它们的组合，并且是①由其所有人以外的其他人使用，或②其所有人真实意图准许除所有人外的其他人在商业上使用，并申请在本章规定的主注册簿上注册，用以证明该人的商品或服务的地理来源或其他来源，材质、生产方式、质量、精确度或其他特性，或者证明该人的商品或服务是由某协会或其他组织的成员完成的。"〔42〕《欧盟商标法》规定："欧盟证明商标在申请商标时应当视为欧盟商标，其能够将经商标所有人认证的商品或服务在材质、商品的生产方式或服务的提供、质量、精确度或其他特征与未经认证的商品和服务相区分，但地理来源除外。"〔43〕《韩国商标法》规定："证明商标是指由商业上证明和管理商品的质量、原产地、生产方式或其他特征的人使用，以证明他人的商品符合质量标准、原产地、生产方式或其他特征的商标。"〔44〕我国《商标法》第 3 条第 3 款的规定："本法所称证明商标，是指由对某种商品或者服务具有监督能力的组织所控制，而由该组织以外的单位或者个人使用于其商品或者服务，用以证明该商品或者服务的原产地、原料、制造方法、质量或者其他特定品质的标志。"〔45〕

2. 证明商标的类型及特征分析

(1)证明商标的类型划分

考察各国各地区商标法的规定发现，证明商标大致包括三种基本类型：第一种用来证明产品或服务的质量、材质或其他生产方式符合特定标准；第二种用来证明成员或其工人所从事的工作或劳动符合特定标准，这一种情形主要在美国商标法上有明确规定〔46〕；第三种用来证明商品或服务的地理来源(原产地)。

从上述不同国家和地区现行商标法上有关证明商标的定义可以看到，欧盟商标法上明确排除了证明商品原产地的证明商标类型。欧盟商标法上这一排除的具体理由，据欧盟商标法学者的解释，主要是为了避免与《欧盟 1151/2012 号条例》等所建立的地理标志专门法保护制度发生重叠。〔47〕

(2)证明商标的主要特征

从各国各地区商标法的规定来看，证明商标同样是一种商标。在保护范围上，与普通商标一样，证明商标的注册范围既可适用于商品，也可适用于服务，证明商标注册指定保护的商品范围同样可"一标多类"。比如，"绿色食品"证明商标指定保护的"商品"范围就涵盖了蔬菜、水果、鱼类等诸多食品类商品类别。证明商标的注册通常也不要求该证明商标事先已实际使用，更不需要具有一定影

---

〔42〕 See U. S. Trademark Law, § 45(15 U. S. C. § 1127).

〔43〕 See Regulation(EU)2017/1001 of the European Parliament and of the Council of 14 June 2017 on the European Union trade mark, Article 83. 1.

〔44〕 See Republic of Korea Trademark Act, Article 2(1). 7.

〔45〕《中华人民共和国商标法》第 3 条第 3 款。

〔46〕 US Pat. & Trademark Office, US Dep't of Commerce, *Trademark Manual of Examining Procedure*, 2018, pp. 1300-79.

〔47〕 Kur Anne He &, Senftleben Martin RF, *European Trade Mark Law—A Commentary*, Oxford University Press, 2017, p. 8.

响或已被相关公众熟知。商标法上对证明商标标记的构成要素也没有特别要求。判断证明商标可注册性的基本标准，与普通的商品商标或服务商标以及普通集体商标，是基本相同的。与普通的商品商标和服务商标以及集体商标一样，证明商标同样可以进行转让，以及可以不受地域范围限制许可他人进行使用。

相比普通商标，证明商标最大的特点在于它的“证明性”。所谓证明性，指的是证明商标能够保证标注该商标的商品或服务符合特定的质量标准或要求，或者真实来源于特定原产地，等等。使用证明商标的主要目的在于，通过醒目、简洁或其他特定方式明确告知相关商品的购买者，授权使用者的商品或服务具有特定特征、符合某种规格或标准，或者来源于特定地理区域。不同于普通商标，证明商标不标示商品或服务的单一商业来源或专有来源。在适用于商品或有关服务时，它所传达的信息在于，该商品或服务已经由所有人(证明人)确定的方法检验、测试、检查，或者其已经由非商品或服务生产商的所有人以某种方式查验。在某种商品上标注证明商标，或者将其使用于有关服务，即构成对生产商以外的其他人的一种证明，证明该商品或服务已符合证明人规定的特征、规格或原产地。〔48〕 在具体的认证环节，同一证明商标可以用于许多不同生产商的商品或服务。

不同类型的证明商标所要证明的具体要素，比如产品或服务的质量标准、其他特征以及原产地等，可能会存在差异。有的证明商标可能只认证其中某一个要素，有的可能同时认证多个要素。当证明商标的具体认证要素同时包括证明商品的原产地和证明产品具有由其产地环境决定的某种质量或特征时，证明商标由于兼具标示商品地理来源和认证商品独特品质的双重功能，实质上就具有地理标志的特征，一些国家和地区称之为地理标志证明商标(如韩国和我国等)，或者地理证明商标(如美国等)。例如，在美国专利商标局注册的“洛克福羊乳干酪”(Roquefort)证明商标，既用来表示奶酪是用羊奶制成的，也表明该奶酪是在法国洛克福社区根据其长期使用的方法和工艺在洞穴中熏制而成，这是一个典型的早已在欧盟层面取得注册和受到保护的原产地名称(PDO)。

由于证明商标主要用来认证(certify)使用该商标的商品或服务符合特定的质量标准或其他要求等，因此证明商标的注册申请除了需要满足普通商标保护的一般条件，一般还必须满足以下两个重要条件：其一，申请注册主体应当有资格对有关产品进行证明；〔49〕其二，类似于集体商标的注册申请，证明商标的注册

〔48〕 Moschini Giancarlo, Luisa Menapace & Daniel Pick, “Geographical Indication Protection in the United States”, *American Journal of Agricultural Economics*, 2008, 90(3), p. 3.

〔49〕 比如，我国《集体商标、证明商标注册和管理办法》第5条明文规定：“申请证明商标注册的，应当附送主体资格证明文件并应当详细说明其所具有的或者其委托的机构具有的专业技术人员、专业检测设备等情况，以表明其具有监督该证明商标所证明的特定商品品质的能力。”

申请也需要提交符合规定的证明商标使用管理规则。[50]

3. 证明商标与集体商标的联系和区别

比较发现，证明商标与集体商标具有诸多共同特征。在很多情况下，二者的界限是模糊的。如上所述，集体商标也具有品质保证的功能。但按照通常理解，它们之间还是存在一定的差异，主要体现在：一是功能上的差异。集体商标旨在表明商品或服务来源于某一集体或协会，仍然主要起着识别商品或服务来源的功能，只不过不是单一商业来源，而是集体来源；证明商标则是一种质量监督标志，[51]其主要用来证明产品或服务符合某些标准和要求。二是权利主体不同。集体商标属于一种集体性权利，其权利一般由成员集体组成的集体组织所有和行使；而证明商标不归属于任何生产者协会等集体组织，而是由某一特定证明机构（certification authority）所有，是一种单一主体的专有权，而不是集体性权利。从各国各地区商标法的规定来看，这种证明机构既可以是政府部门，也可以是不从事有关产品生产或贸易的非营利性社会团体。三是使用方式存在区别。集体商标的使用具有一定的封闭性特征，只能由拥有该集体商标的集体组织成员使用；证明商标的使用则具有开放性特征，它可以授权符合规定标准和要求的任何人使用。这正如世界知识产权组织所比喻的："集体商标的使用者组成了一个'俱乐部'（club），而在证明商标方面，则适用'开放式程序站'（open shop）的原则。"[52]

4. 证明商标与普通商标及集体商标的等同保护

不同国家和地区商标法对证明商标的使用和保护规定并不相同。例如，在美国，即使是符合规定标准和要求的人也不得使用证明商标，它只能由获得证明商标所有者授权的实体使用该商标。从目前各国各地区商标法的规定来看，对证明商标提供的法律保护，包括侵权救济等，与普通商标保护基本一致。已经注册的证明商标，本身不能阻止该证明商标沦为通用标志的可能性。当证明商标受到侵害时，首要的侵权救济手段同样是停止侵权和损害赔偿等。不过，证明商标受侵害请求损害赔偿时，是否可以将被授权人所受损失包括在内，则存在争议。

（二）地理标志的证明商标保护：现状及反思

作为知识产权保护对象的地理标志，并不等同于证明商标。与集体商标一

---

[50] 比如，《欧盟商标条例》第 84 条明文规定："欧盟证明商标申请人应当在申请之日起两个月内提交欧盟证明商标使用管理规则。欧盟证明商标使用管理规则应当具体列明该商标获得授权使用的人、该商标证明的特征、证明机构如何测试这些特征和监督商标的使用。该使用管理规则还应当具体说明商标的使用条件，包括制裁措施。"See Regulation（EU）2017/1001 of the European Parliament and of the Council of 14 June 2017 on the European Union trade mark，Article 84.

[51] EUIPO，"EU Trade Mark Reform-Summary of Changes Applying from 1 October 2017"，https://euipo. europa. eu/ohimportal/en/eu-trade-mark-legal-texts.

[52] World Intellectual Property Organization，WIPO InItellectual Property Handbook：Policy，Law and Use，World Intellectual Property Organization，2004，p. 69.

样，证明商标制度也只是传统商标法上保护地理标志借助的一种手段。

根据一些国家和地区（包括我国）商标法的规定，地名不仅可作为集体商标注册，也可作为证明商标注册。但需要注意的是，并非只要是由地名构成的证明商标就是地理标志证明商标。真正的地理标志证明商标，同样必须经过地理标志特殊保护条件（尤其是关联性要素等）检验。一方面，单纯具有某种质量或特征的证明功能，而不具有产地标示意义的证明商标，不可能是地理标志；另一方面，单纯证明商品的原产地，但不满足关联性要素的地理证明商标，也不是真正的地理标志，比如，“澳大利亚制造”（Australian Made）、“澳大利亚种植”（Australian Grown）等，[53]就不是一个地理标志证明商标，而只是一个普通的证明商标。地理标志之所以能够通过证明商标的方式进行保护，主要是由其具有标示商品的地理来源和认证该商品具有可归因于该地理来源的某种品质特征的功能决定的。

从国际上看，地理标志是否可以通过证明商标进行保护，与地理标志的集体商标保护一样，也完全取决于一国国内法。根据一些国家和地区商标法的规定，地理标志可以通过注册证明商标的方式进行保护。其中，具有代表性的国家包括美国、英国、澳大利亚、加拿大、韩国以及我国等。比如在英国，“斯蒂尔顿奶酪”（Stilton cheese）和“哈里斯花呢”（Harris Tweed）都是作为证明商标进行保护的，其中“哈里斯花呢”早在1909年即已获得注册。同时，也有一些国家和地区明确排除地理标志的证明商标保护，最典型的就是欧盟及其部分成员国等。

从目前各国各地区商标法的规定来看，地理标志证明商标的可注册性标准，除了需要遵循普通证明商标注册要求，通常还有一些特殊要求。[54]已注册为证明商标的地理标志的保护，与普通的证明商标，以及普通的商品商标或服务商标是基本相同的。应当说，地理标志作为一种本质上并不同于证明商标的特殊商标，尽管依照传统商标法，在一些国家和地区（包括我国等），地理标志可以通过证明商标的方式进行保护，但商标法对之提供的具体保护，尤其是在保护方式和保护水平上，应当加以区分，而不宜将其与普通的证明商标保护等同视之。

事实上，现行法律制度将地理标志纳入证明商标体系保护是不太科学的做法。采用证明商标的方式保护地理标志，存在难以克服的制度缺陷。这种保护方式除了可能忽视地理标志的声誉等之外，其中存在的最大问题是：地理标志作为一种特定环境下历史地形成的事实性商业标志，作为一种集体性权利，与证明商标这种个体性专有权利难以调和。地理标志被注册为证明商标之后，完全变成了个体（包括某级政府部门或者其他特定组织或机构等）专有的一种“私有

[53]《“澳大利亚制造”正式在中国注册成为商标》，环球网，https://world.huanqiu.com/article/9CaKrnJwZjx；更新时间：2012-09-04；访问时间：2019-12-08。

[54] 比如，我国《集体商标、证明商标注册和管理办法》第7条即规定，以地理标志作为证明商标注册的，应当在申请书中说明地理标志所标示的商品的特定品质（包括质量、声誉或者其他特征）、该商品特定品质与所标示的地区的自然因素和人文因素的关系，以及地理标志所标示的地区范围等。参见《集体商标、证明商标注册和管理办法》第7条、第8条。

权”，这对于地理标志的法律保护实质上并不利。这种保护方式，某种程度上有意或无意地忽视了地理标志商品产地众多生产经营者作为地理标志的无形财产价值的实际缔造者（真正的权利人）的主体地位。这些地理标志的真正权利人，在证明商标制度框架之下，反倒成了地理标志证明商标的一个个普通的被许可使用者，进而处在一种非常被动和尴尬的地位。这样的制度设计可以说是不太恰当的，其不仅不利于形成有效的制度激励，不利于地理标志的真正权利人积极行使权利，而且对地理标志的侵权救济（尤其是损害赔偿的认定等）带来诸多疑惑及困境。

比如，在“古丈毛尖”证明商标侵权纠纷案中，法院在具体确定赔偿数额时，综合考虑了这样一些因素：第一，作为证明商标注册人，原告不能在其商品上使用该商标，故其本身对商标没有直接的经济利益，不具有营利性；第二，原告作为注册人对证明商标负有管理、维护义务，这些义务的履行需要一定的资金支持；第三，为维护商标，原告已支出的相应合理费用，依法应纳入赔偿范围；第四，被告所实施的侵权行为属于经营性行为。同时该案法院还认为，该赔偿应由原告用于对其证明商标的维护、管理等事项，对原告过高的赔偿要求不予支持。〔55〕应当说，该案法院在损害赔偿的认定问题上，将地理标志保护完全等同于普通证明商标的做法是值得商榷的，特别是法院只考虑地理标志证明商标注册人的损失，欠缺对地理标志实际使用者损失的考虑，其公平性和合理性很值得探讨。

此外，在相关国际条约中，虽然早在1883年缔结的《保护工业产权巴黎公约》中就已经拥有关于集体商标的保护规定，但时至今日，相关国际条约一直缺乏有关证明商标保护的具体规定。因此，不同于运用集体商标制度保护地理标志，通过证明商标的方式保护地理标志，还面临国际保护及协调的巨大障碍。〔56〕

所以，从本质上讲，证明商标制度并不太适合用来保护地理标志。正因如此，目前包括欧盟主要成员国、瑞士等在内的地理标志强势利益国家和地区，以及亚洲的日本等越来越重视地理标志保护的国家，它们在商标法上均不采用证明商标制度保护地理标志，而是要么在商标法之外另行构建一套相对独立的保护体系——“受保护原产地名称”（PDO）和“受保护地理标志”（PGI）制度，与商标法密切配合对地理标志进行保护，要么在商标法体系之下、普通商标之外，另行构建一套相对独立的“地域集体商标”（regional collective trademarks）制度或者“地理商标”（geographical marks）制度等，对地理标志进行特殊保护。我国尽管也将地理标志纳入证明商标体系保护，但应当看到，地理标志证明商标并不是一件普通的证明商标，需要注意地理标志与普通证明商标保护的差异性。

---

〔55〕 参见湖南省长沙市天心区人民法院民事判决书，古丈茶业发展研究中心诉湖南省华茗茶业有限公司、湖南平和堂实业有限公司侵犯商标专用权纠纷案，(2008)天民初字第2500号。

〔56〕 比如，我国福建的平和琯溪蜜柚地理标志证明商标曾在寻求国际注册保护指定日本时，由于没有搞清楚日本商标法律制度的具体内容（日本商标法中没有证明商标制度），最终在国家阶段因日本缺乏证明商标制度而导致失败（当然，还因为平和琯溪蜜柚在日本早已被他人抢注）。参见林秀芹：《“一带一路”商标法律制度研究》，知识产权出版社2018年版，第11页。

四、地理标志作为一种特殊商标需要特殊保护

通过以上分析可看到，地理标志在市场上同样发挥着识别特定商品来源、保证商品品质、承载集体商誉和发挥市场竞争等功能，地理标志在权利特性、保护目的和保护方式等方面与普通商标具有类同性或一致性。可见，地理标志仍然是一种商标意义的存在。但是，地理标志并不是一种普通的商品商标或服务商标，其也有别于普通的集体商标和证明商标，它应属一种独立的特殊商标。

(一)地理标志商标特殊性的具体体现

从地理标志的内在特性看，地理标志实质上兼具集体商标、证明商标和驰名商标(或著名商标)的共性特征，即集体性、证明性和知名性。所谓集体性，是指地理标志作为一种地域性的集体权利，其权利主体具有地域群体性、开放性和流动性特征；所谓证明性，是指由于地理标志商品具有某种可归因于原产地的品质特色，因此具有产品质量特征的认证功能；所谓知名性，是指基于商品的品质特色和历史传承，地理标志通常已在市场上具有一定的甚至较高的声誉。由此可以说，地理标志本质上乃集体商标、证明商标和驰名商标这三种商标类型的"集合体"。因此，在法律尤其是商标法上，既不能将地理标志的保护完全等同于普通的集体商标，更不能等同于普通的证明商标，而是需要为其提供特殊保护。

从国际上看，考虑到地理标志的特殊性，TRIPS 协定在第二部分第三节为其保护做了专节安排。从我国情况来看，现行《商标法》也在第 16 条为地理标志保护做了特别规定。可见，无论是在 TRIPS 协定还是我国《商标法》当中，地理标志均被视为一种区别于普通商标的独立存在，地理标志的保护也不必然需要办理注册或登记手续。但需要注意的是，无论是 TRIPS 协定第二部分第三节，还是我国现行《商标法》第 16 条的规定，其为地理标志提供的保护标准都是从禁止不正当竞争角度提出的，[57]属于防御性保护。如果仅仅依靠这种防御性的行为法保护，地理标志所获得的保护力度和水平显然不够。为此，我国结合自身的实际国情，还在《商标法实施条例》(2013 年修订)第 4 条(原第 6 条)进一步规定了地理标志可以依照《商标法》和该条例的规定作为证明商标或集体商标申请注册。[58] 应当说，我国现行商标法援引证明商标和集体商标制度已在一定程度上体现了地理标志的特殊性。但从总体上看，仍然存在诸多问题和不足，主要体现在：一方面，由于普通集体商标和证明商标的注册申请，或在商品质量规范管理和产区范围划定等方面具有一定随意性或自主性，或在权利归属和行使等方面具有与普通商标的等同性，如果立法没有对注册集体商标或证明商标的地理标志保护做特别安排，实践中可能导致对地理标志商品品质独特性的难以把握，对地理标志商品产区范围划定的不准确，以及可能存在忽视地理标志实际使用者

---

〔57〕 张今：《WTO 知识产权协议中的地理标志和我国相关保护制度》，载郑胜利主编：《北大知识产权评论》(第 2 卷)，法律出版社 2004 年版，第 302 页。

〔58〕 《中华人民共和国商标法实施条例》第 4 条。

的合法权利等问题。另一方面，由于商标法律制度在近代化演进和转型过程中，更加重视现代性和个体性的张扬，主要偏重于对普通商标的关注，某种程度上冷落了传统性和集体性的魅力，[59]以至于传统商标法律制度，包括我国现行集体商标和证明商标制度，在关注和维护地理标志的集体信誉等问题上，对于地理标志提供的保护范围和保护水平等方面还存在很大不足。

事实上，真正的地理标志，应当具备驰名商标的条件，[60]如吴汉东教授所言，都是一枚枚“天然而成的驰名商标”[61]。即便是因地处偏远、交通条件不便，或者受商品产量等客观因素限制，相关地理标志或许未能达到全国性广泛驰名的程度，但它们一般都在某一地域范围或特定行业领域具有一定影响或较高的知名度，至少属于一种著名商标。新时代乡村振兴背景下，这些驰名的或著名的地理标志，在发展地方特色产业经济方面所蕴藏的高价值属性日渐显露，逐步成为各地推动乡村特色产业高质量发展的一张张镀金“名片”和“金字招牌”。这促使我们在商标法上不宜再单纯注重个体性和现代性的张扬，而冷落具有传统性和集体性魅力的地理标志了，而是需要认真对待地理标志，认真对待地方特色资源的知识产权保护。结合我国作为地理标志大国的现实国情，在我国知识产权法律制度的基本框架下，应该明确将地理标志的知识产权保护提升到与驰名商标同等重要甚至更加突出的位置，尽快协调、整合、修改和完善现行多套并存的地理标志保护制度，包括改造地理标志的确权、使用管理以及侵权救济等法律制度，以及研究建立、健全和完善地理标志驰名商标保护制度，[62]等等。

（二）后《民法典》时代地理标志特殊保护的路径定位

后《民法典》时代，在我国实现地理标志的特殊保护，就保护模式的构建而言，与国内一些学者的观点有所不同，本文的建议是，选择通过逐步协调、整合、修改和完善既有相关立法的方式，进而构建起“商标法强化保护、专门法积极配合、反不正当竞争法有效补充”的体系性和立体化的地理标志保护新模式。

从协调地理标志与商标的关系层面来讲，所谓“商标法强化保护”，至少需要体现在：其一，结合《民法典》第 123 条，应修改现行《商标法》以及相关法规、规章等，在商标立法上进一步突出地理标志这种特殊商标的独立属性。从比较法的角度来看，目前域外相关立法实现地理标志独立属性有两种主要路径：一种是在商标法体系下规定一种独立的地理标志商标。例如，《日本商标法》中的“地域集体商标”，《韩国商标法》中的“地理标志集体商标”和“地理标志证明商标”，《美国商标法》中的“地理证明商标”，以及《瑞士商标法》中的“地理商标”，等等。另一

---

〔59〕 严永和、杨鸣明：《商业标识的演进逻辑与我国商业标识法完善的路径》，载《法律科学（西北政法大学学报）》，2019 年第 3 期，第 137—146 页。

〔60〕 李祖明：《地理标志的保护与管理》，知识产权出版社 2009 年版，第 174—175 页。

〔61〕 吴汉东：《无形财产权基本问题研究》，中国人民大学出版社 2013 年版，第 283 页。

〔62〕 林秀芹、孙智：《我国地理标志法律保护的困境及出路》，载《云南师范大学学报》（哲学社会科学版）2020 年第 1 期。

种是通过专门立法或者知识产权法典化等方式,将地理标志规定为一种相对独立的知识产权客体。例如,欧盟专门法上的原产地名称、受保护的地理标志等,《印度地理标志注册和保护法》中的"地理标志",《越南知识产权法典》中的"地理标志",以及《法国知识产权法典》中的"原产地名称"[63],等等。从国情出发,本文更倾向于选择第一种保护路径,即以民法典为根本遵循,在商标立法中明确将地理标志提升为一种与普通商标(包括普通的集体商标和证明商标)并列的独立商标类型,[64]并以此为上位法依托,通过出台和完善行政法规或部门规章的方式,构建一套体系化的地理标志特殊保护制度。这样做的好处是,既充分表彰了地理标志保护的特殊性,又能够兼顾它作为一种特殊商标与普通商标保护存在的诸多共性;不仅能够节约法律制度重塑的成本,还能够充分利用商标法律制度的成熟体例,实现地理标志商标权保护的周延性,并合理兼顾利益的平衡和协调;不仅契合地理标志知识产权保护的内在法理,而且这样的制度设计更为符合我国现阶段的实际国情。其二,在处理地理标志与普通商标的保护冲突问题上,基于地理标志知识产权的本质特性及其在助力乡村振兴方面的独特制度价值和政策功能,在遵循善意在先原则的前提下,有必要适度赋予地理标志优先于普通商标的法律地位。其三,在地理标志保护范围和保护水平的设定方面,有必要进一步明确地理标志可以寻求类似于驰名商标的"跨类"保护。

---

〔63〕 得注意的是,《法国知识产权法典》对"原产地名称"的规定,是放置在第二部分第四节"商标、服务商标以及其他显著性符号"(Trademarks, Service Marks and Other Distinctive Signs)之下规定的,并不是直接与"文学和艺术产权"(Literary and Artistic Property)、"设计和模型"(Designs and Models)、"保护发明和技术知识"(Protection of Inventions and Technical Knowledge)并列的一项完全独立的知识产权或客体类型。由此看来,在法国立法上,原产地名称仍然属于一种广义上的商标范畴,只不过基于其特殊性,在立法上对其保护做了一些特别安排。See French Intellectual Property Code, Part II, Book VII, Title II.

〔64〕 从国际经验来看,具体又有两种路径可供参考和选择:第一种是学习借鉴《瑞士商标法》的最新做法,直接规定一种完全独立的"地理商标"或"地理标志商标"类型;第二种是学习借鉴《日本商标法》和《韩国商标法》等做法,结合我国现有制度实践,在《商标法》中明确将地理标志从普通的集体商标和证明商标中单列出来,规定"地理标志集体商标"和"地理标志证明商标"两种特殊的集体商标和证明商标类型。

An Analysis of the Relationship between Geographical Indications and Trademarks—On the Path Choice of Special Protection of Geographical Indications in the Post-Civil Code Era

SUN Zhi

Abstract: Geographical indications and trademarks are closely related, but there are also some differences. Geographical indications, which are the subject of intellectual property rights, are different from ordinary trademarks and ordinary collective marks and certification marks. The system of collective marks and certification marks is only a means of protecting geographical indications in the traditional trademark law. From the perspective of the particularity of geographical indications, geographical indications should be a special trademark. Geographical indications essentially have the common characteristics of collective marks, certification marks and well-known trademarks, that is, collectiveness, certification and well-known. Therefore, geographical indications need special protection. The suggestion made in this article is to choose the method of gradually integrating, modifying and coordinating existing relevant legislation, and then constructing a system of "enhanced protection of trademark law and active cooperation of special laws". Among them, only from the perspective of coordinating the relationship between geographical indications and trademarks, the so-called "enhanced protection of trademark law" needs to be reflected in at least: First, in conjunction with the provisions of Article 123 of the Civil Code, amend the current "Trademark Law" and related regulations, etc., further clarify the independent status of geographical indication trademarks in trademark legislation. Second, in dealing with the conflicts between geographical indications and ordinary trademarks, the legal status of geographical indications should be given priority and ordinary trademarks appropriately. Third, in terms of the scope and level of protection of geographical indications, granting geographical indications is similar to "cross-category protection" of well-known trademarks.

Key Words: Geographical Indication; Ordinary Trademark; Collective Mark; Certification Mark; Well-known Trademark; Trademark law

论团体保险如实告知义务之主体[1]

周　志*

摘　要　团体保险有别于个人保险，是以团体危险而非个人危险为核保重心，合同对价具有团体性，因此其如实告知的内容——重要事实应当为评估团体危险大小所需的事实与信息。基于重要事实知悉者应为如实告知义务主体，以及如实告知履行效率与可行性的考量，团体保险告知义务的主体应当被限定为投保人。同时，团体保险如实告知义务主体的范围，存在以下两个例外情形：(1)为了防范逆向选择，未在合格期间参保的被保险人应当成为如实告知义务之主体；(2)鉴于小型团体很难适用团体承保技术以及发挥团体承保在防范逆向选择与规模经济上的优势，应该在合理界定小型团体规模的基础上，允许保险人对小型团体成员进行个人核保，即确立小型团体的被保险人亦为有告知义务人之例外规则。

关键词　团体保险；如实告知义务；团体危险；小型团体

目　次

---

* 周志（1983—），华中农业大学讲师，主要研究方向：商法学、保险法学。

〔1〕 本文为中央高校基本科研业务费专项资金资助项目“团体保险合同法律制度研究”（2662019QD041）的阶段性成果。

团体保险肇始于19世纪末20世纪初的美国，因其采用团体核保技术、费用相对低廉，曾对提升员工福利、缓解劳资矛盾起到重要作用，成为人类应对急遽工业化带来的事故风险与社会问题的重要工具。团体保险被引入我国后，虽然呈现一波三折的发展特征，但是近年来颇有“旧枝发新芽”之势，其功能领域已经从传统的提升员工福利向助力精准扶贫与化解公共危机延伸。政府相关部门、保险公司以及其他主体通过购买或者赠送方式为贫困群体、消防人员、医护人员、志愿者等群体投保团体保险的情形不断出现。但是，与实践功能不断延伸相比，我国团体保险立法供给则明显滞后。虽然我国《保险法》于2009年修订时，分别在第31条第1款和第39条第2款中增订了团体保险的保险利益与受益人指定相关规范，2015年保监会出台了《关于促进团体保险健康发展有关问题的通知》(保监发〔2015〕14号)，取代实施十年之久的《关于规范团体保险经营行为有关问题的通知》(保监发〔2005〕62号)，但是仍然未能满足团体保险参与民生改善、助力社会管理的实践需要，保险立法过分偏重个人保险以及团体保险现有规范立法位阶较低、侧重行政监管为主的现状仍然存在。2014年《最高人民法院关于适用〈中华人民共和国保险法〉若干问题的解释(三)(征求意见稿)》曾对“团体人身保险”予以专门规范，试图对实务中广泛存在的团体保险合同争议问题予以回应，但最终因观点分歧、相关问题有待进一步研究而被搁浅。[1] 因此，开展团体保险法律制度的研究，尤其是对包括团体保险如实告知义务主体、团体保险合同中的保险利益等在内的争议问题予以研究，对于推进团体保险合同立法、统一司法尺度、助力团体保险功能发挥具有重要意义。

一、问题的提出：团体保险如实告知义务主体之争

在以他人生命投保的人身保险中，关于如实告知义务主体是否仅为投保人，我国学界与实务界长期以来一直有“肯定说”与“否定说”两大对立观点。“肯定说”认为，如实告知义务的主体仅为投保人，被保险人不是如实告知义务的主体。该观点主要基于我国《保险法》第16条仅明确投保人为如实告知义务主体之规定，认为若将被保险人界定为如实告知义务主体，会加重被保险人的义务，故不宜对法律做扩大解释。“否定说”则认为，当投保人与被保险人分属不同主体时，如实告知义务的主体不应仅限于投保人，还应当包括被保险人。其理由主要在于如实告知义务制度的目的与功能——危险估测之实现，认为被保险人对保险标的物或自己身体的危险状况最为知悉，为正确及时评估风险，应当对我国《保险法》第16条规定的“投保人”做扩大解释，将被保险人认定为如实告知义务的主体。虽然“否定说”在理论上更具说服力，被多数学者所肯认，有成为学界通说

---

〔1〕 最高人民法院认为，团体保险与个人保险存在的差异极大，在许多法律制度上都应当有所区别。对于团体保险中存在的诸多法律适用问题，最高人民法院已经开展研究，将在适当的时候以司法解释、公布案例等方式对相关问题作出解答。参见最高人民法院民事审判第二庭编著：《最高人民法院关于保险法司法解释(三)理解与适用》，人民法院出版社2015年版，第472页。

之势，[2]但是被我国持“否定说”学者寄予厚望的《最高人民法院关于适用〈中华人民共和国保险法〉若干问题的解释（二）》[以下简称《保险法解释（二）》]最终因该问题争议较大，在2013年颁布时并未对如实告知义务主体是否包括被保险人进行明确规定。[3] 2014年《最高人民法院关于适用〈中华人民共和国保险法〉若干问题的解释（三）（征求意见稿）》的第5条，[4]也试图将被保险人解释为如实告知义务主体，以便统一司法尺度，但是最终于2015年12月1日起施行的《最高人民法院关于适用〈中华人民共和国保险法〉若干问题的解释（三）》[以下简称《保险法司法解释（三）》]又将其删除。

因此，在以他人生命投保的保险合同中，被保险人是否应当承担如实告知义务仍然存在争议。

团体保险乃以他人生命投保之典型情形，加之在运营方式上又采一张保单承保多个被保险人，保险人基于缔约效率、成本及可行性等因素之考量，多倾向于对投保人进行询问，但是在询问内容上是否及于被保险人个人危险信息又做法不一，这使得如实告知义务主体范围之争更容易与保险人是否已经正确询问、投保人是否有义务就被保险人的健康状况向保险人如实告知、投保人是否存在主观过错、投保人未告知的信息与保险事故的发生是否具有因果关系等常见问题相关联。司法实践中，关于团体保险如实告知义务纠纷案件的处理，持“肯定说”与持“否定说”的法院，在审理思路上亦呈现出两种不同的倾向：持“肯定说”的法院，多倾向于审查投保人对保险人询问的事项是否明知、投保人履行告知义务是否存在主观过错、投保人未如实告知事项与保险事故之间是否具有因果关系；[5]持“否定说”的法院，则多倾向于审查保险人是否向被保险人进行询问、被保险人履行告知义务是否存在主观过错、被保险人未如实告知事项与保险事故

---

[2] 参见曹兴权：《保险缔约信息义务制度研究》，中国检察出版社2004年版，第102页；江朝国：《保险法逐条释义（第二卷 保险契约）》，元照出版有限公司2013年版，第566—567页；王卫耻：《实用保险法》，文笙书局1981年版，第153页。

[3] 参见最高人民法院民事审判第二庭：《最高人民法院关于保险法司法解释（二）理解与适用》，人民法院出版社2013版，第155页。

[4] 第5条的具体内容为：“投保人和被保险人为不同主体，保险人就被保险人的有关情况向被保险人提出询问的，被保险人应当如实告知。投保人或被保险人一方对保险人询问内容如实告知的，视为投保人已经履行如实告知义务。”

[5] 参见河南省商丘市中级人民法院（2020）豫14民终626号民事判决书、杭州市富阳区人民法院（2020）浙0111民初131号民事判决书、吉林省吉林市中级人民法院（2020）吉02民终425号民事判决书、山东省青岛市黄岛区人民法院（2019）鲁0211民初8892号民事判决书、宁夏回族自治区高级人民法院（2018）宁民再5号民事判决书、湖北省随州市中级人民法院（2017）鄂13民终261号民事判决书、江苏省苏州市姑苏区人民法院（2016）苏0508民初5328号民事判决书、河南省鹿邑县人民法院（2015）鹿民初字第111号民事判决书、广东省广州市中级人民法院（2013）穗中法金民终字第1354号民事判决书、海市第一中级人民法院（2013）沪一中民六（商）终字第323号民事判决书、广东省梅州市中级人民法院（2013）梅中法民三终字第21号民事判决书。

之间是否具有因果关系。[6] 概言之，团体保险如实告知义务主体范围认定问题，既关乎法院裁判思路的选择，又关乎其他常见关联纠纷的解决，可谓是团体保险合同如实告知义务纠纷的首要与核心问题。为此，本文拟在与个人保险[7]对比的基础上，阐释团体保险的运行机理与特征，论证团体保险如实告知义务之应然主体，以回应业界观点之分歧。

二、团体保险如实告知的内容：估测团体危险大小所需的重要事实

（一）如实告知的内容：重要事实

与一般合同法仅要求一方不得向对方作出错误意思表示不同，保险合同法强制投保人向保险人履行如实告知义务，如实告知义务制度成为保险法上一项固有而独特的制度。[8] 之所以课以投保人较一般合同法更重之如实告知义务，乃缘于保险业是一个信息高度不对称的行业。“被保险人就其可能遭受的某些方面的风险比保险人更有信息优势，而保险人在其他方面可能比被保险人具有更多的信息优势。”[9]为矫正承保风险方面的信息不对称，保险合同法要求投保人负有如实告知义务，以辅助保险人正确估测承保危险之大小。诚如英国学者P. S. 阿狄亚所言：“在保险合同中，投保人向保险人揭示所有重要事实的义务产生于下述事实：许多有关情况只有投保人知道，因为如果保险人不知道这些情况，他就不可能获得正确估计自己应承担的风险所必要的事实。”[10]虽然随着科技的进步，人类文明的发展以及承保经验的成熟，保险人核保手段渐次丰富，危险估测能力显著提高，保险人自行风险查勘变得可行，但是要求保险人对每一项保险业务所涉及的保险标的进行全面、细致的深入了解，不仅从技术上而言不可行，而且从经济角度而言也没有必要，否则由此产生的大量费用最终将通过保险费转嫁给被保险人分担，因此保险人是否承保以及确定保险费率所需的资料依然主要依赖投保人告知，这一基本状况没有根本改变，如实告知义务制度作为保险法上一个传统法律制度仍有被保留的必要性与合理性。[11] 简而言之，虽然时过境迁，保险人在估测风险方面对投保人如实告知的依赖程度降低，但是被保留下来的如实告知义务制度，其实质仍然是“通过权利义务关系的配置在保险人和

---

〔6〕 参见重庆市第一中级人民法院(2018)渝01民终949号民事判决书、辽宁省沈阳市沈河区人民法院(2017)辽0102民初607号民事判决书、河南省南阳市中级人民法院(2017)豫13民终5723号民事判决书、广东省广州市中级人民法院(2016)粤01民终15777号民事判决书、河南省周口市中级人民法院(2015)周民终字第2756号民事判决书、湖北省武汉市中级人民法院(2014)鄂武汉中民商终字第01184号民事判决书、山西省朔州市平鲁区人民法院(2014)平民初字第118号民事判决书、浙江省温州市中级人民法院(2012)浙温民终字第1478号民事判决书。

〔7〕 由于团体保险多为人身保险，为便于与团体保险对比，本文提及的个人保险均指个人人身保险。

〔8〕 参见樊启荣：《保险契约告知义务制度论》，中国政法大学出版社2004年版，第19页。

〔9〕 [美]肯尼斯·S. 亚伯拉罕：《美国保险法原理与实务》，韩长印等译，中国政法大学出版社2012年版，第8页。

〔10〕 [英]P. S. 阿·狄亚：《合同法导论》，赵旭东、何帅领、邓晓霞译，法律出版社2012年版，第6页。

〔11〕 参见樊启荣：《保险契约告知义务制度论》，中国政法大学出版社2004年版，第7页。

投保人之间合理地分配信息搜集责任”，[12]其目的与功能仍然是通过课以投保人提供与该保险有关的事实资料之义务，供保险人决定是否接受投保申请以及适用何种保险费率承保。[13]

为了实现如实告知义务制度的目的与功能，世界各国均将对保险人估计危险与计算保险费产生重要影响的事实确立为保险人应当如实告知的内容。先有规范近代商业保险的第一部法律——英国《1906 年海上保险法》在其第 18 条中将足以影响一个谨慎的保险人据以确定保险费或者决定是否承保的情况称为“Material Circumstance”，即“重要事实”，并将被保险人知道或应当知道的所有重要事实作为如实告知义务的内容。后有美国、德国、日本等其他国家保险立法先后效仿英国《1906 年海上保险法》，将对保险人估计危险与计算保费产生重要影响的事实界定为如实告知义务的内容。如美国《加州保险法》第 332 条规定，“保险合同一方当事人应当基于善意，向另一方当事人告知其所知的对合同具有或其认为对合同具有重要意义的、不作为其保证内容且另一方无法核实的所有事实”；第 334 条规定：“事项的重要性非由事故本身确定，而是完全取决于该事项是否对保险人评估签订合同的危险以及是否应当进行询问产生可能或相当之影响。”[14]《德国保险合同法》第 19 条第 1 款中规定：“在订立保险合同之前，对于保险人以书面方式询问的对其决定订立保险合同有重要影响的事实，投保人应当向保险人如实告知。”[15]日本《保险法》第 4 条、第 37 条、第 66 条亦有类似规定。我国保险立法在规定如实告知义务制度时，虽未径行采用“重要事实”一词，但是依据《保险法》第 16 条第 2 款之规定，投保人违反如实告知义务的要件之一是未履行如实告知义务“足以影响被保险人决定是否同意承保或者提高保险费费率”，可以推知我国如实告知的内容亦为对保险人估计危险与计算保费产生重要影响之重要事实。

(二)团体保险中重要事实的特殊性

基于重要事实会对保险人是否签发保单或者以何种保费签发保单产生重大影响，因此为贯彻对价平衡原则、实现持续稳健运营，保险人理应将其作为核保的重心。在个人保险中，危险单位为个人，保险人核保主要针对被保险人，重要事实亦为与被保险人个人有关信息；而在团体保险中，由于实行团体承保，危险

---

〔12〕 最高人民法院民事审判第二庭：《最高人民法院关于保险法司法解释(二)理解与适用》，人民法院出版社 2013 年版，第 140 页。

〔13〕 刘宗荣：《新保险法：保险契约法的理论与实务》，中国人民大学出版社 2009 年版，第 135 页。

〔14〕 美国《加州保险法》第 332 条原文为：“Each party to a contract of insurance shall communicate to the other，in good faith，all facts within his knowledge which are or which he believes to be material to the contract and as to which he makes no warranty，and which the other has not the means of ascertaining”。第 334 条原文为：“Materiality is to be determined not by the event，but solely by the probable and reasonable influence of the facts upon the party to whom the communication is due，in forming his estimate of the disadvantages of the proposed contract，or in making his inquiries”。

〔15〕 孙宏涛：《德国保险合同法》，中国法制出版社 2012 年版，第 66 页。

单位为团体，保险人核保则主要针对投保团体，重要事实为与投保团体相关的信息。换言之，团体保险中的重要事实具有不同于个人保险的特殊性。

1. 外在表现：以团体危险为核保重心

核保是商业保险实现营利以及稳健持续运营的重要基础，其主要内容就是保险人对危险进行分类与选择。就核保目标而言，团体保险与个人保险并无不同，都是期望通过核保的过程，筛检出危险特质相近（同质）与数量足够（大数）的被保险人，进而能够对预期事故发生率进行较为准确的预估。〔16〕 但是，在核保方法与核保单位上，团体保险与个人保险明显不同。

在个人保险中，保险人核保时会关注被保险人的健康状况、既往病史、有无风险爱好等，通过对各个被保险人风险核查、选择，实现大量风险单位的风险同质化。与个人保险的核保不同，团体保险则是通过“投保人群体实现自我筛选，将同质化的风险主体自动集中起来”。〔17〕 换言之，团体保险在实现风险同质化的过程中，充分利用了团体自身筛选成员的规则。为了实现团体自身目的，经过筛选的团体成员，在身体条件、工作性质、职业特征、工作活动环境或兴趣爱好等影响可保性的因素上，具有相同或相近性。这一风险因素的趋同性，使得保险人对风险或保险费进行精算时，不至于有太大的误差。同时，团体保险的保险人也可以利用团体保险在危险因素同一性上较个人保险更加显著之优势，免去对个人进行逐个核保的程序，进而降低自己风险同质化的成本。例如企业或雇主在招录新员工时，通常会对拟招录的人员进行体检，保证员工具有能够胜任其工作岗位的身体条件。团体保险的保险人就是利用投保团体自身的招录规则，实现了初步筛选被保险人的目的，因为具备能够胜任工作岗位的身体条件通常意味着被保险人的身体达到一定的健康水平。因此，“团体保险的核保中，以下的标准尤为重要：团体存在的目的、团体的大小、年龄结构、预期损失和与逆向选择可能性有关的计划设计特征”。〔18〕 团体保险的保险人在核保时关注的信息主要是团体本身的特征，而非团体成员——被保险人的个人特征。即使在团体保险核保中，存在关注团体成员个人信息，通常也是对于团体成员个人参保资格的限制，如在企业—员工型团体保险中，员工成员需要满足必须是全职职员、过了试用期、在规定的时间内投保、在保单生效期间工作积极等条件，明显有别于个人保险核保。〔19〕 一方面，就核查的内容而言，对团体成员参保资格的限制，虽然与被保险人个人联系较为密切，但是显著异于个人保险核保所偏重的个人健康、习惯等，其“主要是基于团体保险之危险综合与避免逆向选择所设”；〔20〕另一方面，就

---

〔16〕 参见夏铭贤、谢国成、许澎等：《团体寿险》，台北财团法人保险事业发展中心 1999 年版，第 123 页。

〔17〕 黄勇、李之彦：《英美保险法经典案例评析》，中信出版社 2007 年版，第 291 页。

〔18〕 [美]詹姆斯·S. 特里斯曼、桑德拉·G. 古斯特夫森、罗伯特·E. 霍伊特：《风险管理与保险》，裴平主译，东北财经大学出版社 2002 年版，第 396 页。

〔19〕 参见[美]乔治·E. 瑞·达、迈克尔·J. 麦·克纳马拉：《风险管理与保险原理》，刘春江译，中国人民大学出版社 2015 年版，第 354 页。

〔20〕 叶启洲：《团体保险之要保人、眷属关系与保险利益有无之认定》，《月旦裁判时报》2010 年第 3 期。

核查的方式而言，团体成员参保资格的限制条件多被订入保险合同，对成员是否满足限制条件推定投保人应当知悉，对团体成员是否具备参保资格进行核管被视为投保人的一项合同义务，保险人通常不会就此信息向成员个人进行询问。对团体成员个人参保资格的限制，是通过合同条款达到利用投保团体本身筛选成员机制之目的，本质上是为了防止团体危险过大，仍以控制团体危险为最终目的。简而言之，“团体保险最显著的特点就是用对团体的风险选择来取代对个人的风险选择。团体保险投保过程中无须提供团体中个人的可保证明，保险人只需对整个团体的可保性作出判断，即对团体面临的风险进行选择，用对团体的核保来替代对个人的核保”。〔21〕 换言之，在个人保险中，“保险公司多透过健检手续对危险作承保选择，团体保险在此则以团体核保代替，即以团体为危险选择之单位，只要该团体中所包含之个别危险有一合理均匀之分布，则属可承保团体，因之较不重视团体中个别被保险人之健康、道德或习惯”。〔22〕 所以，在团体保险核保过程中，保险人不对被保险人进行询问的现象普遍存在，与个人保险核保过程中保险人异常重视对被保险人进行询问存在明显差别。

2. 内在机理：对价的团体性

以团体危险为核保重心，是团体保险的重要事实具有特殊性的外在表现。若就实质与内在机理而言，团体保险的重要事实之所以具有特殊性，乃是因为团体保险的对价具有团体性。

与个人保险相同，团体保险的保费亦通常包括纯保费与附加保费两个部分。其中，纯保费是根据事故损失概率计算出的危险对价，遵循对价平衡原则。〔23〕 保险法上的对价平衡原则源于保险制度的技术性规则，是不包含价值判断因素的客观中性原则，其功能在于保证具体保险关系中投保人或被保险人与保险人之间，风险移转与风险承担的成本对价之合理均衡，从而维系保险机制的正常运转。〔24〕 与对价平衡原则关系最为紧密的两个保险制度技术性规则，就是收支相等原则、给付与对待给付相当原则。收支相等原则是指保险事业所收取的纯保费的总额，应与所给付的保险金的总额相等；给付与对待给付相当原则，系由德国经济学者莱克西斯(W. Lexis)在其 1909 年编著的《保险词典》中对保险概念进行阐释时提出，其主要内容是强调投保人缴纳的保险费非慈善性的捐款，保险人给付的保险金亦非具有救济性质，二者之间应当符合相当原则，用公式表示即为 $P=\omega Z$，其中 P 为纯保费，Z 为保险金额，ω 为给付保险金的或然率(亦即危险概率)；收支相等原则是关于保险事业的整个收支的原则，而给付与对待给付相当

〔21〕 陈文辉：《团体保险发展研究》，中央编译出版社 2005 年版，第 13 页。

〔22〕 江朝国：《保险法修正草案评析》，《月旦法学杂志》2012 年第 200 期。

〔23〕 虽然主流的保险法教材一般未将“对价平衡原则”作为保险法的基本原则，但是基于对价平衡是商业保险制度存续、保险合同当事人之间权利义务群构建之基础，仍然应当将其作为保险法的一项基本原则。参见武亦文、杨勇：《保险法对价平衡原则论》，《华东政法大学学报》2018 年第 2 期。

〔24〕 参见刘学生：《保险法上对价平衡原则初探》，载尹田：《保险法前沿》(第三辑)，知识产权出版社 2015 年版，第 35 页。

原则是关于各个契约的纯保费的计算。[25] 保险法上的对价平衡原则追求的是微观意义上个体投保人与保险人之间给付与对待给付的均衡，而非宏观意义上整个保险事业的保险费收入与保险金支出的平衡，因此对应于保险制度的给付与对待给付相当原则。[26] 换言之，作为维系保险商业可持续性运转之基础，以及彰显保险法技术性之特征的对价平衡原则，其“对价”是指作为危险对价的纯保费。

在个人保险中，纯保费是根据单个被保险人的危险大小而确定，在单个被保险人层面遵循对价平衡原则。与个人保险不同，团体保险的纯保费则是根据整个团体而非单个被保险人的危险大小而确定，在投保团体层面遵循对价平衡原则。换言之，“团体保险的收支是以整个团体为单位计算的。投保团体事故多则保险费较高，反之则保险费较低”。[27] 因此，团体保险的核保单位是团体而不是单个被保险人，危险选择及保险费率的厘定均以整个团体为准。[28] 团体保险人核保时之所以遵循不同于个人核保的一些基本核保原则，目的就是通过危险选择使得团体的总体损失情况不那么糟糕。[29] “较大型团体中的一个雇员的健康状况在决定购买保险及选择保险金水平时是不重要的因素。”[30]这也是团体保险核保时可以容忍个别无法获得个人保险的团体成员参保的重要原因。

以整个团体为单位计算危险对价，在团体保险中是通过平均费率和经验费率机制实现的。团体保险的平均费率是指在团体中每一位被保险人的单位保额(如每万元保额)的费率都是相同的。[31] 实际上，由于每个团体成员的年龄及健康状况不同，平均费率意味着存在贴补的现象。[32] 最常见的补贴现象就是年轻者补贴年长者，这主要是由两方面原因造成的：首先，年龄是人身保险中判断风险大小的重要参考因素，通常情形下，团体成员中的年龄较小者风险较低，因此在实行平均保费制的团体保险中，年龄较小者会负担年龄较大者的部分保险费；同时，年长者通常因其服务年资较长或职位较高或薪水较高等因素，其投保金额也较高，这也使得年轻者负担较高的平均保险费。[33] 因此，为了避免以年轻者为代表的低风险成员不愿加入团体保险，而选择对其而言更为便宜的个人保险，通常需要雇主参与分担保险费。如果雇主不参与分担(甚至全额负担)保险费，将会造成年轻者自行投保人寿保险反而会比较便宜的不正常现象。[34] 在团体保险中，平均费率与保险费分担机制相辅相成，平均费率制是保险费分担机制存在的

---

〔25〕 参见陈云中:《保险学》,五南图书出版股份有限公司 2009 年版,第 76 页。

〔26〕 参见武亦文、杨勇:《保险法对价平衡原则论》,《华东政法大学学报》2018 年第 2 期。

〔27〕 [日]上山道生:《保险》,刘淑梅译,科学出版社 2004 年版,第 86 页。

〔28〕 参见[美]Mehr、Cammack、Rose:《保险学原理》,廖述源、高栋梁、曹有谅等译,台北财团法人保险事业发展中心 1993 年版,第 619 页。

〔29〕 参见[日]上山道生:《保险》,刘淑梅译,科学出版社 2004 年版,第 352 页。

〔30〕 [美]William F. Bluhm 等:《团体保险》,傅安平、祁月华等译,南开大学出版社 2003 年版,第 181 页。

〔31〕 参见陈文辉:《团体保险发展研究》,中央编译出版社 2005 年版,第 28 页。

〔32〕 贴补现象是指某些被保险人未缴纳应缴的全部保费而由其他人代为补助缴纳部分保费。

〔33〕 参见陈文辉:《团体保险发展研究》,中央编译出版社 2005 年版,第 29 页。

〔34〕 参见陈文辉:《团体保险发展研究》,中央编译出版社 2005 年版,第 28—29 页。

基础，费率分担机制是平均费率实现的保障。另外，除了雇主分担保险费，团体保险要求团体成员具有一定的流动性，亦为采行平均保费制提供了保障。“从核保角度来看，最好该团体人员有一定的流动性，这样每过一段时间就有较年轻的成员替代年纪较大的成员。如此一来，团体成员的平均年龄变化不大，损失也倾向于更加稳定”。〔35〕

与平均费率相同，经验费率也是支撑团体保险以团体为单位计算危险对价的重要机制。团体保险以各个企业团体为对象，本应就不同团体计算不同费率，但在投保时，对该团体并无过去损失经验可供参考，所以经常先采取分类计算保费，在第二年以后便依照投保团体的损失经验计算续年度的保险费，并依此作为退费或分红之决定因素。换言之，“与传统个人寿险合同采取均衡保险费制不同，团体人寿保险合同从其存在的续年开始，就要依据上年度的经验，决定下一年度的续保费率，同时，计算上年度的经验分红”。〔36〕 因此，“被称为经验费率的这个特点意味着，如果在前一年中团体损失较大或较小的话，它下一年就会有较高或较低的保险费”。〔37〕 这也是团体保险合同通常采取一年一签方式的重要原因。经验费率机制的采行，于团体保险而言至少产生了两个方面的作用。一方面，可以弥补团体保险人因核保重点不是团体成员而导致对个别成员资讯上的劣势，使团体保险以团体危险大小定价具有可行性。〔38〕 另一方面，可以在经济上激励投保团体主动采取控制风险与损失的措施，包括筛选危险相对较小的成员，尤其是在投保人承担全部保险费的非参与型团体保险中。〔39〕 诚如美国著名保险法学者肯尼思·S. 亚伯拉罕所言：“由于会根据历史记录评定雇主应缴纳的保险费率，因此在后一种情形下，雇主会有动因努力将那些可能进行逆向选择的人剔除出去。”〔40〕总而言之，团体保险中的平均费率与经验费率机制，为团体保险依据团体危险大小支付对价提供了数理基础，保证了以团体为单位计算危险对价的科学性与可行性，并为最终实现保险费低廉且赔偿损失落入保险人合理预期区间提供了基础。

除了纯保费之外，团体保险保费中的附加保费虽然不是依据团体危险大小而定，不适用对价平衡原则，但是其亦具有团体性特征。“在团体保险中，保险人在营销、承保、记账以及收保费等方面的管理成本要比将保单分别卖给每个雇员的管理成本低。因此，与个人保险相比，雇主提供的团体保险只收较低比例的附

〔35〕 [美]詹姆斯·S. 特里斯曼、桑德拉·G. 古斯特夫森、罗伯特·E. 霍伊特：《风险管理与保险》，裴平主译，东北财经大学出版社 2002 年，第 383 页。

〔36〕 陈文辉：《团体保险发展研究》，中央编译出版社 2005 年版，第 32 页。

〔37〕 [美]詹姆斯·S. 特里斯曼、桑德拉·G. 古斯特夫森、罗伯特·E. 霍伊特：《风险管理与保险》，裴平主译，东北财经大学出版社 2002 年版，第 383 页。

〔38〕 参见许文彦、张葆甄：《团体保险的定价》，《保险专刊》2019 年第 3 期。

〔39〕 从保险费的承担模式来看，团体保险主要分为两类：一类为投保团体全部承担，另一类为投保团体与其成员共同分担。通常前者被称为非参与型（noncontributory）团体保险，后者被称为参与型（contributory）团体保险。

〔40〕 [美]肯尼斯·S. 亚伯拉罕：《美国保险法原理与实务》，韩长印等译，中国政法大学出版社 2012 年版，第 78 页。

加费用。”[41]换言之,团体保险的附加保费是团体管理、团体销售的结果,其之所以较为低廉,是因为管理与销售的团体性产生了规模经济。规模经济(economies of scale),是一个经济学术语,又被称为规模报酬递增(increasing returns to scale),是指投入的增加导致产出水平以更大比例增加的现象。[42] 团体保险在运行过程中,由于一张保单承保多个被保险人、团体营销、不需要向每个被保险成员签发保险合同、投保团体介入管理保单事宜等因素,呈现出个人保险所不具有的规模经济优势。诚如有学者总结道:“推广团险优越于经销个险:一是通过特定条件下的行政力量介入,单位代理展销,保费分担,借力推进,保费延宕及保户流失现象减少,容易事半功倍形成规模优势;二是同一单位职员风险选择相对单一,一张保单同时为众多被保险人服务,可实行批量差价原则,附加代理佣金比例小,业务开拓及维护的成本低廉,因企业不同量身定制保险方案的手续减省,效率提高;三是职员身体不健康的逆向选择因素小,可以免检体格,核保条件相对宽松,风险易控,加减保等流程便捷高效,专业服务,减少了经营费用,风险管理成本降低。”[43]因此,团体保险较低的附加保费是其采团体管理、团体销售所产生规模经济之结果。总而言之,在团体保险中,不论团体危险的对价——纯保费,还是附加保费,均具有团体性之特征。

3. 团体保险中重要事实的具体内容

从外在表现之核保重心,到内在机理之对价确定,团体保险均围绕投保团体而进行,使得团体保险中的重要事实具有不同于个人保险的特殊性,即团体保险的重要事实应当以投保团体为中心,而非以被保险人个人为中心。换言之,团体保险中重要事实的特殊性归因于其“危险选择的单位为团体(group),而不是个人的生命”。[44] 因此,团体保险中的重要事实,不应为影响每个被保险人危险大小的健康状况、家族病史、危险爱好等事实信息,而应当是为评估团体之危险大小所需的事实与信息。有学者通过样本实证研究发现,团体规模与损失率呈正向关系,被保险团体的平均年龄与损失率呈非线性关系,保险公司向规模较小或损失较高团体出售的由特定保障组组成的专案件以及员工眷属纳保件与团体损失率呈正相关,销售通路与被保险团体所在的区域也会影响团体保险的损失。[45] 因此,团体保险的重要事实通常包括团体成立的目的(团体的类别)、团体的规模大小、团体成员的组成、团体成员的平均年龄、团体成员的流动率、团体成员的参加率、保险费的来源、投保单位对团体保险计划管理的意愿及能力等。

---

〔41〕 [美]哈林顿、尼豪斯:《风险管理与保险》,陈秉正、王珺、周伏平译,清华大学出版社 2001 年版,第 364 页。

〔42〕 参见[美]保罗·萨缪尔森、威廉·诺德豪斯:《经济学》,萧琛主译,人民邮电出版社 2001 年版,第 90 页。

〔43〕 林振荣:《一人不为众,独木难成林——团险推介在民国纪实》(上),《中国保险报》2019 年 3 月 22 日,第 8 版。

〔44〕 [美]J. B. 麦克林:《人寿保险学通论》,国泰人寿保险业书编辑委员会译,台北国泰人寿保险股份有限公司 1983 年版,第 263 页。

〔45〕 参见许文彦、张葆甄:《团体保险的定价》,《保险专刊》2019 年第 3 期。

三、团体保险中告知义务的主体：不宜包括被保险人

（一）团体保险重要事实的知悉主体系投保人而非被保险人

关于如实告知义务主体是否仅为投保人，被广为认可的“否定说”，其观点乃基于一个前提——推定被保险人更为知悉重要事实，并遵循“重要事实的知悉者应为重要事实的告知者”的理路。在个人保险中，当投保人与被保险人分属不同主体时，由于每个人当然比别人更了解自己之固有的信息不对称现象，[46]推定被保险人更为知悉重要事实被认为是正确的。这与告知义务存在的理由系推定被保险人更了解重要事实是相符的。[47] 但是，在团体保险中，被保险人更了解自己之推定虽然是正确的，但是由于重要事实是估测团体危险而非被保险人个人危险所需的重要事实，因此推定被保险人更为知悉团体保险的重要事实却是错误的。在团体保险中，重要事实以投保团体为中心，表现为关于团体本身特征的信息。团体保险的这些重要事实，通常为投保人所知悉，相反于被保险人而言，要么全然不知，要么未全然知悉。被保险人更为知悉重要事实之推定，这一个人保险用于论证被保险人应当负担如实告知义务的客观前提，于团体保险而言，因被保险人并不知悉决定团体危险大小的重要事实，则失去了客观性与合理性。相反，依循“重要事实的知悉者应为重要事实的告知者”之论证理路，因团体保险之重要事实的知悉者为投保人，如实告知义务人应当为投保人，而非被保险人。团体保险与个人保险在如实告知义务制度上更直观的对比与差异，如表1所示。

表1 个人保险与团体保险如实告知义务制度对比

类别	危险单位	重要事实之信息载体	重要事实之知悉主体	如实告知义务之法定主体	如实告知义务之主体是否需要扩大至被保险人
个人保险	个人	个人	被保险人	投保人	需要
团体保险	团体	团体	投保人	投保人	不需要

在团体保险中，要求对重要事实并不知悉的被保险人履行如实告知义务，不仅无法实现估测团体危险大小的目的，而且违反了有限告知规则，与如实告知义务制度新近立法理念相悖。详言之，如实告知义务制度最主要的立法基础乃是最大诚信原则与对价平衡原则，但是近年来随着消费者保护主义的盛行，在海上保险和再保险以外的其他保险领域，消费者保护原则亦成为各国保险法制的重要考量因素之一，尤其是投保人告知义务之存在须以保险人的书面询问为前提、保险事故发生后保险人的合同解除权须以事故与未如实告知的事实之间有因果

---

〔46〕 参见[美]斯蒂格利茨：《信息经济学：基本原理》，纪沫、陈工文、李飞跃译，中国金融出版社2007年版，第45页。

〔47〕 [英]M. A. 克拉克：《保险合同法》，何美欢等译，北京大学出版社2002年版，第584页。

关系为限，均以保护消费者为出发点。[48] 申言之，随着保险业的发展，虽然保险人是否承保以及如何确定保险费率所需的资料依然基本上依赖投保人告知，这一基本状况仍然没有根本改变，但是如实告知义务赖以存在的事实基础的确发生了显著变化。一方面保险人不再是保险业刚刚起步时的普通商人，而成了专门经营保险业的保险公司，并且随着保险业的不断成熟与科学技术的进步，其收集信息以及控制风险的能力已大大提高，在估测承保危险时对投保人告知的依赖程度明显下降；另一方面，保险交易从个别交易走向大规模交易，格式条款被广泛采用，投保人不仅是从事贸易的商人，也包括广大的普通消费者，无论在信息占有方面还是在合同权利义务配置方面，保险人的交易地位均随之从劣势方转变为优势方，为了弥补保险人收集信息能力的不足而产生的告知义务往往沦为保险公司推卸保险责任的工具。[49] 在此背景之下，若立法再固守最大诚信原则仅约束如实告知义务人之初意，不考虑告知义务人对“重要事实”的认知能力、主观过错的大小以及事故与未如实告知的事实之间是否具有因果关系，放任保险人利用其交易优势地位，要求告知义务人向其告知未有明确边界的事项、承担苛刻的法律后果，则明显有失公平。因此，消费者保护主义开始成为如实告知义务的立法基础之一，在其影响下，近年来各国保险立法在如实告知义务制度上出现了三大转向：(1)在告知履行方式上，实现了从主动告知向被动告知(询问)的转变。告知义务人仅就保险人询问的事实信息予以告知，未被询问的事项告知义务人无须主动告知。(2)在告知内容的范围上，实现了从无限告知到有限告知的转变，明确了针对保险人的询问告知义务人仅就自己知道的重要事实予以告知。(3)在违反如实告知义务的责任后果上，考虑告知义务人主观过错的大小，实现了从“全有或全无”到比例责任的转变。其中，最为典型的当属英国《2015 年保险法》对《1906 年海上保险法》所确立的如实告知义务制度的改进。因此，英国《2015 年保险法》确立的如实告知义务制度，被视为相较于《1906 年海上保险法》变动最大的核心改革部分。[50] 除此之外，2008 年《德国保险合同法》第 19 条与 1991 年《德国保险合同法》第 16 条相比，亦实现了上述如实告知义务制度的三大转向。[51] 纵观我国如实告知义务制度之演进，从 1983 年的《财产保险合同条例》第 7 条，到 2009 年《保险法》第 16 条，再到 2013 年通过并施行的《保险法解释(二)》第 5 条至第 7 条之相关规定，亦逐步确立了被动(询问)告知、有限告知以及违反如实告知义务的责任后果采比例责任等规则。因此，从如实告知义务制度的立法理念之演进来看，要求团体保险的被保险人就自己不知道的信息向保险人如实告知，有违消费者保护之理念。一言以蔽之，团体保险如实告知义务的

[48] 参见叶启洲：《要保人告知义务法制之改革：消费者保护、对价平衡与最大善意原则之交错与位移》，《政大法学评论》2014 年第 136 期。

[49] 参见最高人民法院民事审判第二庭：《最高人民法院关于保险法司法解释(二)理解与适用》，人民法院出版社 2013 版，第 139—140 页。

[50] 参见李伟群、丁旭明：《英国保险法改革历程检视与立法启示》，《上海商学院学报》2017 年第 1 期。

[51] 参见孙宏涛：《德国保险合同法》，中国法制出版社 2012 年版，第 5—6 页。

内容——团体保险之“重要事实”决定了如实告知义务的主体应为投保人，无须将被保险人增列为如实告知义务的主体。

（二）团体保险被保险人履行如实告知义务不具经济效率性

由于团体保险采一张保单承保多个被保险人，对每个被保险人进行逐一询问，从保险人的角度来看，会影响合同的缔结效率、增加缔约成本，降低团体保险在核保方式上所具有的规模经济优势，甚至因为团体规模太大而难以执行。正是基于经济成本与效率的考量，团体保险人即使希望获得有关被保险人个人危险之信息，进而实现双重核保之目的，达到降低保险事故发生率、减少保险金支出之目的，也通常不会选择在核保时向每个被保险人询问。团体保险人更倾向于选择向投保人询问有关被保险人个人危险之信息。在实践中，更常见的核保方式与核保现象是团体保险人仅向投保人进行询问，但是询问的内容却不仅包括关于团体危险大小的相关信息，还包括团体成员即被保险人个人危险大小之相关信息。类似“本公司可以就投保人、被保险人的有关情况提出询问，投保人应当如实告知”的条款，在团体保险合同中经常可以见到。

但是，上述团体保险人偏爱的核保方式，同样违反了如实告知义务的立法理念，往往会将如实告知义务制度拖入诉讼的泥潭。〔52〕 详言之，团体保险人向投保人询问被保险人个人的危险信息，一方面，在询问内容上已超出了团体保险“重要事实”的应然范围，实质上是在对团体及其成员个人进行双重核保，不仅有违团体核保技术系个人核保技术的升级与变革之定位，而且偏离了询问告知与有限告知的规则本意；另一方面，团体保险人将自己难以履行的向每个被保险人进行询问之义务转嫁给投保人，降低了自身的询问成本，同时一旦未从投保人处获得各被保险人个人之危险信息，又以投保人未如实告知为由，达到拒绝向已发生保险事故的被保险人或受益人支付保险金之目的，难免有免除自身责任、加重对方责任之嫌，极易使如实告知义务制度沦为“保险人作‘技巧性’乃至恶意抗辩之工具”。〔53〕 正是为了避免如实告知义务制度偏离其立法理念，法院在面临保险人向投保人询问有关被保险人个人危险信息之情形时，通常会依循有限告知规则进一步审查投保人对保险人询问的事项是否明知、投保人履行告知义务是否存在主观过错以及未告知事项与保险事故发生是否具有因果关系，希望对保险人拒绝支付被保险人的主张进行限制，实现个案的公平。

〔52〕 在关于团体保险如实告知义务纠纷案件中，多数是由于保险人向投保人询问被保险人的个人危险信息而引起，例如河南省鹿邑县人民法院（2015）鹿民初字第 111 号案、沈阳市和平区人民法院（2017）辽 0102 民初 607 号案、湖北省武汉市武昌区人民法院（2014）鄂武昌民商初字第 00309 号案、山东省乳山市人民法院（2017）鲁 1083 民初 696 号案、河南省邓州市人民法院（2017）豫 1381 民初 2437 号案、广东省广州市天河区人民法院（2013）穗天民二初字第 63 号案、上海市闵行区人民法院（2013）闵民四（商）初字第 230 号案、江苏省苏州市姑苏区人民法院（2016）苏 0508 民初 5328 号案、辽宁省沈阳市沈河区人民法院（2015）沈河民四初字第 01886 号案、重庆市渝北区人民法院（2017）渝 0112 民初 16267 号等，并且上述案件争议性较大，均因当事人不服一审判决，启动了二审程序。

〔53〕 樊启荣：《保险契约告知义务制度论》，中国政法大学出版社 2004 年版，第 4 页。

综上，在团体保险中，要求被保险人履行如实告知义务，于理论上因团体保险采团体核保、重要事实的信息为投保团体而非团体成员所知悉而失去必要性；于实践上因保险人要求每个被保险人就危险信息事实进行告知有违如实告知义务制度之新近立法理念徒增司法诉累，要求大量的被保险人逐个进行如实告知缺乏效率、增加成本而丧失可行性。因此，就团体保险如实告知义务的主体范围而言，应当从如实告知义务制度的目的和功能出发，正视团体保险的承保技术本质及特殊性，将如实告知义务主体限定为投保人，不宜扩大范围至被保险人。

四、团体保险告知义务主体之例外

（一）未在合格期间参保的被保险人应当负有如实告知义务

在团体保险中，“合格期间（eligibility period）是指允许员工不需出示可保性证明就登记参保的一段时间”。[54] 合格期间一般是在试用期满之后，或者在未设试用期间的情形下个人具备团体成员资格之后，在这段时间内，投保人应当按照合同约定将具备参保资格的成员资料告知或送达给保险人。“这段时间通常限定为 31 天，以减少逆向选择”。[55]

团体保险中的逆向选择，与个人保险相比，虽然含义相同，都是“指那些更可能遭受损失的人试图以平均费率购买保险，而平均费率不能真实地反映其风险超过平均水平的成本”，[56]但是由于团体保险以团体危险代替个人危险选择而呈现出一定的特殊性。首先，团体保险的逆向选择通常需要借助团体予以实现。在个人保险中，由于风险单位与核保对象均为单个被保险人，因此，对于保险人而言，潜在被保险人的逆向选择行为具有直接性。保险人控制逆向选择乃通过对被保险人的逐个直接选择来完成。与之不同，团体保险的风险单位与核保对象为投保团体，而非单个的被保险人，因此潜在被保险人需借助团体实施逆向选择行为，于保险人而言，控制逆向选择主要通过选择团体而非选择个人来完成，具有间接性。申言之，在团体保险中，单个潜在的高风险被保险人，若欲通过团体保险达到以低保费获取高保障之目的，有两种方式：其一，与其他潜在被保险人一起设立团体，以该团体名义投保团体保险；其二，加入某类平均风险较低的投保团体，以团体成员之身份获取团体保险。不论何种方式，就潜在的被保险人而言，其逆向选择之实施，需要与投保团体相关联，需要以获取适格投保团体成员的身份、加入投保团体为前提条件。其次，团体保险的逆向选择主要体现为团体外部与团体内部两种。所谓团体外部的逆向选择，是指团体外部的高风险个体通过设立团体或加入团体获取团体保险的行为。团体外部的逆向选择，在实

[54] [美]乔治·E. 瑞达、迈克尔.J. 麦克纳马拉：《风险管理与保险原理》，刘春江译，中国人民大学出版社 2015 年版，第 354 页。

[55] [美]肯尼思·布莱克、哈罗德·斯基博：《人寿与健康保险》，孙祁祥、郑伟等译，经济科学出版社 2003 年版，第 467 页。

[56] [美]马克·S. 道弗曼：《风险管理与保险原理》，齐瑞宗等译，清华大学出版社 2009 年版，第 93 页。

务中容易发生在“团单个卖”的情形之中。所谓“团单个卖”即将团体保险之适用费率或承保条件以单一费率及承保条件销售予个人保户，实质上就是以团体保险的承保条件承保团体成员以外的个人。由于团体保险通常不要求被保险人个人提供可保性证明，因此在“团单个卖”的情形下，通过选择团体来防范逆向选择的方法便无法奏效，高风险的非团体成员很容易利用其风险不被评估的漏洞，达到借助团体保险获得与其支付的保险费不匹配的保险保障，于是逆向选择行为往往很容易发生。团体内部的逆向选择，则是指在已经具备团体成员资格的个体中，只有风险较高的才倾向于加入团体保险，希望以较低的保险费获得较高的保障。团体内部的逆向选择亦是由于保险人不对单个被保险人进行核保而产生的。正如我国台湾学者刘宗荣先生所言：“在集体保险，保险人的相对人为雇主或团体（即要保人），由于保险人对于该雇主或团体所辖的成员（被保险人）并不个别核准保险，其结果经常发生雇主或团体所辖的成员中，保险事故发生率较大之人常常踊跃参加集体保险，以求保障，而保险事故发生率较小之人并不迫切依赖保险的保障，因此不愿参加集体保险，导致不利于保险人的逆向选择（adverse selection）。”[57]

为了防范逆向选择，尤其是防范投保团体内部的逆向选择，保障团体保险的团体核保机制正常运行，在团体保险中设置合格期间是必要的。否则，若团体的成员随时可以参加团体保险，可能会发生团体的成员平时不参加保险，投保人无须支付保险费或团体的成员无须分摊保险费，及至成员发现自己的身体状况不佳时，乃急忙申请参加团体保险，以支付小额保险费换取巨额之保险给付，从而构成另一种逆向选择。[58] 因此，未在合格期间参保的团体成员，基于防范逆向选择之考量，应当赋予保险人对其申请加入团体保险时进行单独核保的权利。换言之，未在合格期间参保的被保险人应当成为如实告知义务的主体，作为团体保险如实告知义务通常不包括被保险人这一规则之例外。

（二）小型团体告知义务主体应当包括被保险人

在团体保险中，依据投保团体的规模不同，有大型团体与小型团体之分。其中，小型团体适用的核保规则，与大型团体存在差异。具体至如实告知义务制度，小型团体保险如实告知义务主体呈现出相应的特殊性。

1. 小型团体核保之例外规则

在美国团体保险实践中，“对于小团体市场的定义多种多样，但是通常被定义为拥有 50 名或更少员工的公司”。[59] 美国 1996 年颁布的《健康保险可转移性和可获得性法案》（Health Insurance Portability and Accessibility Act，HIPAA），以及 2010 年 3 月颁布的《患者保护与平价医疗法》（Patient Protection

---

〔57〕 刘宗荣：《保险法》，作者自版 2016 年版，第 636 页。

〔58〕 刘宗荣：《保险法》，作者自版 2016 年版，第 637 页。

〔59〕 ［美］迈克尔·A. 莫里西：《健康保险》，朱铭来等译，中国金融出版社 2018 年版，第 260 页。

and Affordable Care Act，ACA)都倾向于将50人以下的团体称为小型团体，从而在适用的法律规则上有别于50人以上团体。区分大小型投保团体，主要基于以下两个方面的考量。

一是随着团体最低参保人数的不断下调，基于危险控制的目的，团体保险市场上出现了针对大型和小型团体的不同核保规则。在团体保险市场上，为了发挥团体承保技术的独特优势，保证团体保险的稳健运营，限定团体的最低参保人数成为保险人的首要需求。团体保险中“规定最低参保人数的原因有两个。第一，保险公司可以避免承保由达不到标准的参保人构成的团体，这样可以减少因某个人的健康恶化而给该团体的最后赔付带来的财务冲击。第二，无论该团体的规模大小，都必须支出一笔固定的费用。因此，团体的规模越大，分摊这笔固定费用的人就越多，每一个保险单位的费率也就越低”。[60] 换言之，投保团体的规模愈大，仅为少数不可保的被保险人获取保险的可能性愈小，逆向选择的防范成本愈低，管理上的经济效率亦愈容易实现。从经验费率的角度而言，只有团体的规模足够大时，赔偿成本、净保费才可以由团体的经验数据很容易地获得，产生的资料也才具有可信性。[61] “经验费率依赖于足够大的团体去产生自己的稳定索赔记录。小型团体因为不能产生稳定的索赔记录，因此不适用经验费率。”[62]团体保险发展之初，出于谨慎的考量，保险人通常会选择规模较大的团体，立法亦随之倾向于对团体的参保人数设置较高的下限。美国于1917年制定的第一部团体保险示范法案，规定团体的最低人数为50人。后来，随着团体保险的发展，团体保险市场的竞争不断加剧，为了拓展市场，团体最低参保人数的要求逐渐放宽。美国许多州将团体最低人数降至25人或者10人，现在美国的一些保险公司也承保人数只有2—3人的团体。但是，团体规模愈小，团体承保优势愈难发挥。当投保团体的规模小到一定程度时，团体承保的优势无法发挥，团体保险最初的想法——以团体承保和团体销售替代个人承保和个人销售发生了变化，团体保险人开始倾向对小型团体引入个人承保方式。[63] “小团体的承保偏重于被保险人个人的危险选择，并且有保额的限制，保费的费率亦偏重于个人费率的计算，必要时采每位要保员工体检之法。”[64]简言之，在团体保险核保实务中，“保险人是否审查团体保险中个人的保险资格取决于团体的规模和性质”，[65]

---

〔60〕 [美]乔治·E. 瑞达、迈克尔·J. 麦克纳马拉：《风险管理与保险原理》，刘春江译，中国人民大学出版社2015年版，第354页。

〔61〕 参见[美]William F. Bluhm等：《团体保险》，傅安平、祁月华等译，南开大学出版社2003年版，第9—10页。

〔62〕 John Aloysius Cogan Jr，“Does Small Group Health Insurance Deliver Group Benefits? An Argument in Favor of Allowing the Small Group Market to Die”，*in Washington Law Review*，93(2018)，pp. 1147.

〔63〕 参见[美]埃米特·J. 沃恩、特丽莎·M. 沃恩：《危险原理与保险》，张洪涛译，中国人民大学出版社2002年版，第252—253页。

〔64〕 康鸿谊：《团体保险核保析论》，《保险专刊》1987年第7期。

〔65〕 [美]埃米特·J. 沃恩、特丽莎·M. 沃恩：《危险原理与保险》，张洪涛译，中国人民大学出版社2002年版，第253页。

当团体最低参保人数降至 2—3 人时，需要划分大小型团体，以确定是否可以适用个人核保规则。

二是小型团体保险市场更容易受到市场竞争的影响，同时，小型团体市场的发展又关乎公民保险可获得性等公共政策问题，需要得到比大型团体更多的关注。对小型团体进行个人核保，虽然符合团体保险的市场需要，但是随着市场竞争的进一步加剧，会危及国民的保险可获得性，这便引起了美国公共政策的关注。团体保险一项重要的价值，就是将人身保险的承保范围延伸到大量没有保险保障的人群。[66] 当一个团体保险人对小团体成员的个人核保执行更严格的标准时，其他保险人感觉到压力重重就会效仿，这种为了寻求竞争优势的循环，会导致很多小团体或其成员被拒绝承保或以非常高的费率承保。[67] 尤其是“最小的企业——职工少于 10 人——提供保险的可能性要小得多”。[68] 这对于高度依赖团体保险来构建社会安全保障体系的美国而言，是一个不容忽视的问题。为了解决小型团体的保险可获得性问题，从 20 世纪 80 年代后期到 90 年代，美国一方面对被认为与公众利益相背离的团体保险核保实务进行限制，美国保险监督官协会(NAIC)制定并颁行了小型团体健康示范法律，这些法律为许多州所采用，使得小型雇主能够得到医疗费用保险而不必考虑单个被保险人的身体健康状况，以增加获得健康保险保障的机会；另一方面，美国国会 1996 年颁布了《健康保险可转移性和可获得性法案》，以达到为个人提供保险的保障的可获得性和持续性的目的。[69] 然而，如果仅仅考虑保险的可获得性，断然不顾及小型团体保险承保的特殊性需求，采取完全禁止小型团体保险对参保成员的个人核保，同样会导致走向另外一个极端。“由于面临潜在的逆向选择问题，雇员人数较少的公司在自行购买或维持团体保险方面存在一定的困难。例如，在没有小团体改革方案的州，那些出现了健康问题的雇员在现行小团体市场上续保时常常被拒绝。其他有一个或多个生病雇员的小团体的雇主也可能很难找到哪个保险承保单位愿意向他们的团体提供服务。”[70]因此，小型团体的核保问题以及小型团体保险市场的发展，在美国远比大型团体更为复杂，需要考量的因素也更多，需要获得更多的关注。

上述区分大小型团体的过程，也是美国小型团体核保规则的演变过程。在市场规则与公共政策的交错作用下，一个折中的方案被美国采纳，那就是允许团体保险的保险人对小型团体的成员进行个人核保，同时削弱保险人通过拒保或

---

〔66〕 *See* Davis W. Gregg, *Group Life Insurance—An Analysis of Concepts, Contracts, Costs, and Company Practices*, Chicago: Richard D. Irwin, Inc., 1957, p. 17.

〔67〕 参见[美]William F. Bluhm 等:《团体保险》，傅安平、祁月华等译，南开大学出版社 2003 年版，第 183 页。

〔68〕 [美]迈克尔·A. 莫里西:《健康保险》，朱铭来等译，中国金融出版社 2018 年版，第 260 页。

〔69〕 参见[美]William F. Bluhm 等:《团体保险》，傅安平、祁月华等译，南开大学出版社 2003 年版，第 9 页。

〔70〕 [美]特瑞斯·普雷奇特、琼·丝米特、海伦·多平豪斯、詹姆斯·艾瑟林:《风险管理与保险》，孙祁祥等译，中国社会科学出版社 1998 年版，第 335—336 页。

收取较高保费而将小团体成员排除在外的能力，将这种个体风险评估技术限定在仅能用于决定团体的费率水平而不能针对某个特定个人。[71] 这一折中方案与大型团体的团体核保规则相比，是小型团体核保的例外规则。

2. 小型团体保险如实告知义务主体范围之扩大

从美国确立的小型团体核保规则之折中方案来看，虽然在公共政策的影响下，小型团体承保人的个体风险评估技术进行了限制，但是基于个体风险评估技术对于小型团体费率确定具有重要作用，对小型团体成员进行个人核保的市场规则仍然被尊重与保留。从如实告知义务角度来说，允许小型团体的保险人对团体成员进行核保，就意味着被保险人在保险人正确询问的情形下负有如实告知的义务。

反观我国，一方面为了拓展团体保险市场、提高团体保险保障群体的范围，团体保险的相关立法规范将投保团体的最低参保人数下调至 3 人，使得我国团体保险市场必然存在有适用个人核保需求的小型投保团体。另一方面，与美国相比，我国团体保险法规范相对欠缺，对团体保险是否适用与个人保险相同之如实告知义务规则尚未明确，也未见有区分大型与小型团体之法规范，对小型团体承保人是否可以向被保险人进行核保与询问自然亦无明文规定。上述立法现状，加之各团体保险人运营能力及业务自我管控能力不同导致实践中是否向被保险人询问做法不一，小型团体的成员是否应当负有如实告知义务难免错乱不清。为厘清争议，导正团体保险之发展，我国可以借鉴美国小型团体的相关核保规则，从以下角度健全我国小型团体保险的如实告知义务规则。

首先，应当综合考虑我国小型团体保险的作用与功能定位、小型团体保险市场的竞争程度、团体核保技术的发展现状需求等因素，合理确定大型与小型团体的区分界限。其次，应当尊重小型团体保险运行的内在市场规律，确立有别于大型团体保险之核保规则，赋予小型团体的承保人对团体成员——被保险人进行个人核保的权利。至于是否应当如美国小型团体的核保规则那样，削弱保险人通过拒保或收取较高保费而将小团体成员排除在外的能力，应在综合考虑我国团体保险的发展状况、小型团体保险之于我国社会安全保障体系的作用等因素的基础上予以决定。从本质上看，限制保险人通过拒保或收取较高保费而将小团体成员排除在外的能力，是对保险人个体风险评估技术用途的限制，并未否定保险人对个人风险评估技术本身的作用。而且近年来，也有观点建议减少类似的干预与限制。如美国学者约翰・柯根(John Aloysius Cogan Jr.)提出，小型团体保险未能像大型团体保险那样提供四项核心福利，即降低逆向选择、更低的管理成本、提高保险的可获得性以及税收减免，相比个人保险而言并未提供更好的交易模式，而且小团体市场的衰落与瓦解可能会使数以百万的人转向个人保险市场，从而催生和壮大个人保险市场，因此没有必要通过更深的政府干预去拯救

---

[71] 参见[美]William F. Bluhm 等:《团体保险》，傅安平、祁月华等译，南开大学出版社 2003 年版，第 183 页。

正处于颓势的小型团体保险市场。[72]

我国是否需要对小型团体承保人采用个体风险评估技术的用途进行限制，一方面需要考虑我国团体保险发展较美国相对迟晚，小型团体对于团体保险承保人拓展市场仍然具有重要意义，而且团体保险保费相对低廉，对于我国分布广泛的小企业具有相当的吸引力，符合家庭式小型企业保险需求之事实。另一方面也要考虑小型团体保险之于我国社会安全保障体系的作用。申言之，在美国，由于民主党政府信奉补缺型的福利国家思想，强调政府应当救助弱势群体，共和党政府则信奉自由主义保障观，青睐自助和独立奋斗的精神，历经民主党与共和党交替执政后，在社会安全保障领域形成了个性化的公私合作制模式。[73] 美国的团体保险有多种形式，从公私角度而言，既有公共的团体保险，也有私人的团体保险，在社会安全保障体系中占有重要位置。相反，个人保险目前在美国经常被视为员工团体保险中断的暂时保险，作用并不显著。[74] 与美国相比，我国的团体保险在商业保险里占比不大，并且我国已经建立了相对健全的社会保险体系，即使赋予我国小型团体保险人较大的核保权，可能会影响部分小型团体参保人的保险可获得性，也因我国尚有以强制投保为特征的社会保险兜底，最终对社会安全保障体系的冲击较小。总之，我国对小型团体市场化的核保规则进行立法干预，缺乏厚实的公共政策基础，从促进团体保险稳健发展的角度而言，宜给予小型团体保险人更多的核保自主权，允许其运用个人风险评估技术估测团体危险大小、排除风险过高的团体成员。

因此，在如实告知义务上，为了实现风险评估之核保目的，在团体保险以投保人为告知义务主体的一般规则之下，应当允许小型团体的承保人对被保险人个人进行询问，构建小型团体保险的被保险人可以成为告知义务主体的特殊规则。

五、结语

习近平总书记在 2020 年 11 月 16 日至 17 日召开的中央全面依法治国工作会议中提出："要积极推进国家安全、科技创新、公共卫生、生物安全、生态文明、防范风险、涉外法治等重要领域立法，健全国家治理急需的法律制度、满足人民日益增长的美好生活需要必备的法律制度，以良法善治保障新业态新模式健康发展。"[75]随着保险在社会治理现代化中防范风险与管理风险作用的提升，保费

---

〔72〕 *See* John Aloysius Cogan Jr，"Does Small Group Health Insurance Deliver Group Benefits? An Argument in Favor of Allowing the Small Group Market to Die"，*in Washington Law Review*，93(2018)，p. 1121.

〔73〕 参见于莹、阎建军：《中国健康保险发展报告(2019)》，社会科学文献出版社 2019 年版，第 70 页。

〔74〕 参见[美]迈克尔 · A. 莫里西：《健康保险》，朱铭来等译，中国金融出版社 2018 年版，第 279—282 页。

〔75〕 新华社：《习近平在中央全面依法治国工作会议上发表重要讲话》，资料来源：http://www.gov.cn/xinwen/2020—11/17/content_5562085.htm；更新时间：2020 年 11 月 17 日；访问时间：2020 年 11 月 24 日。

相对低廉、承保成本较低的团体保险在员工健康养老保障、扶贫脱困以及化解公共危机风险等领域将发挥重要作用。积极发展团体保险，有利于实现以商业思维化解民生难题，完善我国多层次的社会保障体系与社会安全保障体系。因此，推进团体保险的法理研究，充分阐释团体保险的特征，不仅可以丰富保险法理，完善保险立法，也是健全国家治理急需的法律制度、满足人民日益增长的美好生活需要必备的法律制度的重要内容。

具体就团体保险如实告知义务制度而言，因为团体保险的核保单位与风险评估对象均为投保团体，收取保费即合同对价的多少亦由团体危险大小决定，团体保险的重要事实亦体现为团体成立的目的、团体的类别、团体规模的大小、团体成员的流动性、团体成员的参加率、团体成员的平均年龄、投保人对团体保险计划管理的意愿与能力等信息，这些重要事实、信息又为投保人所占有，而且不论从最大诚信原则与对价平衡原则，还是从消费者保护主义角度而言，都应当将团体保险如实告知义务的主体限定为投保人，不宜扩展至被保险人。唯在特殊情形下，如被保险人未在合格期间参保、小型团体投保等，考虑到团体危险评估的难度、防范逆向选择以及合理平衡合同各方主体利益之需要，赋予保险人向被保险人询问的权利，将如实告知义务的主体扩大至被保险人。

On the Subject of the Duty of Disclosure in Group Insurance

ZHOU Zhi

Abstract: With different from individual insurance, group insurance focuses on group risk rather than individual risk, and its contract consideration shows the group nature. Therefore, the content of disclosure—material circumstance should be the facts and information needed to evaluate the group risk. Based on the rule of the knower of material circumstance should be the subject of the duty of disclosure, and considering the efficiency and feasibility of the performance of disclosure, the subject of the duty of disclosure in group insurance should be limited to the applicant. At the same time, there are two exceptions as follows: (1) in order to prevent adverse selection, the insured who fails to participate in the group insurance during the eligibility period shall become the subject of the duty of disclosure; (2) in view of the small groups are hard to apply group underwriting technology and play the advantage of group underwriting in preventing adverse selection and realizing economies of scale, on the basis of a reasonable definition of the size of a small group, the insurer should be allowed to underwrite the members of small groups, that is to say, as an exception rule, the insured of small groups is also the subject of the duty of disclosure.

Key Words: Group Insurance; The Duty of Disclosure; Group Risk; Small Group

韩国专利无效行政诉讼：两审终审或三审终审？

金世润 *

摘　要　韩国对专利无效纠纷，要求在法院起诉之前必须经过行政审判程序（相当于中国无效宣告程序），即采用所谓的“强制性前置主义”。此外，韩国对不服该程序而向法院提起的专利无效行政诉讼采用二审终审制度，这是韩国司法制度普遍采用三审终审制度的例外。可以说，韩国专利无效行政审判程序实质上起到法院初审（一审）的功能。对于这种专利无效制度的设计，韩国一直存在其违宪性的讨论，即宪法保障公民的“裁判请求权”是否遭到了侵害。本文通过探讨韩国现行专利无效制度是否符合宪法以及其他国家如何设计该制度，从而提供在韩国运作专利无效制度明确的法律依据，并建立一个切实有效的相关纠纷救济途径。

关键词　专利无效；两审终审；三审终审；韩国；裁判请求权；违宪

目　次

---

* 金世润（1975—），韩国专利代理师，北京大学法学院 2017 级博士研究生，主要研究方向：知识产权法。

法是为了协调且有秩序地解决纠纷和矛盾而制成的社会成员之间的契约，可以称为一种“民族共同体意识”(gemeinsames Bewusstsein des Volkes)〔1〕的产物。因此，法应符合社会成员的普遍情感或思想，并顺应时代和社会的变化。无法反映这种“现实”的法不应被称为“活法”(Lebendes Recht)。〔2〕由此可见，抽象的法的理念和价值需要通过“人类”实现具体化，国家应整改司法体制以法的适用和解释来反映社会。

韩国引进西方近代法律制度已有100多年，但其本身是作为殖民地统治的一种手段而由日本引进的制度，〔3〕在独立后又经历了战争和独裁等的混乱时期，所以韩国法律制度无法全面反映韩国社会的问题。这一点在知识产权的法律制度中尤为突出，由于历史相对较短，且其在韩国经济飞速发展的20世纪后期〔4〕才被整改，〔5〕其制度本身还存在未经充足的讨论和检讨的问题。其弊端之一，历经过去十几年的争议仍未能达成社会合议，即所谓的“专利无效行政诉讼的审级制度问题”。

韩国司法体系以“三审终审制”作为原则，并且仅对极为例外的专利无效行政案件等部分案件采用两审终审制。与具有相似司法体系的日本不同，韩国对专利无效行政诉讼的审级制度存在争议。〔6〕本文的目的在于提供能够结束上述争议的依据和改善其制度的方案。本文首先介绍韩国的专利无效制度和适用于该制度的三审终审例外，论证其是否合宪，并通过与其他国家的比较研究，对韩国现行专利行政确权制度是否合理进行分析。

一、韩国专利无效行政诉讼：三审终审的例外

(一)韩国专利无效制度〔7〕

韩国《特许法》第七章规定了七种特许审判程序，〔8〕其中第133条规定针对

---

〔1〕 F. C. v. Savigny, Vom Beruf unserer Zeit für Gesetzgebung und Rechtswissenschaft, 1814, S. 11.

〔2〕 根据埃利希所言，“活法”是指在社会中对社会成员发挥实质性效力的法。梁千洙：《以超国家法多元主义——概念角度和规范角度为中心》，《法哲学研究》2008年第11卷第2号。

〔3〕 韩国国家记录院(한국국가기록원)：《近代司法制度和日本殖民统治时期刑事裁判》(근대 사법제도와 일본 식민통치시기 형사재판)，http://theme. archives. go. kr/next/law/viewSub. do? pageUrl＝Colonization/sub01，访问时间：2018年5月20日。

〔4〕 1961年韩国人均GDP仅为82美元，至1991年韩国人均GDP变为6498美元，增长了将近78倍。韩国国际协力团(KOICA)：《韩国经济政策发展史：开发经济》(한국경제정책발전사)，1994年版。

〔5〕 例如，韩国起初对于专利确权相关案件仅在特许厅内置的抗告审判所进行裁判，这一体制因未提供由法官对纠纷有关事实进行审理的机会而侵害公民的裁判请求权，韩国宪法裁判所于1995年9月28日作出违宪的结论，并于1998年决定由作为特许厅旗下机关的特许审判院进行事实审理。

〔6〕 参见韩国媒体报道，https://www. lawtimes. co. kr/Legal-News/Legal-News-View? serial＝120563，更新时间：2017年8月28日，访问时间：2018年7月3日。

〔7〕 金世润：《韩国专利无效程序问题研究》，北京大学2017年硕士研究生学位论文。

〔8〕 本文中的“审判”是指韩国行政部门根据《行政审判法》等相关规定直接判断某种行政行为的合法性。与中国的司法审判不同，韩国行政审判在判断主体层面区别于由法院进行的诉讼程序。韩国审判程序的目的和功能类似于中国的行政复议。

专利无效审判程序（相当于中国专利无效宣告程序）：利害关系人或者审查员可因某项专利不符合特许法规定的条件，向特许审判院请求宣告该专利权无效，一旦确定其无效，该专利权就会被视为自始不存在。该程序由韩国特许厅旗下的特许审判院来运行，[9]特许审判院发布的《审判汇编（2014）》（以下简称《审判汇编》）对该程序的法律属性解释为：[10]该程序虽然属于行政审判，但因该程序较多适用《民事诉讼法》中的相关规定而具有准司法属性。实际上，韩国《特许法》在与该程序的审理方式及证据调查等方面适用《民事诉讼法》中的相关规定。[11]

设置专利无效审判的目的之一，在于纠正和救济在专利审查中可能出现的偏差和失误。此外，解决当事人之间与专利无效相关的纠纷，也是该程序的另一个主要目的。由于专利无效审判具有纠纷解决的属性且适用民事诉讼的程序性规定，该程序在韩国被视为准司法程序。尽管如此，特许审判院仍然属于行政机关而非司法机关，专利无效审判行为本质上仍然属于行政行为。韩国起初根据当时的《特许法》第 186 条第 1 款规定[12]特许厅内置的审判所和抗告审判所负责解决专利无效纠纷，后该规定被韩国宪法裁判所[13]确认违宪，终于到 1998 年分别作为特许厅旗下机关的特许审判院和作为司法机关的特许法院分开设立。韩国宪法裁判所以未提供在法院对纠纷有关事实进行审理的机会并侵害公民接受法官裁判的权利为由，作出该规定不符合《宪法》第 27 条第 1 款之规定的结论。[14] 目前，韩国特许法院对不服特许审判院作出审决（相当于中国专利复审委员会作出的无效决定或维持决定）的案件具有专属管辖权。[15]

在韩国，狭义的专利行政诉讼被认为是针对特许审判院的审决在特许法院进行审理的诉讼。韩国《特许法》第 9 章规定了对特许审判的司法救济程序，即狭义的专利行政诉讼，包括上述特许法院的专属管辖权和第 187 条规定的当事人资格等。原则上特许厅长为一般专利行政诉讼的被告，但是在专利无效行政诉讼中，应将被诉程序（专利无效审判）的请求人或被请求人作为被告。换言之，韩国在专利无效诉讼程序中采取了专利无效审判请求人和被请求人之间的双方当事人对立结构。此外，根据《特许法》第 186 条第 8 款规定，对特许法院的判决不服的，可以向大法院提起上诉。

---

〔9〕 韩国《专利法》第 132 条之二（特许审判院）第 1 条："为了主管对于特许、实用新型、外观设计及商标的审判和再审以及与对此相关事务，设置特许厅厅长所属的特许审判院。"

〔10〕 参见韩国《审判汇编（2014）》第 4 页。

〔11〕 例如，韩国《专利法》第 154 条（审理）以及第 157 条（证据调查及证据保全）等。

〔12〕 该条款规定了对抗告审判作出的决定只会向大法院上诉，依照该规定，行政行为相对人没有机会让法官来对与特许厅所做的行政行为相关事实进行判断。

〔13〕 韩国宪法裁判所，也被称为宪法法院，属于特殊司法机关，其主要职责是对有关宪法问题进行审理，以保障公民的基本权利。

〔14〕 韩国宪法裁判所，宣告于 1995.9.28，92 宪 BA11 等。

〔15〕 依韩国《专利法》第 186 条第 1 款规定，对特许审判院作出的决定不服的，只能向特许法院起诉，即专利行政诉讼属于特许法院专属管辖的案件。

(二)韩国三审终审原则及其例外

法院作为行使国家司法权的机关,[16]具有层级之分。为了使不服从下级法院判决的当事人能够向上级法院提起上诉或申诉,法律规定法院之间的审理顺序或其上下级关系,即为审级制度。[17] 韩国《宪法》第 101 条第 2 款中规定了“法院由大法院和各级法院组成”的审级制度,司法体制原则上采用了地方法院—高等法院—大法院的三审级结构。大韩民国政府建立的同时公布了韩国《宪法》,并于 1949 年 9 月 26 日公布了法院组织法,由此确立了韩国司法制度,[18]法院的三审级结构施行至今。

这种审级制度的目的在于保障公民接受公正裁判的机会。一般情况下,在当事人需要通过诉讼程序来解决纷争时,向作为一审法院的地方法院提起诉讼,若不服一审判决可向二审法院提起抗诉,若不服二审判决可向大法院提起上告,[19]从而能够维护和主张自身权利。其中一审和二审为事实审理,大法院仅对宪法、法律、命令或规则进行审理。[20] 有人认为《宪法》中的裁判请求权[21]就意味着三审终审制。但是,《宪法》第 101 条第 2 款仅规定了“法院由大法院和各级法院组成”的审级制度,而并没有明确指出采用三审终审制。实践中,对于一些极为例外的案件,韩国采用了一审终审制或两审终审制。具体而言,韩国在《宪法》第 110 条第 4 款规定的非常戒严情况下的军事裁判[22]和《公职选举法》第 222 条第 1 款规定的选举诉讼[23]中适用了一审终审制。此外,《反垄断及公平贸易法》第 55 条和《特许法》第 186 条分别规定,与韩国公平交易委员会(KFTC)决议和特许审判院审决相关的诉讼分别属于作为二审法院的首尔高等法院和特许法院的专属管辖,因此属于三审终审制例外的两审终审制。

二、由来已久的争论:两审终审的合宪性问题

(一)相关宪法的规定

在韩国专利无效制度的违宪性问题大体上起因于两个制度设计:其一,专利无效行政纠纷必须经过专利无效审判;其二,专利无效行政诉讼为三审终审制的

---

[16] 韩国《宪法》第 101 条第 1 款规定,司法权属于由法官组成的法院。

[17] 韩国法制处,http://easylaw.go.kr/CSP/CnpClsMain.laf? csmSeq=568&ccfNo=1&cciNo=2&cnpClsNo=2,访问时间:2018 年 7 月 26 日。

[18] 韩国国家记录院,http://www.archives.go.kr/next/search/listSubjectDescription.do? id=008558,访问时间:2018 年 7 月 26 日。

[19] 韩国上诉包括抗诉和上告的概念,抗诉是指不服一审判决向二审法院上诉的行为,上告是指不服二审判决向大法院上诉的行为。

[20] 韩国《民事诉讼法》第 423 条。

[21] 韩国《宪法》第 27 条第 1 项规定,所有国民享有得到宪法及法律所定法官根据法律进行裁判的权利。

[22] 但在这种情况下,在宣告死刑时也适用三审终审制。

[23] 这是由于在得出裁判结果之前可能会发生国政运营不稳定等问题,因此会要求加快审理和宣告,宣告诉讼以大法院作为一审法院。

例外。与此相关,总共要探讨三个宪法规定:韩国《宪法》第27条第1款"所有国民享有得到宪法及法律所定法官根据法律进行裁判的权利。";该法第101条第2款"法院由大法院和各级法院组成";该法第107条第3款"作为裁判的前置程序,可进行行政审判。行政审判程序由法律来决定,应准用司法程序"。换言之,专利无效制度是否侵犯了《宪法》保障的裁判请求权(第27条第1款),《宪法》是否强制实施三审终审制(第101条第2款),以及《宪法》如何看待行政审判程序(第107条第3款),目前韩国社会对这些问题还未达成一致。

(二)主张违宪或合宪的根据

有些学者主张韩国现行专利无效制度具有违宪性,专利无效行政纠纷不能直接去法院请求其解决,而是必须经过特许审判院的专利无效审判,强迫公民经过非自愿的程序且附加提起诉讼的不当条件,侵犯了公民的裁判请求权;[24]特许审判院作出的审决虽然属于行政行为,但实际上起到初审的功能,剥夺公民以法律保障对纠纷相关事实可接受两次的法院审理的权利。这种"强制性前置"不符合在1998年修订的《行政诉讼法》中以"任意性前置"为原则的行政审判制度设计;[25]作为特许厅旗下机关的特许审判院对特许厅的决定再进行判断,本质上存在矛盾;[26]此外,考虑到特许法院裁判部的专业性的不断强化,由特许审判院进行强制审判的必要性不大。

与此相反,认为专利无效制度合宪的理由一般如下:《宪法》保障的裁判请求权利并不意味着必须接受所有各级法院的裁判,而且《宪法》未明确规定法院的三审结构;由于《宪法》将一个裁判程序未区分为事实审和法律审,即该法未规定应该经过几次的事实审,因此专利无效制度不能被断定为违宪;[27]在保障公民基本权利的前提下,一定程度上考虑行政统治的自律性、救济制度的经济性和专业性,并不意味着侵犯公民的请求裁判权。

(三)韩国宪法裁判所的立场

如上所述,对在1998年颁布修订《特许法》之前未向公民提供由法院进行事实审的机会而仅允许向大法院提起上诉的情况,韩国宪法裁判所以侵害公民接受审判的权利为由作出了违宪的判决。此后尚未正式讨论现行专利无效制度是否违宪,但宪法裁判所曾对类似案件进行过审理,例如对税法案件或道路交通法案件等与专利无效审判同样采用强制性前置主义的行政审判,宪法裁判所基于裁判请求权等程序性基本权利与自由性基本权利不同的判断,认可较广泛的"立

---

〔24〕 参见宪法裁判院,宣告于2002年10月31日,2001宪BA40。

〔25〕 参见韩国媒体报道,https://www.lawtimes.co.kr/Legal-News/Legal-News-View? serial=120563,更新时间:2017年8月28日;访问时间:2018年7月3日。

〔26〕 金昌华(김창화):《对于特许审判的强制性前置主义的合理性研究》(특허심판의 필수적 전치주의에 대한 타당성 연구),《法学论丛》(법학논총)第41卷第3号。

〔27〕 金敏浩、金贤京(김민호,김현경):《关于特许审判前置的必要性和制度改善的研究》(특허심판 전치의 필요성과 제도개선에 관한 연구),《成均馆法学》(성균관법학)2017年第29卷第4号。

法形成权”,即宪法裁判所在认定裁判请求权相关法律的违宪性时会适用合理性原则。[28] 就行政审判是否具有其合理性来说,与一般诉讼程序相比,行政审判通过简单程序而节省时间和费用,有利于最大化公民的利益,强化权利救济。并且法院也能够通过行政审判程序整理出较多实质上及法律上的争议焦点,以减少审理负担。此外,行政审判程序的专业性和技术性较高,对于大量且反复的同类案件,可以认定适用于行政审判的合理依据,从而该程序被认为未侵犯裁判请求权。[29] 与此不同,宪法裁判所于 2001 年 6 月 28 日对旧《地方税法》[30]第 78 条第 2 款采用的强制性前置主义,以不具有审判机关的独立性、公正性且在审理程序上未准用司法程序为由,作出违宪的决定。[31] 这与作为行政审判法源的《宪法》第 107 条第 3 款中对行政审判要求“准司法程序”的部分一脉相承。

此外,宪法裁判所指出:“裁判(相当于中国由法院进行的审判)是以‘事实确认’和‘法律适用’作为其本质的,对一个案件应该保障由法官至少分别进行一次的事实层面和法律层面的审理,当事人不应被施加限制或障碍导致难以获得上述审理机会。若得不到保障其程序上的权利,则可能会实质性侵犯当事人接受裁判的权利。然而,这并不意味着所有案件均应该提供三次审理的机会才是保障了《宪法》上接受裁判的权利。”因此,仅根据裁判不采用三审终审制的事实,不能判断侵害了公民裁判请求权。[32] 基于这些宪法裁判所作出的决定,专利无效制度是否违宪这一问题应该根据专利无效审判的合理性,该程序是否准用司法程序,以及法院能否保障涉案当事人在事实和法律方面接受审理的机会等作出结论。

三、比较研究

(一)中国

1. 中国专利无效制度[33]

根据《中华人民共和国专利法》(以下简称“中国《专利法》”)第 41 条第 1 款的规定,[34]中国国家知识产权局设立专利复审委员会(以下简称“复审委员会”)。[35] 该法第 45 条规定,自国务院专利行政部门公告授予专利权之日起,任何单位或者个人认为该专利权的授予不符合本法有关规定的,可以请求复审委

[28] 参见 2003 宪 GA7,2008 宪 BA162,2013 宪 BA178 等。

[29] 参见宪法裁判所对《道路交通法》中与强制性行政审判有关的规定作出合宪决定(2001 宪 BA40)。

[30] 旧《地方税法》意味着《地方税法》于 1998 年 12 月 31 日修订(法律第 5615 号)之前施行的法律。

[31] 宪法裁判院,2001 年 6 月 28 日宣告,2000 宪 BA30 号。

[32] 宪法裁判院,1992 年 6 月 26 日宣告,90 宪 BA25 号。

[33] 金世润:《韩国专利无效程序问题研究》,北京大学 2017 年硕士研究生学位论文。

[34] 中国《专利法》第 41 条第 1 款:“国务院专利行政部门设立专利复审委员会。专利申请人对国务院专利行政部门驳回申请的决定不服的,可以自收到通知之日起三个月内,向专利复审委员会请求复审。专利复审委员会复审后,作出决定,并通知专利申请人。”

[35] 中国《专利审查指南》规定专利复审委员会的组成以及任务。

员会宣告该专利无效。根据该法第47条规定,被宣告无效的专利权视为自始即不存在,其专利无效的效力基本上与韩国相同。无效宣告程序,是指对行政机关已经授予的专利权请求宣告其无效,该行政机关再次对涉案专利进行审查的程序。设置无效宣告制度的目的,在于纠正由各种原因导致的对不符合专利法规定的发明授予专利权的失误,因而是一种救济措施或者补救措施。〔36〕不满足法定条件的专利发明本来属于社会公共财产,通过无效宣告程序使得任何人能够自由使用,有利于促进科技和经济的发展。根据中国《专利法》第46条的规定,对复审委员会宣告的专利权无效决定或者维持决定不服的,可以自收到通知之日起三个月内向人民法院起诉。依照《最高人民法院关于北京、上海、广州知识产权法院案件管辖的规定》第5条规定,针对复审委员会决定不服的只能向北京知识产权法院起诉。〔37〕专利行政确权案件与其他案件采用两审终审,原则上经由北京知识产权法院及最高人民法院终结相关纠纷。此外,与韩国不同,在中国专利无效诉讼程序中专利复审委员会为被告,无效宣告程序的对方当事人只能作为第三人参加该诉讼程序。〔38〕

2. 专利无效制度的合宪性

韩国《宪法》第27条第1款中规定了"所有国民享有得到宪法及法律所定法官根据法律进行裁判的权利",与此不同,中国《宪法》中未直接规定裁判请求权,而是在各诉讼法中单独规定了裁判请求权或获得裁判的权利。例如,中国《行政诉讼法》第2条规定了"公民、法人或者其他组织认为行政机关和行政机关工作人员的行政行为侵犯其合法权益,有权依照本法向人民法院提起诉讼"。〔39〕然而,有不同观点认为,中国《宪法》第33条第2款、第123条、第125条以及第126条等条文中间接承认了裁判请求权。〔40〕

中国的审级制度基本实行两审终审制。中国《宪法》对审级制度未直接规定,但在《法院组织法》第11条中规定了"人民法院审判案件,实行两审终审制"。在各诉讼法中也单独规定了两审终审制。〔41〕中国采用世界罕见的四级两审终审制,现行民事审级制度乃1954年《中华人民共和国人民法院组织法》(以下简称

〔36〕 刘银良:《知识产权法》(第二版),高等教育出版社2014年版,第133页。

〔37〕 《最高人民法院关于北京、上海、广州知识产权法院案件管辖的规定》第5条:"下列第一审行政案件由北京知识产权法院管辖:(一)不服国务院部门作出的有关专利、商标、植物新品种、集成电路布图设计等知识产权的"授权确权"裁定或者决定的;(二)不服国务院部门作出的有关专利、植物新品种、集成电路布图设计的强制许可决定以及强制许可使用费或者报酬的裁决的;(三)不服国务院部门作出的涉及知识产权授权确权的其他行政行为的。"

〔38〕 中国《专利法》第46条规定:"在向人民法院提起诉讼时,人民法院应当通知无效宣告请求程序的对方当事人作为第三人参加诉讼。"另,中国《行政诉讼法》第26条第2款规定:"经复议的案件,复议机关决定维持原行政行为的,作出原行政行为的行政机关和复议机关是共同被告;复议机关改变原行政行为的,复议机关是被告。"此外,该法第29条允许利害关系人作为第三人参加诉讼。

〔39〕 此外,参见中国《民事诉讼法》第8条,中国《刑事诉讼法》等。

〔40〕 刘敏:《论裁判请求权——民事诉讼的宪法理念》,《中国法学》2002年第6期。由于该文章根据2018年3月修订之前的《宪法》来描述,因此与现行法条不同,本文中法条按现行宪法规定。

〔41〕 例如,中国《民事诉讼法》第10条,中国《刑事诉讼法》第10条,中国《行政诉讼法》第7条等。

"1954 年《法院组织法》")所定,系立法者在总结人民司法经验并参照当时社会主义法制之样板——苏联法的基础上,为了全面贯彻司法便民及司法民主之宗旨制定的审级制度。《中华人民共和国人民法院暂行组织条例》规定审级为三级制,1954 年《法院组织法》改该条例的三级制而采用四级制。具体而言,在保留基层人民法院、省级人民法院(高级人民法院)、最高人民法院的基础上增设中级人民法院。通过增设中级人民法院并使之不同于省级人民法院分院而成为独立一级审判机关,既便于群众诉讼,又便于高级人民法院和最高人民法院集中主要力量,加强重要案件的审判工作和对下级人民法院的审判监督工作。此外,"基本上实行三审终审制"改为"两审终审制",原因在于:审级制度是保障人民诉讼权利的民主精神体现,但审级过多既不便于人民诉讼,也有碍上级法院集中时间总结审判经验和考虑其他工作,案件经过两审判决,通常都可以得到正确处理,没有三审的必要。

不管中国《宪法》是否明确规定裁判请求权,由于中国专利无效制度均遵循一般两审终审制,因此不会发生违宪问题。此外,在提起专利行政诉讼之前必须经过无效宣告程序,也就相当于"必经复审前置",因《宪法》未规定裁判请求权,也不会发生违宪性问题。与韩国相同,中国采用了行政复议(相当于韩国行政审判)制度和行政诉讼制度,在于 1989 年颁布施行《行政诉讼法》的同时,制定了《行政复议法》。行政机关可通过行政复议程序来规范非法行政处分,以促进行政行为的合法性。与韩国《宪法》中明确承认行政审判不同,[42]中国申请行政复议的权利在《宪法》中没有规定,而是于《行政复议法》第 2 条中规定了"公民、法人或者其他组织认为具体行政行为侵犯其合法权益,向行政机关提出行政复议申请,行政机关受理行政复议申请、作出行政复议决定,适用本法"。此外,根据韩国《行政审判法》,原则上所有行政行为均会通过行政审判确认其合法性,[43]与此不同,中国《行政复议法》第 46 条中列举了可以提出行政审判的具体对象。据此,专利无效宣告程序被认为虽然在名义上属于行政诉讼复议的对象,实际上,行政复议需自知道具体行政处分之日起 60 日内提出,[44]以及采用了任意性前置主义等,[45]其制度设计与专利无效宣告的程序不同。作为参考,韩国的专利无效审判作为特殊行政裁判,并不适用"行政审判法"规定的程序,[46]而目前中国未明确"特殊行政复议"的概念。

3. 裁判请求权宪法保护问题

如上所述,中国专利行政诉讼不属于四级两审制度的例外,也不存在违宪性

---

〔42〕 韩国《宪法》第 107 条第 3 款:"作为裁判的前置程序,可进行行政审判。行政审判程序由法律来决定,应准用司法程序。"

〔43〕 参见韩国《行政审判法》第 3 条。

〔44〕 中国《行政复议法》第 9 条:"公民、法人或者其他组织认为具体行政行为侵犯其合法权益的,可以自知道该具体行政行为之日起六十日内提出行政复议申请;但是法律规定的申请期限超过六十日的除外。"

〔45〕 参见中国《行政复议法》第 30 条和中国《行政诉讼法》第 44 条。

〔46〕 参见韩国《行政审判法》第 4 条。

问题。但裁判请求权应被制定为宪法权利的主张仍被不断地提出。在不少国家，裁判请求权是传统意义上诉讼法层面的权利，后逐渐发展成为宪法层面的基本权利。与此不同，〔47〕中国未将裁判请求权认定为宪法的基本权利。有一种观点认为：如果宽泛认定裁判请求权则会导致司法权受限制，〔48〕或者会引起权利的抽象化，导致权利形同虚设。〔49〕但是，也有学者认为，由于实质权利是通过程序性权利得到保障和实现的，如果没有这种补救措施，就没有实质性权利的存在意义，〔50〕因此将裁判请求权保障为宪法的基本权利，会更符合依法治国并能够更充分地保障人民的权利。〔51〕

(二)美国

1. IPR 程序违宪性问题

近年来，美国低质量的专利权造成非专利实施主体（Non-Practicing Entities，NPE）泛滥、专利权滥用等专利纠纷频发，消极影响严重，美国政府开始进行全方位的专利制度改革，包括大幅修订专利法等。《美国发明法案》（America Invents Action，AIA）的主要内容之一就是专利重审（Inter Partes Review，IPR）程序，该程序于 2012 年 9 月 16 日正式启用。IPR 程序由美国专利与商标局（USPTO）的专利审理与上诉委员会（Patent Trial and Appeal Board，PTAB）进行审查并作出决定，相当于中国专利无效宣告程序或者韩国专利无效审判。《美国专利法》第 311 条规定，原则上，除专利权人以外，任何人均可以某项专利权的至少一项权利要求不符合该法第 102 条规定的新颖性〔52〕或第 103 条规定的非显而易见性为理由，〔53〕请求启动 IPR 程序。AIA 为了 IPR 程序能够发挥其作用，规定了专家意见证据程序以及证据开示程序（Information Discovery Statement）、和解程序，相关内容涉及证据原则和权利要求解释标准的规定。实际上，IPR 程序采取的这些措施确实能起到过滤低质量专利的作用，甚至被称为专利的“暗影杀手”（Death Squads）。〔54〕当这是因为当事人对 PTAB 最终作出的无效性判断可以向联邦巡回上诉法院（Court of Appeals for the Federal Circuit，CAFC）提出上诉。〔55〕

就美国而言，专利行政审判的违宪性也成了一个问题。美国知识产权局行政审判的违宪性问题在石油能源公司诉格林能源公司 Oil States 案中被提出。

---

〔47〕 崔茜：《略论诉权的宪法保障问题》，《中共杭州市委党校学报》2009 年第 5 期。

〔48〕 曹熹：《裁判请求权的宪法保障》，《黑龙江省政法管理干部学院学报》2014 年第 5 期。

〔49〕 汪汉斌：《论诉权的人性基础及其宪法化》，《江苏社会科学》2007 年第 6 期。

〔50〕 刘敏：《论裁判请求权——民事诉讼的宪法理念》，《中国法学》2002 年第 6 期。

〔51〕 曹熹：《裁判请求权的宪法保障》，《黑龙江省政法管理干部学院学报》2014 年第 5 期。

〔52〕 35 U.S.C. § 102 Condition of issue by Directorability；Novelty.

〔53〕 35 U.S.C. § 103 Condition for patentability；non-obvious subject matter.

〔54〕 金世润：《美国专利无效之双方复审程序（IPR）研究》，北京大学科技法研究中心，http://stlaw.pku.edu.cn/hd/bbs/cx/248.html，更新时间：2017 年 1 月 10 日；访问时间：2017 年 2 月 1 日。

〔55〕 35 U.S.C. § 319 Appeal.

对此，在全世界对知识产权领域的关注下，美国最高法院于2018年4月24日以7∶2的显著差异承认了其合宪性(Constitutionality)。对近期开始实施IPR程序的美国来说，该案件的重要意义在于，其是最高法院对IPR程序合宪性作出第一个判决。[56] 通过涉案纠纷的分析，可有助于我们找到解决韩国专利行政审判的违宪性争议的方法。

2. Oil States案分析[57]

Oil States(原告)是采矿设备专利US 6,179,053的专利权人。该专利用于通过向油田和气田施加压力来泵送碳氢化合物。原告于2012年对Green's Energy(被告)以专利侵犯为由，向联邦地方法院提起诉讼。对此，被告在联邦地方法院进行的诉讼程序中，主张涉案专利无效，同时于2013年12月31日向PTAB请求IPR程序的启动。因此，对涉案专利的无效性在联邦地方法院和PTAB同时进行判断，[58]联邦地方法院否定一项证据(CA2,195,118,)[59]而不支持被告对涉案专利的无效抗辩，与此相反，PTAB认为涉案专利相对于该证据缺乏新颖性，作出了专利无效的裁定。原告对PTAB的裁定，以违反美国《宪法》第3条和第7修正案为由向CAFC提起了上诉，但最终败诉。该案于2017年6月在最高法院开始其上诉程序。

首先考察美国《宪法》相关规定。1776年美国《宪法》中还不存在如裁判请求权等基本条款，1787年《宪法》第3条才规定，美国的司法权属于最高法院以及由国会随时下令设立的低级法院。此后，《宪法》第七修正案制定了将陪审制度引入民事案件等的规定。具体而言，《宪法》第3条第1款和第2款对司法权进行了规定，第1款规定“美国司法权属于最高法院及联邦议会制定和设立的下级法院”，第2款规定司法权涵盖所有普通法(common law)案件等。此外，《宪法》第七修正案规定，在涉及普通法的诉讼中，如诉讼价值超过20美元，则可享受由陪审员进行审判的权利。涉案争议焦点在于作为IPR程序对象的专利权是否应该适用这些《宪法》规定的普通法权利。美国最高法院在判断《宪法》第3条第2款的司法权范围时，将有争议的权利分为公权(public right)和私权(private right)，私权相关争议由司法部门进行裁判，公权则由行政部门或立法部进行监管。一般而言，最高法院大多数意见以《宪法》第1条第8款第8项规定的“国会有权制定保护发明人和作者的法律”为依据，将专利权划分为典型的公权，明确了其为通过法律制定最终才会存在的权利而并非属于普通法认定的私权。换言之，专利授权确权应该理解为一种行政行为，因此，否定其效力也可以通过行政程序来

[56] 在Oil States案之前提起的MCM Protfilio LLC v. Hewlett-Packard Company案中，联邦上诉法院否认IPR程序违反美国《宪法》第3条和第7修正案的主张。MCM对此进行了上诉，但最终由最高法院驳回移交令状的请求，从而肯定了联邦巡回上诉法院的判决。

[57] Oil States Energy Services, LLC v. Greene's Energy Group, LLC, 584 U.S.(2018), https://supreme.justia.com/cases/federal/us/584/16-712/，访问时间：2018年7月1日。

[58] 联邦地方法院判断被告申请的IPR程序具有将要被PTAB认可的“合理可能性”。

[59] 该专利的发明人(L. Murray Dallas)与涉案专利相同，涉案专利是原告从Dallas转让获得的。

进行。

原告引用以往的判例而主张“专利权作为所有权,仅由法院决定其无效”,但最高法院多数意见认为该判决仅可用于解释国会没有单独规定专利无效相关行政程序的1870年《专利法》,而在2011年国会通过IPR程序的前提下,无法适用该判例。此外,最高法院指出,参考作为美国《宪法》第3条背景的英国法律制度,英国在17世纪的时候,法院不具有对专利无效的专属管辖权,在1753年后法院能够管辖专利无效的时期,也是法院和作为行政机关一部分的枢密院共同行使管辖权。

3. 判决意义

判断该案是否违宪的关键在于专利权是否属于公权领域,即专利的无效是否只能由法院来确定,还是作为行政机关的专利局也有权进行处理。美国实际上采取了两审终审制,这与韩国饱受争议的专利无效审判的前置程序乃至专利行政诉讼的审级是否违宪的问题,具有较大差异。即便如此,最高法院在涉案纠纷中明确IPR程序的合宪性,这被认为最高法院支持针对以往仅由法院判决的专利无效的IPR程序,其能作为更为迅速且经济的解决途径。

(三)欧洲部分国家

本文重点讨论专利无效制度的违宪性,由于欧洲专利局(EPO)的上诉委员会(Board of Appeal)仅对不服驳回决定等裁决的案件进行处理,关于专利无效的案件需要各个国家自行处理,[60]因此,本节暂且不讨论欧盟单一专利制度或欧盟统一专利法院,主要介绍英国、德国和法国等欧洲国家的专利无效制度。

1. 英国

起源于英国1215年《大宪章》的裁判请求权,直至1628年《权利请愿书》(Petition of Right)中才开始被认可为相对稳固的权利。准确来说,这是具有“Right of Access to Court”概念的对法院的接近权。此外,英国不存在成文宪法,对此权利并没有明文规定。虽然英国作为民主主义的发源地,对基本权的保障已有900年的历史,但直至2009年下半年仍采取由参议员担任最高法院法官职责的独特司法制度。[61]英国司法制度在形式上也采用三审制度。即初审基本由初审法院(High Court)负责,对该法院所作的判决不服则向民事高等法院(Court of Appeal)起诉,以及终审由最高法院(Supreme Court)进行。作为参考,欧盟法院(European Court of Justice)作出的判决根据实际情形会具有与最高法院或高等法院判决相同的效力。依据英国《专利法》第72条的规定,法院与知识产权局

---

〔60〕 EPC(The European Patent Convention) Art. 21, http://documents.epo.org/projects/babylon/eponet.nsf/0/029F2DA107DD667FC125825F005311DA/$File/EPC_16th_edition_2016_en.pdf,访问时间:2018年5月12日。

〔61〕 在英国以往由上诉委员会负责上诉审,其中上诉委员会由12名参议员的上诉法官(Lord of Appeal in Ordinary)构成,根据2005年制定的宪法改革法(Constitutional Reform Act),英国于2009年设立并运营最高法院。

(UKIPO)均享有专利撤销(Revocation of Patents)的权限。[62]更进一步,该法在专利发明属于公知技术的情况下,知识产权局局长也可依职权主动撤销涉案专利(Comptroller's power to revoke patents on his own initiative)。[63] 然而,专利无效制度未得到合理的应用,英国知识产权局正在促进该制度的活化。

在英国专利诉讼程序中,专利侵权与专利有效性的审判由同一法官同时进行,向法院提交的大多数专利案件均在位于伦敦的专利法院(Patents Court)或知识产权企业法院(The Intellectual Property Enterprise Court)进行,[64]专利法院和知识产权企业法院作为初审法院(High Court)的衡平法庭(Chancery Division)构建。考察知识产权企业法院的演变,专利法院所进行的诉讼程序的费用和期限已成为诉讼当事人的负担。作为解决此问题的对策,甚至有人提出专利诉讼初审应该由英国知识产权局审理的主张。但经过多次讨论,为了更有效地处理专利诉讼,英国国会于1990年设立了专利地方法庭(Patent County Court),该法院于2013年更名为知识产权企业法院。换言之,在英国较为重要的专利案件的初审由专利法院受理,而较不重要的专利案件初审由知识产权企业法院受理,从而形成二元化法院构造。[65]

2. 法国

法国通过大革命建立了国家的宪法体系,运行着一个非常特殊的司法制度。1789年法国大革命时期出现的《人权宣言》(第7条至第9条)和1791年制定的《宪法》中均规定公民享有在独立的法院接受法官裁判的权利。但是法国现行宪法没有对公民基本权利进行规定,未规定公民裁判请求权。然而,根据法国《宪法》第8章司法权篇(第64条和第65条),在最高司法官会议(Conseil supérieur de la magistrature)下有法官管辖部和检察官管辖部,法官管辖部有权任命最高法院(Cour de Cassation)以下的各地方法院的院长。[66] 作为法国司法制度的一个特点,处理私人之间纠纷的司法制度(l'ordre judiciare)和处理个人与公权力之间纷争的行政司法制度(l'ordre administratif)被完全分离,民事案件由最高法院负责,行政诉讼的上诉审理由最高行政法院(Conseil d'Etat)来负责。与此同时,

---

〔62〕 UK Patents Act 72.-(1)Subject to the following provisions of this Act,the court or the comptroller may by order revoke a patent for an invention on the application of any person(including the proprietor of the patent) on (but only on) any of the following grounds, that is to say -, https://www.gov.uk/government/publications/the-patents-act-1977,访问时间:2018年6月20日。

〔63〕 UK Patents Act 73.

〔64〕 郑光振(정광진):《各个欧洲主要国家的诉讼制度差异及其对应方法》(유럽 주요 국가별 소송 제도의 차이와 그에 따른 대응 방법),《韩国知识产权保护院》(한국지식재산보호원)2012年10月。

〔65〕 郑车浩(정차호):《英国专利地方法院(Patents County Court)的改革》[영국 특허지방법원(Patents County Court)],《知识产权研究》(지식재산연구)2012年第7卷第4号。

〔66〕 朴仙英(박선영):《关于宪法第27条第1款"接受裁判的权利"和审级制度小考——以欧洲联盟国家的上诉审功能和作用为中心》(헌법 제 27 조 제 1 항의'재판을 받을 권리'와 심급제에 대한 小考-EU 국가의 상고심 기능과 역할을 중심으로),《欧洲宪法研究》(유럽헌법연구)2015年第18号。

最高行政法院也是与韩国宪法审判所类似的权利救济机关。[67] 关于专利无效，法国《专利法》第 L613 条之 25 规定，如果专利存在无效理由，该专利将被法院判决无效。但是，在大多数法国专利实践当中，专利侵权纠纷是向被称为初审法院(Tribunaux de Grande Imstance)的一般法院提起诉讼，而专利无效通常作为相关侵权诉讼中的无效抗辩来提交。[68] 法国虽然在形式上不单独区分一般法院和专利法院，但实际上专利纠纷案件由 Bordeaux，Lille，Limoges，Lyons，Marseilles，Nancy，Paris，Rennes，Strassbourg，Toulouse 地区的法院来进行审理，其中如想接受专利法官(Specialist Patent Judges)的审理，则向巴黎、里昂、里尔地区的法院提起诉讼即可。[69] 对初审法院判决有异议的，可向地方上诉法院提起上诉，对上诉法院判决有异议的，应向最高法院提出上诉。

3. 德国

德国《基本法》第 9 章司法篇(Die Rechtsprechung)中规定了法院的组成和组织:德国法院由联邦宪法法院、联邦法院和州法院组成(第 92 条)，最高裁判机关则由联邦最高法院、联邦行政法院、联邦金融法院、联邦劳工法院和联邦社会法院组成(第 95 条)。此外，与韩国《宪法》单独规定裁判请求权不同，德国《基本法》第 101 条规定，在禁止设立特别法院的同时，规定"任何人不得被剥夺依法获得法官裁判的权利"。[70] 德国专利诉讼制度是专利无效诉讼和侵权诉讼完全分开的二元化构造。换言之，针对专利无效诉讼联邦专利法院具有专属管辖权，[71] 在专利侵权诉讼中不可提出专利无效抗辩，也不可反诉专利无效。由于在专利侵权诉讼中不会判断涉案专利的有效性，因此诉讼期相应缩短且所产生的费用相对较少。[72] 从德国专利案件有关的审级制度(图 1)可以看出，与一般民事案件不同，德国专利无效诉讼采用了两审终审的构造。

4. 小结

根据上述欧洲国家的专利无效程序可知，三个国家的宪法均没有规定审判请求权乃至审级制度。但可以看出，除了德国采用与一般诉讼相同的三审制度，英法两国对专利行政确权的案件一般由法院处理。除此以外，德国联邦最高法院对专利无效案件可以同时进行事实审和法律审，在英国最高法院进行实际审理的案件明显很少，法国最高法院只是驳回与法律解释的统一性不符的下级判

〔67〕 田勋(전훈):《法国最高行政法院(Conseil d'Etat)的功能和作用》[프랑스 꽁세이데타(Conseil d'Etat)의 기능과 역할],《中央法学》(중앙법학)2010 年第 12 集第 3 号。

〔68〕 韩国特许厅、韩国知识产权保护协会:《海外知识产权保护指南——欧洲篇》(해외지식재산권보호가이드북-유럽편)，2012 年版。

〔69〕 郑光振:《各个欧洲主要国家的诉讼制度差异及其对应方法》,《韩国知识产权保护院》2012 年 10 月。

〔70〕 朴仙英:《关于宪法第 27 条第 1 款"接受裁判的权利"和审级制度小考——以欧洲联盟国家的上诉审功能和作用为中心》,《欧洲宪法研究》2015 年第 18 号。

〔71〕 德国《专利法》第 65 条第 1 款，http://www.gesetze-im-internet.de/patg/，访问时间:2018 年 5 月 12 日。

〔72〕 郑光振:《各个欧洲主要国家的诉讼制度差异及其对应方法》,《韩国知识产权保护院》，2012 年 10 月。

决等，[73]仅通过其制度运行的形式很难判断其之间的差异。

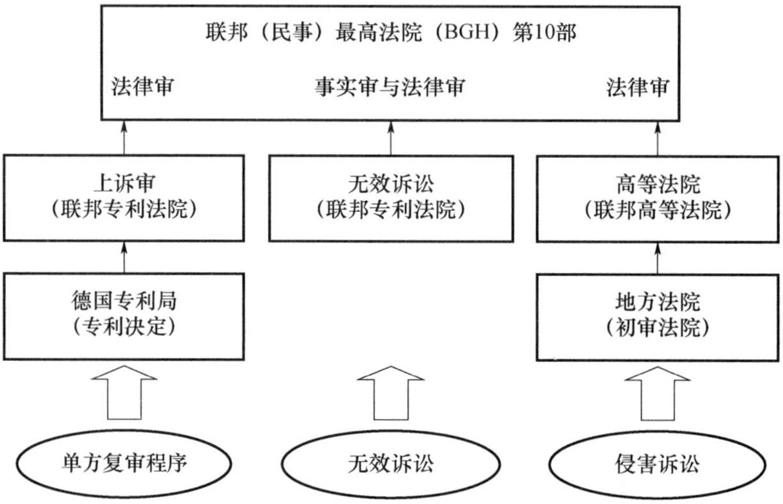

图 1 德国专利案件审级制度

（四）日本

日本特许厅（审判部）依照日本《特许法》第 123 条的规定，对专利无效审判作出裁决。不服而申请撤销裁决的诉讼专属东京高等法院办理（《特许法》第 178 条第 1 款等），即由作为东京高等法院的特别部门的知识产权高等法院负责审理（《知识产权高等法院设置法》第 2 条第 2 项）。此外，民事上诉案件中有关发明专利权等的诉讼案件也是专由知识产权高等法院负责办理（《民事诉讼法》第 6 条第 3 款和《知识产权高等法院设置法》第 2 条第 1 项）。[74] 韩国大部分法律制度受日本的影响较大，专利无效制度也与日本有很多相似之处。此外，日本《宪法》第 32 条和第 76 条的审判请求权以及法院组成的有关规定也与韩国《宪法》的规定相同。[75] 然而，日本与韩国不同，对于专利无效审判采用了必要的前置主义且存在专利行政诉讼采用三审制的例外情况，很难检索到主张其违宪的内容。[76] 在讨论设立知识产权高等法院（所谓的特许法院）的过程中，对于如何确定审级问题进行了讨论，即是否采用将特许法院作为第一级或第二级、将最高法院作为终审的三审终审制，或者将专利法院作为初审而最高法院作为终审的两审终审制。两审终审制被认为具有诉讼经济之优点并符合审级利益保护的要

[73] 朴仙英：《关于宪法第 27 条第 1 款“接受裁判的权利”和审级制度的小考——以欧洲联盟国家的上诉审功能和作用为中心》，《欧洲宪法研究》2015 年第 18 号。

[74] 日本知识产权高等法院，http://www.ip.courts.go.jp/chi/aboutus/history/index.html，访问时间：2018 年 6 月 18 日。

[75] 《日本国宪法》第 32 条：“任何人不得剥夺接受法院裁判的权利”；第 76 条：“一切司法权属于最高法院和由法律规定设置的下级法院。”

[76] 以在 Google 和 yahoo japan 等搜索引擎上输入专利、审判、审级、三审制、违宪等关键字得出的结果为基础。

求。日本对专利行政诉讼最终采用了两审终审制(图 2)。[77]

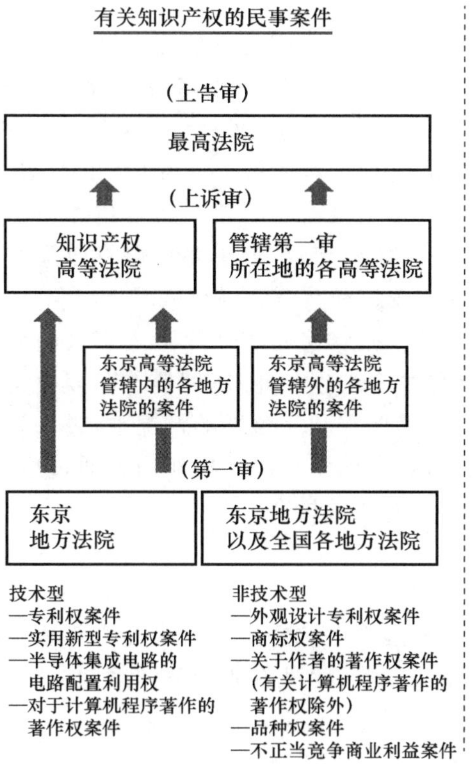

图 2 日本专利案件审级制度[78]

四、韩国专利无效制度的合理性分析

(一)专利无效审判违宪与否

韩国《宪法》第 107 条第 3 款明确认可作为“裁判的前置程序”和“准用司法程序”的行政审判,只要保障可以不服行政审判结论的司法程序,该程序本身并不会造成任何宪法上问题。[70] 在法律和实践中均保障当事人可以向特许法院就特许审判院审决请求复审的机会,并且该程序适用《民事诉讼法》的程序启动、证据提交等相关规定。只是专利无效审判采用强制性前置主义,与任意性前置主义相比,确实会使当事人更难以接近法院。然而,根据宪法裁判所对裁判请求权的解释,在设计对某种纠纷的救济制度时,既要保障纠纷当事人的程序性权利,

---

〔77〕 参见日本首相官邸的司法制度改革推进本部的知识产权诉讼检讨会第 7 次召开资料 2 以及第 13 次召开资料 3 等,https://www.kantei.go.jp/jp/singi/sihou/kentoukai/11titeki.html,访问时间:2018 年 7 月 5 日。

〔78〕 日本知识产权高等法院,http://www.ip.go.jp/chi/aboutus/jurisdiction/index.html,访问时间:2018 年 6 月 18 日。

〔79〕 Schoch/Schmidt-Aßmann/Pietzner,“VwGO Kommentar”,2008,Vorb. § 68 Rn. 12,13.

还要考虑该制度运作效率。为实现制度效率而调整当事人的程序性权利，应该仅限于可以适用合理性原则的情况。

由于现代行政的复杂性和多元性，一些行政审判案件需要通过具有专业性和特殊性的特别行政审判程序来进行审查，这有助于提高行政救济的效率。〔80〕尤其是专利领域案件与其他案件相比，要求更高的专业性，在没有相关发明技术专业知识的情况下进行专利行政诉讼是毫无意义的。实践中，以 2015 年度为例，特许审判院所作出的审决中 86.2％的案件未经诉讼阶段即终结。由具备相对高专业水平的审判官来判断涉案发明是否无效，该程序可以有效降低解决纠纷所需要的成本和时间，〔81〕能够迅速实现权利救济。综合来看，专利无效审判程序提供纠纷当事人更为方便的权利救济机会，反而实现保障当事人的程序性权利。换言之，该制度具有其存在和运作的合理性。此外，即使专利授权是通过严格审查进行的，但在因其无形性等无法确保权利完整性的情况下，进一步由专业性强的行政审判机关来判断其无效性，更有助于解决此类纠纷。通过这种方式，强制性前置主义赋予行政部门自行纠正错误的机会。〔82〕

（二）专利无效行政诉讼违宪与否

虽然韩国《宪法》第 101 条第 2 款规定，“法院应由作为最高等级法院的大法院和各级法院组成”，但其仅规定了审级制度，并没有明确强制采用三审终审制。此外，如上所述，韩国宪法裁判所对所有案件并不一定要求采用三审终审，重要的是，一个案件的事实问题和法律问题是否分别经过法院审理而保障其程序性权利。即韩国《宪法》将大法院定义为最高级别的法院，不允许个别立法剥夺公民向大法院提起上诉的权利，除此之外，在符合合理性原则的前提下对某类案件采用二审终审制还是三审终审制最终被归为立法政策和立法裁量的问题。〔83〕特许法院对专利无效审判的审决在事实和法律层面进行全面审理，并且对特许法院的判决可以向大法院上诉。〔84〕更进一步，专利无效审判本身也是一种准司法程序，发挥一部分法院的事实审功能。专利无效审判不仅借用了司法程序的形式，而且实际上有不亚于法院的专业性的人员结构，不能被认为难以实现公民的权利。反而，有人提出，若将专利无效行政诉讼作为初审由地方法院来担当，由于地方法院缺乏相关专业人员，反而可能会妨碍公民的权利救济。因此，专利无效行政诉讼采用两审终审不能被认定为违反宪法。即便如此，国家仍应该不断

〔80〕 韩国法制处：http://www.moleg.go.kr/knowledge/publication/monthlyPublicationSrch.jsp?w=nhn&yr=2006&mn=10&mpbLegPstSeq=131443，访问时间：2016 年 12 月 20 日。

〔81〕 金敏浩、金贤京：《关于特许审判前置的必要性和制度改善的研究》，《成均馆法学》2017 年第 29 卷第 4 号。

〔82〕 金清圭(김청규)：《关于行政审判前置范围的扩大方案的考察》(행정심판 전치범위의 확대방안에 대한 고찰)，《中央法学》(중앙법학)2005 年第 7 集第 2 号。

〔83〕 司法政策研究院：《关于美国专利争讼实务的研究》(미국 특허쟁송실무에 관한 연구)，2016 年版，第 264—266 页。

〔84〕 韩国《特许法》第 186 条第 8 款。

努力提高特许审判院的独立性和专业性,以期在实质上充分履行初审的功能,完善专利无效审判制度。此处特许审判院的"独立"并不意味着与特许厅完全分离,韩国曾经经历过租税审判院从国税厅分离并独立以后产生了存在数个重复性的裁决机关问题。在维持现有制度的同时,应该采取提高法官的专业能力与综合素养的多种措施,以实质保障裁判请求权。

(三)借鉴主要国家专利无效制度

如上所述,各国裁判请求权在宪法规定和实践上存在差异,可归因于各国文化与历史、宪法制定过程的特殊性。然而,应该考虑到在美国最高法院判断 IPR 程序是否具有合宪性的过程中,重视议会立法赋予专利无效审判程序的意义。即法律基于合理的理由将专利确权的权限下放给专利局,专利局根据该权限建立解决纠纷制度是合宪的。此外,值得参考的是,中国基于其合理性采用了两审终审制,以及日本在各领域的专家多次参与讨论的过程中,将专利行政诉讼确定为两审终审制,根本未提及其违宪性。

五、结语

随着社会发展,各种社会现象的复杂性也增加了,几乎每个问题必须通过协调各种不同价值观和意识形态来达成一致。裁判请求权是保障"根据程序法规定的程序按照实体法规定的内容来接受裁判的权利",毫无疑问,其为实现公民权利的重要工具。但是,为了实际保障裁判请求权,相关程序及制度的选择应考虑对实际案件的不同价值观而确定其具体形式和内容。本文的讨论已经证明这种协调本身并未违反韩国宪法。因此,在判断专利无效审判制度的合宪性时,需要与程序保障一同考虑诉讼成本、人员专业性、行政效率等,从而完善公民权利救济体系。

Patent Invalidation Litigation in Korea: Two-Instance Trial System or Three-Instance Trial System?

Seyoon KIM

Abstract: The administrative disputes over patent invalidation in South Korea must go through administrative trial procedures (equivalent to Declaration Procedure of Patent Invalidity in China) before prosecuting patent administrative litigation, that is, adopting the so-called "mandatory prepositive principle", which essentially serves as the court's first trial. In addition, Korea adopts two-instance trial system in patent administrative litigation, which is the exception of three-instance trial system generally adopted in the judicial system. For the design of this patent invalidity system, the Korean Bar Association constantly put forward its unconstitutional question, that is, the right of access to the courts has been infringed, and cannot reach social agreement. It is necessary to discuss whether the current system on patent invalidity in Korea is in accordance with the Constitution, and how the other countries design the system, thus this research try to confirm the legal basis for solving the dispute that exists in Korea, and establishes an effective right relief procedure.

Key Words: Patent Invalidity; Two-Instance Trial System; Three-Instance Trial System; Korea; Right of Access to the Courts ; Unconstitutionality

从风险共担到损失分摊：保险损失分摊原则之形成

郭梦圆*

摘　要　保险损失分摊原则为重复保险中一项重要原则，其形成最早可以追溯到海商法中的共同海损制度。为了避免因争论贻误抢救时机，以利于紧急时刻采取有效措施及时解除船、货面临的共同危险，在船方与各货方之间形成了共同海损制度。共同海损制度的根本性质在于，从风险均衡分配以及自然法的公平角度出发，对所遭受的损失进行合理分摊，以平衡各方利益，实现共担损失、共负风险。共同海损的分摊基础，可以归结为一种存在于受损人与受益人之间的共同海损分摊之债。损失分摊之发展主要体现在保险中的损失分摊原则。损失分摊原则的立论基础主要在于以下三点：首先，损失分摊原则是损失补偿原则的派生，是损失补偿原则的辅助原则；其次，保险损失分摊原则的确立，与多数债务人之债“复数理论”的勃兴密不可分；最后，从经济学角度观察，损失分摊原则是基于风险分配公平与降低追偿成本的考量而形成的。共同海损制度与保险损失分摊原则的共通之处体现在对于风险与损失的分摊、对于不当得利的禁止以及对于受损方的损失补偿上。

关键词　损失分摊；共同海损；风险分配

目　次

* 郭梦圆（1995—），中南财经政法大学博士研究生，主要研究方向：经济法学。

一、引言

损失分摊原则，也称赔款分摊原则，是关于重复保险情形下保险人如何承担责任的一项基本原则。损失分摊原则是损失补偿原则的派生原则，体现损失填补原则之意蕴与精神，是损失填补原则在重复保险中的集中体现，对于重复保险的适用具有举足轻重的作用。损失分摊之起源最早可以追溯到海商法中的共同海损制度，作为海商法中最古老的制度，共同海损独立于海上保险而存在，对海上保险的形成起到了至关重要的作用，是海上保险之萌芽。作为损失分摊之起源，共同海损制度对海上保险及现代保险业的发展产生了深远影响。损失分摊之发展在保险法上体现为重复保险中的损失分摊原则，我国《保险法》对重复保险与损失分摊原则之规定集中于第56条，其中第56条第2款后半段是关于损失分摊原则之规定，但此规定有过于简略以及有违损失分摊原则本旨之嫌。对于损失分摊原则之理论研究，学界似乎对于重复保险此一具体制度更为青睐，对于损失分摊原则本身之探讨少之又少，且未有对于损失分摊原则之理论基础的系统性梳理与研究，大多只言片语带过，而将讨论重点置于重复保险之具体适用问题上。因此呈现出上位原则之研究寥寥可数、衍生制度之探讨不胜枚举的样态。对于损失分摊之词源的考证，是保险损失分摊原则之适用与展开的必经之路。人人皆道“分摊方为公平”，损失分摊之源起为何？损失分摊为何公平？保险损失分摊原则与共同海损制度的联系为何？损失分摊缘何能在重复保险中确立？凡此种种，皆需我们进一步分析。对于损失分摊原则理论基础的探讨，是对此一原则合理性与必要性的证成，是正确适用损失分摊原则的前提，唯有从制度及原则的源头出发，对其追根溯源，才能在具体适用中使得此一原则的效用得到最大化发挥。本文拟从海商法中的共同海损制度入手，探讨共同海损制度形成之原因及其法律性质，进而分析保险损失分摊原则之理论基础，由两项制度之共通之处得出损失分摊之基本内涵，以期对损失分摊原则之起源与发展进行较为深入的研究，进而对损失分摊原则之具体适用有所助益。

二、损失分摊之起源——共同海损制度中的风险共担

(一)“分摊”一词之含义辨明

《说文解字》载：“分，别也，刀以分别物也；摊，开也。”在现代汉语中，“分摊”一词的含义在于“分派、摊派；分享、分得”。《元照英美法词典》中，与“分摊”一意较为近似的有三个英语单词，分别为：allocation，proportionate，apportionment。在《元照英美法词典》中，allocation 一词被解释为：①分配，配给。②划拨款项。③(会计)分配；分摊。[1] 而 proportionate 一词的意义为：①成比例的；相称的。

---

〔1〕 薛波：《元照英美法词典》，法律出版社2003年版，第62页。

②使……成比例;使……相称。[2] 两词与损失分摊原则中的"分摊"一词有相似点但所指并非同一。对于 apportionment 一词,《元照英美法词典》将其解释为:①分摊,按比例分配;②按一定方式分配金钱或分摊费用;③遗产税的分摊;④议席之分配。[3] 另外,词典中也收录了 apportionment clause 一词,意为"分担条款,一项保单条款,规定几张保单分别按其保险金额与总保险金额的比例承担相应保险责任"。[4] 由此可见,对于上述三个单词,参照《元照英美法词典》之解释,apportionment 更能体现本文所讨论的"分摊"一词。

损失分摊最早可以追溯到海商法中的共同海损制度,共同海损制度独立于海上保险而存在,是海商法中最为古老的制度。通说认为,公元前地中海沿岸繁荣的航海活动是海上保险的萌芽,而彼时的航海活动对于海上保险的形成起到关键作用的在于两个制度,其一是共同海损,其二是船舶抵押贷款。共同海损是海商法中最为古老的制度,公元前 2000 年,地中海东岸一带海上贸易活动发达,但运输工具多为木制,结构简单,船舶经常受损,海难频发,在决定抛弃货物或减轻船舶负担时,船东与各货主往往争论不休,为了迅速作出决定,共同海损制度因此产生。

(二)共同海损制度中的损失分摊:风险分配的公平理念

共同海损并非海上保险法的组成部分,而是海商法的重要部分,"它是为共同利益而自动采取的一种海上损失补偿方法,完全独立于海上保险而存在",[5] 是海商法中最早形成的法律制度。共同海损制度"可以追溯到公元前 9 世纪的希腊,其实质是凡为船、货共同利益而遭受的损失应由各受益方共同分摊",[6]后来古老的《罗得法》(Lex Rhodie)将这种做法用法的形式固定了下来,即凡因减轻船舶载重投弃入海的货物,如为全体利益而损失的,须由全体受益方分摊。随后,在 12 世纪英国《奥利昂判例卷》与 16 世纪法国的《海上指导》等法律文件中,对于因共同海损所引起的损失补偿等内容作出进一步规定,自此共同海损较为完整的概念体系逐渐形成。随着海上贸易的不断发展,共同海损原则逐渐被各国的国内法所接受,成为各国国内海商法律的一部分,并逐渐成为各国海商法所共同承认的基本原则。

因此,共同海损是指"发生海上危险时,为解除船舶、货物遭遇共同危险,有意采取的合理的抢救措施(共同海损行为)所产生的一些特殊的牺牲和合理的额外费用,这些损失应由船舶、货物、运费等利害关系方共同分摊"。[7] 它是这样一种"为了避免因争论而贻误抢救时机,以利于紧急时刻采取有效措施及时解除

---

〔2〕 薛波:《元照英美法词典》,法律出版社 2003 年版,第 1107 页。

〔3〕 薛波:《元照英美法词典》,法律出版社 2003 年版,第 85 页。

〔4〕 薛波:《元照英美法词典》,法律出版社 2003 年版,第 85 页。

〔5〕 [英]哈罗德·A. 特纳:《海上保险原理》,李学峰等译,中国金融出版社 1987 年版,第 75 页。

〔6〕 谷浩:《全球化背景下的国际海上保险立法:变革、协调和特点》,法律出版社 2011 年版,第 7 页。

〔7〕 李继雄、魏华林主编:《海上保险学》,西南财经大学出版社 1997 年版,第 397 页。

船、货面临的共同危险”,〔8〕而在船方与各个货方之间形成的制度。“共同海损方法,意指所有处于危险中的利害关系方,共同对船舶在海上航运期间遭遇危险时有意造成的损失,按比例分摊赔偿责任”,〔9〕共同海损制度体现了“一人为众,众为一人”的原则,依照这个原则,航行过程中船舶遇到海难后,在判定为共同危险时,由船长作出抛弃决定,因抛弃所造成的损失,由船方及全体货方共同分摊。此外,在判定是否构成共同海损时要注意,抛弃时所面临的风险必须是船舶、货物与财产在同一航程中共同面临的、真实存在的危险,在发生海难时所作出的措施必须是有意的、合理的,且措施造成的财产损失具有特殊性,此时我们才可以判定其为共同海损。

正如学者所言,“迄今为止,亚里士多德的公平概念具有最强大的影响力,因此,可以作为一切有关探讨的出发点”,〔10〕共同海损制度作为海商法中最为古老的又沿用至今的一项制度,其形成与适用必定与自然法中的公平原则密不可分。公平原则要求合同双方当事人享有的权利和负担的义务,在大体上应该是平等的,双方的利益需要达到一个均衡状态。其强调一方给付与对方给付之间的等值性,合同上的负担和风险的合理分配。〔11〕公平原则的其中一个内涵即是:权利义务负担的平衡与风险的合理分配,根据公平原则确定双方的权利与义务,合理分配风险,也是公平原则的体现。

共同海损制度中,在面临共同危险时,对船舶在海上航行期间遭遇危险时有意造成的损失,各方按比例分摊赔偿责任,体现了风险均衡分配的现代理念。风险或危险的降低应该是人们共同关注的问题,因为我们都置身其中,与不确定性有所不同,风险可以通过精算技术进行预测,但不确定性则完全无法预测。“风险和财富一样是要分配的东西”,〔12〕“‘财富—分配’社会的社会问题和冲突会开始和‘风险—分配’社会的相应因素结合起来”,〔13〕如何把不确定性转化成风险进行有效处理具有关键性意义。风险社会人人自危,人们在对风险予以高度重视、寻求化解风险的方法的同时,也时刻关注风险分配是否均衡、风险分配是否公平,“风险社会的主旋律就是危害分配的正义”。〔14〕“共同海损的整个理念来自公平对待所有在同一航程中‘同舟共济’的利益方,包括船东与货方(可能有不同的货物属于不同的货方)。”〔15〕由于共同利益以及船舶与货方面临的共同风险和船舶安全而作出的牺牲,自然而然应由获得利益的共同受益方进行分摊,“谁受益,谁分摊”,正如法谚所言:“利之所在,害亦相随;损之所在,利之所归。”谁因共同

---

〔8〕 李继雄、魏华林主编:《海上保险学》,西南财经大学出版社1997年版,第14页。

〔9〕 [英]哈罗德·A.特纳:《海上保险原理》,李学峰等译,中国金融出版社1987年版,第75页。

〔10〕 [英]彼得·斯坦、约翰·香德:《西方社会的法律价值》,王献平译,中国法制出版社2004年版,第87页。

〔11〕 初北平:《海上保险法》,法律出版社2020年版,第240页。

〔12〕 [德]贝克:《风险社会》,何博闻译,译林出版社2004年版,第25页。

〔13〕 [德]贝克:《风险社会》,何博闻译,译林出版社2004年版,第17页。

〔14〕 [英]珍妮·斯蒂尔:《风险与法律理论》,韩永强译,中国政法大学出版社2012年版,序言。

〔15〕 杨良宜:《海上货物保险》,法律出版社2010年版,第228页。

海损而受益,谁就要因此而分摊损失。因此,共同海损制度的根本性质在于,从风险均衡分配以及自然法的公平角度出发,对所遭受的损失进行合理分摊,以平衡各方利益,实现共担损失、共负风险。

海商法中的共同海损制度对海上保险的形成起到了至关重要的作用,但共同海损制度与海上保险两者间并无必然联系。共同海损制度独立于海上保险而存在,共同海损历史比海上保险更为古老。“共同海损作为一种为了共同安全而自动采取的特殊的补偿方法,同海上保险的赔偿性质有着本质的区别”,〔16〕共同海损制度是在船方与货方共同遇到海上危险时,为了谋求共同安全,将因抛弃货物所造成的损失或牺牲费用由受益者共同分摊;海上保险制度则是对于海上运输相关的财产由于遭遇自然灾害以及意外事故等多种因素造成的损失进行补偿的一种方法。共同海损分摊制度是基于公平原则建立起来的,是在日益繁荣的海上贸易活动中逐渐形成和发展起来的一种损害负担制度,它是海商法特有的法律制度,体现海商法独有的历史背景和价值目标。

(三)共同海损之分摊基础及法律性质

1. 共同海损之分摊基础:共同海损之债

共同海损的分摊基础,由海上运输合同的角度出发,可以归结为一种存在于受损人与受益人之间的共同海损分摊之债。在船方与货方面临共同危险时,船长作出有意、合理的抛弃措施,形成了受损方与受益方两方,并产生了符合民法上债的要素的共同海损之债。这种在受损方和受益方之间产生的一方享有请求他方分摊其损失的权利,而另一方负有分摊他方损失的义务之法律关系,〔17〕构成了共同海损的分摊基础。在此一共同海损之债中,因抛弃货物而受到损失的一方,享有请求他方分摊其所受损失的权利,即享有权利的债权人,“他所享有的请求受益方分摊其损失的权利,为共同海损分摊债权,习惯上也称为共同海损分摊请求权”。〔18〕而因货物抛弃使得船舶正常行驶继而受有利益的一方,负有分摊受损方的共同海损损失的义务,即负有分摊义务的债务人,“他所负有的分摊他方之共同海损损失的义务,为共同海损分摊债务,习惯上也称为共同海损分摊责任”。〔19〕

2. 共同海损之法律性质:基于自然法公平原则之考量

关于共同海损的法律性质,学者们看法各异,总结来看主要有以下几种学说〔20〕:一是当场达成的协议说。持此看法的学者们认为,这样一种受损方有权要求受益方分摊损失的权利,来源于船长与各货主在面临危险时当场达成的协议。二是合同说。此处的“合同”指的是“拟制合同”或者说是为一种“默示合同”。持

〔16〕 李继雄、魏华林主编:《海上保险学》,西南财经大学出版社1997年版,第413页。

〔17〕 司玉琢、李志文:《中国海商法基本理论专题研究》,北京大学出版社2009年版,第442页。

〔18〕 司玉琢、李志文:《中国海商法基本理论专题研究》,北京大学出版社2009年版,第442页。

〔19〕 司玉琢、李志文:《中国海商法基本理论专题研究》,北京大学出版社2009年版,第442页。

〔20〕 参见司玉琢、李志文:《中国海商法基本理论专题研究》,北京大学出版社2009年版,第434—438页。

此说的学者认为，在面临海难威胁时，这样的一份合同便以一种默示的、推定的方式成立，由船方与货方共同对被抛弃货物的损失予以分摊。三是代理说。代理说认为船长作为船舶行进过程中的掌舵人，被推定为具有代理权限，其有权代理船方和货方，在面临共同危险时，对船舶和货物作出适当处分，其后果由船方和货方承担。四是衡平说，又称自然法说，是当今英美法系的通说。此说认为共同海损原则基于法律的公平原则，与合同行为无关，来源于自然法的命令。五是不当得利说。持此说的学者认为，面临共同危险时，因抛弃的货物而受有利益的利害关系人，其所获得的利益属于无法律上原因之不当得利，应当对牺牲者或受有损失者进行补偿。六是利害共同体说。此说认为，船舶航行开始后，此船舶上的船方与各货方形成了一个利益共同体，不论船方还是货方，都面临着遭遇共同危险时船舶或货物受损的风险，因此，因共同风险而产生的损失就当然要由此利益共同体的各方进行分担。

对于以上学说，笔者赞同衡平说。共同海损理论基础问题的关键，正是解释在共同海损情况下，为何海上运输合同中并未明确约定受损方享有要求分摊损失的权利，却仍要求受有利益的一方对因共同海损造成的损失进行合理分摊？共同海损的分摊，并非源于合同规定，而是一种由自然法以及《罗得法》中的衡平原则衍生出来的显而易见的、自然而然的做法。“共同海损的整个理念来自公平对待所有在同一航程中‘同舟共济’的利益方，包括船东与货方（可能有不同的货物属于不同的货方）”，〔21〕谁因共同海损而受益，谁就要因此而分摊损失。“分摊凭以确立的原则不是契约的结果，而是来自自然法简单明了的命令，《罗得法》即吸收了罗得法内容的罗马法，就是基于公平原则赋予损失方要求进行损失分摊的权利的”，“如果一方为了共同安全的需要作出牺牲，而其他因此受益的各方却无须作出任何补偿，显然是令人无法接受的”。〔22〕 在 1883 年的 Burton v. English 案中〔23〕，Brett 法官解释道：“它并不是一个合同问题，而是产生于一次共同危险，在此情况下，自然正义（natural justice）要求所有人都应当分摊为了使整个航程幸免于难而被牺牲的财产的损失”。

三、损失分摊之发展：重复保险中的损失分摊原则之形成

保险法中的损失分摊原则，也称赔款分摊原则，是关于重复保险情形下保险人承担责任的一项基本原则。重复保险情形下，保险标的发生损失后，为避免被保险人受到超额补偿，违反保险法的损失补偿理念，数保险人应对损失进行合理分摊。为了防止被保险人所受损失获得双重赔偿，把保险标的的损失赔偿责任在各保险人之间进行分摊，这便是重复保险的分摊原则。〔24〕

---

〔21〕 杨良宜：《海上货物保险》，法律出版社 2010 年版，第 228 页。

〔22〕 司玉琢、李志文：《中国海商法基本理论专题研究》，北京大学出版社 2009 年版，第 436 页。

〔23〕 Burton v. English(1883)12 Q. B. D. 218.

〔24〕 雷荣迪：《国际货物保险》，对外贸易教育出版社 1994 年版，第 40 页。

(一)保险法上的"损失"与"分摊"

保险法中一般意义上的损失分摊意味着,第一,在整个群体中进行损失分摊;第二,基于大数法则对未来损失进行准确预测。[25] 保险通过运用大数法则对未来的损失作出预测,共聚资金,共担风险,从而实现风险的转移与分散。保险损失分摊的要义在于"将少数人的损失在整个群体中分摊,以平均损失代替实际损失。"[26]

需要注意的是,保险法上的"损失",应与民法上的"损害"进行区分,"损失"与"损害"虽在某些情况下较为相似,但"类似并非同一",[27]两者在含义及适用领域等方面,仍有不可忽视的差异性。据《说文解字》所载:"损,减也;失,纵者,缓也,在手而逸去为失;害,伤也,创也。"在现代汉语中,"损失"意为消耗或失去,"损害"则表示伤害,使蒙受损失。在英美法律中,汉语中的"损失"一般对应英语单词 loss。《元照英美法词典》中将 loss 一词解释为:①损失;损害。②损失额。③(财务)损失;亏损。④剥夺;丧失。[28] 而对 damage 一词则解释为:①动词,损害;伤害。②名词,损害;伤害;破坏;损失。[29] 民法上的"损害"属于总额损害,是某种事实对人的财产或人身产生的不利益,损害的发生是损害赔偿之债的基本要件,无损害即无赔偿;而在保险法上,"损失"与"保险利益"相互对立,保险利益是一种利害关系,存在于被保险人与保险标的之间,保险利益的存在,使保险与赌博区别开来,被保险人基于保险利益,不致因道德风险而故意导致保险事故发生。保险法上所指称之损失,是保险事故发生时产生的财产上的不利益,是保险利益的损耗,损失与利益相反,保险事故造成的损失,是被保险人保险利益的损耗,保险于事故发生时所填补的,在财产保险中表现为保险标的物的毁损灭失,在人身保险中表现为医疗费用等的给付。这些都属于被保险人财产上的损耗,可以用金钱予以衡量。与"损害"一词相比,损失不存在妨害意味,仅为保险标的遭受的不利益。故作为保险利益之反面,"损失"一词更贴近保险的本质。夫欲行其实者,必先正其名。探讨损失分摊原则,应先对其称谓进行确定,若不对"损失"与"损害"两者加以区分,将导致理论与实务套用民法损害赔偿理论与思维解决保险法争议,造成对于保险损失分摊原则的误读。因此,有必要廓清争议,匡正误识。

而损失分摊原则,则是关于重复保险情形下保险人如何承担责任的一项基本原则。损失分摊原则中的"分摊"特指重复保险中"某个保险人请求其他对同一保险人负责类似的但不一定是同等责任的保险人分担赔款的权利"。[30] 重复

---

〔25〕 乔治·E. 瑞达:《风险管理与保险原理》,刘春江、王观译,中国人民大学出版社 2010 年版,第 26 页。

〔26〕 乔治·E. 瑞达:《风险管理与保险原理》,刘春江、王观译,中国人民大学出版社 2010 年版,第 19 页。

〔27〕 郑玉波:《法谚》(二),法律出版社 2007 年版,第 18 页。

〔28〕 薛波:《元照英美法词典》,法律出版社 2003 年版,第 872 页。

〔29〕 薛波:《元照英美法词典》,法律出版社 2003 年版,第 363 页。

〔30〕 [英]约翰·T. 斯蒂尔:《保险的原则与实务》,孟兴国、徐韦等译,中国金融出版社 1992 年版,第 88 页。

保险中的损失分摊原则是出于合理分担各保险人的责任的目的而设计的,“损失分摊之设计原本是基于衡平之考量,而赋予已为给付之保险人对于其他保险人得如同已先为清偿之连带债务人般向其他保险人要求赔偿”。[31] 重复保险情形下,投保人在订立保险契约时,基于同一保险利益,数保险人都收取了相应保费,在保险事故发生时,各保险人当然应立于同一顺序对损失进行分摊。将损失在数保险人间依照合理比例进行分摊,这对数保险人而言,为更加公平的责任承担方式,“为防止保险人借故不承担赔偿责任,也有必要予以控制,为此而产生了分摊原则,以督促保险人公平合理承担各自的赔偿责任,同时在总体上限制赔偿金额”。[32]

(二)保险损失分摊原则之理论基础

1. 上位原则依据:损失补偿原则的派生原则

海上保险作为现代财产保险的开端,构造了财产保险的制度目的:填补被保险人发生的实际损害,[33]损失补偿是海上保险合同的唯一目的。[34] 损失补偿原则贯通整部保险法,是保险法上诸多制度设计的基石,重复保险中的损失分摊原则即为其派生原则之一。损失补偿原则并非与保险制度相伴而生,而是随着保险制度的不断发展才被确立下来,对于损失补偿原则的功能阐释也经历了发展变化的过程。17 世纪时的观点认为,为防止保险沦为赌博工具,应着重防范道德危险的发生,防范被保险人故意造成保险事故。此种观点的形成,与保险制度发源之时,防止保险沦为赌博工具的现实需要有密切关系。据有关资料记载,在保险业发展初期,保险曾被广泛应用于赌博。据一份英文文献记载,17 世纪的保险公司,与赌场并无太大区别。在此种保险业环境下,19 世纪以来,坚持损失补偿原则的理由即在于防范道德危险,禁止不当得利。任何于意外事故发生后对被保险人提供相较实际损失为多的赔偿或责令保险人负确定赔付义务之财产保险契约,等同于赌博契约,此类契约有违公序良俗而绝对无效。[35] 一个人不能凭借保险获得超出其损失额的额外利益,这已经成为传统保险法上公认的要求,是保险合同有效与否的重要依据。随着保险业的发展,现代保险法学说认为,相比于防范道德危险的发生,损失补偿原则应着眼于另一重要目的,即保障被保险人完全受偿。英国保险法学者约翰·T. 斯蒂尔曾提出,保险合同的目的在于填补损失,补偿应使被保险人在事故发生后恢复到其在刚发生损失前所处的经济状况。[36] 现代保险法学说下,损失填补原则功能的底线在于使得被保险人受到足

〔31〕 汪信君、廖世昌:《保险法理论与实务》,元照出版公司 2006 年版,第 114 页。

〔32〕 陈伊维:《财产保险》,南开大学出版社 2006 年版,第 81 页。

〔33〕 邹海林:《保险法》,社会科学文献出版社 2017 年版,第 14 页。

〔34〕 M. Mustill and J. Gilman, *Arnould's Marine Insurance and Average*, Stevens & Sons London 1981, p. 3.

〔35〕 施文森:《保险法总论》,三民书局 1985 年版,第 201 页。

〔36〕 [英]约翰·T. 斯蒂尔:《保险的原则和实务》,孟兴国、徐韦等译,中国金融出版社 1992 年版,第 57 页。

额补偿,而不具有惩罚机能,不能因为防范道德危险的发生,而限制、剥夺被保险人于保险事故发生后获得充分补偿的权利,因为被保险人之所以选择对标的物进行投保,目的在于若将来发生不测,其自身可以基于保险得到补偿。

由上述传统与现代解释的过渡可以发现,损失补偿原则的积极性目的在于,保障被保险人于保险事故发生后及时、充分受偿,其消极性目的在于防止被保险人不当得利,防范道德危险,使保险不致沦为赌博工具。损失补偿原则的两个面向同等重要、不可偏废,为损失补偿原则一体之两面。损失分摊原则,是重复保险情形下保险人如何承担责任的一项基本原则。损失分摊的目的在于,重复保险情形下,被保险人可能基于同一损失获得多重利益,诱发道德危险。所以损失分摊原则受到损失补偿原则的影响,是损失补偿原则的派生,是对损失补偿原则的细化。

损失分摊原则对损失补偿原则的援用,首先表现在损失分摊原则禁止不当得利的规范目的上。“像代位一样,分摊是为禁止不当得利而制定的一个原则。它也只适用于作为损失补偿合同的保险合同。但是,同代位不同,分摊不适用于保险人和被保险人之间,而适用于保险人之间。”〔37〕对损失补偿原则的援用还体现在,损失分摊原则能够保障被保险人充分受偿。在损失分摊的情形下,被索赔全款的保险人赔付全款之后,有权要求其他共同承保的保险人分担该项赔款,这种要求其他保险人分摊损失的权利称为分摊权。〔38〕在损失分摊情形下,被保险人与各保险人之间订立的合同独立并存,且每一保险契约皆为有效,每一保险人都应按照其应付责任对损失数额进行分担,超出其应承担份额的部分,有权要求其他保险人分摊。采损失分摊主义,能够避免认定后契约无效情形下,因物价上升或单个保险人支付不能,致使无法令其他保险人增加分担额度的情形,有利于保障被保险人充分受偿,服膺于损失填补原则之本旨。

2. 重复保险契约本质:多数主体复数之债下的债务承担

损失分摊原则,是重复保险情形下,保险人如何承担责任的一项基本原则。而重复保险是数个保险人对被保险人的同一损失承担保险金给付责任的情形,它是多数保险的一种,在保险学理上与单一保险相对应。保险合同属于民法中的传统有名合同,依照民法原理,重复保险中保险人与被保险人之间的权利义务关系,本质上属于“多数债务人之债”。民法上关于多数主体之债的规定,也成为重复保险规范的理论基础。随着近代民法关于多数债务人之债的性质由争议走向共识,相应地,重复保险立法规制也呈现出以“单一理论”为基础的“顺序主义”与以“复数理论”为基础的“分摊主义”的二元格局。晚近以降,“顺序主义”日渐式微,“分摊主义”渐成主流。保险损失分摊原则的确立,与多数债务人之债“复数理论”的勃兴密不可分。

债之关系,以主体人数多少为标准,可分为单数主体之债与复数主体之债。

〔37〕[英]约翰·伯茨:《现代保险法》,陈丽洁译,河南人民出版社1987年版,第223页。
〔38〕魏润泉:《涉外非水险的理论与实务》,中国金融出版社1997年版,第47页。

所谓复数主体之债，是指多数债务人或债权人以同一给付为标的而构成的债的种类。[39] 若同一给付中，可以由多个人请求，则为多数债权人的情形；而同一给付若由多个人负担，则为多数债务人的情形。多数主体之债，其主体固然为复数，但其债之关系是单数还是复数，即究竟是单一之债还是复数之债，理论上关于其划分依据有三种学说。第一，主体说，主张债之关系的单复应以主体的单复而定。此学说主要受到罗马法思想的影响，认为债的关系是特定人间的关系，因此主体不同，则债之关系各异。第二，客体说，主张债之关系的单复应以债之标的物是否同一而定。如果客体同一则为单数，不论其主体是否为复数。第三，效力说，主张债之关系的单复应以各主体能否独立发生其为债权人或债务人之一切效力为判断，不考虑债之主体与客体单复数。[40] 以上三说，主体说的弊病在于，在第三人清偿和债的移转中，主体的同一与债的同一已然分离，以主体单复判断债之单复似不可行。客体说的不足在于，在依照不同契约为同一给付的场合，存在多个债之关系，但客体为同一，此时认定为单一之债即不可采。相比之下，效力说为通说，债之单复应以各主体能否发生固有效力为依据，如此方能使债之成立符合其目的。

单一理论，即多数债务人之债在性质上为“多数主体的单一之债”。[41] 在此种理论下，债务人只能向个别债务人行使请求权。由此产生了重复保险情形下的顺序主义模式。顺序主义，是指在数个保险并非同时订立时，各保险人依照保险契约成立的次序，承担给付责任，保险契约成立在先的保险人负担保险金后，若有不足情形，再依次由后成立的保险人补足，日本旧《商法典》的规定即为顺序主义之典型，[42]日本旧《商法典》第 633 条的规定：“逐次订立数个保险契约时，前保险人先负担损失。若其负担额不足以填补全部损害时，由后保险人负担之。”顺序主义的本质在于，它由契约缔结在先的保险人单独承担，并非由各保险人全体承担。若以单一理论为债的关系的基础，重复保险情形下的保险金给付采用顺序主义，其结果必然为：先订立的保险契约继续有效，后订立的契约在先订立契约无法补足时，居于补充地位。[43] 反观复数理论，则认为多数债务人之债在性质上为“多数主体的复数之债”。[44] 复数理论下，各债务人独立履行其义务。各债务人与债权人之间的权利义务相互独立，但此数个债权债务关系皆为满足债权人的同一个给付的利益。应用于保险法上，与复数理论对应的即为分摊主义。所谓分摊主义，是指在重复保险情形下，各保险人按照合理比例承担保险事故造成的给付责任。分摊的关键在于，不同保险人如何公平合理地分摊损失，其并不适用于保险人和被保险人之间。分摊主义之本质，是数个保险人对于同一损失

〔39〕 郑玉波：《民法债编总论》，中国政法大学出版社 2003 年版，第 380 页。

〔40〕 史尚宽：《债法总论》，中国政法大学出版社 2000 年版，第 634 页。

〔41〕 张定军：《连带债务研究——以德国法为主要考察对象》，中国社会科学出版社 2010 年版，第 48 页。

〔42〕 日本旧《商法典》第 633 条：“逐次订立数个保险契约时，前保险人先负担损失。若其负担额不足以填补全部损害时，由后保险人负担之。”

〔43〕 江朝国：《保险法逐条释义》(第一卷：总则)，元照出版公司 2012 年版，第 928 页。

〔44〕 张定军：《连带债务研究——以德国法为主要考察对象》，中国社会科学出版社 2010 年版，第 48 页。

共同承担保险责任,而其以债法上的复数理论为理论支撑。基于此种理论处理重复保险时,多数保险人对同一损失的给付义务独立并存且无主从关系,[45]在复数理论下,当其中之一保险人已对被保险人之损失为全额之补偿时,此保险人可请求分摊超出其份额的部分。

晚近以降,重复保险立法规制逐渐从"顺序主义"与"分摊主义"之分野走向统合。"分摊主义"成为主流学说之原因主要在于:首先,"单一理论"日渐式微,"复数理论"渐成主流。19 世纪上半叶,单数理论与复数理论两种学说不分上下,难较高低。19 世纪中叶以后,单数理论渐告失势,学者大体赞同复数理论。如:"连合债务及连合债权乃与当事者人数相同之债务,即多数债务,非单数之债务也。"[46]现代民法理论普遍认为,复数理论下,各债务人独立履行其义务。各债务人与债权人之间的权利义务相互独立,但此数个债权债务关系皆为满足债权人的同一个给付的利益。多数人之债为独立的数个债务,而非一个债务。因此,随着"复数理论"走向统合,以"单一理论"为基础的"顺序主义"渐告失势,"分摊主义"基本确立。其次,分摊主义对于保险人来说,是更加公平的责任承担方式。若依照顺序主义,保险契约成立在先的保险人负担保险金后,再由后契约补足,后订立契约的保险人的给付责任,会因为前保险人的赔付而减轻甚至免除。在此情形下,先订立契约的保险人与后订立契约保险人之间的责任分配即存在不公平。相反,各保险人对保险事故造成的同一损失合理分摊则是更为公平的责任承担方式。诚如学者所言,各保险人对有共有利益的财产或保险利益收取了保费,他(它)们自然应当对共有利益部分遭受的损失进行分摊,这是公平合理的。[47] 最后,以被保险人保障角度观之,分摊主义更有利于保障被保险人合理并充分受偿。顺序主义模式下,后成立的保险契约部分归于无效时,若保险期间内标的物价格上涨,或者在部分保险人失去清偿能力的场合,被保险人即无法充分受偿。而分摊主义模式下,各保险契约均独立而有效,各保险人对同一损失按照合理比例进行分担,弥补了顺序主义下因物价上涨无法增加保险人分担额度以及部分保险人支付不能的问题,对被保险人保障更加充分,符合保险此一制度分散风险、填补损害之本旨。

近代顺序主义与分摊主义从分野走向统合之路,不仅是重复保险情形下保险人间责任分担方式的更优选择,也是现代保险法保障被保险人充分受偿理念的集中体现。

3. 经济学角度:风险分配与追偿成本的考量

损失分摊并不适用于保险人和被保险人之间,分摊的重点在于承保同一危险的不同保险人之间对保险金给付责任的合理分配。分摊原则的关键问题在于,各个保险人之间应按何种比例合理分担保险事故造成的损失。重复保险情

[45] 樊启荣:《保险法诸问题与新展望》,北京大学出版社 2015 年版,第 323 页。

[46] [日]松冈义正等口述,熊元楷编:《民法债权总论 · 各论》,上海人民出版社 2013 年版,第 82 页。

[47] [英]约翰 · T. 斯蒂尔:《保险的原则和实务》,孟兴国、徐韦等译,中国金融出版社 1992 年版,第 88 页。

形下，对于数保险人而言，损失分摊的意义在于，分摊能够使给付责任在保险人之间更为公平地分配，并降低保险人间互相追偿带来的成本。

(1)基于风险分配均衡

损失分摊原则的确立，有利于风险的均衡分配。生活在纷繁复杂的现代社会，人类每天都有遭遇各种偶发事件之可能，例如车祸、火灾及疾病等。风险或危险的降低应该是人们共同关注的问题，因为我们都置身其中，风险可以通过精算技术进行预测，但不确定性则完全无法预测。“风险和财富一样是要分配的东西”，〔48〕“‘财富—分配’社会的社会问题和冲突会开始和‘风险—分配’社会的相应因素结合起来”，〔49〕如何把不确定性转化成风险来进行有效处理具有关键性意义。保险制度即为这样一种合理性安排，它提供了将不确定性转换为可计算、可预测的风险以及分散风险的各种技术手段，通过危险共同团体分担费用的方式，补偿部分受害者的损失，达到分散、应对风险的目的。“所有保险交易都具有风险转移的性质，因为已将赔偿损失的不确定性从个人转向保险基金了。”〔50〕损失分摊使得个人的损失由多数人通过交付保费而聚集的资金加以填补，问题在于，风险和损失的分配是否公正，这将成为一个非常突出的问题。“人们在认为保险很重要的同时，总是存在许多关于分配公平性以及效率的担心”，〔51〕风险社会人人自危，人们在对风险予以高度重视、寻求化解风险的方法的同时，也时刻关注风险分配是否均衡、风险分配是否公平的问题，“风险社会的主旋律就是危害分配的正义”。〔52〕

损失分摊原则的确立，有利于风险的均衡分配，“分摊原则使得整个赔款得以公平的方式在保险人之间进行分摊”。〔53〕保险的重要作用之一即在于转移与分散风险，“保险满足了被保险人减少变化性的目的，方法是通过将结果的变化性置于保险人(风险转移)；保险还要求团体成员中所有成员通过缴纳保险费来支付损失(风险分配)”。〔54〕“通常，保险人为承担风险而收取的保费是用来赔偿那些遭受被保损失的人们的。损失分担是通过保费来实现的，因此，团体损失由团体成员来分担”。〔55〕损失分摊是保险的核心，通过大数法则的运用，将少数人的损失在整个群体中分担，以平均损失替代实际损失，将大量的风险聚集在一起，并由共同团体中每一成员分担。正因如此，保险作为风险社会中应对风险的有效方法而被寄予极大的期望，因为它将同质风险通过一种巧妙的方式聚集起

---

〔48〕[德]贝克：《风险社会》，何博闻译，译林出版社2004年版，第25页。

〔49〕[德]贝克：《风险社会》，何博闻译，译林出版社2004年版，第17页。

〔50〕[美]道弗曼：《当代风险管理与保险教程》(第7版)，齐瑞宗等译，清华大学出版社2002年版，第54页。

〔51〕[英]珍妮·斯蒂尔：《风险与法律理论》，韩永强译，中国政法大学出版社2012年版，第61页。

〔52〕[英]珍妮·斯蒂尔：《风险与法律理论》，韩永强译，中国政法大学出版社2012年版，序言。

〔53〕[英]约翰·T.斯蒂尔：《保险的原则与实务》，孟兴国、徐韦等译，中国金融出版社1992年版，第88页。

〔54〕[美]普雷切特等：《风险管理与保险》，孙祁祥等译，中国社会科学出版社1998年版，第35页。

〔55〕[美]普雷切特等：《风险管理与保险》，孙祁祥等译，中国社会科学出版社1998年版，第38页。

来,再通过收取保费将风险分摊给个人,保险制度不仅在事故发生后能够对因保险事故而遭受损失的被保险人予以补偿,也能在保险事故发生前给被保险人以内心上的安宁。重复保险情形下的损失分摊即是公平分配风险的体现。"重复保险分摊保证了保险人之间的公平原则"[56],重复保险情形下,投保人在订立保险契约时,基于同一保险利益,数保险人都收取了相应保费,在保险事故发生时,各保险人当然应立于同一顺序对损失进行分摊。而在顺序主义下,先订立保险契约的保险人给付责任在先,给付责任较重,后成立契约的保险人之给付责任当然会得到减轻甚至免除,造成保险人间责任分配不公。"为了取消被保险人先从数承保人之一处就全额获偿,再由该承保人从其他承保人处收取贡献的旧做法,这一条款加入后被保险人首先就要同时向数个保险公司索赔他们各自应付的份额。"[57]重复保险情形下,应赋予其他保险人共同摊赔的条件,而不是减轻其本应负担的赔偿额度。将损失在数保险人间依照合理比例进行分摊,对数保险人而言,为更加公平的责任承担方式。"为防止保险人借故不承担赔偿责任,也有必要予以控制,为此而产生了分摊原则,以督促保险人公平合理承担各自的赔偿责任,同时在总体上限制赔偿金额。"[58]

(2)基于保险人间追偿成本

从保险人间追偿成本角度观察,损失分摊原则的确立,有助于降低各保险人间的追偿成本。如果一个保险人支付的数额超过其依法应承担的比例,其有权向其他保险人追偿。此一由分摊原则产生的向其他保险人追偿的权利被称为分摊权。但行使追偿权时产生的问题在于,数保险人中若有一人或数人承担了全部给付责任,在其向其他保险人追偿时,频繁追偿会造成时间与金钱上的不利益,提高交易成本,"实际上很多双重保险的诉讼都是发生在保险人之间,与受保人无关,因为他早已经得到了其中一家保险公司的全部赔付。"[59]由此,如何降低保险人间的交易成本就成了关键问题。

在《社会成本问题》一文中,科斯对交易成本的概念作出了经典阐述。交易成本贯穿交易活动的全过程,在交易前,由于市场交易信息不对称,买方需要寻找想要卖出其渴望的货物的人选,卖方也在时刻寻找能够谈拢条件的合适买家;交易中,卖方与买方就交易的货物价格、交付方式、交货地点等事项进行协商,耗费时间与金钱成本;达成交易后,通常需要送货上门或上门提货等,需要交通工具的金钱花费,甚至需要确定由哪一方附加保险等,这些都是交易过程中所必须付出的成本。既然交易成本必然存在、不可避免,那么我们要解决的问题,即在于如何降低成本。

重复保险情形下,不同保单对同一损失进行承保,被保险人可以根据任意一份保险合同,向任一保险人提出赔偿请求,但获得赔偿后再次提出赔偿请求时,

---

[56] 陈欣:《保险法》,北京大学出版社 2010 年版,第 230 页。

[57] [英]克拉克:《保险合同法》,何美欢、吴志攀译,北京大学出版社 2002 年版,第 762 页。

[58] 陈伊维:《财产保险》,南开大学出版社 2006 年版,第 81 页。

[59] 杨良宜:《海上货物保险》,法律出版社 2010 年版,第 504 页。

为避免不当得利，必须扣减相应份额。从保险人角度来说，追偿是一个复杂而又耗时耗力的过程，需要付出大量的时间与诉讼成本。繁杂的追偿过程，使得西方有关重复保险的法律争议，大多数是关于保险人之间如何分摊损失的诉讼，而非保险人与被保险人之间的诉讼。[60] 如果投保人基于同一标的投保了两张或两张以上的保单，那么不同保险人的给付份额如何划分就涉及损失理赔中最复杂、最重要的问题，因此，对于保险人来说，如何降低保险人之间相互追偿的成本，是理论研究必须重视的问题。损失分摊即为解决此问题的有效途径，在损失分摊原则下，数保险人按照合理比例对保险事故发生造成的损失承担确定份额的责任，如此即避免了顺序主义模式下，依照合同成立先后承担给付责任，事后保险人之间相互追偿或者由单一保险人赔付全部损失，再向其他保险人追偿所带来的高昂的时间成本与诉讼成本。不论是根据习惯法，还是根据某项合同条件进行分摊，最终的结果是，保险人按照各自的比例部分承担了损失，该项条件的目的在于避免先行完全给付的保险人向其他保险人请求分摊的情形。[61] 此处须申明的是，分摊权与同属于损失补偿原则派生的代位追偿权不同，保险人之间不适用代位追偿权。假设在重复保险的情况下保险人之间的追偿完全适用代位求偿原则，保险人之间就会出现无休止的相互追偿的荒唐现象，因此，法律根据公平原则，强制规定在保险人之间分摊保险损失。[62]

四、共同海损制度与保险损失分摊原则之联系

损失分摊原则起初是海上保险的一项古老原则，随着保险业的快速发展，逐渐拓展并适用于火灾保险、责任保险等其他保险类别。[63] 海上保险是现代保险的开端，那么作为损失分摊之起源——共同海损制度，与海上保险的关系何如？损失分摊方法是如何由海商法中的共同海损制度发源，并沿用于现代保险发展至今？凡此问题，皆需我们进一步分析。

（一）共同海损与保险之关系辨明

共同海损制度，是海商法中最为古老的制度。通说认为，公元前地中海沿岸繁荣的航海活动是海上保险的萌芽，而彼时的航海活动对于海上保险的形成起到关键作用的在于两个制度，其一是共同海损，其二是船舶抵押贷款。对于共同海损与海上保险的关系，学者们意见各异，多数观点认为，共同海损中的分摊方法是海上保险的萌芽，例如，“这种由大家共同承担危险，船东和货主一起分摊损失的方法含有海上保险的内核，所以人们把它视为海上保险的萌芽”；再如，“由于这种由大家共同承担危险，船东和货主一起分摊损失的方法含有海上保险损

---

〔60〕 陈欣：《保险法》，北京大学出版社 2010 年版，第 230 页。

〔61〕 [英]约翰·T. 斯蒂尔：《保险的原则和实务》，孟兴国、徐韦等译，中国金融出版社 1992 年版，第 91 页。

〔62〕 李嘉华：《涉外保险法》，法律出版社 1991 年版，第 69 页。

〔63〕 Robert Merkin, *Colinvaux's Law of Insurance*, 9th edition., Sweet & Maxwell, 2010. p19.

失补偿的内核,因此人们将其视为海上保险的萌芽";又如,"共同海损(General Average)与海上保险有一共同特点,即损失由众人来分摊,这是很古老的制度……这一共同海损分摊原则可以说是海上保险的萌芽"。[64] 但也有学者并不认同此种观点,认为共同海损制度并非海上保险的起源,"虽然共同海损制度在一定程度上体现了损失分摊、互助共济的精神,但是将其认定为海上保险的起源却略显牵强",[65]共同海损的设立目的与海上保险不同,并非以提供经济补偿为目的,且共同海损制度不具备海上保险的核心内容,并没有将风险进行转移,"共同海损制度只能使损失由同一海上航程中各受益方予以分摊,但对于海上航程的参与方整体来讲,共同海损损失并未真正地转移出去并得到补偿,其仍是海上运输中客观存在的一种经济损失风险"。[66]

笔者对上述否认共同海损是海上保险起源的原因存有疑问。首先,共同海损制度的重点在于分摊,以平衡共同损失各方的利益,但不能因此认为共同海损制度没有对受损方予以补偿。被抛弃的货物之所有人或受损方若不通过共同海损对损失进行分摊,那么其所遭受的损失将是彻底的和终局的损失,因此,通过共同海损制度,受损方的损失由其他船方和货方部分补偿。从另一个角度来说,海上保险设立之初,为防止保险沦为赌博工具,损失补偿原则以及损失分摊原则更加注重防范道德危险的发生,更侧重于禁止得利目的的实现,而非充分补偿目的的申明,因此,海上保险的目的是多元的,随着海上保险发展而不断发展,很难一概而论。其次,对于共同海损并没有真正地将风险转移出去的观点,我们也需要进一步探讨。共同海损制度中,通过将一部分人的船舶或货物损失由全体分摊,使得损失在一定程度上得到转移,这实质上已经是一种风险的分摊以及风险的转移。反对观点认为,"共同海损制度尚不具备海上保险的核心内容——海上风险承担的转移……(共同海损)并没有将各当事方各自面临的风险进行分摊和转移。事实上,在共同海损制度下,船货双方的海上风险仍是由船东和货主各自承担的"。[67] 此种观点有将"转移"之含义范围不当缩小之嫌,风险的"转移"一定要理解为将风险全部地移转出去吗?若依此理解,那么海上保险也不能说是完全具备了风险"转移"特征的制度,或者说在海上保险中,风险也并未彻底地"转移"出去。原因在于,保险的运作机理在于集合同质危险,通过大数法则之精密计算,实现我为人人、人人为我之良善美意,"于任一危险共同团体中,其所欲保之危险必须具有同一性……唯有如此才有可能依统计经验及数学之概率估计出此共同团体应集聚之资金,以便于此危险不幸发生时,补偿其成员因此所遭受之损失"。[68] 保险人并非风险的最终承担者,而是通过保险这样一种方法将风险在拥有同质风险的被保险人之间转移与分摊,"因此,保险人集中风险并进行补偿

[64] 参见张湘兰:《海上保险法》,中国政法大学出版社 1997 年版,第 5—6 页。
[65] 初北平:《海上保险法》,法律出版社 2020 年版,第 1 页。
[66] 初北平:《海上保险法》,法律出版社 2020 年版,第 280 页。
[67] 初北平:《海上保险法》,法律出版社 2020 年版,第 1 页。
[68] 江朝国:《保险法基础理论》,中国政法大学出版社 2002 年版,第 22 页。

是表象,而损失在众多被保险人之间分摊才是保险的实质”。[69] 也正如国外学者所言,“统计的技术,其结论则认为风险的内在本质是一种团体资源”。[70] 由此可见,以绝对的彻底的过于限缩化的角度审视风险的“转移”,是有待商榷的,以共同海损并未将损失实际转移出去作为理由否认共同海损与海上保险的关系,是值得探讨的。

虽然共同海损制度发源早于海上保险,两者并无必然联系,先有共同海损制度而后有海上保险,但在海上运输过程中,绝大多数船东与货方都会投保包括共同海损的风险,所以造成两者之间在操作上的关系十分密切。“虽然共同海损可能是或者的确是作为海商法的分部,独立于保险而存在,但实际上,共同海损自从远古以来就同海上保险有着密切的联系,在保险单没有除外条款的情况下,共同海损和共同海损分摊,可分别从承保船舶、运费和货物的各个海上承保人处得到赔偿。”[71]共同海损制度对于海上保险的产生起到了关键作用,“这种由大家共同承担危险,船东和货主一起分摊损失的方法含有海上保险损失补偿的内核,因此人们将其视为海上保险的萌芽”。[72] 海上保险萌芽于共同海损制度,是现代保险业的起源,也是最为古老的财产保险制度,共同海损制度的有关理论对于研究保险损失分摊理论具有十分重要的借鉴意义。

(二)共同海损制度与保险损失分摊原则的共通之处

1. 对于风险与损失的公平分摊

共同海损是指发生海上危险时,为解除船舶、货物遭遇共同危险,有意采取的合理的抢救措施(共同海损行为)所产生的一些特殊的牺牲和合理的额外费用,这些损失应由船舶、货物、运费等利害关系方共同分摊。[73] 共同海损对于风险和损失的分摊,是由自然法衍生出来的一种显而易见的、自然而然的做法,由于共同利益以及船舶与货方面临的共同风险和船舶安全而作出的牺牲,自然应由获得利益的共同受益方进行分摊,共同海损制度体现了“一人为众,众为一人”的原则。依照这个原则,航行过程中船舶遇到海难后,在判定为共同危险时,由船长作出抛弃决定,因抛弃所造成的损失,由船方及全体货方共同分摊。这样的一种将损失在各受益方之间进行分摊的方法,蕴含保险“共聚资金,共担风险”的重要内核。

保险的重要作用之一即在于转移与分散风险,“保险满足了被保险人减少变化性的目的,方法是通过将结果的变化性置于保险人(风险转移);保险还要求团体成员中所有成员通过缴纳保险费来支付损失(风险分配)”。[74] “通常,保险人

---

〔69〕 王海波:《海上保险法与保险法之协调研究》,法律出版社 2019 年版,第 79 页。

〔70〕 [英]珍妮·斯蒂尔:《风险与法律理论》,韩永强译,中国政法大学出版社 2012 年版,第 36 页。

〔71〕 [英]哈罗德·A. 特纳:《海上保险原理》,李学锋等译,中国金融出版社 1987 年版,第 83 页。

〔72〕 谷浩:《全球化背景下的国际海上保险立法:变革、协调和特点》,法律出版社 2011 年版,第 7 页。

〔73〕 李继雄、魏华林主编:《海上保险学》,西南财经大学出版社 1997 年版,第 397 页。

〔74〕 [美]普雷切特等:《风险管理与保险》,孙祁祥等译,中国社会科学出版社 1998 年版,第 35 页。

为承担风险而收取的保费是用来赔偿那些遭受被保损失的人们的。损失分担是通过保费来实现的,因此,团体损失由团体成员来分担”。〔75〕 损失分摊是保险的核心,通过大数法则的运用,将少数人的损失在整个群体中分担,以平均损失替代实际损失,将大量的风险聚集在一起,并由共同团体每一成员分担。正因如此,保险作为风险社会中应对风险的有效方法而被寄予极大的期望。

2. 对于不当得利的禁止

共同海损发生后,应以获救财产的何种价值进行分摊呢?以作出共同海损行为时的价值抑或是获救财产在航程终止时的价值?此问题可进一步归纳为,共同海损分摊的基础为获救财产的全部价值抑或残存价值?对于此一问题,实际上已有了定论。在共同海损行为中产生的牺牲和费用,应当由获得利益的各关系方按比例分摊,共同海损的分摊基础是同一航程遇难船舶上的财产(包括船舶本身)到达目的港或航程终止港的实际受益部分,共同海损分摊只能以受益财产在目的港或航程终止港的价值总和为限。〔76〕 各国共同海损立法普遍规定,共同海损应以获救财产在航程终止时的价值为基础进行分摊,而不是以作出共同海损行为时各受益财产的价值为基础进行分摊——此即所谓共同海损分摊的“残存主义”。共同海损分摊之“残存主义”的另一层含义是,各受益财产的分摊责任不应超过其分摊价值。换言之,共同海损分摊之债应以分摊财产在航程终止时的残存价值为限。〔77〕 补偿的资金来源就是获救的财产,如果有了共同海损行为而无财产被保护,也就谈不上补偿。由共同海损的“残存主义”可知,受损失方获得的补偿以获救财产在航程终止时的价值为准,以获救财产的原始价值为基础进行补偿将导致各受损方不当得利的危险。

以不超过航程终止时的价值为基础,与重复保险中各保险人对被保险人赔付限额有异曲同工之妙。“像代位一样,分摊是为禁止不当得利而制定的一个原则”。〔78〕 各保险人承担分摊责任的总和不得超过损失额,以损失额为限。损失分摊原则的核心问题在于,各保险人在事故发生后如何合理分摊损失,这种分摊形式可以被形象地比拟为,各保险人如何切割、如何消化这块名为“被保险人损失”的“不美味蛋糕”。而切割的前提是,这块蛋糕为一个整体,各保险人不可能被分到超出这个整体的份额,也就是说,各保险人给付保险金的总和不得超过被保险人所受损失。在此情况下,被保险人即无法获得额外利益,避免被保险人不当得利,从而防范道德危险。无论各保险人之间怎样分摊损失,都不能违背其基本前提,即必须维护保险的损失补偿原则。〔79〕 损失分摊原则通过合理划分损失,避免被保险人因一份损失获得多重赔偿。

---

〔75〕 [美]普雷切特等:《风险管理与保险》,孙祁祥等译,中国社会科学出版社 1998 年版,第 38 页。

〔76〕 李继雄、魏华林主编:《海上保险学》,西南财经大学出版社 1997 年版,第 407 页。

〔77〕 司玉琢、李志文:《中国海商法基本理论专题研究》,北京大学出版社 2009 年版,第 443 页。

〔78〕 [英]约翰·伯茨:《现代保险法》,陈丽洁译,河南人民出版社 1987 年版,第 223 页。

〔79〕 陈欣:《保险法》,北京大学出版社 2010 年版,第 238 页。

3. 对于受损方的损失补偿

共同海损制度中受损方与受益方的关系，和重复保险中被保险人与各保险人的关系，同为债之一种。由前所述，共同海损的分摊基础，从海上运输合同的角度出发，可以归结为一种存在于受损人与受益人之间的共同海损分摊之债。在船方与货方面临共同危险时，船长作出有意、合理的抛弃措施，形成了受损方与受益方两方，并产生了符合民法上债的要素的共同海损之债。这种在受损方和受益方之间产生的一方享有请求他方分摊其损失的权利，而另一方负有分摊他方损失的义务之法律关系，[80]构成了共同海损的分摊基础。在此一共同海损之债中，因抛弃货物而受到损失的一方，享有请求他方分摊其所受损失的权利，即享有权利的债权人，而因货物抛弃使得船舶正常行驶继而受有利益的一方，负有分摊受损方的共同海损损失的义务，即负有分摊义务的债务人。重复保险中数保险人与被保险人的关系，为多数债务人关系之一种，“债之关系，以其主体人数为标准，可分为单数主体之债与复数主体之债”。[81] 而保险法上的分摊主义之本质，是数个保险人对于同一损失共同承担保险责任，其以债法上的复数理论为理论支撑。基于此种理论处理重复保险时，多数保险人对同一损失的给付义务，独立并存且无主从关系。[82] 损失分摊原则中的分摊，是指在重复保险情形下，各保险人按照合理比例承担保险事故造成的给付责任。分摊的关键在于，不同保险人如何公平合理地分摊损失，其并不适用于保险人和被保险人之间。因此，在复数理论下，当其中之一保险人已对被保险人之损失为全额之补偿时，此保险人可请求分摊超出其份额的部分。

五、结语

保险损失分摊原则由海商法中的共同海损制度发展而来，是保险法上的一项重要原则，“凡财产保险，皆适用分摊原则”。[83] 从损失分摊之起源与发展角度出发，通过对共同海损制度与保险损失分摊原则的协调研究，我们可以得出结论，损失分摊是基于自然法的公平原则设立的一项制度，是风险分配公平与损失分配正义的体现，是为禁止不当得利而制定的。因此，保险损失分摊原则之具体适用与展开，应在不违背损失分摊之制度目的的基础上进行，如此方可保障重复保险下，各保险人间损失的公平负担，以及保险人与被保险人之间利益上的公平分配，不辜负制度设立之初的良善美意。

---

〔80〕 司玉琢、李志文：《中国海商法基本理论专题研究》，北京大学出版社 2009 年版，第 442 页。

〔81〕 郑玉波：《民法债编总论》，中国政法大学出版社 2003 年版，第 380 页。

〔82〕 樊启荣：《保险法诸问题与新展望》，北京大学出版社 2015 年版，第 323 页。

〔83〕 陈云中：《保险学》，五南图书出版公司 1985 年版，第 199 页。

From Risk Sharing to Loss Sharing: the Formation of the Principle of Insurance Loss Allocation

GUO Mengyuan

Abstract: The insurance loss allocation principle is an important principle in duplicate insurance. Its formation can be traced back to the general average system in maritime law. In order to avoid delaying the rescue opportunity due to disputes, and to take effective measures to relieve the common hazards faced by the ship and the cargo in an emergency, a common average system has been formed between the ship and the cargo. The fundamental nature of the general average system lies in the reasonable allocation of losses suffered from the perspective of balanced risk distribution and the fairness of natural law, so as to balance the interests of all parties and achieve shared losses and risks. The basis for the apportionment of general average can be attributed to a kind of general average debt that exists between the injured party and the beneficiary. The development of loss apportionment is mainly reflected in the principle of loss apportionment in insurance. The principle of loss apportionment is based on the following three points. First, the loss apportionment principle is a derivative of the loss compensation principle and a subsidiary principle of the loss compensation principle; secondly, the establishment of the insurance loss apportionment principle is related to the "plural number theory" of most debtors' debts The prosperity of the company is inseparable; finally, from an economic perspective, the principle of loss sharing is formed based on the consideration of fair risk distribution and reduction of the cost of recovery. The common general average system and the principle of insured loss apportionment are reflected in the apportionment of risks and losses, the prohibition of improper gains, and compensation for the loss of the injured party.

Key Words: Loss Allocation; General Average; Risk Allocation

减租交租与佃权保障：抗日根据地土地租佃法的历史与逻辑[1]

陈和平*
乐淑珍**

摘　要　抗战时期中国共产党提出的减租土地政策，很快在根据地土地法中得到了确立，减租成为根据地租佃法的重中之重。减租导致的地主大量撤佃，催生了佃权保障制度，在此基础上各根据地的减租、查减、退租群众运动得以深入开展。在立法减租到实践减租的不断反复中，根据地租佃法渐趋完善，最终实现了减租与交租、减租与佃权保障、减租与退租的完美统一。

关键词　减租交租；佃权保障；抗日根据地；租佃法

目　次

---

* 陈和平(1971—)，南昌大学法学院副教授，法学博士，主要研究方向：中国法律史、革命根据地法。
** 乐淑珍(1988—)，南昌大学法学院法律史专业硕士研究生，主要研究方向：中国法律史。
〔1〕 本文为国家社科基金项目“法律史视阈下根据地土地租佃制度研究”(15BFX027)的阶段性成果。

"九一八"事变拉开了日本侵华战争的序幕,中日民族矛盾空前高涨,抗日救国成为当务之急,中国共产党及时吹响了对日宣战的号角,随着时局的发展进而呼吁建立抗日民族统一战线,实现全民族抗战。"西安事变"后,蒋介石接受了停止内战、共同抗日的主张。在即将开启国共合作共御外侮的背景下,中国共产党适时将没收和分配地主土地政策调整为减租,领导根据地政府建立并逐步完善了土地租佃法,确立了以减租交租和保障佃权为核心的租佃制度,开展了轰轰烈烈的减租群众运动。

一、抗战时期减租政策的确立与根据地租佃法的诞生

从反封建意义上讲,将没收和平分地主土地改为减租,是土地政策之倒退,中国共产党作出的这种历史选择,具有深刻的社会必然性,而且减租政策的确立和减租法的推行,也只是中国共产党在抗战时期的一种过渡性安排。

(一)抗战时期减租政策的确立

中国共产党减租土地政策是服务于缓和国内阶级矛盾,实现国共合作建立抗日民族统一战线、共同抗战的需要,经过几年的探索而得以确立。

1. 从反蒋抗日到联蒋抗日——抗日民族统一战线的形成

国家兴亡,匹夫有责,"九一八"事变后中国共产党很快作出了回应,9 月 20 日中共中央发表《中国共产党为日本帝国主义强暴占领东三省事件宣言》,强烈抗议日本对东三省的占领和对中国民众的屠杀。[1] 1932 年 4 月 15 日发布的《中华苏维埃共和国临时中央政府关于动员对日宣战的训令》揭露国民党和各派军阀消极不抵抗之投降主义行径和所谓"长期抵抗"之虚伪面目,提出发展革命战争、消灭国民党进攻苏区的部队、摧毁国民党的统治,是进行反日民族战争的必要前提,动员广大工农群众自愿加入红军准备与日本帝国主义作战。[2] 在随后的 4 月 26 日《中华苏维埃共和国临时中央政府对日宣战通电》中,以中华苏维埃共和国临时中央政府名义正式对日宣战。由于蒋介石坚持"攘外必先安内"方针,一意孤行结集大兵围剿苏区,反蒋抗日成为民族大义,中国共产党呼吁红军战士和广大劳苦群众,通过革命战争粉碎国民党的围剿,推翻国民党的统治,驱逐日本等一切帝国主义出中国,建立全国民众的苏维埃政权。1933 年 10 月 26 日中华苏维埃共和国中央政府及工农红军与福建省政府、十九路军,为挽救中华民族危亡,达成了反日反蒋建立军事同盟的初步协定。[3] 在此后的 1934 年 7 月 15 日《中华苏维埃共和国中央政府与中国工农红军革命军事委员会为中国工农红军北上抗日宣言》、1935 年 8 月 1 日《中华苏维埃中央政府中国共产党中央委

---

〔1〕 中央档案馆编:《中共中央文件选集》(第七册)(一九三一),中共中央党校出版社 1991 年版,第 396—400 页。

〔2〕 张希坡编:《革命根据地法律文献选辑》(第二辑上卷),中国人民大学出版社 2017 年版,第 321—323 页。

〔3〕 张希坡编:《革命根据地法律文献选辑》(第二辑上卷),中国人民大学出版社 2017 年版,第 328 页。

员会为抗日救国告全体同胞书》、1935 年 11 月 28 日《中华苏维埃共和国中央政府中国工农红军革命委员会抗日救国宣言》中，中国共产党和苏区政府继续呼吁愿意同一切愿意抗日的武装力量和全国民众合作，共同完成抗日反蒋大业。

反蒋抗日只是一时的口号，强敌的入侵注定抗战是全民族的事业，要想取得抗日战争的胜利不能没有国民政府的参与。在全民族抗战大势所趋的背景下，中国共产党及时将反蒋抗日政策调整为联蒋抗日。在 1936 年 4 月 5 日《为反对卖国贼蒋介石阎锡山拦阻中国人民红军抗日先锋队东渡抗日捣乱抗日后方宣言》中，苏维埃中央政府提出“停止一切内战，一致联合抗日，创立各党各派抗日的人民阵线”。[4] 一个月之后的 5 月 5 日，苏维埃中央政府再次向全国发出《停战议和一致抗日通电》，要求南京政府以“兄弟阋于墙外御欺侮”精神幡然改悔，停止陕甘晋内战，由双方互派代表磋商抗日救亡事宜。1936 年 8 月 25 日，中共中央发布了《中国共产党致中国国民党书》，指出“日寇则已乘虚直入，得寸进尺，沦亡惨祸，迫在目前，全国彷徨，不可终日”，救亡图存是当时唯一正确的道路，抗日救亡统一战线能否建立、国共合作能否实现，取决于国民党方面，希望国民党方面担负起救亡图存的责任，建立全国各党各派统一战线共同抗战。[5] 1936 年 9 月 1 日发布的中央文件《中共中央书记处关于逼蒋抗日问题的指示》，继续坚持“停止内战，一致抗日”方针，在指出“抗日反蒋”口号不适当的同时，提出了逼蒋抗日主张。逼蒋抗日是联蒋抗日的升级版，实质还是联蒋抗日。在 1936 年 9 月 17 日《中共中央关于抗日救亡运动的新形势与民主共和国的决议》中，中国共产党继续呼吁建立“抗日民族统一战线”。随后的 1936 年 10 月 22 日《毛泽东发表关于停止内战一致抗日的谈话》和 1936 年 10 月 26 日《毛泽东朱德等致蒋介石及国民革命军西北各将领书》进一步申明共同抗战救亡图存的大义以及中国共产党坦诚合作的态度。“西安事变”之后，在中国共产党的主导和努力下，蒋介石最终接受了停止内战、共同抗日的主张，在 1937 年 2 月 10 日《中国共产党中央委员会给中国国民党三中全会电》和 1937 年 2 月 15 日《中共中央关于西安事变和平解决之意义及中央致国民党三中全会电宣传解释大纲》中，中国共产党进一步提出了国共合作建立抗日民族统一战线的方案，并作出将苏维埃政府改名为中华民国特区政府，红军改名为国民革命军并接受南京中央政府与军事委员会指导，停止没收地主土地等多项承诺。1937 年 7 月 7 日“卢沟桥事变”，日本发动了全面侵华战争，国难当头时不我待，7 月 15 日，中国共产党向国民党递交了《中共中央为公布国共合作宣言》，7 月 22 日，国民党中央通讯社对该宣言的发表标志着抗日民族统一战线正式形成。

2. 从没收和分配土地到减租——中国共产党土地政策的转变

土地革命时期中国共产党土地政策中没收和分地方针一直在不断调整和变

---

〔4〕 中共中央党校党史教研室选编:《中共党史参考资料》(三)(第二次国内革命战争时期)，人民出版社 1979 年版，第 198 页。

〔5〕 中共中央党校党史教研室选编:《中共党史参考资料》(三)(第二次国内革命战争时期)，人民出版社 1979 年版，202—210 页。

化,没收的对象主要是地主和富农,分配对象主要是无地少地的农民、红军士兵及其家属、政府工作人员以及需要依靠种地过活的其他各类职业者,范围非常广泛。“八七”会议决议案提出没收大中地主的土地,三个月后中共中央临时政治局扩大会议通过的《中国现状与共产党的任务决议案》将其改为没收一切地主的土地,到 1928 年 7 月 9 日中共六大通过的《土地问题决议案》则变成了没收豪绅地主阶级的土地,1931 年 11 月 10 日《中央为土地问题致中央苏区中央局信》进一步指出:彻底消灭地主阶级,富农的土地都必须没收,富农在自己耕种的条件下才分给他们坏田,[6]体现了地主的人身消灭和富农的经济消灭的思想。没收富农土地主要基于富农兼有地主和高利贷者之属性,他们对贫雇农进行残酷的封建剥削。这种“地主不分田、富农分坏田”的指导思想很快在 1931 年 12 月《中华苏维埃共和国土地法》和各苏区法律文件中得到了充分的体现和明确的规范。

土地革命后期,由于日本入侵导致民族矛盾不断激化,中国共产党适时调整了土地政策,首先体现在富农政策的转变上。1935 年 12 月 6 日,中共中央发布《关于改变对付富农政策的决定》,认为在民族革命战争紧迫的时期,富农也开始参加反对帝国主义和豪绅地主军阀官僚的革命斗争,或者对革命采取同情与中立态度,党的中心任务是吸收全国各阶层建立人民统一战线,反日和反蒋,因此反富农政策现已成为把富农推到反革命怀抱的不适当策略。现在只是集中力量消灭地主阶级,对富农只没收其出租的土地,取消其高利贷,其雇工经营的土地以及商业和其他财产不没收,且富农与其他农民一样平均分得土地。[7] 1935 年 12 月 25 日《中共中央关于目前政治形势与党的任务决议》明确提出:改变对富农的政策,富农的土地只没收其封建剥削部分。在 1936 年 7 月 22 日《中共中央关于土地政策的指示》中,从建立人民抗日统一战线角度出发,中国共产党对土地政策做了较大的调整,决定不没收富农的土地和多余的生产工具,也不没收生活情况很坏的小地主土地,并进而明确苏区内允许土地依法出租。[8] 不没收富农土地,对于发展生产和统一抗战都具有相当意义,争取了革命的力量。在呼吁联蒋抗日建立民族统一战线抗战的背景下,为了缓和阶级矛盾以促进国共合作之达成,中国共产党毅然决定改变对地主的土地政策,不再没收地主土地。

“西安事变”和平解决之后,在 1937 年 2 月 10 日《中国共产党中央委员会给中国国民党三中全会电》中,中国共产党指出和平统一团结御侮是国家民族之福,为表示团结抗战的诚意,中国共产党向国民党三中全会作出四项保证,其中之一即“停止没收地主土地之政策,坚决执行抗日民族统一战线之共同纲领”。[9]

---

〔6〕 中央档案馆编:《中共中央文件选集》(第七册)(一九三一),中共中央党校出版社 1991 年版,第 508 页。

〔7〕 中央档案馆编:《中共中央文件选集》(第十册)(一九三——一九三五),中共中央党校出版社 1991 年版,第 585—586 页。

〔8〕 中央档案馆编:《中共中央文件选集》(第十一册)(一九三六——一九三八),中共中央党校出版社 1991 年版,第 57—59 页。

〔9〕 中央档案馆编:《中共中央文件选集》(第十一册)(一九三六——一九三八),中共中央党校出版社 1991 年版,第 157—158 页。

紧接着,2 月 15 日《中共中央关于西安事变和平解决之意义及中央致国民党三中全会电宣传解释大纲》,重申了停止没收地主土地该项保证,并认为这是对国民党原则上的让步,但在苏区范围内不恢复土地剥削制度,继续保障土地在农民手里。[10] 可以说取消两个政权的对立、停止推翻国民政府行动、停止没收地主土地,是国共所能达成的合作抗日的底线,在此问题上中国共产党确实作出了申明大义之原则性让步。正如毛泽东同志所言,“中国土地属于日本人,还是属于中国人,这是首先待解决的问题。既是在保卫中国的大前提之下来解决农民的土地问题,那末,由暴力没收方法转变到新的适当方法,就是完全必要的”。[11] 停止没收地主土地,是对救亡图存民族抗战的担当,也体现了中国共产党广阔的革命胸怀。在作出停止没收地主土地承诺后,1937 年 8 月 25 日洛川会议通过《中国共产党抗日救国十大纲领》,在第七项内容“改良人民生活”部分明确提出了“减租减息”政策,至此中国共产党完成了抗战初期土地政策的转变,及时将没收和分配地主土地转变为减租。关于这一点,毛泽东在 1945 年延安干部会议报告中也说得很清楚:“在一九三七年,为了实现全国抗战,我们自动取消了工农革命政府的名称,红军也改名为国民革命军,还把没收地主土地改为减租减息。”[12]

(二)减租的现实必要性

如 1936 年 5 月 5 日苏维埃中央政府向国民党政府发出的《停战议和一致抗日通电》中所言,“国难当前,双方决战,不论胜负属谁,都是中国国防力量的损失而为日本帝国主义所称快”。[13] 覆巢之下无完卵,国共之间除了合作抗日,别无选择。中国共产党减租政策的提出,是服务于缓和阶级矛盾,联合一切爱国力量共同抗战的需要,并随着抗日民族统一战线的确立而最终确立,具有深刻的现实必要性。

首先,从地主方面讲,不能再没收地主土地,只能减租。土地革命时期苏区打土豪、没收和分配地主的土地、浮财,这一切都是通过革命的暴力实现的,地主不分田不给经济出路政策甚至对土豪的人身消灭,导致阶级矛盾激化,也激起了地主对革命的仇恨。而且国民党支持下的封建势力相当顽固,第五次反围剿的失败,红军离开苏区后,原苏区内地主土地所有权得到迅速恢复,封建租佃关系也同样迅速恢复。[14] 随着“九一八”事变之后国内形势的急剧变化,落后的农业国面临工业强国企图灭亡的强势入侵,这决定了抗日战争的极端艰巨性、残酷性和抗战的全民族性,必须举全国之力而为之。抗战既是军事战也是经济战和政治战,必须拉拢地主阶级一同抗战,一来壮大抗日群体,二来地主阶级掌握大量

[10] 西北五省区编撰领导小组、中央档案馆编:《陕甘宁边区抗日民主根据地》(文献卷上),中共党史资料出版社 1990 年版,第 84—85 页。

[11] 《毛泽东选集》(第一卷),人民出版社 1991 年版,第 260 页。

[12] 《毛泽东选集》(第四卷),人民出版社 1991 年版,第 1160 页。

[13] 《停战议和一致抗日通电》(1936 年 5 月 5 日),载中共中央党校党史教研室选编:《中共党史参考资料》(三)(第二次国内革命战争时期),人民出版社 1979 年版,第 200 页。

[14] 万振凡等:《苏区革命与农村社会变迁》,中国社会科学出版社 2010 年版,第 152 页。

财富可为抗战提供有力的经济支持,而且团结地主阶级也有利于破解日寇分化瓦解革命阵营之政治伎俩。为了团结地主阶级抗日,就必须缓和农民和地主之间的矛盾,不能再没收地主土地,中国共产党宣布将暴力的没收政策改为减租减息并确认和保护地主的土地私有权,乃顺时所为。如毛泽东 1941 年在《关于农村调查》中所言,“今天是抗日民族统一战线,不是剥夺地主、富农的所有权,而是减租减息。否则,是不能团结他们抗日的”。〔15〕 当然,从另一方面讲,地主阶级也有抗日需求,随着民族危亡的加剧,不仅工人、农民、小资产阶级和民族资产阶级要求抗日,大多数地主也要求抗日,毕竟日寇对国人的杀戮和对土地与财富的大肆掠夺,也让地主阶级面临性命不保、财富不保的局面。当地主阶级有抗日需求时,更应该团结他们抗日而不没收地主土地,关于这一点毛泽东在同英国记者斯坦因的谈话中也说道:“民族战争可以说服农民群众不没收地主的土地,因为群众也认识到,当地主也愿意抵抗外敌的时候,没收土地的政策可能会驱使地主跑向日本人控制的城市,然后再同日本兵一起打回来重新夺走土地。”〔16〕抗战的爆发不允许中国共产党彻底解决农民土地问题,但减租也并非时人所误解的“阶级投降主义”,不是抗战阶段就不解决农民土地问题,而是采取了新形式和新方法。〔17〕 毕竟减租也减损了地主的土地利益。针对有人说中国共产党的减租减息就是共产,薄一波指出,这是造谣污蔑。强调减租减息只是把过去那种过重的封建剥削适当减轻,它相当地改善人民生活,同时保证了交租交息,使地主收入有了保证,对佃户和地主都有好处,也是抗战所必需。〔18〕

其次,从农民方面讲,必须减租。原因主要有两个方面:第一,吸引农民参加革命和抗日的需要。中国共产党领导的反帝反封建革命,实质是农民革命,农民始终是革命的主力军,土地革命时期中国共产党领导农民依靠农民来解决农民的土地问题,抗战时期依然如此。农民文化素质较低,组织纪律性和革命自觉性不高,而且生活在社会底层的他们首先得为自己的生计疲于奔命。农民很现实,要获得农民对革命的支持,首先得满足农民的利益需求,特别是要解决他们赖以生存的土地问题,关于这一点中国共产党非常清楚。解决农民的土地问题,既是革命的方向,也是革命的手段。建立民族统一战线,实现全民抗战,首先离不开的是农民,如彭真所言“农民是抗日的主力,抗日的支柱”,〔19〕离开了占人口百分之八十的农民,抗战是无法想象的。要想吸引农民抗战,同样得满足他们的土地需求,毛泽东同志曾清楚地指出,“农民问题不在现在的革命运动中得到相当的解决,农民不会拥护这个革命”。〔20〕 抗战形势下如何解决农民的土地问题?没收平分地主的土地不可行,任由地主以传统的方式对农民残酷剥削也

---

〔15〕《毛泽东文集》(第二卷),人民出版社 1993 年版,第 379 页。

〔16〕《毛泽东文集》(第三卷),人民出版社 1996 年版,第 184 页。

〔17〕 肖一平、郭德宏:《抗日战争时期的减租减息》,载朱成甲编:《中共党史研究论文选》(下册),湖南人民出版社 1984 年版,第 86—87 页。

〔18〕《薄一波文选(1937—1992 年)》,人民出版社 1992 年版,第 32—33 页。

〔19〕 彭真:《关于晋察冀边区党的工作和具体政策报告》,中共中央党校出版社 1981 年版,第 88 页。

〔20〕《毛泽东文集》(第一卷),人民出版社 1993 年版,第 37 页。

不行,只能退而求其次实行减租,这是不得已的选择,也是最好的选择,兼顾了农民和地主双方的利益。从长远角度讲,减租不仅能获得农民对抗战的支持,还可以获得农民对未来中国共产党领导革命的支持,储蓄强大的革命力量。第二,农民生存和发展社会经济的需要。在封建高额地租和高利贷的压榨以及外来资本主义的侵蚀下,中国农民生活在水深火热之中,1934 年刘桐华在揭示当时租佃关系下的中国农村危机时指出,"今日的经济性质,既非纯然的封建,亦不是纯然的资本主义,老实说:完全是在帝国主义统治下的殖民地或半殖民地的经济。所以表现于租佃形态上的,各种剥削形态,是应有尽有"。[21] 毛泽东对中国佃农之苦也深有感触:中国佃农比牛还苦,因为牛有休息,人则全无,否则稍一懒惰,亏折就来了。中国佃农之苦为各国佃农之最,以至于许多佃农被迫离开土地成为兵匪游民。[22] 可见沉重的封建地租既危及佃农的生存,也严重制约农村经济的发展,甚至危及社会稳定。而且抗战时期佃农群体非常庞大,一份资料显示,民国时期自耕农的比例由 1912 年的 49%下降到 1936 年抗战前的 46%,相应的佃农比例则由 1912 年的 28%增加到 1936 年的 30%。[23] 这里的 30%只是纯佃农,还不包括自耕农兼佃农。因此,即便抛开抗战的因素,传统租佃制所带来的佃农生存和社会发展之严重社会问题,作为为民谋利的政党,中国共产党也必须正视和着力解决。

最后,从国共合作方面讲,减租是国共合作抗战的前提和基础。日本侵华战事的扩大,同样威胁到了处于社会上层的大地主和官僚资产阶级的利益,日本妄图独占中国也引起了英美等国的不满,代表官僚地主和大资产阶级利益的蒋介石统治集团随着英美态度的转变也有了抗日的要求。蒋介石提出的"攘外必先安内"只是积极剿共、消极抗日、拖延抗日,虽然颠倒了处理阶级矛盾和民族矛盾之轻重关系,但并非不抗日;而且日本旨在灭亡中国的疯狂侵略也危及南京官僚集团的利益。在面临民族危亡、国内抗日呼声一浪高过一浪之时,作为中央政府也不可能不举起抗日旗帜。抗战开始时,满铁调查部《中国抗战力调查报告》认为,在近代化的日本进攻面前,中国社会各阶层都有要求抗战的态势,中国要想取得战争的胜利,必须充分动员民众投身抗战,并调动各种因素为战争服务。[24] 虽然有抗日需求,但国民党对抗日迟迟不决的拖延,导致大片国土的沦丧和大量生灵的涂炭。国难当头,中国共产党只能采取积极主动的方式从反蒋抗日到逼蒋抗日、联蒋抗日。要能达成合作意向,必须有双方都能接受的条件,前提是不损害国民党的利益。由于国民党统治的基础是地主阶级,中国共产党在苏区打土豪分田地斗地主的革命运动引起了国民党的强烈不满。中国共产党非常清

〔21〕 刘桐华:《现租佃关系下的中国农村危机》,《行健月刊》1934 年第 6 期,第 19 页。

〔22〕 康裕震等:《谁主沉浮:大革命洪流中的毛泽东》,中央文献出版社 1993 年版,第 180 页。

〔23〕 严中平等编:《中国近代经济史统计资料选辑》,中国社会科学出版社 2012 年版,第 186 页。

〔24〕 祁建民:《满铁调查部〈中国抗战力调查报告〉及其对根据地的认识》,载南开大学历史系、中国近现代史教研室编:《中外学者论抗日根据地——南开大学第二届中国抗日根据地史国际学术讨论会论文集》,档案出版社 1993 年版,第 480 页。

楚,欲携手国民党抗日,建立抗日统一战线,非得改变对于地主阶级的土地政策不可,之所以将土地政策确定为减租,是因为减租为国共双方在土地政策上所能达成的共识。在大革命时期国民党就提出过减轻田租的改革措施,孙中山 1924 年 11 月离粤北上前夕就提出了"二五减租",后 1926 年 10 月在广州召开的国民党中央及各省区代表联席会议上正式确立了"二五减租"政策,并在 1930 年国民政府《土地法》中进一步规定为地租上限不得超过租地正产物收获总量的千分之三百七十五。因此,中国共产党停止没收地主土地而实行减租政策,其实是向国民党土地政策靠拢,是达成国共合作共同抗日之必要。

(三)抗日根据地租佃法的诞生

洛川会议强调了坚持中国共产党在统一战线中的独立自主原则,并作出了建立敌后抗日根据地的重要决定。1937 年 9 月 23 日,蒋介石就《中共中央为公布国共合作宣言》发表谈话,强调中华民族绝对团结,以整个民族力量抵抗暴敌、挽救危亡,间接承认了中国共产党的合法地位。国共合作的正式形成,使得中国共产党能够恢复党的组织和广泛开展党的活动,八路军、新四军能够以合法名义在敌后开展游击战争和创建抗日根据地。[25] 八路军各部在晋察冀、晋西北、河北、山东、晋冀边区、绥远等广大敌后地区开展游击战争和创建根据地活动,1938 年 1 月新四军军部迁至南昌后随即在长江南北开展敌后游击战争和建立根据地。[26] 抗战时期,在中国共产党领导下先后建立了晋察冀、晋冀豫、冀鲁豫、山东、苏北、苏中、苏南、浙东、皖中、河南、鄂豫皖、东江、琼崖等十多个抗日根据地,还有一个由苏区陕甘革命根据地改名而来的模范根据地:陕甘宁边区,它是中共中央和中央军委所在地,是中国共产党领导抗战的总后方。

作为敌后抗战大本营,抗日根据地进行了政权建设和法制建设,建立了广泛的民主制度。为贯彻和落实党的减租政策,各根据地出台了大量的减租法令或租佃条例,规定了明确详细的减租方法,规范了土地租佃关系,维护减租秩序并保障业佃双方合法利益。由于中国共产党领导的各抗日根据地相对独立,没有实质上的中央政府,在租佃方面也就没有相应的中央立法。就租佃制度而言,各根据地的立法方式比较丰富,大致有五种体例:(1)单行的减租条例(办法),即直接冠以"减租"名称的法律,如 1942 年《晋绥边区减租交租条例》、1944 年《鄂豫皖边区 1944 年度减租办法》、1945 年《淮北苏皖边区减退租补充办法》;(2)单行的土地租佃条例,如 1942 年《山东省租佃暂行条例》、1944 年《陕甘宁边区土地租佃条例(附说明)》、1945 年《太岳区租佃单行条例》;(3)减租减息条例,即减租条例与减息条例之合编,之所以采取这样的立法体例,是因为在抗日根据地党的政策中,减租减息二者并举,相提并论,都是减轻农民负担的重要内容,而且二者联系密切,如此立法的有 1938 年《晋察冀边区减租减息单行条例》、1940 年《山东省减

---

〔25〕 谭克绳主编:《中国革命根据地史》(下),福建人民出版社 2007 年版,第 486 页。

〔26〕 中共中央党史研究室:《中国共产党历史》(上卷),人民出版社 1991 年版,第 496 页。

租减息暂行条例》、1941年《晋西北减租减息暂行条例》，等等；(4)租佃债息条例，为租佃条例与债息条例之合编，如1943年《晋察冀边区租佃债息条例》；(5)规定在土地法令或垦荒条例中，如1939年《陕甘宁边区土地条例》、1944年《晋冀鲁豫边区政府关于几个土地问题处理办法的决定》、1944年《苏中区垦荒条例》。除了立法体例丰富外，表现形式也比较丰富，有条例、办法、规则、决定、训令等多种。立法的仓促性加之立法经验的不足、革命形势的不断变化及党的政策不断调整，使得抗日根据地各时期租佃法内容也在不断变化。一个代表性的例子是《晋冀鲁豫边区土地使用暂行条例》，1941年公布，1942年修正公布，1943年和1945年又分别作了修补颁布。从性质上讲，租佃法是民法的一部分，也是土地法的一部分，[27]而且是当时土地法的核心内容，用来调整根据地土地使用中的租佃关系。

二、从减租交租到佃权保障：根据地租佃法的发展成熟

从1937年8月25日《中国共产党抗日救国十大纲领》中减租政策的确立，到1938年以后各根据地租佃法的相继出台，政策减租过渡到立法减租，继而转变为中国共产党领导之下各根据地依法开展的群众减租运动，即实践减租。在内困外患之下根据地减租运动经历了从法律宣传到部分地区试行，再到全面开展和最后深入贯彻的曲折过程，也遭到了地主的强烈抵制，充满了矛盾和斗争。伴随着减租运动的渐次开展，根据地租佃法不断走向成熟。

(一)抗日根据地减租运动的普遍开展

由于各根据地建立的时间先后不同、革命形势不同、群众基础不同，减租运动在各根据地的发展并不同步，在开始的时间上、经历的过程阶段上存在一些差异。就陕甘宁边区减租运动历史阶段而言，学界“四阶段”、“三阶段”和“两阶段”观点皆有之；[28]有学者认为从1939年开始至抗战结束，山东减租运动经历了三个阶段；[29]也有学者研究认为各抗日根据地的减租总体上可以分为四个阶段，即1937年抗战爆发到1939年冬少数地区试行阶段，1939年冬到1941年年底普遍贯彻阶段，1942年1月到1943年秋全面开展阶段，1943年10月到1945年8月深入贯彻阶段。[30] 从总体上讲，1937年减租政策的确立到1939年年底国民党发动第一次反共高潮前，减租运动只在华北抗日根据地的一些群众基础较好的县试行，在其他地方还只是广泛的政策宣传和制定一些减租法律，连陕甘宁边区

---

〔27〕 在南京国民政府法律中，土地租佃关系由1929年《民法债篇》中租赁之债来调整，另外1930年《土地法》中也有“耕地租用”一节，专门调整土地租佃关系。抗日根据地制定的成文民事法律较少，租佃关系多由土地法来调整。

〔28〕 参见黄正林：《陕甘宁边区社会经济史（1937—1945）》，人民出版社2006年版，第278—279页。

〔29〕 参见山东省档案馆、中共山东省委党史研究室编：《山东的减租减息》，中共党史出版社1994年版，第5—15页。

〔30〕 参见肖一平、郭德宏：《抗日战争时期的减租减息》，载朱成甲编：《中共党史研究论文选》(下册)，湖南人民出版社1984年版，第90—102页。

也未能开展。[31] 李维汉分析了两点原因:客观上,延安、庆阳、富县、绥德、米脂等地,存在国民党县政府和中国共产党的农会双重政权,当时国民党绥德警备区何绍南公开反对减租;主观上,部分同志存在一定的右倾思想,怕得罪地主,破坏统一战线,因此不敢试行减租。[32] 怕得罪地主影响抗战,也是其他根据地早期减租运动踌躇不前的原因。

从1939年冬开始,日寇基本停止了对国民党战场的进攻,主要兵力用来攻击抗日游击队,相应地,国民党的态度也发生了明显的变化,从初期的积极抗日逐渐转向对日妥协和积极反共,破坏抗日边区。在这种局势下,中国共产党加紧开展民主斗争活动,惩治汉奸,孤立和打击反动地主。1939年11月1日发布的《中央关于深入群众工作的决定》强调:“在经济改革方面,必须实行减租减息,废止苛捐杂税与改良工人生活。凡已经实行的,必须检查实行程度。凡尚未实行的,必须毫不犹豫的立即实行。”[33]基于此,华北各抗日根据地的减租减息运动普遍地开展起来,也相继出台了一系列减租法律条例。由于1939年冬至1940年春,第一次反共高潮中,反动地主乘机反攻倒算,杀害很多区村干部和积极群众,使得革命群众在粉碎反共高潮中,产生了“左”倾情绪,也出现了对地主乱打、乱杀现象,刚发展起来的减租运动一度“左”倾,甚至出现农民不交租的情况。为纠正党内“左”倾现象,在1940年3月《目前抗日民族统一战线中的策略问题》报告中,毛泽东强调了争取中间势力,加强统一战线的重要性。1940年12月13日中央书记处发布《抗日根据地应实行的各项政策》,进一步指出要通过减租争取农民群众,但也不能减得太多,同时强调农民的交租义务和保证地主的土地所有权。[34] 在及时纠正“左”倾现象过程中,各新老根据地又相继制定或修正了大量租佃法律,减租运动在陕甘宁、华北、山东、华中、华南各抗日根据地普遍开展起来了。1942年在日蒋全面停战、根据地被封锁扫荡的极端困难形势下,中国共产党总结了减租减息经验,在1月28日通过的《中共中央关于抗日根据地土地政策的决定》中,提出了减租减息三条基本原则。在1942年2月4日《中共中央关于如何执行土地政策的决定》中,中央指出:目前存在严重的右倾错误,表现在许多地区没有认真发动群众与地主的斗争,党员与群众的热情都没有发动与组织起来,哪怕是在最好的根据地中,也有一部分地区没有发动减租群众斗争。强调要迅速实行减租减息,迅速把群众的热情发动起来。[35]

减租是项艰巨复杂的工作,并非几份党的文件、几部减租法律就能解决问题,要激发群众的减租热情从而发动群众对地主的斗争,在斗争中减租,绝非易

---

〔31〕 黄正林:《陕甘宁边区社会经济史(1937—1945)》,人民出版社2006年版,第279页。

〔32〕 李维汉:《陕甘宁边区政府工作回顾》,载西北五省区编纂领导小组、中央档案馆编:《陕甘宁边区抗日民主根据地》(回忆录卷),中共党史资料出版社1990年版,第47页。

〔33〕《中央关于深入群众工作的决定(1939年11月1日)》,载中共中央党校党史教研室选编:《中共党史参考资料》(四)(抗日战争时期上),人民出版社1979年版,第124页。

〔34〕 中共中央文献研究室编:《毛泽东文集》(第二卷),人民出版社1993年版,第320页。

〔35〕 山东省档案馆、中共山东省委党史研究室编:《山东的减租减息》,中共党史出版社1994年版,第40页。

事。在民众热情没有发动起来、畏缩不前情形下，减租运动很难开展，有的明减暗不减，有的白天减了晚上偷偷给地主送去，也有的地主与佃农串通对外谎称减了租。党领导的减租斗争如何开展，实践中主要有四种方式：(1)干部单枪匹马打先锋去与地主说理；(2)干部带领群众去交涉，或者跟着群众去出谋划策；(3)在斗争场所附近设“指挥部”或“参谋部”，根据情况随时指导；(4)干部不去，由积极分子带领群众去。[36] 第一、第二种方式主要是干部包办代替，未能充分发挥群众的作用，也未能提高群众的斗争意识和革命自觉性。按照中央减租政策精神，党员干部只是指导，应由群众自己起来主动自觉地开展减租斗争，第三、第四种才是正确的选择。面对地主对减租运动的阻挠和破坏，如何既要斗地主又要不破坏统一抗战，1942 年 2 月 6 日的《中央关于如何执行土地政策决定的指示》，就谈到了对地主的“打”和“拉”的问题，客观评价了前期群众减租斗争中的过“左”行动，认为如属群众自觉自愿的行动，非但无害而且有益，因为这样可以达到削弱封建、发动群众的目的。党的政策不是事先防止过“左”行动发生，这会妨碍群众的充分发动，而是在群众充分发动起来之后，及时说服群众纠正过“左”行动，给地主交租交息，实施政治上的“三三制”，保障地主的人权、政权、财权，使其感恩，愿与我们合作以达到团结抗战的目的。[37]

同时，根据地的减租运动是减租与交租的统一，兼顾农民和地主双方利益，服务于抗日民族统一战线的需要，早在 1940 年《论政策》中毛泽东就指出，现在的政策，一方面应规定地主实行减租减息，另一方面要规定农民交租交息，土地所有权和财产所有权仍属于地主。[38] 彭真 1941 年在《论晋察冀边区的土地政策》中也谈到农民是抗日的主力，地主是不可缺少和丧失的抗日同盟者，他们必须合作抗日，但二者在土地问题上有着基本上不可调和的复杂矛盾。彭真指出减租之后的依约交租是农民的基本义务，如果农民不交租，地主就不会继续和农民合作抗日，民族统一战线就会破裂或缩小。[39] 彭真在指出土地问题上农民和地主间不可调和矛盾的同时，也从统一抗战的角度强调农民交租的义务。1942 年 1 月 28 日《中共中央关于抗日根据地土地政策的决定》这份重要文件，指出抗战以来我党在根据地实行的土地政策，是抗日民族统一战线的土地政策，即一方面减租减息，另一方面交租交息的土地政策。政府法令，一方面要规定地主普遍的减租减息，另一方面又要规定农民有交租交息义务，双方都不得违抗。[40] 将交租重要性上升到减租同等高度，强调这是农民的法定义务。抗战时期根据地土

---

〔36〕 豫皖苏鲁边区党史办公室、安徽省档案馆编：《淮北抗日根据地史料选辑》第 3 辑第 2 册，1984 年，第 164—165 页。

〔37〕《中央关于如何执行土地政策决定的指示（1942 年 2 月 6 日）》，载中共中央党校党史教研室选编：《中共党史参考资料》（五）（抗日战争时期下），人民出版社 1979 年版，第 24—25 页。

〔38〕《毛泽东选集》（第二卷），人民出版社 1991 年版，第 767 页。

〔39〕《中国的土地改革》编辑部、中国社会科学院经济研究所现代经济史组编：《中国土地改革史料选编》，国防大学出版社 1988 年版，第 70、第 73 页。

〔40〕 山东省档案馆、中共山东省委党史研究室编：《山东的减租减息》，中共党史出版社 1994 年版，第 30、第 32 页。

地政策中减租和交租的同时强调,除了统一抗战需要外,也有维持农民和地主双方基本生活的考虑。1941年毛泽东曾经说过:“在土地关系上,我们一方面实行减租减息,使农民有饭吃;另一方面又实行部分的交租交息,使地主也能过活。”〔41〕董必武也谈及,地主减租减息,使农民有能力缴纳,且可稍微改善生活;农民交租交息,可使地主和农民双方利益暂时协调,相互关系得以改善。〔42〕除早期极少数法律如1938年《晋察冀边区减租减息单行条例》规定地租一律不缴外,减租与交租相统一的土地政策,在1942年之后的各根据地法律中有充分的体现,如1942年《陕甘宁边区保障人权财权条例》、1944年《陕甘宁边区土地租佃条例(附说明)》、1945年《山东省土地租佃条例》,都明确规定了佃农的交租义务,甚至赋予地主在佃农故意欠租达到一定数量时的撤佃收地权,以维护地主的合法利益。从减租政策的提出,到减租与交租相统一,是抗战时期党的土地政策和根据地土地法的进一步完善,也是对早期减租运动中“左”倾现象的纠正,保障了抗战中后期根据地减租运动的良性发展。

(二)减租运动中地主的大量撤佃

如毛泽东所言,“对农民剥削地租是地主剥削的主要的方式”,〔43〕地主对佃农的地租剥削在传统社会是天经地义的。作为一对矛盾统一体,他们之间的利益分配千百年来大都由地方习惯法调整。抗战时期中国共产党领导的减租运动,从维护佃农利益角度出发,进行了一种外力干预。减租直接损害了地主利益,“二五减租”与地主阶级的利益是直接矛盾的,不可调和的。〔44〕就凭政府的一纸法令,平白无故地损失了大笔的地租,地主自是非常不甘心,因此,减租运动一开始就受到地主强烈抵制,以对佃农最狠毒的方式撤佃收地相顽抗。据调查,在陕甘宁边区一个有47户农户的自然村,1942年地主借故撤佃的租地达100垧,牵涉佃农9户,其中当时因撤佃而无法维持生活的租地有58垧,佃农5户。撤佃主要是针对佃农的依法令减租行为,而不是真正收回自耕或者必要的典卖。〔45〕晋察冀边区六专区昌宛房第四区1942年有17户地主夺走了21户佃户的租地127亩,1943年35户地主夺走了45户佃户的租地279亩。〔46〕山西和顺县松烟村75家佃户因减租而被地主夺去的土地,占其承佃土地总数的91.56%,此类夺佃现象在1944年太行15个县竟有3784件。〔47〕1944年增减运动过后,鲁西南曹楼

〔41〕《毛泽东选集》(第三卷),人民出版社1991年版,第808页。

〔42〕《董必武选集》,人民出版社1985年版,第110页。

〔43〕《毛泽东选集》(第一卷),人民出版社1991年版,第127页。

〔44〕李一氓:《二五减租在淮海党内——一个阶级教育的问题(1942年6月2日)》,载江苏省财政厅、江苏省档案馆财政经济史编写组编:《华中抗日根据地财政经济史料选编》(江苏部分 第1卷),档案出版社1984年版,第471页。

〔45〕柴述凡:《减租中的佃权问题》,载甘肃省社会科学历史研究室编:《陕甘宁革命根据地史料选辑》(第2辑),甘肃人民出版社1983年版,第418页。

〔46〕赵效民主编:《中国土地改革史(1921—1949)》,人民出版社1990年版,第278页。

〔47〕齐武编:《一个革命根据地的成长:抗日战争和解放战争时期的晋冀鲁豫边区概况》,北京人民出版社1957年版,第122页。

退佃解雇的在 1/2 以上。[48] 减租导致地主不经佃农同意,单方面撤佃收地,失佃给佃农带来了极大的损害,也因此产生了大量的租佃纠纷。晋察冀边区 1943 年到 1944 年近 1 万件租佃纠纷中,绝大多数是因地主增租夺佃引起。[49] 在佃权缺乏保障的减租运动中,因减租引起的夺佃纠纷不可胜数。

地主的撤佃招数既包括对已然减租的佃农佃地的剥夺,也包括以撤佃威吓阻止试图减租的佃农,叫嚣着:"今年减租,明年就不租给你了。"害怕没地种的胆小佃农还真不敢减。在减租运动中,地主行使撤佃权的方式主要有三种:(1)减租后寻找不违法甚至是所谓的"合法"理由撤佃。如片面利用 1942 年《中央关于抗日根据地土地政策的决定》中保障地主地权的规定来作为自己土地撤佃处分权的依据,或者依据契约自由来支持自己随时撤佃,或者依据租佃法令中地主生活困难时可以收地自种,所谓"生活困难"弹性非常大,地主利用这一条款作为自己夺佃所谓的"合法理由"。北岳区地主对于减租的反攻,主要是借口家中生活困难,或者借口契约期满,甚至是未定契约随时收回。[50] 1942 年,晋冀鲁豫地区不少地主也采取收回自耕方式对抗减租,等减租浪潮过后再行出租,或者依照法令辞去佃户,实行雇工经营,甚至是辞去部分佃户实行里打一般,在自己没有生产能力或者不愿投入真正生产力情况下,安排老幼参加一些喂牛、打水、送饭等辅助劳动,在分粮时和佃户同样分,从而减少减租带来的损失,事实上这是更隐蔽的对佃户超经济的残酷剥削。在知道不依据法令不能辞佃的情况下,有的地主吹毛求疵,故意找佃户差错,以佃户老了干不动活、把牛弄病了、佃户太懒、偷东西甚至是调戏地主家女人为借口辞佃换佃。[51] 欲求其过,何患无辞。这种以生活困难、假典假卖、找佃户差错等为借口的撤佃现象在各根据地都非常普遍。有的地主甚至肆意曲解法令,明目张胆地撤佃收地。平山县有的地主说:"双十纲领公布后,土地有了所有权,佃地要收回,不要那些坏小子们种了",[52]甚至恣意曲解,说依照双十纲领不收回不行。地主们打着所谓"合法"的幌子撤佃夺地,除了减少自己的地租损失外,更多的是为了报复减租佃农并进而威慑试图减租的佃户,对抗减租运动。(2)利用敌伪势力或者农民内部的矛盾撤佃。抗战时期入侵日寇势力的强大、国民党政权抗日的动摇性以及共产党及其军队势力的单薄,加之国共之间矛盾的复杂性,使得根据地地主们认为,借助敌伪势力干扰和阻止减租运动的开展,是个不错的方式。趁敌人扫荡蚕食之际,少数地主借敌伪

---

〔48〕《张霖之同志在分局党校关于土地政策在边区具体执行的报告(1945 年春)》,载中共冀鲁豫边区党史工作组办公室、中共河南省委党史工作委员会编:《中共冀鲁豫边区党史资料选编》(第 2 辑 文献部分下),河南人民出版社 1988 年版,第 493 页。

〔49〕谢忠厚、肖银成主编:《晋察冀抗日根据地史》,改革出版社 1992 年版,第 519 页。

〔50〕河北省社会科学院历史研究所编:《晋察冀抗日根据地史料选编》(下),河北人民出版社 1983 年版,第 371 页。

〔51〕高元贵:《地主反对减租的办法和我们的对策(1942 年 12 月 31 日)》,载河南省财政厅、河南省档案馆合编:《晋冀鲁豫抗日根据地财经史料选编》(河南部分 4),档案出版社 1985 年版,第 518—522 页。

〔52〕刘澜涛:《全面彻底的实现双十纲领(1941 年 2 月)》,载《晋察冀抗日根据地》史料丛书编审委员会编:《晋察冀抗日根据地》(第 1 册 文献选编下),中共党史资料出版社 1989 年版,第 500 页。

势力收回租地,山东根据地曾出现过这种情况。一些顽固地主利用他们自己或者其代表在政府或参议会中的合法地位,曲解法令,欺骗民众,肆意夸大农民过火行动,批评农会维护和保障农民合法权益行为"违背了政府法令",[53]甚至为地主撤佃行为辩护。平山县有的地主将佃地收回后,租给地痞、流氓,利用地痞、流氓的势力来反对减租群众。[54] 这是地主通过借势造势等威慑甚至恐怖方式实现强制撤佃,打击报复减租佃农。还有的地主利用佃农缺地的生存困境,挑动觉悟不高的佃农相互增租夺佃。一来维护了地主自己的利益,二来分裂和破坏了佃农间的团结从而不利于减租活动的开展。(3)先发制人,预先辞佃。一些地主听闻减租风声后在减租还未开始之前,预先辞掉佃户,收回土地。由于减租运动开展之前,租佃关系缺乏有效的法令保障,地主的随意撤佃也谈不上违法。甚至有的地主在辞去旧佃的同时,还雇好了新佃户。在晋冀鲁豫根据地减租运动中出现不少这种现象。[55] 地主按照自己的意愿提前撤佃、换佃,从而有效地规避了减租法令不得随意撤佃的规定,使得减租运动难以有效开展,也使得原佃农成为减租的牺牲品,其利益难以伸张和维护。主动出击,预先辞佃,无疑是地主对抗减租最狠毒、最有效的方式。

地主的撤佃让很多佃农面临无地可耕之生活窘境,这无疑是对佃农减租行为的报复。为什么要报复减租佃农,笔者认为原因主要有三点:(1)减租给地主带来了比较大的损失,甚至造成生活困难。以根据地最普通的减租标准"二五减租"为例,地主的收益直接减少25%,这是个不小的数字,因为地主承担了对政府的税赋,且抗战时期无论国统区还是根据地税赋都在增加,一面是租额的减少,一面是税赋的增加,地主的日子不好过。抗战时期在"有钱出钱、有力出力"的口号下,要求有产者的地主多负担是理所当然的事情。受减租影响最大的是纯粹靠食租为生而没有其他经营的地主。小地主可能会有生活忧患,大地主的日子也好不到哪里去。张闻天于1942年对米脂县杨家沟村大地主马维新进行考察,发现1938年后马维新收入主要来源于租谷,1941年除了租谷外,几乎没有任何经营收入。减租所带来的收入减少和抗战导致的公益负担费用自1940年开始大增,马维新面临着痛心又无奈、找不到经济出路的窘境。[56] 笔者以为这也是抗战时期减租减息运动开展以来大多数地主的境况。佃农的减租直接触动了地主的经济利益,"你让我没好饭吃,我就砸你的饭碗",这是地主在经济上报复减租佃农最直白的方式。(2)地主对佃农背叛行为无法忍受。众多无地少地的佃农注定是要靠租种地主的土地过日子,人多地少、一地难求的现状使得地主在土地

〔53〕 王启云编:《山东抗日根据地的减租减息》,中共党史出版社2005年版,第87页。

〔54〕 刘澜涛:《全面彻底的实现双十纲领(1941年2月)》,载《晋察冀抗日根据地》史料丛书编审委员会编:《晋察冀抗日根据地》(第1册 文献选编下),中共党史资料出版社1989年版,第501页。

〔55〕 高元贵:《地主反对减租的办法和我们的对策(1942年12月31日)》,载河南省财政厅、河南省档案馆合编:《晋冀鲁豫抗日根据地财经史料选编》(河南部分4),档案出版社1985年版,第518页。

〔56〕 李向前:《抗日战争与中国西北农村社会的变动——兼谈张闻天的"新式资本主义"观点》,载冯崇义、[澳]D. S. G. 古德曼(DavidS. G. Goodman)编:《华北抗日根据地与社会生态》,当代中国出版社1998年版,第60页。

租佃中处于绝对的优势，即便是近代社会业佃间也绝无平等可言，在土地租佃问题上地主掌握着绝对的控制权，而且地主的撤佃权几乎受不到有效的制约，“在很多地方，地主可以随时撤佃，撤佃之后地主容易觅得新佃户，而佃户求地难”，[57]为了生存佃农只能逆来顺受，仰承地主的鼻息，对地主言听计从。想种地佃农就只能向着地主的脸色行事，讨好地主。也并非所有地主都是凶神恶煞，只要佃农尽到了自己本分，东佃间往往能安好相处，加之他们之间常常还有邻里关系甚至亲情关系的维系。2008 年 12 月，日本学者对成都市和崇州市几位老农进行访谈，老农们谈到，佃农过年会给地主拜年，而地主则会请所有佃农吃饭，地主乐于佃农好好种地，甚至在青黄不接时地主还会借粮食给佃农，租佃关系呈现出一种契约式的和谐互惠关系。[58] 或许有论者认为这只是局部地区的个例，不具有普遍性，但至少是一种真实的存在。刘大钧也认为，“田主佃户多为同里之人，除欠租者外，佃业双方感情多相融洽。满期之后，往往由旧佃续租。我国国民性情本守旧而不好变化，农民尤甚。”[59]佃农对地主的忠诚换来租佃的稳定和长久，这是一种契约式的乡土秩序。根据地佃农的减租运动，在地主看来是大逆不道的行为，而且是背信弃义的行为，因为他们之间租额的确定也是有租契或口约的，佃农的减租行为因此招致地主的撤佃报复。(3)减租让地主的颜面尽失，威风扫地。地主在地方上都是有头有脸的人物，往往同时为官为绅有权有势，即便是庶民地主通常也会找到一些靠山，过着有尊严的体面生活。一向逆来顺受的佃农，竟敢要求地主减租，让地主颜面扫地。经济上的损失和政治上的威风扫地是减租带给地主的两大伤心事，淮北邳睢铜地主“四阎王”在减租中被斗，在朋友看他时说，“我倒不是哭几个钱呀，伤心的是多少年的威风到哪儿去了！”[60]人活一张脸，何况是历来威风凛凛的地主，颜面扫地可能比经济损失更痛苦。洪瑞坚 1935 年在谈浙江“二五减租”时说道：“减租的最大影响不是租额的克减，而在于地主心理的反动。农民减租气焰嚣张，一改往日驯服态度，对地主不稍让步，傲慢无礼，让地主很是不堪。”[61]

(三)佃权保障制度的确立

根据地减租运动中地主的大量撤佃，直接受害者是被收地的佃农。1942 年绥德有家佃户，减租后地租按四六交，地主竟收回了土地，并在腊月二十六日将佃户赶出窑外，逼得佃户无家可归，痛哭流涕。[62] 安徽省萧县二区葛张庄 1942

---

[57] 马寅初：《中国租佃制度之研究》，《经济学季刊》1930 年第 1 期，第 11 页。

[58] 李德英：《佃农、地主与国家：从成都平原租佃纠纷看民国时期佃农保障政策的实际执行（1946—1948）》，《社会科学研究》2013 年第 1 期。

[59] 郑大钧：《我国佃农经济状况》，太平洋书店 1929 年版，第 30 页。

[60] 豫皖苏鲁边区党史办公室、安徽省档案馆编：《淮北抗日根据地史料选辑》（第 3 辑 第 1 册），1984 年，第 314 页。

[61] 洪瑞坚：《浙江二五减租问题》，《地政月刊》1935 年第 5 期，第 679 页。

[62] 《保障佃权是贯彻减租交租的关键》，载甘肃省社会科学历史研究室编：《陕甘宁革命根据地史料选辑》（第 2 辑），甘肃人民出版社 1983 年版，第 452 页。

年前因为积极减租,被地主顽固扣押毁了十几亩地,老婆吊死。[63] 如民国时人章振乾所言,撤佃对于佃农万分的不利,"在地主,问题仅在于收入的多寡;而在佃农,却是生死的关头"。[64] 由于根据地物质资源的匮乏和社会救济的不足,失佃农民难以生存,对此根据地政府倡导佃户之间匀佃,让租种土地较多的佃农拨一点土地给没有土地的佃农耕种,使其得以活命,这一方式也没能形成普遍的制度。再者,地主的撤佃收地行为对欲行减租的其他佃农也起了"杀鸡儆猴"的威吓作用,因减租获得一点利益而失去了全家人的生活,对佃农而言是得不偿失的事情。在晋冀鲁豫地区,有些地主警告减租佃户:"是愿长愿短吧!""砂锅子捣蒜一锤子买卖",[65]在群众运动没有充分发展起来时,积极参与减租的少部分群众已然成为减租运动的牺牲品,即便取得暂时的胜利也难保长久,很可能还有"秋后算账",如时任冀鲁豫区委书记的张霖之所言,"佃户多是分散的,一两个佃雇对地主斗争很难取得胜利。过去地主在群众成为集体时,被迫减租增佃,当佃户雇工分散成为个体时又退佃、反攻、复辟"。[66] 撤佃的前车之鉴,使得佃农要么不敢减,要么明减暗不减,要么和地主串通对外谎称已减,严重妨碍了减租运动的进一步开展。

减租运动的开展必然会导致地主的撤佃,抗日根据地早期的政策和法律有没有创设相关的制度来解决这一问题?通过文本的考察不难发现,早期有关减租的中央文件中均未提及佃权保障,笔者所查到的明确提到"佃权"问题最早的中央文件是 1942 年 1 月 28 日的《中共中央关于抗日根据地土地政策的决定》的附件一《关于地租及佃权问题》,法律中佃权保障之规定更是此后的事情了。为何 1942 年之前的中央文件没有佃权保障的内容,笔者以为并非中央没预见到,而是有诸多的现实原因。(1)对撤佃的估计不足。如果群众减租热情能充分调动起来,形成强大的合力,通过声势浩大的群众运动摧毁地主的权势并迫使地主减租,地主可能只能听命就范,从而就无所谓撤佃抗减问题,但这更多的只是一种革命理想,因为群众觉悟的提高绝非易事。加之减租运动也是一场激烈的阶级斗争,其复杂性超过了土地革命。土地革命是工农民主政权发起的纯粹反封建革命,在斗地主上没有什么顾虑,而减租则是在抗日民主政权领导之下在不破坏与地主阶级的抗战联盟之下开展,矛盾重重。国民政府和日伪势力的存在,为地主提供了更多的生存空间,使得地主的狡诈和顽固得到进一步助长。(2)减租是抗战时期土地政策的核心,具有全局性纲领性意义,而保障佃农佃权制止地主撤佃则只是减租内容的一部分,是一个局部性的问题,毕竟撤佃只是发生在部分

---

〔63〕 何启光:《在萧县群众工作会议上的发言(1945 年 5 月)》,载豫皖苏鲁边区党史办公室、安徽省档案馆编:《淮北抗日根据地史料选辑》(第 3 辑 第 2 册),1984 年,第 270 页。

〔64〕 章振乾:《闽西土地改革区新租佃问题研究》,《研究汇报》1945 年第 1 期,第 17 页。

〔65〕 高元贵:《地主反对减租的办法和我们的对策(1942 年 12 月 31 日)》,载河南省财政厅、河南省档案馆合编:《晋冀鲁豫抗日根据地财经史料选编》(河南部分 4),档案出版社 1985 年版,第 513 页。

〔66〕《张霖之同志在分局党校关于土地政策在边区具体执行的报告(1945 年春)》,载中共冀鲁豫边区党史工作组办公室、中共河南省委党史工作委员会编:《中共冀鲁豫边区党史资料选编》(第 2 辑 文献部分下),河南人民出版社 1988 年版,第 492 页。

佃农身上，二者轻重有别。如果一开始就强调保佃，可能会制约减租运动的开展，二者其实也存在着一定的矛盾，只有先放手发动群众运动，有了问题再来纠正。减租是正面进行的，保佃只是从反面对撤佃的限制，正面的减租都没能很好地开展，保佃问题就难以顾及。此外，在减租法令刚出台的时候很多根据地的减租运动尚未真正开展，撤佃问题并未充分暴露出来。(3)中国共产党确立减租政策其实是拾起了国民党曾经的减租旗帜，这也是国民党所能接受的方案。减租本身就损害了国民党所代表的地主阶级利益，而且减租运动能否切实开展也与国共两党不同时期的复杂关系有密切联系。保障佃农佃权、限制地主撤佃，是对地主进一步的不利，如果在提出减租口号的同时就强调保障佃权，可能会招致国民党更多的反对，影响国共合作共同抗日，而且也会为即将推开的减租工作带来来自地主方面的更大阻力。先发动群众减租，再重视佃权保障，探索研究解决方案，并在立法中得到确立，这种循序渐进的过程有利于化解地主方面的阻力，从而有利于减租运动的渐次发展。(4)抗日民族统一战线的存在，使得在减租问题上，中国共产党更多的只是指导、发动和一定程度上的组织协调者。中国共产党为了农民利益，代表农民利益发动减租运动，并研究对策指导和解决减租运动中出现的各种问题，同时肩负着团结地主阶级抗日的政治使命，这使得中国共产党在很大程度上扮演着农民和地主阶级利益关系的协调者，要兼顾地主的利益诉求。减租运动中斗地主是必要的，但如邓小平所言，要处理好对地主“打”与“拉”的关系，“打”了之后还应该“拉”。在农民和地主的减租斗争中，中国共产党必须在一定程度上扮演调停者角色，尽量寻求双方都能接受的利益妥协方案，正如1942年1月28日《中共中央关于抗日根据地土地政策的决定》中所说，“在处理农村纠纷中，党与政府的工作人员，不是站在农民或地主的某一方面，而是根据上述基本原则，采取调节双方利益的方针”。〔67〕如果过于强调农民的佃权，势必导致地主的利益受损。

华北根据地减租运动开展较早，地主撤佃产生的问题暴露较早，保障佃农的佃权、稳定既有的租佃关系成为当务之急，法律很快对此有了回应，1939年12月《晋察冀边区减租减息实施办法》对地主收地问题做了限制，规定“地主因减租后借口收地者，一概不许”，佃权保障内容在该法中初见端倪。在随后的1940年《晋察冀边区减租减息单行条例》、1940年《山东省减租减息暂行条例》、1941年《山西省第二游击区减租减息暂行条例》等减租法律中都有佃权保障相关内容。这些法律尽管没有使用“佃权”概念，但明确规定未经承租人同意出租人不得随意收地，契约到期或不定期契约承租人的继续租佃权，耕地再次出租、出佃或出卖时原佃户的优先权等有关佃权方面的内容。随着减租运动在各根据地开展，地主撤佃问题的普遍性和严重性引起了党中央的高度重视，1942年1月28日《中共中央关于抗日根据地土地政策决定》的附件一《关于地租及佃权问题》指

〔67〕 山东省档案馆、中共山东省委党史研究室编:《山东的减租减息》，中共党史出版社1994年版，第32页。

出:在租佃契约或习惯上有永佃权者应保留之,奖励业佃双方订立五年以上之较长期契约,租约期满地主收地时如原佃太穷则由政府召集双方适当调剂,或延长佃期或只退佃一部分,并确认了佃地出典出卖时原承佃人同等条件之承典承买优先权以及佃地的买卖不破租佃规则。[68] 该中央文件使用了"佃权"概念,提出了佃权保障的基本方案。1942 年 10 月 27 日,《解放日报》一篇文章《减租中的佃权问题》进而指出减租和保护佃权是一个工作的两个方面,正因为对佃权没有积极有效的保护方法,所以地主借撤佃来威胁佃农,使其不敢减租,而且地主的撤佃已经严重影响到佃农生活,因此不解决佃权问题就无法贯彻减租。[69] 1942 年 12 月 28 日,《解放日报》社论《保障佃权是贯彻减租交租的关键》进一步强调了佃权保障的重要性:保障佃权是贯彻减租的关键,正如保障地权是保证交租的关键一样。如果只保证地主的地权不保证农民的佃权,则减租交租法令无从贯彻,且对于提高农民生产热情、发展边区农业生产亦为极大障碍。强调政府应制定保障佃权的具体有效方法。[70] 随着党的佃权保障政策的确立和舆情的变化,1942 年《晋西北减租交租条例》、1943 年《晋察冀边区行政委员会关于贯彻减租政策的指示》、1944 年《陕甘宁边区土地租佃条例(附说明)》、1945 年《山东省土地租佃条例》等一批根据地租佃法律普遍使用了"佃权"概念,并规定了佃权保障的基本内容,根据地佃权保障制度逐步得到了建立和健全。佃权保障制度的确立制约了地主的随意撤佃行为,解决了制约减租运动进一步开展的瓶颈问题,为减租运动的深入贯彻扫除了关键的障碍。佃权保障制度的出现,也标志着根据地租佃法走向成熟。

三、查减与退租:根据地租佃法的深入贯彻

由于减租运动在各根据地开展不平衡,以及各地减租运动中或多或少存在未减租、假减租、明减暗不减以及地主非法撤佃现象,1943 年 10 月 1 日中共中央党内指示《开展根据地的减租、生产和拥政爱民运动》强调:"凡未认真实行减租的,必须于今年一律减租。减而不彻底的,必须于今年彻底减租"。[71] 同时责令各地党部检查当地减租运动开展情况,发布查减政策,各根据地法律也相应地建立和完善了查减与退租制度,并在实践中得到了贯彻实施。

(一)减租运动的全面贯彻与查减的开展

1942 年 2 月 4 日《中共中央关于如何执行土地政策的决定》进一步强调要迅速实行减租减息的指示,推动减租运动在各根据地全面开展。1942 年年初到

[68] 山东省档案馆、中共山东省委党史研究室编:《山东的减租减息》,中共党史出版社 1994 年版,第 35 页。

[69] 甘肃省社会科学历史研究室编:《陕甘宁革命根据地史料选辑》(第 2 辑),甘肃人民出版社 1983 年版,第 418—419 页。

[70] 西北五省区编纂领导小组编:《陕甘宁边区抗日民主根据地》(文献卷下),中共党史资料出版社 1990 年版,第 241—242 页。

[71] 《毛泽东选集》(第三卷),人民出版社 1991 年版,第 910 页。

1943 年年底，华北的减租运动得到了全面展开和广泛深入。在 1943 年 10 月中央《关于减租生产拥政爱民及宣传十大政策的指示》发布后，1943 年 10 月 28 日，边区政府发布《关于贯彻减租政策的指示》，此后减租和查减工作进入普遍深入的贯彻阶段，此时北岳区的工作重点已经是查减了。[72] 太岳区 1942 年狠抓减租、发动群众的工作，依据减租法令和太岳农救总会的《土地斗争纲领》，开展减租斗争，形式主要有：(1)召开减租座谈会，宣传中央土地政策；(2)举行佃户代表会议，统一减租要求；(3)举行租佃会议，解决业佃双方纠纷，当场减租；(4)佃户结队到政府请愿，实行减租。[73] 太岳区 1943 年减租斗争的最大特点是克服了干部强迫命令、包办代替的恩赐减租偏向，真正充分发动了群众。广大贫苦农民先开诉苦会，控诉地主剥削压榨农民的罪行，提出按照政府法令减租的要求，如地主答应则给予欢迎，如地主拒绝则进行说理斗争，迫使其减租，如地主继续顽抗，召开群众大会给其压力，直到取得减租胜利。[74] 太岳区 1944 年冬到 1945 年进行了查减运动，发现有不同程度的减租不彻底、地主非法撤佃问题。对于减租后地主加租和地主未按法令减租的，令其将 1943 年、1944 年多收的地租退给佃户。非法夺佃的根据情况予以恢复，给原佃继续耕种，强调保护农民佃权，佃权时间不少于三年或五年。太行区 1942 年开展了以减租和保佃为中心的减租运动，初步克服了以前群众运动中“恩赐”“包办”的缺点，引领群众自求解放，推动减租深入发展。[75] 1944 年 8 月，中共太行区党委发布了《关于贯彻减租运动的指示》，进一步发动农民，引导农民自觉起来进行说理斗争，减租运动进入高潮，此后各地交流减租经验并及时纠正了斗争中的一些过火行为。冀热辽的减租运动开展较晚，1944 年前只有个别地区实行过减租，由于基本区被“蚕食”，1943 年后出现普遍增租夺佃现象，1944 年 9 月 1 日中共冀热辽特委作出《关于进行减租运动决定》，号召当年秋季广泛发动减租运动，实行“二五减租”。在这次减租运动中，基本区约有三分之一到二分之一的村减了租，取消了“上打租”，一般立契三年以保障佃权。[76] 在减租运动中，打退了地主的反攻，保障了佃权，减轻了农民负担。陕甘宁边区减租运动的真正推开是在 1942 年年底之后：1942 年 10 月，中共西北局发布了《关于彻底实行减租的指示》，12 月，陕甘宁边区政府出台《陕甘宁边区土地租佃条例(草案)》，将减租政策具体化为法律条文，随后减租运动才大规模开展。为了解决地主对抗减租问题，边区政府充分发动广大农民对地主进行“斗力、斗理、斗法”。[77] 1943 年中共西北局召开高干会议，明确减租任务，各县部署

---

[72] 高德福：《华北抗日根据地的减租减息运动》，载财政部财政科学研究所编：《抗日根据地的财政经济》，中国财政经济出版社 1987 年版，第 32—33 页。

[73] 中共山西省委党史研究室：《太岳革命根据地简史》，人民出版社 1993 年版，第 170—171 页。

[74] 中共山西省委党史研究室：《太岳革命根据地简史》，人民出版社 1993 年版，第 208 页。

[75] 太行革命根据地史总编委会编：《太行革命根据地史稿(1937—1949)》，山西人民出版社 1987 年版，第 169 页。

[76] 谢忠厚、肖银成主编：《晋察冀抗日根据地史》，改革出版社 1992 年版，第 525 页。

[77] 孔永松：《试论抗战时期陕甘宁边区的特殊土地政策》，载南开大学历史系编：《中国抗日根据地史国际学术讨论会论文集》，档案出版社 1985 年版，第 387 页。

了佃农佃权保护、防止地主撤佃措施。随后减租运动在庆阳、镇原、绥德、合水、米脂等县展开,发动佃户向地主减租和清退多收地租。在山东抗日根据地中,莒南县减租运动的开展较其他地区更为广泛深入和成效显著。1942 年夏到 1943 年秋,莒南县开展了减租运动,1943 年 11 月 18 日,莒南县委根据中央和山东分局及区党委指示,布置了查减工作,提出以减租查租为中心,广泛开展查减运动。至 1944 年年初,200 余村庄完成查减,3000 多佃户减了租息,发动了 100 多个查减斗争。1944 年 12 月,莒南县委继续部署深入"查减"工作,对各村的"查减"进行普遍检查。普查中发现有少数没有减或减得不彻底后,当即进行了解决。[78] 就整个山东根据地而言,减租群众运动的真正深入开展是在 1944 年夏季之后。淮北经历了 1943 年集体减租后,1944 年进入群众自动减租阶段,减租已成为一种制度,查减工作也在深入进行。该减的租佃户毫不退让,连人情租也减了,甚至认为不减租是最丢人的。地主们向佃户低头,遇事与佃户商量。[79] 1944 年后华中各根据地群众运动普遍开展起来了,减租运动进入了贯彻减租和查减、退租阶段。

旨在检查减租运动开展情况和解决减租工作中存在的问题之查减运动,同样是依据减租政策和法律开展的群众运动,是减租运动的一部分,也是保障减租运动全面贯彻的重要环节。查减查什么?山东省的查减内容非常丰富,包括:减租率是否达到 25%?减租后最高租额是否不超过 37.5%?农民多年欠租是否废除?减租后是否废了旧约订立了新的租约?佃户佃权是否得到保障?农民生活是否得到改善、生产积极性是否提高?减租斗争是否发动和组织了群众中的大多数?等等。[80] 刘瑞龙也谈到淮北查减"查什么?":"查多少地主,多少佃户,佃种多少土地,共收多少谷子,应减租粮多少,几家减租,几家未减,几户减得不彻底,原因何在等。"[81]查减是一项艰巨复杂的工作,如何有效地开展,根据淮北几年的减租经验,刘瑞龙在 1944 年总结出了一套系统的方法:首先,在干部中进行思想动员,说明减租不彻底的危害和查减的重要性,并打破盲目乐观自满情绪。其次,明确从什么地方查、向谁查、靠谁查、查什么。他认为应先从工作基础较弱的地方、佃户较分散的地方、干部有毛病的地方和地主仍有潜势力的地方查,主要向顽固的地主、干部地主、东佃关系较好的、老佃户和富裕的佃户查。最后,确定好查减步骤和方法,方法包括阶级教育、群众报告、组织密查小组、业佃会议,等等。另外还强调了一点,退租不能拖延,必须立即兑现。[82] 山东莒南县大店的查减斗争也开展得有声有色,首先进行了为期八天的多种形式调查,掌握

---

[78] 《莒南县的减租减息运动》,载中共山东省委党史资料征集研究委员会编:《山东抗日根据地》,中共党史资料出版社 1989 年版,第 458—463 页。

[79] 刘瑞龙:《淮北五年来群众工作总结(1944 年 10 月 16 日—22 日)》,载豫皖苏鲁边区党史办公室、安徽省档案馆编:《淮北抗日根据地史料选辑》(第 3 辑 第 2 册),1984 年,第 58 页。

[80] 王启云编:《山东抗日根据地的减租减息》,中共党史出版社 2005 年版,第 95 页。

[81] 《刘瑞龙文集》(第一卷),人民出版社 2010 年版,第 503 页。

[82] 刘瑞龙:《淮北五年来群众工作总结(1944 年 10 月 16 日—22 日)》,载豫皖苏鲁边区党史办公室、安徽省档案馆编:《淮北抗日根据地史料选辑》(第 3 辑 第 2 册),1984 年,第 62—63 页。

本地区租佃基本情况，地主压迫佃农的事实以及佃农各方面思想情况；然后对群众进行“谁养活谁”的思想教育，再对佃农和贫雇农进行怕地主收地不敢减租、碍于情面不减租以及怕“变天”怕今后的报复不敢减租等方面的心理教育；接下来召开地主座谈会，对地主进行减租思想教育和政策法律教育，要求地主主动配合；最后召开大规模斗争大会，表扬先进地主庄晓光、庄洪来、庄景良，斗争恶霸地主庄英甫、庄景楼，打击其嚣张气焰，使其低头认罪承认错误，在此基础上开展减租、退地、减息、增资等活动。[83] 对于查减中发现的问题，顽固地主也不会轻易就范，必须进行群众斗争，如何斗地主，1943 年薄一波同志提出了一个重要原则：“斗，不要斗到阶级破裂，不要斗到超过法令所允许的利益范围之外，不要采用法令所不允许的斗争手段。让步也不要让到失掉阶级立场，模糊阶级意识，不要让到群众发动不起来，使应得的利益得不到。”[84]高屋建瓴，义理深刻。查减中也发现了很多问题，如山东抗日根据地 1943 年 10 月之后开展的查减运动中，就发现了一些新问题和以前减租工作中遗留的旧问题。新问题表现在：有的地主曲解党的政策，借口发展富农经济或儿子大了要分家，收回租出的土地，有的借口租给更穷的无产阶级而退佃，有的借口法律允许地主处理土地而假典假卖土地，有的故意把租佃关系变成典卖关系以达到收地目的，有的挑拨干群关系破坏他们之间的团结，等等。旧问题表现在：减租中存在不少“死角”，只注意佃地正产物的减租而代种地、肥料、柴草等没有减租，明减暗不减，地主撤佃现象非常普遍，由此导致不少地区出现干群矛盾、群众不团结现象，甚至部分佃户怀疑党的政策，积极分子产生思想顾虑，部分党员、干部比较消沉甚至对减租运动和党的政策存在一些错误认识，等等。[85] 对于发现的这些问题，山东抗日根据地结合整党整风加强了对党员干部的思想教育，重新发动群众开展更深入的减租斗争，依照根据地法律有针对性地进行解决。

（二）查减运动中的保佃与退租

查减运动中发现的最大问题其实就两个：地主假减租不减租和非法撤佃问题，解决方式很明确，对于地主非法撤佃问题，抗战后期的根据地法律中的处理方式主要有四种：(1)恢复原佃。地主的非法撤佃使原佃户成为直接受害者，法律对其权益救济首要的方式就是恢复原租佃关系。如 1945 年 3 月《太岳区租佃单行条例》规定：禁止借口自耕收回土地、暗行出租或任其荒芜以及假典假卖行为，事后发觉者原佃户仍得继续承租其土地。虽然恢复原佃对原佃户而言是最理想的方式，但有时地主收地后又租给了其他更穷的佃农，新佃户的利益不能不考虑，故该救济方式存在一定局限性。(2)退还全部或部分土地给原佃耕种。如地主收地自种或收地后再次出租给他人，在权衡双方利益基础上，法律有可能作出这种处理。1945 年 6 月《淮北苏皖边区减退租补充办法》即如此规定：地主非

[83] 王启云编：《山东抗日根据地的减租减息》，中共党史出版社 2005 年版，第 104—109 页。
[84] 中共山西省委党史研究室：《太岳革命根据地简史》，人民出版社 1993 年版，第 211—212 页。
[85] 王启云编：《山东抗日根据地的减租减息》，中共党史出版社 2005 年版，95—99 页。

法收地时,如其自耕者,应交出该地全部或一部分给原佃农耕种;如该地收回后又转租给其他佃户,新佃户比原佃户富裕者,应将该地一部或全部退还原佃户耕种。如新佃户很穷,原佃户能维持生活,地主无其他土地出租者,不变。(3)恢复原佃或地主另给土地由原佃耕种,并赔偿撤佃期间损失。这是一种灵活可行的方式,原佃的利益获得了最大程度的维护。如1944年10月《晋冀鲁豫边区政府关于几个土地问题处理办法的决定》规定:“佃期未满,地主无故夺回佃户土地者,应保障佃户佃权,地主应将收回的土地退还给佃户租种,如地主故意将收回土地出卖或转租与他人以破坏法令侵犯佃户佃权者,地主应从自己土地中选择同等土质与数量之土地租与原佃户,并适当赔偿夺地期间佃户之损失。”[86]胶东区行政公署作出的减租减息决定中也有类似规定。(4)对地主附加其他惩罚。即除了全部或部分恢复原租佃关系外,还要对地主施以制裁。例如1945年6月《淮北苏皖边区减退租补充办法》规定对非法撤佃的地主应给以严重批评,此后如再次发现类似情况依法惩处。如何惩处法律未进一步明确,但从该法中对减租问题有不少刑事处罚条款来看,很可能是由刑法来制裁。在查减实践中,各根据地根据党的政策和减租法律的相关规定,从保护农民权益、救济弱势群体角度出发,对地主非法撤佃问题做了较为灵活和周全的处理。以鲁中区为例:对地主无理撤佃收地,一般是经过群众斗争要回给原佃,还要分析地主收地的动机。如是为了反对基本群众特别是反对积极分子,则原则上全要回来;如是从积极佃户收回土地转租给落后佃户,原则上也要收回给原佃户,但如新佃户生活困难,在条件允许的情况下要求地主给新佃户一部分土地耕种。另外还要发扬团结友爱的精神,让原佃户给新佃户一部分佃地,争取和团结落后群众。[87]

对于地主未减租、假减租之退租如何进行,各根据地法律也做了明确规定,主要涉及两方面:退租时间(从哪一年开始退)和退租方法。退租时间通常是从减租法令颁布时,如1945年6月《淮北苏皖边区减退租补充办法》规定,自抗日民主政权成立和减租法令公布后,一切未减租、明减暗不减及减租未彻底者,一律照减租法令退租。也有的规定从某一法令颁布一定时期后地主未减租者,应退还佃户多交的地租,如1944年10月《晋冀鲁豫边区政府关于几个土地问题处理办法的决定》规定,在土地细则公布(1943年11月25日)半年后,地主仍未减租者,应将多收的地租全部退还佃户。1945年2月《山东省土地租佃条例》中规定的退租,则以1942年《山东省租佃暂行条例》为界,该暂行条例公布后未减的租按该条例退,暂行条例公布前未减的租按照政府以前的“五一减租法令”退。退租如何退?是仅退正租还是也包括额外剥削,是全退还是退还部分,有无退租对象上的不同,各根据地法的规定存在一定的差异。有的规定比较简单,如1944年10月《晋冀鲁豫边区政府关于几个土地问题处理办法的决定》、1945年2月《山东省土地租佃条例》规定按照多交的数额,全数退还佃户。1943年10月《晋

---

〔86〕 韩延龙、常兆儒编:《革命根据地法制文献选编》(下卷),中国社会科学出版社2013年版,第1225页。

〔87〕 中共鲁中区委:《查租工作总结》,载山东省档案馆、中共山东省委党史研究室编:《山东的减租减息》,中共党史出版社1994年版,第302页。

察冀边区行政委员会关于贯彻减租政策的指示》规定，退租时根据地主佃户双方生活条件情况，全退、少退或不退。1944年9月《苏中区土地租佃条例(修正草案)》则规定如当地环境特殊，或地主经济确实困难，由农抗会根据实情拟定办法，呈请政府处理。这些规定显然是考虑到没落地主或鳏寡孤独等缺乏劳动力家庭出租土地的情况，从而作出少退或不退的灵活规定，以保障出租人的基本生活。抗日根据地土地法中规定的退租多未明确是正租还是包括额外剥削，因此作为额外剥削的副租退不退不得而知，不过依据减租法，如果减了副租，则从理论上讲也应该退还。倒是在1944年6月21日《中共苏中区党委关于倒租工作的指示》这份地方党委文件中，规定“倒租主要倒正租，但在一定条件下也倒额外剥削(如正租虽减而额外剥削严重者)”[88]，即额外剥削严重者也得将超过部分退还。

(三)查减和退租运动的实践成果

自1943年年底至抗战结束，各根据地的减租、保佃、查减、退租运动如火如荼，减租和查减运动取得了丰硕的成果，在减租的同时，减息和增资运动也开展得红红火火。

在华北，晋绥的减租运动成效显著，据兴县、河曲等19县的不完全统计，从1943年冬到1945年秋的近两年中，减租农民达56175户，减租50970石，退租、减息和找工等使得农民获粮185751石，农币2500081元，白洋1520112元，赎回土地1220484亩。减租减息农民占总农户数的81%。[89] 平北县的减租运动开展得非常成功，到1945年上半年，平北的1625个村中，有96.6%的村彻底实行了减租。[90] 太行区平顺县1942年减租运动就开展得比较深入，斗争了平顺县最大的压榨农民的反动地主宋福禄、宋福祥兄弟，使得100多户农民收回了158亩土地和41间房屋。据统计，1942年平顺县33个村共减租297000多斤，左权县退地2419亩，黎城县的三个区退地1531亩，榆社县一个区退地1966亩。[91] 通过减租与退地，农民们得到了更多的经济利益。太岳区士敏县从1944年12月到1945年3月底，3个多月时间发动10000多名群众参加查减运动，解决租佃、债务问题8000多件，地主和债主共退出粮食600000公斤及一部分土地。1945年1、2月的40多天里，阳南县18个村共进行了反贪污、反恶霸及减租减息等大小斗争116次，20000多人参加，减了租粮3560000公斤。[92] 在克服地主“变天”思想基础上，农民减租被热情极大地调动起来，抗战和生产的积极性也进一步

[88] 《中共苏中区党委关于倒租工作的指示(1944年6月21日)》，载《中国的土地改革》编辑部、中国社会科学院经济研究所现代经济史组编：《中国土地改革史料选编》，国防大学出版社1988年版，第175页。

[89] 魏宏远、左志远主编：《华北抗日根据地史》，档案出版社1990年版，第137页。

[90] 刘晓林主编、“三晋”革命根据地工人运动史征编委员会编：《晋察冀革命根据地工人运动史》，中国工人出版社1992年版，第199页。

[91] 太行革命根据地史总编委会编：《太行革命根据地史稿(1937—1949)》，山西人民出版社1987年版，第167—168页。

[92] 中共山西省委党史研究室：《太岳革命根据地简史》，人民出版社1993年版，第285—287页。

高涨。

山东根据地减租运动开展较好的莒南县在1943年11月至12月底的45天查减运动中,彻底完成减租的有162村,减租土地4656亩,退租粮100000多斤,涉及的减租业主583户,佃户1604户。1944年莒南县大店镇的查减斗争中,又有612户解决了问题,减租土地面积8262亩,减租粮78430斤、柴草70500斤。[93] 胶东区在1944年年底前的3个月内,有500000名农民参加了双减斗争,有4495个村、64040亩土地实行了减租,计减租粮2807372斤,退租粮321763斤,订租约7000份。鲁南区1944年8月至1945年3月,查减斗争取得显著成绩,据当时11县的不完全统计,开展减租的村庄有1981个,减租地173134亩,共减租粮3987043.5斤,款47775.5元,地瓜345491斤,花生159489.5斤。[94] 由于山东减租群众运动较晚才发动起来,且受抗战大环境的限制,除莒南等少数地区外,减租总体上并不是很彻底。到抗战胜利时,山东根据地的23417个村庄中,彻底完成查减运动的占17.31%,已减租但不够彻底的占46.59%,莒南、沂南、沂中、沂北、边联、温河等县开展较好,减租比较彻底。[95]

在华中和陕甘宁等其他抗日根据地,减租和查减政策法律得到有效贯彻,大量的地租被减、被退,大大减轻了佃户们的经济负担。1944年华中盐阜区全区退租佃户7012户,共退租粮6280000斤,平均每佃户退得租粮895斤。[96] 淮北1944年的减租和查减运动在96个区899个乡内普遍开展,共减租额46982.2石,退租额65536.6石。[97] 96个区和899个乡分别达到淮北根据地区、乡数的80%以上。退租额超过减租额说明查出了大量的减租不彻底以及明减暗不减的现象,可见查减意义重大。在1940年至1944年五年中,淮北根据地的减租和查减工作不断深入,减退地租的数额逐年攀升,成果越发喜人。[98] 路西地区1945年年初的减租运动,减去租粮1643254斤,数目已经相当可观,可解决近100000人1个月的最低限度生活问题。减租的佃户有18444户,减租地主共3008户。这次减租成绩斐然,但从减租运动的总体发展来看,还是不够普遍,1945年初路西地区的减租者还不到全地区的三分之一。[99] 到1943年陕甘宁边区的减租运动也取得丰硕成果,1943年,绥德分区绥德、米脂、子洲和清涧的14个区及另外三个半乡,减去和消除欠租共31732.82石,退租1842.73石,地主的剥削率大为降低。1943年陇东分区的庆阳、合水、镇原3个县114个乡中,有73个乡进行了

[93] 《莒南县的减租减息运动》,载中共山东省委党史资料征集研究委员会编:《山东抗日根据地》,中共党史资料出版社1989年版,第458—462页。

[94] 王启云编:《山东抗日根据地的减租减息》,中共党史出版社2005年版,第112页。

[95] 申春生:《山东抗日根据地史》,山东大学出版社1993年版,第306页。

[96] 董志凯、陈廷煊:《土地改革史话》,社会科学文献出版社2011年版,第63页。

[97] 《刘瑞龙文集》(第一卷),人民出版社2010年版,第545页。

[98] 参见刘瑞龙:《淮北五年来群众工作总结(1944年10月16日—22日)》,载豫皖苏鲁边区党史办公室、安徽省档案馆编:《淮北抗日根据地史料选辑》(第3辑 第2册),1984年,第54页。

[99] 吴芝圃:《路西地区的群众工作(1945年初)》,载中共河南省委党史资料征集编纂委员会编:《豫皖苏抗日根据地1》,河南人民出版社1985年版,第459页。

减租，共减租 9383.34 石，获益佃户 3757 户。关中分区新正县未土改地区，减租 689.22 石。[100] 免除欠租、减租和退租多管齐下，扫荡了封建重租，大大减轻了佃农负担，改善了佃农生活。

四、结语

在统一抗战背景下，1937 年 8 月 25 日《中国共产党抗日救国十大纲领》正式确立的“减租”土地政策以及随之而来的 1938 年《晋察冀边区减租减息单行条例》等根据地租佃法，拉开了抗战时期根据地减租运动的序幕。从立法减租到实践减租充满艰辛和坎坷，根据地减租运动经历了减租交租、佃权保障到查减退租不断深入的过程。减租和保佃是抗日根据地租佃法的核心内容，群众运动是其基本形式，这场生动的法律实践实现了减租与交租的统一，减租与保佃的统一。相对于苏区土地革命而言，根据地减租是一个改良性的土地制度，虽然不能根除封建性地租剥削，但它潜在的革命意义不能否认：减租导致地价降低有利于农民买地，同时查减退租中地主土地补偿的方式也有利于地权向农民的转移。相对于国统区只有浙江、江苏等地昙花一现的减租和 1930 年民国《土地法》中减租规范的几成具文而言，在党和根据地政府的领导下，在人民群众广泛参与下，各根据地有力地贯彻了租佃法，取得了减租运动的伟大胜利。

[100] 李建国：《陕甘宁革命根据地史》，甘肃人民出版社 2009 年版，第 100 页。

Rent Payment after Rent Reduction and Tenant Right Protection: the History and Logic of the Land Tenancy Law in the Anti Japanese Base Areas

CHEN Heping LE Shuzhen

Abstract: The policy of rent reduction put forward by the Communist Party of China was soon established in the land law of the anti-Japanese base area and the rent reduction was the top priority of the land tenancy law in the anti-Japanese base areas. The reduction of rent led to a large number of landlords' withdrawal of tenancy, which gave birth to the security system of tenant right. Subsequently, the mass movements of rent reduction, rent check, and rent withdrawal in each base area were carried out in depth. The law of land tenancy in the base areas has been gradually improved with the legislative rent reduction turning to practice rent reduction over and over, and finally realized the perfect unity of rent reduction and rent payment, rent reduction and tenant right protection, rent reduction and rent withdrawal.

Key Words: Rent Reduction and Rent Payment; Security of Tenant Right; The Anti-Japanese Base Areas; Land Tenancy Law

迈向统一的欧洲民事诉讼法：法官、当事人及其律师的义务[1]

[荷兰]兰姆寇·凡瑞*
任　昊** 译

摘　要　欧洲法律学会(ELI)和国际统一私法协会(UNIDROIT)联合推出了欧洲民事诉讼统一规则，该规则规定了民事诉讼中法官、当事人及律师的义务。这些规则分为若干部分，包括民事诉讼的首要目标、诉讼程序的管理和设计、事实的确定、法律的查明和争端的协商合意解决。欧洲民事诉讼统一规则是当前欧洲民事诉讼最优制度的结晶。

关键词　民事诉讼；法官义务；当事人义务；律师义务；案件管理；纠纷的合意解决

目　次

* 兰姆寇·凡瑞[C. H. (Remco) van Rhee](1968—)，荷兰马斯特里赫特大学法学院教授，欧洲法律史与比较民事诉讼法中心主任，兼任荷兰马斯特里赫特大学欧洲法学院教育委员会主席、国际诉讼法协会理事会成员等。兰姆寇·凡瑞教授担任欧洲法律协会和国际统一私法协会设立的法官和当事人及其律师义务工作组主席。

** 任昊，中山大学法学院司法体制改革研究中心研究员。

〔1〕 本文发表于 Access to Justice in Eastern Europe 2020 年第 1 期。文章原标题为 Towards Harmonised European Rules of Civil Procedure: Obligations of the Judge, the Parties and Their Lawyers，中文标题有所修改。本文中脚注遵循原文体例。

一、引言

欧洲第一次尝试统一民事诉讼规则可以追溯到20世纪80年代。当时,欧洲共同体(现为欧盟)12个成员国的代表试图制定在所有成员国中都可以接受的民事诉讼规则,已故的比利时教授马塞尔·斯托姆(Marcel Storme)发起了该项工作,[1]笔者那时还只是在该项目中担任助手。鉴于欧洲没有像美国那样的联邦法院体系,制定统一的民事诉讼规则是必要的。对于纠纷的解决,每一个成员国的法院都必须正确实施统一民事诉讼规则。

不幸的是,斯托姆教授发起的这一宏伟计划本身就存在缺陷,在欧洲大陆的大陆法与英国的普通法传统相冲突的情况下,制定所有成员国都能接受的规则几乎是不可能的。即便制定了这样的规则,它们也不会是突破性的。斯托姆规则证明了这一点,例如,在非常重要的证据领域,斯托姆小组制定了很少的规则,其中比较典型的是,在民事诉讼中被传唤出庭作证的证人有义务提供证据。[2]瑞典的林德布洛姆(P. H. Lindblom)教授认为通过这个规则可以看出"斯托姆规则"并不是令人满意的。[3] 事实上,斯托姆团队在1994年公布的规则几乎没有任何进展。[4]

尽管斯托姆团队没有制定一套规则来改变欧洲的民事程序格局,但这一举措还是很重要的,因为它有助于将程序统一性话题从20世纪90年代起纳入欧洲立法议程。因此,该举措激发了后来进行统一民事诉讼规则的尝试,其中之一就是美国法律学会(ALI)和国际统一私法协会(UNIDROIT)于2006年制定的《跨国民事诉讼程序原则》[5],旨在为全世界提供示范规则。欧洲法律协会(ELI)和国际统一私法协会侧重于为欧盟成员国制定示范规则。这项工作于2013年开始,有望在2020年公布,笔者在撰写本文时,尚未公布。

欧洲法律协会和国际统一私法协会的主要目的不是制定一个所有欧洲成员国都可以接受的程序规则。相反,该规则是以欧洲司法实践中最有效、最广泛的做法为指导。这意味着,规则的起草者将从公平、高效、快捷、相称(proportionality)的角度来制定"最佳"的规则。该规则借鉴了相对复杂的2006年制定的《跨国民事诉讼程序原则》。人们认为,《跨国民事诉讼程序原则》可以启发欧洲民事诉讼统一规则的制定。欧洲民事诉讼统一规则可以比《跨国民事诉讼程序原则》更加详尽和细致,因为与《跨国民事诉讼程序原则》不同的是,欧洲民事诉讼统一规则并非针对全球的国际商业诉讼,而是针对欧盟成员国的民事诉讼。

---

[1] Marcel L Storme(ed), Approximation of Judiciary Law in the European Union(Kluwer & Martinus Nijhoff 1994).

[2] Storme(n 1)Art. 5.

[3] PH Lindblom, 'Harmony of Legal Spheres. A Swedish View on the Construction of a Unified European Procedural Law'(1997)5 European Review of Private Law 11-46.

[4] See Storme(n 1).

[5] ALI/UNIDROIT, Principles of Transnational Civil Procedure(CUP 2006).

该规则的制定，没有预设英国是否会脱欧，因此规则还包含了具有英格兰和威尔士特色的程序内容。笔者认为，无须从政治的角度来看英国与欧盟的关系，将英国的普通法纳入欧洲民事诉讼统一规则有利于提高该规则的立法质量。吸收普通法的精华也有利于爱尔兰接受欧洲民事诉讼统一规则。

尽管普通法的影响是显而易见的，但许多拟制定的规则都起源于大陆法。这意味着包含了普通法与大陆法的统一规则，其历史可以追溯到中世纪时期的罗马教会法诉讼程序。罗马教会法诉讼程序被誉为现代欧陆民事诉讼体系的“母本”。〔6〕罗马教会法诉讼程序更多是一种书本上的法律，提供了一定程度上标准化的程序术语和概念，比较典型的是证据规则。避免恣意判断是制定罗马教会法诉讼程序的重要目的之一，其更希望以查明事实和正确适用法律为前提，进而作出裁判。因此，在法律程序参与者（法官、当事人和律师）之间合理分配角色任务是一个中心问题。

传统上，法官在罗马教会法诉讼程序中发挥的作用比其在普通法中更为突出。在欧洲大陆，法官不仅需要确保程序规则得到遵守，而且需明确法律的正确适用（*iura novit curia*），法官将进行各种诉讼行为，例如在听取证人证词以确定案件事实（在普通法体系中这项工作留给当事方及当事人的律师）。在普通法系国家，当事人及其律师在这方面需要承担更多的责任。至中世纪以后的民事诉讼程序都建立在罗马教会法诉讼程序基础上，法官和当事人之间的任务划分是大家一直关注的核心问题。因此，欧洲法律协会和国际统一私法协会共同制定的《欧洲民事诉讼规则》中关注的一项重要议题就是司法活动的分配以及法官与当事人之间的分工。

在本文中，我们将仅关注法官、当事人及律师在《欧洲民事诉讼统一规则》中的分工。遗憾的是，由于该规则尚未发布，无法考察该规则的最后样态。因此，我们将集中讨论由欧洲法律协会和国际统一私法协会共同制定的规则草案，其任务是起草关于民事诉讼中法官、当事人及律师的义务规则。本工作组由本文的作者和克罗地亚萨格勒布的艾伦·乌泽拉克教授担任主席。工作组成员为埃马纽埃尔·朱兰德（法国）、巴托什·卡洛茨克（波兰）、沃尔特·雷赫贝格（奥地利）、埃利萨贝塔·西尔维斯特里（意大利）、约翰·索拉布吉（英国）和马格内·斯特拉德伯格（挪威）。下文内容包含了工作组制定的规则和解释性说明的部分内容。〔7〕目前尚不清楚工作组的意见将在何种程度上被纳入规则的最终文本，

〔6〕 See e. g. KW Nörr, Romanisch-Kanonisches Prozessrecht. Erkenntnisverfahren Erster Instanz in Civilibus, Heidelberg, 2012.

〔7〕 在此应强调指出，草案的该部分是由工作组成员共同起草的。作者有责任选择本稿中转载的相关部分以及文本的分组方式。对评注做了一些小的修改。规则本身的文本与提交给欧洲法律协会和国际统一私法协会的文本相同。2019 年 9 月在维也纳举行的欧洲法律协会年会上获得了公开工作组成果的许可。应当指出的是，我们的规则草案可能会受到负责编写包含所有工作组规则的合并草案的工作组的修改。

不同的工作组负责不同的程序主题,[8]希望我们工作组中许多意见能够保留在规则最后的文本中 。

我们工作组制定的规则基于各种来源。出发点是国际统一私法协会的《跨国民事诉讼原则》,特别是(但不限于)原则 11(当事人和律师的义务)和原则 14(法院指导诉讼的责任)。此外,欧洲委员会的建议[特别是关于民事诉讼程序的第 R(84)5 号建议]、欧盟法院和欧洲人权法院的判例法、斯托姆规则、Codigo modelo Iberico-americano 这样的示范规则,以及欧盟成员国和其他欧洲国家的国内法和各种专业行为规则。

如上所述,该规则意在规定法官、当事人及其律师在民事诉讼中的义务。拟议的规则在广义上使用"义务"一词。

这一表达既包括严格意义上的义务(德语:Pflichten),也包括仅间接认可的义务(仅限于义务,德语:Lasten)。[9] 然而,我们规则的重点是,关于效力,应当有充分的手段和动机,以确保程序中的所有义务得到有效遵守。

义务可以是积极的,也可以是消极的。积极义务要求采取行动,以促进公正、高效、快捷和相称地解决争端。消极义务是指要求确保公平对待诉讼中的其他参与人的义务,即避免不诚实诉讼行为发生的义务,特别是不得故意拖延诉讼程序或在其他方面构成程序滥用的义务。

我们的规则为民事诉讼提供了一种现代化的方法,因为它们强调法官、当事人及其律师之间的忠诚合作。这些规则是从这样一个角度制定的,即法官、当事人及其律师在以公正、高效、快捷和相称的方式解决争端方面负有共同义务。无论是通过认定事实和适用法律作出的法院裁决,还是通过其他争议解决的方式,这意味着有意避免对抗性庭审的审问分歧。拟定规则的基本思想是:民事诉讼的不同参与者之间不存在相互排斥的分工,只有共同的义务。这意味着,除了当事人之外,法院对事实查明和证据调查也负有一定的义务,而当事人则与法官共同承担适用相关法律的义务。律师应当支持当事人履行义务。然而,律师的职责远不止于此,因为他们还必须遵守行为准则中通常规定的律师职责,我们的规则在必要时也会参考这些准则。

应当指出,涉及法院(而不是法官)的规则包括所有现有法院结构的权力和责任,这确保了在某些案件中良好的案件管理。此外,不仅是法官,从事与法院相关活动的人员也需共同承担相关义务,例如"法庭之友"(*amicus curiae*)。

我们工作组提出的规则分为五个部分。第一部分是总论部分,论述了忠诚合作的义务。所有规则都必须在这一范围内加以解释,因此这项义务是最为重要的一项义务。第一部分之后是四个具体部分,每一部分结构相似:每一部分都

---

[8] 有 9 个工作组处理不同的程序问题,还有一个结构统筹组。See ELI, Projects: Civil Procedure〈https://www.europeanlawinstitute.eu/projects-publications/current-projects-feasibility-studies-and-other-activities/current-projects/civil-procedure/〉accessed January 2020.

[9] CH van Rhee, 'Obligations of the Parties and their Lawyers in Civil Litigation', in J Adolphsen et al (eds), Festschrift für Peter Gottwald zum 70 Geburtstag(Beck 2014)669-679.

载有关于法官、当事方及其律师的义务的单独规则,以及对违反义务的诉讼行为的制裁。规则的所有部分都提到了制裁。这是因为没有一个单独和统一的制裁规则是不适当的,程序性义务需要各种类型和形式的制裁予以保障。制裁可以使其承担诉讼程序方面的消极后果,也可以是罚款等积极后果。

二、总论:首要目标

我们草案的第一部分包含4条规则[10]。

规则1:当事人的义务

(1)当事人有义务促进公平、高效、快速和相称地解决纠纷。这一义务包括他们在启动诉讼程序前、在诉讼的所有阶段以及必要时在诉讼程序之后的一切诉讼行为。具体包括以下义务:

a. 协助妥善进行诉讼程序;b. 提出事实和证据,并协助事实的认定;c. 协助确定法律的适用;d. 尽一切合理努力协商解决纠纷。

(2)与法官和其他当事人真诚协作,避免任何诉讼上的拖延,避免程序上的滥用。

(3)这些义务不仅约束当事人,也约束参与诉讼的其他利害关系人。

规则2:律师的义务

(1)律师在代理时,应当与当事人忠实合作,协助当事人履行诉讼义务。

(2)这些义务相应地适用于协助当事人的其他人。

规则3:法官的义务

(1)法官应促进公正、高效、快速和相称地解决纠纷。需要保证积极有效的案件管理。在整个诉讼过程中,法院应监督当事人、律师和本规则所指的其他参与人是否遵守其义务。

(2)法官应采取必要步骤,建立和维持程序合作,防止程序滥用和避免各方违反程序义务。在适当情况下,应促进以协商一致方式解决争端。

(3)法官应当在个别诉讼中履行法院的义务。这些义务相应地适用于协助法官的其他专业人员。

规则4:制裁

(1)违反本规则所述义务的行为将受到制裁。

(2)制裁必须有效和相称。它们可能包括:

a. 在缺席当事人未参与的情况下程序继续进行;b. 对事实的否定推论;c. 有权不考虑或不接受当事人不完整或者无事实根据的陈述或者其他诉讼行为;d. 费用制裁;e. 罚款;f. 纪律处分和其他职业处分。

(3)除非制裁命令另有规定,否则所施加的制裁自动生效。实施制裁的命令只能在特殊情况下提出上诉。

---

[10] 这部分规则最初是由沃尔特·雷克伯格(Walter Rechberger)教授和雷姆科·范雷(Remco van Rhee)教授起草的。

(4)制裁可由法院或相关专业组织实施。

规则1使用了“公平”、“高效”、“快速”和“相称”的术语。很难界定这些术语的精确含义,并且这种做法也是相当危险的。术语应当具有灵活性,应根据现代程序标准进行解释,应该根据这些规则意图建构的诉讼过程来解释它。(1)“公平”包括遵守现代诉讼程序原则,例如当事双方及其和法院相互合作的义务,以及避免毫无理由的程序或为不正当目的而滥用诉讼程序;(2)“高效”是指最大化利用司法资源;(3)“快速”是指考虑案件的性质、价值和复杂性,在合理的期限内进行诉讼;(4)“相称”需要结合“高效”和“快速”来理解,要进行案件的分流,不同类型的案件使用不同的司法资源。a—d项下所述的义务是四项重要的义务,是由本条所述当事人的责任产生的。如果规则没有涉及当事人义务,所要求的程序行为应能促进公正、高效、快速和相称地解决纠纷。

当事人不仅应当在诉讼期间,而且在案件提交法院之前(诉前),以及在诉讼之后(例如在执行阶段,或者在特别程序时,如请求重新启动诉讼程序)都需要遵守其义务。在诉讼前阶段,当事人应以这样一种方式进行合作:充分陈述支持其请求的事实和法律,交换现有证据,并在法院启动诉讼之前进行充分的和解尝试。显然,对不遵守这些义务的制裁在诉讼前阶段是不可用的,但可在案件实际提交法院时予以制裁(参见英国诉前议定书)。在执行阶段,被执行人应当忠实地配合相关财产的认定,并提供进一步的协助,使强制执行得以按规定的方式执行。

规则2涉及律师的义务。律师是协助当事人并代表他们进行诉讼最重要的人。“律师”的概念未定义,但根据《欧洲委员会关于律师职业行使自由的建议Rec(2000)21》中提供的定义,“律师”是指根据国家法律具有资格和被授权的人员,代表其客户辩护并采取行动;从事法律实践,代表当事人出庭或为当事人提供建议。

律师应当协助当事人遵守其程序性义务,意味着律师应告知当事人规则中规定的这些程序性义务以及不遵守的后果。律师不应故意配合任何不遵守这些义务的行为。如有必要,应积极促进各方遵守。如果一方坚持不服从,这可能意味着律师必须终止与该方的代理关系。

律师除了有义务协助当事人履行其程序性义务外,还负有律师职业伦理和规范所产生的职业义务。这些义务可被视为包含在我们的规则中。显然,在处理国家职业伦理与规范时,可能会根据律师执业的司法管辖区而产生差异。

律师协助当事人履行义务,促进公正、高效、快速和相称地解决纠纷的义务,同样适用于当事人指定的专家(例如专家证人)及顾问(除律师以外)以及其他协助当事人的专业人员,即使没有适用于他们的职业伦理与规范,或者这些伦理与规范在某些方面有所不同。规则3也提到了法院任命的专家,他们的义务与法官的义务类似。

虽然规则2主要涉及协助当事人的律师,但应当指出,在不同的国家管辖范围内,当事人可以由其他人代表,例如近亲属、他们信任的其他人,或者消费者保护组织、工会代表等。如果这些人(组织)不以诉讼当事人的身份参与诉讼,即在经营和生活过程中,他们不受专业规则的约束。

规则3涉及法院的义务。法院(此处理解为行政实体)与当事人一样,有义务促进公正、高效、快速和相称地解决争端。上述关于公平、高效、迅速和相称的定义的阐述,比照适用于本规则。

法院可以通过组织工作程序来履行这一义务,以便有足够的时间和资源来裁决具体案件。法院还应确保在所有案件上花费的时间和资源不超过必要或相称的时间和资源,以便为其他案件提供足够的时间和资源,即法院应确保在其审理的所有案件中有效地分配资源。

此外,法院必须监督其他诉讼参与人是否遵守其义务。法院应确保在整个诉讼过程中遵守程序性义务。因而监督是一项长期的义务。当然,持续监测并不意味着法院需要每天检查案件的进展情况。这只意味着,在整个诉讼过程中,法院应关注商定或确定的程序时间、诉讼行为得到遵守,并在必要时采取适当的强制措施以便推动程序的进行。

在个别情况下,法院的职责必须由独任法官或合议庭履行。这是其司法案件管理职能的一个方面。建议在履行这一职能时,法院要对法官进行监督,对这一职能的适当履行情况的监督才能保证法官在决策中的独立性和公正性。法院本身可以由司法委员会或独立于司法部的类似机构进行监督。

例如,规则3末尾提到的协助法院的其他专业人员,可以是法院指定的专家、陪审员、司法辅助人员等(只要他们存在并在任何特定的管辖范围内协助法院)。

规则4涉及制裁。制裁对于促进诉讼当事人遵守义务是必不可少的。在本文中,“制裁”一词的使用范围很广,不仅包括罚款或禁令,还包括如果未履行其义务对诉讼参与者造成负面后果的任何手段。通常,此类制裁不得上诉。但是,如果制裁特别严重或制裁对整个案件特别重要,则应允许上诉。

在这一意义上,规则4提到法院或专业组织可能对本规则规定承担义务的当事人、律师和其他诉讼参与者实施的一系列金钱和非金钱制裁。但是,对不遵守义务的法官的制裁却很难实施,因为规定对法官的制裁可能会造成更多的拖延。如果法律制度中有这种制裁,则应由主管法院机构(例如法院院长)或司法委员会等机构提议或实施。只有各自专业组织(律师协会、司法纪律机构)才有权实施专业或纪律制裁。对法官实施这种制裁,不会影响法官的独立性,因为“独立”应理解为在决定当事人之间争端实质内容时的独立性,而不是在处理案件程序方面的独立性。

就规则4中提到的个人制裁而言,在此以举例的方式加以说明。例如,在对方当事人缺席的情况下继续进行诉讼程序和发表意见的权利,没有正式传唤一方当事人而在其缺席的情况下举行听证会;根据案情对个别问题或整个案件作出裁决,尽管一方当事人在得到正式通知并被请求提供其意见时不能这样做。对事实的否定推论可能导致对案情作出不利的决定,有权不考虑或不接受当事人不完整或者无事实根据的陈述或者其他诉讼行为（驳回不符合上诉和申诉条件的案件可以节省资源，并加快处理当事人不遵守最低程序要求的案件）。费用制裁、罚款和纪律制裁都是为了执行程序义务和保护诉讼程序的完整性。

金钱制裁可以采取不同的形式。它们取决于具体国家司法系统的特点及其处理的方法。它们可能包括罚款和诉讼费用的承担。

三、程序管理

该规则第二部分包含7条单独的规则[11]。

规则5：积极管理诉讼程序的义务

（1）法院必须积极指挥诉讼程序，以促进其公正、高效、快速和相称地解决纠纷，无论是通过协商还是通过判决解决。法院必须考虑案件中诉讼程序的性质、价值和复杂性，以及在所有程序中履行其一般指挥职责的必要性。

（2）程序指挥是一项持续的义务，法院在诉讼的所有阶段都必须履行。在个案中必须尽快履行该义务。

（3）当事人之间不仅要相互合作，与法院也要合作，以促进诉讼程序的正常进行。

规则6：案件管理会议

（1）为了妥善处理案件，法院可举行案件管理会议，在该会议上，法院可以作出适当管理案件的必要命令。如果符合要求，法院必须在案件管理会议上或其后立即根据案情确定请求。

（2）可以亲自进行聆讯，或使用电子通信方式进行。第一次案件管理会议应尽快召开。

规则7：作出案件管理命令的权力

（1）法院可主动或应任何当事方的请求作出任何案件管理命令。可以不经听证单方面作出命令。法院主动下达命令的，任何一方均可向法院申请在听证会上重新审议该命令。

（2）凡单方面作出的命令，未被通知的当事方可申请重新审议该命令。

规则8：案件管理方法

（1）为了进一步履行一般案件管理职责，法院可采取以下任何方法：

a. 安排案件管理会议；b. 设定时间表或程序日历；c. 规定当事人各方采取程序步骤的期限；d. 确定程序的类型和形式；e. 限制材料提交的数量和篇幅；f. 鼓励当事人积极解决其全部或部分争议，包括鼓励并使用替代性争议解决（ADR）的流程或惯例（规则24和规则25）；g. 确定审理案件的顺序，确定应共同还是分别决定某些程序性或实质性问题，以及应合并还是分立诉讼程序；h. 确定诉讼当事人以及其他利害关系人；i. 考虑当事人是否有合适的代表；j. 要求当事

---

〔11〕 这部分规则最初是由约翰·索拉布吉（John Sorabji）教授和马格纳·斯特拉德伯格（Magne Strandberg）教授起草的。

方亲自出庭或要求当事方代表出席法庭听证会或会议;k. 确保适当使用现代技术;l. 采取其他必要方法。

(2)法院在行使一般管理职责时,应管理诉讼程序,以便查明本案的所有有关问题,并以完整和适当的方式作出裁决。法院可以鼓励当事人查明争议的实际问题,并与其讨论处理这些问题的适当方法和步骤。

(3)法院可更改任何案件管理命令,包括缩短或延长遵从该命令的时间。这种命令通常不可上诉。

规则 9:对案件程序管理中缺乏合作的制裁

除非有特定规则适用,否则法院应在任何案件管理命令中指明对不遵守该命令或指示的制裁(规则 4)。

规则 10:配合签发和修改案件程序管理命令

(1)通常情况下,法院在发布案件程序管理令之前应征求当事人的意见。法院应鼓励双方就此类命令的内容达成一致。

(2)双方应尽量同意拟议的案件管理指示。当事人的合意应在召开案件管理会议前通知法院。

(3)通常,法院将根据当事人达成的协议作出裁决。在有关期限内不能达成协议的,法院将主动发布案件管理命令。此类案件管理指示不得上诉。

规则 11:监督与遵守

(1)法院必须监督案件管理命令的遵守情况。为此,法院和当事人各方将使用最快和最易联系的通信手段和适当的现代技术手段。

(2)当事人及其诉讼代理人必须迅速将所采取的步骤通知法院,并对法院提出的提供遵守情况资料的任何请求迅速作出答复。

(3)当一名法官未能履行一般案件管理职责时,一方当事人可请求将其诉讼程序移交给另一名法官。

(4)当事人可以向有关机关提请司法行为和纪律调查,指控司法机关未能以适当方式处理此案。

上述规则涉及程序管理方面的义务。它们明确规定,法院应当积极有效地进行案件管理,但这始终需要当事人配合。这项义务是通过各种案件管理命令和诉讼活动以及法院持续监督来履行的,以确定当事人、律师和其他诉讼参与人是否在履行其义务。在法院指导下积极管理诉讼程序还包括与当事人协商的义务,并在可能的情况下确保双方就程序中特定步骤的形式、内容和时间达成一致。法院积极管理案件的职责赋予法官鼓励当事人查明争议中的真正问题,并与他们公开讨论处理这些问题的适当步骤和方法。案件管理会议的目的是就这些事项与当事人及其律师进行磋商。根据拟议规则,法院在作出案件管理决定时,应始终考虑特定诉讼程序的性质、价值和复杂性,确保程序与案件的价值和重要性相称。

法院积极履行案件管理职责是实现诉讼程序公正、快速解决目标的重要手段。找到适当的诉讼形式、时间和组织结构,可以增加通过判决或和解取得正确和公正结果的可能性,将极大节约司法资源。这种义务与欧洲一些司法管辖区传统的法官被动的形象形成了鲜明对比。近年来,这一传统观念被程序变革所取代,法官在诉讼中渐渐扮演着积极角色。

这种发展是沃尔夫民事司法改革(Woolf Reforms)在英格兰和威尔士的核心特征之一。在程序的概念下,法官积极的案件管理职责早已成为德国和奥地利法律的一部分。国际民事诉讼程序中也有一种趋势,即纳入积极的案件管理职责。

虽然斯托姆报告中没有包含关于积极的案件管理的具体规则,但这些规则在ALI-UNIDROIT原则14中有明确规定。

案件管理职责可由一名法官或若干名法官共同履行,甚至在一些地方,可由法院院长履行。积极管理案件的义务是一项持续的义务,从诉讼开始到结束都要遵守。

案件管理会议是当事人行使其陈述权的场所,特别是与诉讼组织有关的事项。这也是一种促进当事人合作、当事人与法官合作的手段。案件管理会议,可以是由出席的当事方组成的会议,也可以是当事人通过任何种类的电视、视频技术,或通过适用法院规则允许的其他适当的即时通信手段参加的远距离会议。为了保持法院的中立和平等对待当事人,如果对方当事人通过电话或视频等方式进行交流,法院不允许只有一方当事人在场。法院认为不必要时,无须召开案件管理会议。例如,鉴于案件的简单性质,如果案件价值较低,当事人已经就核心案件管理问题达成一致意见,或者这种会议缺乏明确的目标,召开一次案件管理会议可能被认为是多余的。

第一次案件管理会议应当尽快召开。

法院可在任何案件管理会议上对管理案件所需的命令作出指示;法院也有义务这样做。如果案情足够清楚,法官可在案件管理会议上根据案情作出判决。

积极管理案件的权力必须由法院主动或应当事方的申请行使;前者是指法院要持续适当地履行其一般案件管理职责,后者是指当事方为了履行一般职责要适当地履行与法院合作的义务。

在有些情况下,案件管理听证是不可能或不可取的。例外情况下,案件管理命令可能需要在一方当事人缺席且无须通知的情况下作出,即因紧急情况而无法发出通知或者通知往往会影响案件的进展。

法院未经审理或单方面发出案件管理令时,为保护当事人或缺席一方当事人收到适当通知的权利,法院应在第一时间通知双方当事人后安排开庭。

但是,为了确保不浪费司法资源,如果认为没有必要进行开庭,当事方可以向法院请求。这并不违反一般案件管理职责。

案件管理的命令对法院不具有约束力,任何此类命令都可以修改或撤销。当事人有权在法院对任何先前的命令作出修改或撤销之前提出意见。

不同国家的司法制度对案件管理命令的形式和名称有不同的规定。一般的案件管理决定不可上诉。对于重要的案件管理命令,最好不要受理任何单独的

(中间)上诉,而且只有在针对最终裁决的上诉中才能对此类命令提出异议。但是,有些国家允许对最重要的案件管理决定提出中间上诉(例如,法院排除当事人的诉讼代理人,因为其认为该当事人的诉讼代理人没有正确履行代理职责)。

当事人双方通常会自愿遵守命令。但是,可能的制裁会增加当事人的遵守情况,或者至少减少不遵守的可能性。为了提高命令的效力,法院的命令应规定不遵守的后果。法院必须具体说明制裁的种类,例如罚款,但没有义务规定这种制裁的准确数额。

理想情况下,案件管理命令,即使只涉及程序事项,如程序的安排和顺序,也应以合作的方式作出。法院在作出命令之前必须征求当事人的意见。案件管理会议以外的协商通常应以书面形式进行,但应使用最有效的方式。法院应鼓励当事人就案件管理决定达成一致,这意味着法院必须采取行动促使当事人达成一致。为了节省时间和金钱,当事人如果就案件管理的具体问题达成一致,必须尽快通知法院。当事方不同意案件管理决定时,应主动及时通知法院。

作为一项一般规则,法院应根据当事人达成的合意作出案件管理决定。然而,这种合意对法院没有正式约束力。如果为了确保公正、高效、快速和相称的诉讼程序,法院可以违反当事人的合意作出裁决。特别是,当事人这种合意会导致不相称地占用司法资源。如果当事人不能就案件管理问题达成一致意见,法院有义务自行作出决定,并快速、高效地作出决定。一般的案件管理决定,尤其是根据当事人协议作出的,一般不允许上诉。

法院必须监督当事人遵守其决定或指示的情况。对于与案件管理有关的通信,法院和当事各方应避免采用信件等耗时的通信方法,而应使用更快的手段,如中央电子归档系统(central electronic filing system)。如果没有这种系统,法院和当事人可以通过非正式的方式,如电话、电子邮件等进行联系。

法院可能无法有效履行案件管理职责。例如,如果法院没有发出必要的案件管理命令,或者由于对案件的管理不善,当事人提交法院审理的事项在合理时间内没有得到解决。事实上,本着忠诚合作的原则,当事人之间、当事人与法院之间应积极讨论案件管理问题,并促使法院采取行动。只有当法院未能充分管理诉讼程序的性质十分严重时,才应将案件移交给另一名法官,特别是向主管纪律机构提出申诉。

四、事实认定

《规则》第三部分专门讨论事实的确定,[12]提出了五项单独的规则:

规则 12:陈述事实和提交证据的义务

(1)当事人有义务尽早查明争议事项,并考虑另一方当事人的意见,如果他们知道了这些意见。

[12] 这部分最初是由巴托斯·卡罗尔奇克(Bartosz Karolczyk)教授起草。

(2)当事人有义务如实、完整地陈述有关事实,辨认证据,通常是在最早的陈述中。后来提出的事实和证据必须是正当的。

(3)律师必须在他们被委托时就这些义务向他们的委托人提出建议,并协助他们尽早确定有争议的事项。

规则13:法院的作用

(1)法院通常只考虑当事人提出的事实和证据。但是,对于案件的正确审理,认为有必要的,可以考虑当事人提出以外的事实或者主动取证。

(2)法院可修订或更改其关于取证的命令。

规则14:无视迟来的事实和证据的权力

(1)法院可自行决定不采纳迟来的事实和证据。

(2)当事人提出迟交的事实和证据,不论案件结果如何,都必须承担对方因此而发生的费用。

(3)为回答另一方当事人提出的问题及时提出的新的事实和证据不视为逾期。

规则15:不提出事实和证据的后果

(1)如果一方当事人未能及时证实其诉讼请求,法院可依据适用的程序规则,驳回该诉讼请求,或基于程序理由驳回起诉。

(2)如果一方当事人未能及时答复对方当事人的事实或证据,法院可以根据适用的程序规则:

a. 作出缺席判决;b. 认为该事实已全部或部分获承认;c. 继续审理并且根据现有事实和证据判断案情。

规则16:终结诉讼程序

(1)一旦法院确信双方都有合理的机会陈述其案情,法院将结束诉讼程序,在此之后,不允许进一步提交意见或证据,除非在特殊情况下,法院要求并授权这样做。

(2)诉讼程序终结的日期应尽早确定,但可以在以后进行必要的修改。

当事人的举证行为是一项重要义务,应尽可能早地在举证期限届满以前进行。之后提出的事实和证据只有在正当的情况下才被允许。

除当事各方外,法院对事实和证据负有某些义务:法院可以综合考虑案件中的事实,即使这些事实没有被当事方用来建立自己的论点,如果有利于查清案件事实,法官也可以主动收集证据。这一立场遵循许多欧洲国家共同的司法传统,即赋予法官自由裁量权,有职权干预事实和证据问题,以消除不公正或滥用司法程序的现象。在起草者的理解中,这些权力只在例外情况下使用。此后,法官只能在例外情况下要求或允许提供证明当事人各自立场所需的其他事实和证据。

尽早查明争议事项的义务是当事人所有义务的重要组成部分。但是这一义务因不同的法律传统而各不相同。对于某些传统而言,它可能意味着需要具体说明法律论点。但是,这一部分规则主要涉及需要具体说明争议事实和证据,以支持当事人所做的相关事实陈述。

在民事诉讼中，法院不主动调查事实。相反，事实是由当事人提交的证据决定的。然而，他们在这方面的自由不是随意而没有限制的，因为当事人阻碍诉讼的动机太强。此外，虽然准确的事实调查是我们应该努力实现的理想，但这本身并不是程序的目标。实际上，程序还必须实现其他的目标，例如效率。因此，当事人应当及时、勤勉、完整地陈述事实和提出证据，使事实和证据事项能够在诉讼程序的早期阶段迅速具体化。

以上关于事实调查与证据认定事项都属于法院行使司法权的范畴。因此，当事人在向法院提交程序材料时，应当符合某种标准。律师应就这些义务向委托人提供建议，尤其是当不遵守这些义务可能会对委托人造成负面法律后果时。因此，律师参与到诉状的撰写过程中是至关重要的。

事实或证据可能会在较晚的阶段提出，但律师要解释逾期提交证据与事实的理由。最终由法院来决定是否接受逾期提交的事实或证据。

如上所述，在民事诉讼中，法官一般不主动寻找事实，因为根据民事诉讼的当事人主义，这是当事人的专属领域。因此，法院原则上只考虑双方当事人提出的事实和证据。但是如果双方已经提交的证据中出现某种事实，但任何一方都没有主张，法院可以判断其是否是案件实质性事实而予以认定。这是不言自明的：应当赋予法官权利，在各当事人提供的材料中，自主选择可能影响案件实质问题的材料与证据。不过，法院应提请当事人注意这些事实(参见第 18 条)。

此外，如果法官为了确保裁判的适当性，在确有必要时，可以依职权调查取证。该规则基于司法自由裁量权，在欧洲国家很普遍，这是欧洲法律传统的一部分。目的是在适当的情况下通过避免虚假诉讼，消除司法不公或滥用程序。这不意味着可以广泛使用，只有在公共利益受到威胁的情况下，法官才可以依职权调查取证。例如，如果案件涉及失业、住房损失，或者引起重要的非经济利益问题，如环境问题。另一种情况是，如果当事人缺乏提出证据的条件，当事人的利益处于危险之中，法官可以例外地使用调查取证的权利。由于法院的这项权力是一种自由裁量权，当事人及其律师不得以法官未进行调查取证为由，为其举证不能作辩解。

最后，根据许多欧洲法律制度，在判决作出之前，法院可以修改其关于调查取证的命令。

当这些所拟定的规则未得到遵守时，可能采取几种制裁措施。强有力的制裁是允许法院无视甚至排除迟来的事实或证据。因此，在进行诉讼时，低于规定的标准会造成败诉的风险。虽然这是一个强有力的制裁，但它也相对简单，并为当事人(如果他们知道)和律师遵守规则 12 提供了强大的激励。这一规则以司法自由裁量权为基础，确实非常广泛。它没有说什么时候法院必须无视迟来的事实或证据，也没有说什么时候法院必须由于例外情况而承认这些事实或证据。显然，法院的判决应该在判决之前告知当事人，并且应是正当的。因此，这将要求法院诉诸某种平衡。这一方法也符合法官作为诉讼程序管理人的身份。

法院可根据自由裁量权,对逾期提出的事实和证据不予采信。举证期限应由两个基本要素决定,即对证据的了解和对一项重大事实的有争议的性质。因此,如果重大事实是有争议的,且当事人知道相关证据,则应当向法院和另一方确认该证据,以支持其对有争议的重大事实的立场。这是规则12中“cards on the table”方法的反映。

为回应另一方的陈述而及时提交的新的事实和证据不应被视为迟交。这一规定反映了民事诉讼中存在的内在动力。

规则14的最后一款假定,尽管缺乏例外情况,但迟交的材料已被法院接受或审议。因此,无论案件结果如何,另一方因延迟提交材料而产生的费用应由提交迟交材料的一方支付。

规则15授权法院制裁严重无视程序义务的当事人。第一节允许法院以程序理由驳回证据不足的主张。这种制裁不是自动的,取决于司法自由裁量权和任何规定时限的条款。

规则15第二部分是对许多欧洲国家的传统规则的概括表述。与许多其他规则一样,诉讼过程由适用的程序规则决定,或在没有进一步规定的情况下由法院判决。例如,对诉讼请求缺乏回应可能会导致缺席判决(假定被告对诉请没有异议);对具体事实不做答复,可能会得出承认事实的结论。在所有此类案件中,法院将根据案情作出裁决,最终处理此案。

规则16规定结束诉讼程序,因此,它要求法院在听取各方当事人关于案情的陈述后结束诉讼程序。这项规则纳入目前被视为经典的欧洲程序规则,即一旦当事人充分利用了各自的合理机会,提出事实和证据,法院就应结束诉讼程序。由于规则贯彻了司法案件管理的理念,因此,在案件管理过程的早期,将确定诉讼结束的日期,即诉讼的审判阶段将结束。因此,这方面任何可能的意外因素都将被消除。

五、法律查明

我们《规则》的第四部分包含四项规则[13]。

规则17:提交相关法律依据的义务

(1)当事人必须合理详细地提出自己的法律依据。当事人没有律师代理的,法庭应当协助当事人确定和澄清其法律依据。

(2)通常应在诉讼程序的初始阶段提出。

规则18:法院在法律辩论方面的权利和义务

(1)法院有责任确定其判决所依据的法律。对当事人的法律纠纷必须进行适当的判断。如果这对作出正确的决定是必要的,可以主动考虑法律问题。

(2)法院应给予各方合理的机会提交相关法律依据,并对对方提出的法律论点作出回应。

---

〔13〕 这部分规则最初由埃曼纽尔·朱兰起草。

(3)一般而言,除非各方都有合理的机会听取有关情况,在作出判决时,不得援引法律规则或原则。

规则 19:变更、修改法律依据的权利

(1)当事人在诉讼过程中可以变更、修改法律依据。

(2)诉讼结束后,只有经法院授权,且不需要引入新的事实或证据的情况下,方可对法律依据进行修改或变更。

规则 20:未能提供法律依据的后果

如果一方有律师代表,法院可以对另一方未进行法律辩护或未对其法律主张作出回应的行为进行制裁。这些制裁可能包括撤销不包含足够详细的法律论据的案件陈述。

第四部分的主题是法庭辩论。《规则》规定,法院和当事人都应为确定正确的法律依据作出贡献。当事人有义务提出法律上的争议,这一点必须合理详细。如果为正确决策所必需,法院可以主动考虑法律问题。

在大多数欧洲民事诉讼制度中,当事人既有权利也有义务提出自己的法律论点。在不同的司法管辖区,这一必要程度是不同的,在不同类型的案件中也可能不同(例如,在商业案例中可能比在家庭案例中更强)。我们的做法符合趋势,原则上要求当事人各方提出法律主张。什么是"合理的细节"可能取决于不同的情况,例如,当事人是否有律师代表,或在特定案件中,法院是否增加了调查或调查的权力。

在任何情况下,我们的规则并不免除法院适用法律的义务,判断当事人的诉讼请求是否有正确的法律依据。然而,仅仅将当事人的陈述局限于赤裸裸地陈述事实,期望法院简单而被动地确定正确的法律规定并将其适用于本案,一般是不够的。因此,我们的规则不支持在某些司法管辖区仍有影响力的旧方法,拉丁语称为"da mihi factum,dabo tibi ius",至少当事人由专业律师代表时是这样。但是,如果当事人没有律师代表,法院有义务以更积极的方式行事,并协助当事人确定和澄清其法律论点。

正确适用法律的最终责任是法院的责任,这一点似乎已被普遍接受。对于法院是否有权利和义务根据自己的判断适用法律,或者是否有权利和义务适用不同于当事人请求的法律,各方意见不一。在规则 18 中,许多欧洲国家采用的方法称为"iura novit curia"(法院需要了解法律并将其应用于案件)得到普遍认可。也就是说,虽然(与极端版本的"iura novit curia"相比)当事人与法院共同承担适用正确法律依据的责任,但最终是由法院来支持当事人的法律主张。原则上,法院必须听取所有当事人就争议问题进行的法律辩论,即那些可能对法院的决定产生影响的法律辩论。欧洲法律制度在评价的形式和范围上有所不同,但大多数制度都要求对判决事由中的法律论据进行评价。什么是"适当的"评价必须根据个别法律体系的标准和要求来理解。在任何情况下,法院评估当事各方提出的法律论点的义务都不得作为无根据上诉的依据,其目的是拖延诉讼程序。

如果法律没有得到充分的辩护,或者辩护的法律不正确,法院有权利和义务主动考虑一些法律论据,并将其应用于案件的事实,如果这是作出正确决定的必要条件。法官有义务确定充分的法律论据并根据职权适用这些论据,但这并不是绝对的。

如果当事人是被动的,没有充分详细地为法律辩护,他们就没有履行其程序性义务,因此,如果他们由律师代理,可能会受到制裁。适当的制裁措施是拒绝当事人的请求。

无论法律论据的来源是什么(无论这些论据是当事人提出的,还是法院提出的),都应使当事人有充分的机会对这些论据作出答复。在法律辩论方面,也应保留听取意见的权利。"意外判决"(Überraschungsurteile,即基于完全新的法律基础而不是当事人合理预期和请求的法律基础的判决)不会被支持。

当事人提出的法律依据一般对法官没有约束力,因此,相对于事实辩护或提出新的事实和证据,法律论证的任何修改都具有更大的灵活性。在整个诉讼过程中,当事人可以自由地改变或修改他们的法律主张,但这种改变不能在不再被允许的阶段引入新的事实或证据。在诉讼结束后,当事人提出新的法律争议的权利将受到限制,因为新的法律争议可能会延误诉讼进程,并造成额外的费用。因此,在诉讼结束后,双方只能在法院授权的范围内,并在不需要引入新的事实或证据的情况下,改变或修改他们的法律主张。

可以预期,由律师代表的当事人能够更广泛、更准确地陈述其法律论点。律师的职责是协助当事人了解自己的法律权利,并向法院提出自己对这些权利的看法。因此,缺乏法律论据的后果(比如说制裁)尤其可能强加给由律师代表的当事方。这条规则只提到一个明确的制裁:法院在不能进行法律辩护的情况下有权驳回诉讼请求或其他申请(例如上诉),如果法律允许当事人不出庭(这主要发生在具有社会敏感性的案件和价值较低的案件中),则情况有所不同。本条规则不包含法院的义务,即如果当事方未能充分辩论,法院有义务自动驳回请求。在这一最终制裁之前采取其他诉讼行为属于司法自由裁量权的范围。例如,法院可以规定一个时限来补充提交的材料,如果没有及时提交充分的法律论据,这些论据将被驳回。

六、争议的协商解决

我们的规则的最后一部分,也就是第五部分,包含六项规则〔14〕。

规则 21:协商解决争议的义务

(1)在诉讼开始前后,当事各方必须积极合作,以协商一致的方式寻求解决争端。

(2)各方必须利用一切合理机会解决其争端,并在不可能解决的情况下,在裁决前减少争议问题的数量。

---

〔14〕 这部分规则最初由艾伦·乌泽拉克(Alan Uzelac)和埃利萨贝塔·西尔维斯特里(Elisabetta Silvestri)起草。

规则 22：各方在诉讼前的具体义务

(1)诉讼前阶段，双方应：

a. 就其可能的请求和抗辩交换充分和简明的细节；b. 澄清并尽可能缩小有争议的法律和事实问题；c. 充分查明有关证据。

(2)双方还应考虑：

a. 交换争端解决的方案；b. 采取任何其他合理和相称的步骤，进一步履行促进协商一致解决争端的义务。

规则 23：律师使用 ADR 的义务

(1)律师必须告知当事人可选择的争议解决方法，确保他们使用任何强制性的方法，并鼓励使用其他适当的方法，并协助当事人选择最合适的方法。

(2)如果律师参与任何替代的争议解决程序，他们必须诚实行事，不寻求滥用或阻碍这些程序。

规则 24：促进和解尝试和促进 ADR 有效利用的义务

(1)法院必须在诉讼的任何阶段为和解提供便利。为有效解决争议，必要时，可以责令当事人亲自到场。

(2)协商一致解决争端必须在诉讼的筹备阶段和案件管理会议上加以具体考虑。

(3)法官必须告知当事各方是否有诉讼外的争端解决方法。他们可能建议或推荐使用特定的 ADR 方法。

(4)法官应尽力促成和解，协助各方达成协商一致的解决办法，协助起草和解协议，并将其转变为法院批准的形式，使其具有可执行性。

规则 25：试图进行和解并提交 ADR 程序的命令

(1)在不违反特别立法规定的情况下，法院可在特定情况下命令当事各方：

a. 采取规则 22 规定的一个或多个步骤；b. 参加一次或多次关于使用替代性争端解决办法的会议；c. 单独或在律师协助下参与一个或多个备选争端解决方案。

(2)法院可暂停诉讼程序或驳回当事人的申请。

(3)如果法律规定了一套旨在以协商一致方式解决争端的强制性前置程序，而这些程序在法院诉讼之前用尽，法院应提请当事各方采取这些程序，并中止或停止诉讼。在当事各方采取强制性立法规定的充分和适当的程序后，诉讼可恢复或重新开始。

规则 26：违反协商和使用 ADR 义务的制裁

如果一方或多方当事人或其律师未能在协商一致的纠纷解决中合作，或未能善意履行这些义务，法院可对当事人和/或其律师施加：

a. 成本制裁；b. 因延误和程序滥用造成的损害；c. 增加诉讼费；d. 罚款；e. 向相关专业组织通报。

第五部分论述了促进协商一致解决争议的义务。主要规则是当事各方必须积极合作，在诉讼开始前后寻求协商一致地解决争端的方法。规则没有讨论协商一致解决争端的具体类型，因为这不在工作组的任务范围之内。

规则 21 表达了鼓励协商一致解决争端的一般做法。这一义务适用于诉讼的所有阶段。争议协商解决的前置，可以避免不必要的诉讼。预计当事方在用尽从直接谈判到调解和其他形式的诉讼外争端解决办法之前，不会向法院提出诉请。基本的假设是，与法院的程序中强加的解决办法相比，协商一致、自愿和自主的解决办法提供了一种更简单、更快和更经济的替代办法。

自主解决争端的方法，减少了诉诸司法的机会，为解决争端提供了另一种公平、高效、快速和相称的方式。即使当事人不能全部结案，也有可能缩小悬而未决的问题，集中精力在以后的诉讼中。履行这一义务也有助于更经济、更相称地利用国家司法资源，更好地发挥其作用。

并不是任何纠纷都可以有诉讼外的争议解决办法。必须只考虑那些合理的、公平的办法。规则 21 进行了一般性的规定，在随后的规则中做了进一步的规定和解释，明确了诉讼开始前到诉讼提起后的所有阶段的义务。

由于纠纷的早期解决比诉讼更可取，因此，当事人在开始任何诉讼之前，都必须采取积极的行动来探索这种可能性。这些行动的共同目的是促进协商一致的解决纠纷，或直接或通过协议使用某种形式的 ADR。如果不能达成和解，这些行动可能有助于更好地管理随后的诉讼程序。

规则 22 列出了当事方在其争端的最初阶段和诉诸任何正式解决争端程序之前原则上应采取或至少应认真考虑的两组步骤。因此，“诉前阶段”的概念是指纠纷发生后，民事诉讼正式启动之前的一段时期。

必须采取的三个步骤是查明可能的诉请和抗辩，明确这些诉请所依据的法律和事实理由，以及充分查明有关证据。只有合理详细地说明当事人各方最终的主张，并查明支持这些主张的事实和证据，才能使双方权衡利弊，就争议的解决展开讨论。在诉讼程序启动后，这种事前义务也以更严格的形式继续进行。法院可命令在发出诉讼程序之前未采取行动的当事方采取规则 22 的一项或多项诉讼行为。

当事人双方可以交换相关证据（基于双方之间的协议或适用的披露规则），交换解决建议或使用特定形式的争端解决方案的建议，也可以考虑采取任何其他合理或相称的步骤，以便就未决诉请和争端达成解决办法。

提起民事诉讼的原告在未就可能的诉请及其依据与被告交换充分信息的情况下，可能会受到诉讼费用制裁。法院可暂停该等诉讼或驳回当事人的请求，直到其遵守某些强制性诉讼行为为止。在某些情况下，履行这一义务也可能是随后诉讼可予受理的法律要求。

作为协助当事人履行其程序义务的律师需要告知当事人可供选择的 ADR 方案（包括调解），鼓励他们在适当的情况下使用这些方案，并帮助他们选择最合适的方法。

只有了解各自的 ADR 程序并知道如何参与其中，当事人才有可能将 ADR 作为一种成本低、效益高、快速解决纠纷的方法，进而提高其诉诸司法的机会。

一般来说，ADR 方法不需要强制的法律代表，而且有些方法非常简单，当事人可以在没有律师的情况下使用。然而，由于问题更为复杂，律师在 ADR 过程中的积极参与就显得不可或缺。但是，律师不应单独主导 ADR 程序。为达成和解，当事人可能需要亲自出席和解程序。在任何情况下，有效的 ADR 程序都要求律师诚实守信。他们应该帮助当事人发掘和利用 ADR 的所有潜力，避免滥诉。如果发生后者，律师可能会受到处罚(罚款或纪律责任)。

在我们关于协商一致解决争端的规则中，“解决”一词是用在一般意义上的，因为在一些法律制度中，各种术语被用来指定不同形式的协议，通过这些协议，争端可以在法庭上或法庭外协商解决。

在争端的早期阶段较容易解决，这项义务主要针对诉讼的前期阶段和案件管理会议。为了增加解决的可能性和扩大解决的范围，可命令当事各方亲自出席，以便在谈判期间讨论和议定所有重要问题。对于未决诉讼，该义务包括提供有关在法庭外 ADR 的信息。审理案件的法庭可以评估所有情况，建议使用何种纠纷解决方法，但任何建议对双方不具有强制约束力。

和解尝试可以在法官的参与和协助下进行，无论是那些进行诉讼的法官还是参与 ADR 的工作人员。司法参与的确切范围和法官在和解尝试中的积极作用各不相同。但是，无论和解是否是法官参与的过程的产物，法官都有权为妥善起草达成的和解协议作出贡献。司法介入的主要目的是确保达成的和解具有可执行性。在许多欧洲国家，法官参与和解协议的制定是承认和解协议是可执行文书的必要条件，这些文书可与可执行的司法裁决一样直接执行，这也是司法机构对于和解协议的“认可”。

在参与和解的过程时，法官必须始终注意确保他们的独立性和公正性。如果在任何时候，法官的独立性或公正性受到影响，就必须任命一名替代法官。在一般情况下，如果不能达成和解，则不能指定参与过具体的 ADR 方案作为调解人的法官在诉讼中审理同一纠纷。

规则 25 比规则 24 更进一步，授权法院作出强制性命令，要求各方采取某些规定的行动，参加一次或多次 ADR 会议，或参与制定一次或多次 ADR 计划。根据本条规则第 2 款，如果法院命令得不到遵守，制裁要么是中止诉讼程序，要么是驳回有关的请求和不支持有关抗辩。不排除其他制裁(如费用承担)。但法院不得强迫、胁迫当事人和解。强制使用 ADR 不应成为诉诸法院的障碍。例如，在强制和解谈判之前，案件可被搁置三个月，三个月后当事人仍然可以诉讼。在作出强制性命令时，应注意确保一方或双方当事人不因时效(诉讼时效)而丧失其实质性权利。

欧盟调解指令规定，成员国有权强制使用调解，或者采取奖励或制裁措施，但这种强制性程序的义务和限制不得妨碍当事方行使诉诸司法系统的权利。本规则的规定与这一要求一致。

一旦当事各方采取法律规则所要求的强制性步骤，它们原则上可自由恢复或重新提起诉讼。但是，必须注意时效和诉讼时效。

与其他程序性义务一样,专门针对制裁制定了一项单独的规则。违反这一义务将受到制裁。虽然已经界定了违反先前关于使用 ADR 的规则的一些具体后果,但规则 26 规定了法院可酌情实施的制裁的内容。根据违反的原因和责任,可以对双方当事人、其律师实施制裁。例外情况是法院无权自行发布的制裁,例如只能由各专业组织实施的纪律制裁。法院有权、有义务通知律师协会或类似组织实施此类制裁。

七、结论

正如笔者在导言中所指出的那样,本文讨论的关于法官和当事人及其律师在民事诉讼中的义务的规则草案是在欧洲法律协会和国际统一私法协会发起的欧洲民事诉讼统一规则中的一部分。但是,这些规则草案尚未得到这两个机构的最终批准。不过,该规则草案将用于起草一整套欧洲民事诉讼规则,涵盖民事诉讼的许多其他方面,有望在近一两年公布。在起草这些规则的过程中,可根据需要对该部分草案进行修订。尽管如此,由于该部分草案是欧盟若干成员国民事诉讼程序主要专家组联合项目的结果,也反映了欧洲在民事诉讼程序方面的最佳做法。工作组认为,这里提出的规则反映了民事诉讼的一种当代做法,这种做法将效率与质量结合起来,如果在实践中采用,将有可能大大改进欧洲联盟许多成员国的现行做法。应当指出的是,一切规则的实施都需法律职业共同体的遵循,需要法官与当事人及其律师的忠诚合作,不能仅仅依靠白纸黑字,即使是最高质量的规则,也不能改变很多习惯做法。

显然,在负担过重和缺乏资源的法院系统中,忠于职守的法官和法律职业人员并不多,只有在执行新规则的同时提供足够的培训和学习机会进行思考,才能期望所有人做到内心遵循。不幸的是,许多地区在案件数量和法院系统的经费筹措方面存在问题。显然,在引入旨在实现欧洲民事诉讼最佳实践的改革措施时,首先需要解决这些问题。本文作者深信,在确实解决这些问题时,拟定的欧洲民事诉讼统一规则可以极大改进欧洲及其他地区的民事诉讼制度。

Towards Harmonised European Rules of Civil Procedure: Obligations of the Judge, the Parties and their Lawyers

C. H. (Remco) VAN RHEE

Abstract: This article explains in detail the rules on the obligations of the judge, the parties and their lawyers in civil litigation, prepared by a working group that was established within the context of a project on European Rules of Civil Procedure of the European Law Institute and UNIDROIT. These rules are grouped into several parts devoted to the overriding objective of the proposed rules, management and planning of the proceedings, the determination of facts, findings of law, and consensual dispute resolution. The suggested rules reflect best practice in European civil procedure.

Key Words: Civil Litigation; Obligations of the Judge; Obligations of the Parties, Obligations of Lawyers; Management of the Proceedings; Consensual Dispute Resolution

编后记

建设知识产权强国是新时代的呼唤

2021 年 9 月 22 日，《知识产权强国建设纲要（2021—2035 年）》（以下简称《纲要》）发布。这是新时代知识产权强国建设的纲领性文件，也是新时代贯彻执行新发展理念的呼唤。

党的十八大以来，中国特色社会主义建设进入新时代。创新是引领发展的第一动力，保护知识产权就是保护创新的理念逐渐深入人心。

2020 年 11 月 30 日，习近平总书记在主持中央政治局第 25 次集体学习时强调，知识产权保护工作关系国家治理体系和治理能力现代化，关系高质量发展，关系人民生活幸福，关系国家对外开放大局，关系国家安全。此一重要论述，进一步揭示出知识产权在经济社会发展中的重要作用。

事实上，改革开放以来，我国经济社会的发展一直是与知识产权制度建设相辅相成的。从 20 世纪 80 年代起知识产权制度基本框架搭建，到 21 世纪逐渐形成适应国际规则体系的基本制度，既促成了我国成为一个知识产权大国，也促进了我国科技、贸易、产业、经济和文化等领域的进步与发展。

但我们应该清醒地认识到，我国依然面临着知识产权“多而不优、大而不强”的局面，在工业制造、农业生产、商业活动、文化发展、技术开发和科学研究等领域，知识产权整体质量效益还不够高，国际竞争力还不够强。特别是，当今世界第四次工业革命已经到来，科学技术迅猛发展，以大数据、人工智能、生物技术等为代表的新技术突飞猛进，国际竞争新优势越来越体现在创新能力上。同时，我国所面临的国际形势日趋复杂，不稳定性不确定性明显增加，经济全球化遭遇逆流，与知识产权有关的贸易体制和国际关系正在重新建构和塑造之中，知识产权日益成为国际竞争力的核心要素和国际争端的焦点。

从根本上讲，我国知识产权制度需要进一步系统完备，知识产权领域治理结构需要进一步完善，治理能力需要进一步提高，创新文化和知识产权文化发展的社会环境需要进一步培育，中国知识产权的国际地位和作用亟待加强。解决这些问题，一方面取决于我们如何认识中国与世界的关系，另一方面取决于我们如何做好自身的知识产权强国建设。

《纲要》以习近平新时代中国特色社会主义思想为指导，通过法治化方式，运用市场手段，旨在将我国从一个“知识产权大国”建设成为“知识产权强国”，并通过知识产权促进经济社会全面进步与高质量发展。

按照《纲要》规划，知识产权强国建设分两个阶段：第一阶段到 2025 年，知识产权保护更加严格，社会满意度达到并保持较高水平，知识产权市场价值进一步凸显，一些知识产权基本指标持续上升；第二阶段到 2035 年，我国知识产权综合竞争力跻身世界前列，知识产权制度系统完备，知识产权促进创新创业蓬勃发展，全社会知识产权文化自觉基本形成，全方位、多层次参与知识产权全球治理的国际合作格局基本形成，中国特色、世界水平的知识产权强国基本建成。

《纲要》一方面立足国内，从知识产权制度、保护体系、运行机制、公共服务体系和人文社会环境等多维视角展开知识产权强国建设；另一方面放眼世界，深度参与全球知识产权治理，推动全球知识产权治理体制向着更加公正合理方向发展。具体而言，我国知识产权强国建设的主要任务包括以下六个方面：

第一，建设面向社会主义现代化的知识产权制度。一方面，我们需要构建门类齐全、结构严密、内外协调的法律体系，从基础性法律、专门立法和配套性立法三个层面加以完善，并适应科技进步和经济社会发展；另一方面，构建适应现代化发展的知识产权管理体制和政策体系。

第二，建设支撑国际一流营商环境的知识产权保护体系。我国知识产权保护体系应该是在党中央集中统一领导下，建立起司法、行政、仲裁、调解等相衔接的大保护格局，实现政府履职尽责、执法部门严格监管、司法机关公正司法、市场主体规范管理、行业组织自律自治、社会公众诚信守法的协同保护体系。

第三，建设激励创新发展的知识产权市场运行机制。从动态来看，知识产权价值链包括“科技推动—产业支撑—商贸融合”三个环节。相应地，建设知识产权市场运行机制也从三个角度展开：一是企业为主体、市场为导向的高质量创造机制；二是高效顺畅、价值充分实现的运用机制；三是规范有序、充满活力的市场化运营机制。

第四，建设便民利民的知识产权公共服务体系。加强知识产权公共服务供给，提高知识产权公共服务能力，是便民利民的两个主要维度。核心工作是实施知识产权公共服务智能化建设工程，构建起政府引导、多元参与、互联共享的知识产权公共服务体系，并整合资源，实现知识产权公共服务的标准化、规范化、信息化、网络化、智能化。

第五，建设促进知识产权高质量发展的人文社会环境。包括三个方面：一是塑造尊重知识、崇尚创新、诚信守法和公平竞争的知识产权文化；二是构建内容新颖、形式多样、融合发展的知识产权文化传播矩阵；三是营造更加开放、更加积极、更有活力的知识产权人才发展环境。

第六，深度参与全球知识产权治理。进一步扩大知识产权领域对外开放，维护知识产权多边合作体系，加强知识产权审查业务国际合作，打造国际知识产权诉讼优选地，完善与知识产权相关的国际对话交流机制。

总的来看，《纲要》旨在建设制度完善、保护严格、运行高效、服务便捷、文化自觉、开放共赢的知识产权强国，支撑我国综合国力增长和国际竞争力增强，是建设创新型国家和实现社会主义现代化的重要保障。

（作者：易继明，原载《光明日报》，2021 年 9 月 24 日，第 3 版）